一帶一路下的
中國貿易

左世翔 編著

前　言

　　本書共十七章，第一章至第八章為國際貿易理論部分，第九章至第十七章為國際貿易實務部分。國際貿易理論部分突出了理論知識的科學性、理論體系的完整性、理論分析的嚴謹性及理論發展的動態性，重點闡述了國際貿易的概念與特點、國際貿易的經典理論、關稅與非關稅政策措施、區域經濟一體化與世界貿易組織、建設「一帶一路」倡議、國際無形貿易與跨境電子商務等。國際貿易實務部分突出了實務環節的操作性、貿易合同的完整性、法規慣例的嚴謹性及具體業務的靈活性，重點講述了國際貿易術語、國際貿易商品、國際貿易運輸與保險、國際貨款的收付、國際貿易合同的磋商與履行等。

左世翔

目　錄

第一部分　國際貿易理論

第一章　國際貿易概述　　3
第一節　有關國際貿易的基本概念　　3
第二節　有關國際貿易的分類　　9
第三節　國際貿易的特點　　12
本章小結　　15

第二章　國際貿易經典理論　　16
第一節　重商主義思想　　16
第二節　絕對優勢理論　　18
第三節　比較優勢理論　　21
第四節　保護貿易理論　　23
第五節　要素稟賦理論　　26
本章小結　　29

第三章　關稅政策與措施　　30
第一節　關稅概述　　30
第二節　關稅的分類　　33
第三節　關稅的經濟效應　　39
本章小結　　42

第四章　非關稅政策與措施　44

第一節　非關稅壁壘　44
第二節　鼓勵出口的措施　52
第三節　限制出口的措施　57
第四節　經濟特區政策　59
本章小結　63

第五章　區域經濟一體化與世界貿易組織　64

第一節　區域經濟一體化概述　64
第二節　世界貿易組織概述　69
本章小結　76

第六章　「一帶一路」與中國對外貿易　78

第一節　「一帶一路」概述　78
第二節　中國對外貿易的歷史與現狀　82
本章小結　87

第七章　國際無形貿易　89

第一節　國際服務貿易　89
第二節　國際技術貿易　95
本章小結　104

第八章　電子商務與國際貿易　106

第一節　電子商務概述　106
第二節　跨境電子商務　109
本章小結　114

第二部分　國際貿易實務

第九章　國際貿易術語　117

第一節　國際貿易術語概述　117
第二節　國際貿易術語慣例　118
第三節　國際貿易術語解釋　120
本章小結　131

第十章　國際貿易商品　134

　　第一節　商品的品名　134
　　第二節　商品的品質　136
　　第三節　商品的數量　142
　　第四節　商品的包裝　146
　　本章小結　153

第十一章　國際貨物運輸　155

　　第一節　國際貨物運輸方式　155
　　第二節　國際貨物運輸單據　169
　　第三節　國際貿易合同裝運條款　174
　　本章小結　176

第十二章　國際貿易保險　178

　　第一節　海洋運輸保險的責任範圍　178
　　第二節　中國海運保險險別　180
　　第三節　海洋運輸保險實務　184
　　第四節　陸運保險、空運保險與郵包運輸保險　189
　　本章小結　191

第十三章　國際貿易商品價格　192

　　第一節　作價的原則與方法　192
　　第二節　佣金與折扣　197
　　第三節　出口商品的價格核算　200
　　本章小結　207

第十四章　國際貨款的收付　209

　　第一節　國際結算的票據　209
　　第二節　匯付與托收　218
　　第三節　信用證結算　223
　　第四節　其他結算方式　229
　　本章小結　237

第十五章　國際貿易爭議的預防與處理　239

　　第一節　商品檢驗　239
　　第二節　違約與索賠　244
　　第三節　不可抗力　248

第四節　仲裁　　　　　　　　　　　　　　　　　250
　　本章小結　　　　　　　　　　　　　　　　　　255

第十六章　國際貿易合同　　　　　　　　　　　256
　　第一節　交易磋商　　　　　　　　　　　　　　256
　　第二節　出口合同的履行　　　　　　　　　　　264
　　第三節　進口合同的履行　　　　　　　　　　　271
　　本章小結　　　　　　　　　　　　　　　　　　274

第十七章　國際貿易方式　　　　　　　　　　　275
　　第一節　經銷與代理　　　　　　　　　　　　　275
　　第二節　寄售與展賣　　　　　　　　　　　　　278
　　第三節　招投標與拍賣　　　　　　　　　　　　281
　　第四節　期貨交易、對銷貿易和加工貿易　　　　285
　　本章小結　　　　　　　　　　　　　　　　　　290

第一部分
國際貿易理論

GUOJI MAOYI LILUN

第一章

國際貿易概述

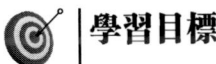

學習目標

掌握國際貿易的基本概念、相應的分類及特點。

學習重點

國際貿易的概念，對外貿易額與對外貿易量，對外貿易差額，貿易條件，對外貿易依存度，國際貿易與國內貿易的區別。

第一節　有關國際貿易的基本概念

一、國際貿易的概念

國際貿易（International Trade）又被稱為世界貿易（World Trade），是指在世界各國之間進行的商品、服務及技術的交換活動。國際貿易以世界各國的勞動分工為基礎，反應了各貿易國在經濟交往中的相互關係。國際貿易可以調節國內外生產要素的分配、改善國際的供求關係、增加國家與企業的經濟收入，還是拉動一個國家宏觀經濟增長的重要力量。出口、消費、投資就常常被稱為拉動經濟增長的「三駕馬車」。

二、國際貿易與對外貿易

對外貿易（Foreign Trade）是指一個國家或地區同其他國家或地區所開展的商品、服務

及技術的交換活動。從世界的角度出發，對外貿易的實際內容等同於國際貿易。在一些面積較小的海島國家或地區，對外貿易常常被稱為海外貿易（Oversea Trade），如英國、日本、新加坡等。這反應了這些國家或地區的早期貿易形式是以海上貿易為主的。

三、對外貿易額與對外貿易量

對外貿易額也被稱為對外貿易值（Value of Foreign Trade），是指以本國貨幣或國際通用的美元表示的一個國家或地區在一定時期內的出口貿易額與進口貿易額的總和（公式1-1）。由於這一指標反應了一個國家或地區對外貿易的總體規模，因而是一項受到各國政府及海關高度重視的國際貿易統計指標。同時，對外貿易額可以劃分為進口貿易總額和出口貿易總額兩項。由於一國或地區的進口貿易對應著另一國或地區的出口貿易，因此，為了消除重複計算，只需要將世界上所有國家或地區的進口貿易總額或出口貿易總額按照同一貨幣單位相加，即可得出全世界的國際貿易總額。需要特別說明的是，按照國際慣例，由於各個國家或地區均以離岸價 FOB（Free On Board，僅包含貨物的價格）來計算出口貿易額，以到岸價 CIF（Cost Insurance and Freight，包含貨物的價格、運輸費用及保險費用）來計算進口貿易額，因而世界出口貿易總額總是小於世界進口貿易總額。

公式1-1：對外貿易額=出口貿易額+進口貿易額

對外貿易量（Quantum of Foreign Trade）是反應一個國家或地區一定時期內對外貿易總體規模的統計量。一般而言，一國或地區對外貿易額的增加或減少，會受到國內外的經濟、社會等多重因素的影響，為了更加有效地度量一個國家或地區的對外貿易規模，人們開始使用對外貿易量這一概念。在計算方法上，對外貿易量是用當期的進口額或出口額除以一個以某個固定年份作為基期來計算的進口或出口價格指數，從而得到一個按照不變價格計算的進口額或出口額（公式1-2）。顯然，相較於對外貿易額，對外貿易量剔除了價格變動因素對貿易額的扭曲影響，因而對實際貿易規模的反應更加準確。另外，如果將不同時期的對外貿易額全部計算成固定基期的對外貿易量，則更便於進行比較分析和動態研究。

公式1-2：對外貿易量=$\dfrac{對外貿易額}{基期價格指數}$

四、對外貿易差額

對外貿易差額（Balance of Foreign Trade）是指一定時期內一個國家或地區出口貿易總額與進口貿易總額之間的差額。如果差額為正，即出口貿易總額大於進口貿易總額，則被稱為貿易出超（Trade Surplus）或貿易順差（Favourable Balance of Trade）；如果差額為負，即出口貿易總額小於進口貿易總額，則被稱為貿易入超（Trade Deficit）或貿易逆差（Unfavourable Balance of Trade）；如果為零，即出口貿易總額等於進口貿易總額，則被稱為對外貿易平衡（Trade Balance）。由於進出口貿易收支是一個國家或地區國際收支經常帳戶的重要內容，因而對外貿易差額是對一個國家或地區國際收支狀況的重要反應。同時，貿易順差意味著一個國家或地區的出口商品在國際市場上擁有明顯的競爭優勢，與之相對的貿易逆差則反應了一定的競爭劣勢，可見對外貿易差額也是衡量一個國家或地區國際貿易競爭力的重要指標之一。中國的對外貿易差額情況見表1-1、圖1-1。

表1-1 2013—2018年中國對外貿易差額情況

年份	出口額（億元）	進口額（億元）	對外貿易差額	備註
2013年	137,170	121,097	16,073	順差

表1-1(續)

年份	出口額（億元）	進口額（億元）	對外貿易差額	備註
2014年	143,912	120,423	23,489	順差
2015年	141,255	104,485	36,770	順差
2016年	138,455	104,932	33,523	順差
2017年	153,321	124,602	28,719	順差
2018年	164,177	140,874	23,303	順差

數據來源：根據國家統計局歷年統計公報整理。

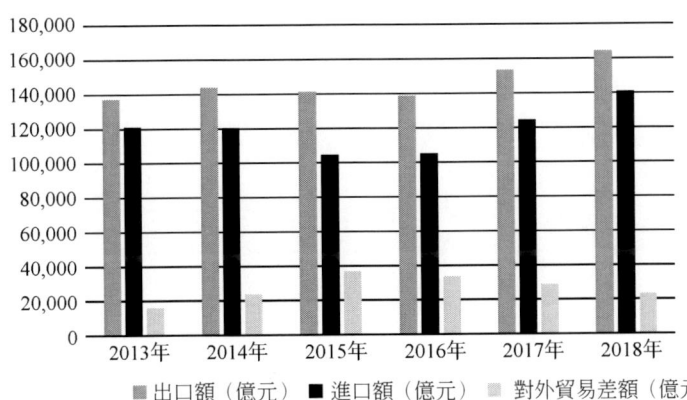

圖1-1　2013—2018年中國對外貿易差額情況

五、對外貿易商品結構與國際貿易商品結構

對外貿易商品結構（Composition of Foreign Merchandise Trade）是指在一定時期內，在一個國家或地區的進出口貿易總額中，各類商品所占的比重或構成，即各類商品的貿易額占這一國家或地區進出口貿易總額的比例。在各國的對外貿易總量中，由於來自不同產業門類、擁有不同勞動附加值和不同科技含量的貿易商品比例各異，因而這一指標能夠較好地反應這一國家或地區的產業結構狀態、經濟發展狀況和科技發展水準等。

國際貿易商品結構（Composition of International Merchandise Trade）是指在一定時期內，各類商品的貿易額在國際貿易額中所占的比重或構成，即各類商品的貿易額占世界貿易總額的比例。在全世界的貿易總量中，由於來自不同國家或地區、擁有不同產業背景和不同競爭優勢的貿易商品比例各異，因而這一指標能夠較好地反應世界各國的產業鏈分工情況、綜合經濟實力和國際競爭力水準等。

值得注意的是，這裡的分類既可以按照商品大類來劃分，又可以按照某類具體商品來統計。目前，聯合國的《國際貿易標準分類》（*Standard International Trade Classifica*，SITC）是世界各國普遍採用的國際貿易商品結構分類標準，在國際上得到了廣泛應用。

六、對外貿易地理方向與國際貿易地理方向

對外貿易地理方向（Direction of Foreign Trade）又被稱為對外貿易地區分佈（Foreign Trade by Regions）或國別結構，是指一定時期內各個國家或國家集團在一個國家或地區的對外貿易中所占的地位，常常表現為一個國家或地區一年的進出口貿易總額在不同貿易夥伴

之間的分配情況。對外貿易地理方向指明了一個國家或地區出口商品的去向和進口商品的來源，從而反應了這個國家或地區同世界其他國家或地區之間的經濟貿易往來情況。通常情況下，一個國家或地區的對外貿易地理方向會受到經濟互補性、國際產業鏈分工及對外貿易政策等因素的影響，從而帶有明顯的國際經濟環境特點和自身經濟發展方向特點。

國際貿易地理方向（Direction of International Trade）又被稱為國際貿易地區分佈（International Trade by Regions），用來表示世界各國或國家集團在國際貿易中所佔的地位，常常表現為世界貿易額在不同國家和地區間的分佈情況。這一指標可以用來觀察和比較各個國家或地區在世界貿易整體格局中的分工與位置，對於判斷和分析對外貿易競爭力亦有積極意義。2018年中國對外貿易地理方向見表1-2。

表1-2 2018年中國對主要國家和地區貨物進出口金額、增長速度及其比重

國家和地區	出口額（億元）	比上年增長（%）	占全部出口比重（%）	進口額（億元）	比上年增長（%）	占全部進口比重（%）
歐盟	26,974	7	16.4	18,067	9.2	12.8
美國	31,603	8.6	19.2	10,195	-2.3	7.2
東盟	21,066	11.3	12.8	17,722	11	12.6
日本	9,709	4.4	5.9	11,906	6.2	8.5
韓國	7,174	3.1	4.4	13,495	12.3	9.6
中國香港	19,966	5.7	12.2	564	13.8	0.4
臺灣	3,212	7.9	2	11,714	11	8.3
巴西	2,214	12.9	1.3	5,119	28.2	3.6
俄羅斯	3,167	9.1	1.9	3,909	39.4	2.8
印度	5,054	9.5	3.1	1,242	12.2	0.9
南非	1,072	6.9	0.7	1,799	8.9	1.3

數據來源：國家統計局《2018年國民經濟和社會發展統計公報》。

七、貿易條件

貿易條件（Terms of Trade，TOT）是指在一定時期內一個國家或地區每出口一個單位的商品可以換回多少個單位的外國商品的比例，因而又被稱為交換比價。貿易條件表現為一定時期內的出口商品價格與進口商品價格的比較關係，常常使用該時期內的出口價格指數與進口價格指數之比來度量。貿易條件的價值在於可以衡量一定時期內一個國家或地區的出口相對於進口的盈利能力和貿易利益，進而反應了該國或地區的對外貿易優劣狀況。這一概念對於分析雙邊貿易尤為重要。一般而言，貿易條件可以計算為一項系數（公式1-3）。

公式1-3：貿易條件系數 $= \dfrac{\text{出口價格指數}}{\text{進口價格指數}} \times 100\%$

如果某國的貿易條件系數大於100%，則說明這一時期的出口價格相對進口價格上漲，該國每出口一個單位商品能換回比以往更多的進口商品，貿易條件改善。

如果某國的貿易條件系數小於100%，則說明這一時期的出口價格相對進口價格下降，該國每出口一個單位商品能換回比以往更少的進口商品，貿易條件惡化。

國際貿易理論一般認為，出口導向型的貿易增長會使一個國家或地區的貿易條件惡化，

而進口導向型的貿易增長則會使一個國家或地區的貿易條件改善。

八、對外貿易依存度

對外貿易依存度（Ratio of Dependence on Foreign Trade）又被稱為對外貿易比率或對外貿易系數，是指一個國家或地區的對外貿易總額與國內生產總值（GDP）的比值（公式1-4）。

公式1-4：對外貿易依存度 $= \dfrac{對外貿易總額}{國內生產總值} \times 100\%$

如果將對外貿易總額劃分為進口貿易總額和出口貿易總額，對外貿易依存度還可以分為進口貿易依存度和出口貿易依存度兩種類型。這類依存度的概念不僅反應了一個國家或地區的經濟發展對貿易發展的依賴程度，也表明了對外貿易對這一國家或地區經濟發展的貢獻程度。同時，對外貿易依存度還體現了這一國家或地區參與國際經濟活動的深度與廣度。通常情況下，以外向型經濟為主的小國才會擁有較高的對外貿易依存度，如新加坡、韓國、巴拿馬等，但是隨著國際產業鏈分工的擴大和深化，一些發展中大國的對外貿易依存度也出現了較大幅度的提高。如何看待和分析這一現象，一度成為相關貿易研究的熱點之一。中國對外貿易依存度情況見表1-3、圖1-2。

表1-3 2013—2018年中國對外貿易依存度情況

年份	進出口總額（億元）	國內生產總值（億元）	外貿依存度
2013年	25,8267	568,845	45.40%
2014年	26,4334	636,463	41.53%
2015年	24,5741	676,708	36.31%
2016年	243,386	744,127	32.71%
2017年	277,923	827,122	33.60%
2018年	305,050	900,309	33.88%

數據來源：根據國家統計局歷年統計公報整理。

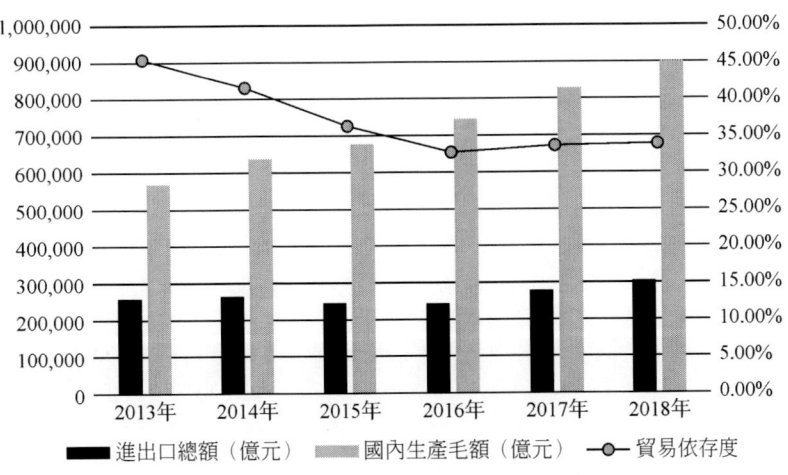

圖1-2 2013—2018年中國對外貿易依存度情況

九、貿易競爭力指數

貿易競爭力指數（Trade Competitiveness，TC）是一種測度國際貿易競爭能力強弱的常用指標。這一指標的內涵是測度一個國家或地區的對外貿易差額佔其國際貿易總額的比重（公式1-5）。

公式1-5：TC 指數 = $\dfrac{出口額 － 進口額}{出口額 ＋ 進口額}$ × 100%

這一指標表現為一個「相對比較值」，始終介於-1~1，因而無論這個國家或地區的進出口貿易的絕對量是多少，該指標總能剔除通貨膨脹、價格變動等宏觀經濟因素所引起的國際貿易波動，從而客觀反應國際貿易競爭力的總體水準。

如果一個國家或地區的貿易競爭力指數的值越接近0，表示該國或地區的國際貿易越接近貿易平衡，其貿易競爭力也越接近世界平均水準；如果這一指數為-1，則表示該國或地區只進口不出口；這一指數越接近-1，表示該國或地區的國際貿易競爭力越薄弱；如果這一指數為1，則表示該國或地區只出口不進口，越接近1，則表示該國或地區的國際貿易競爭力越強。中國的貿易競爭力指數見圖1-3。

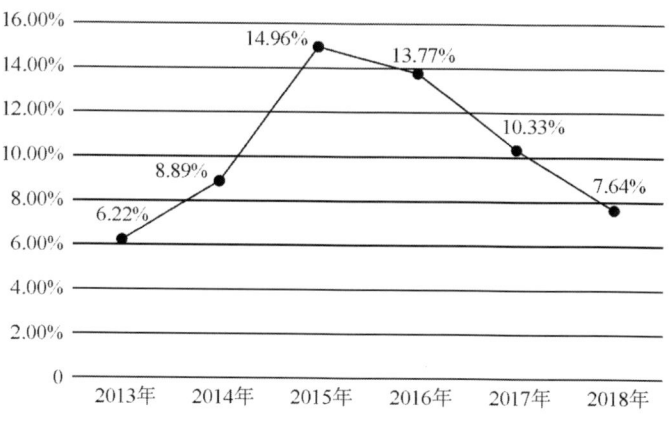

圖1-3 2013—2018年中國的貿易競爭力指數

十、出口導向與進口替代

出口導向（Export Leading）是指一個國家或地區通過引進外國資本和國外先進的生產技術來發展本國的製造業，在出口貿易中以新的工業製成品替代原有的初級產品，進而以出口貿易為抓手，帶動整個國家或產業的進一步發展。一般而言，出口導向是發展中國家常常採用的工業化發展戰略措施之一，尤其多見於勞動密集型產業的發展歷程。由於工業製成品或半製成品具有更高的附加值，因而發展中國家更容易從這類產品的出口貿易中獲得外匯收入並持續推進本國的產業升級與結構調整。

進口替代（Import Substitution）是指一個國家或地區首先通過引進國外的先進生產技術和設備，發展本國不能生產或競爭力薄弱的產品製造產業，在實現這類產品的國產化之後，再以國產產品替代進口產品的發展戰略。一般而言，進口替代也是發展中國家常常採用的工業化發展戰略措施之一，尤其多見於對那些進口需求較大的產品的國產化過程。發展中國家在進口替代戰略中逐步實現重要工業產品的國產化，進而在帶動經濟發展、扶持幼稚產業、彌補貿易逆差並逐步實現工業化等方面產生良好效果。

实际上，出口导向与进口替代都屬於一個國家或地區依託對外貿易的發展來推進工業化發展的戰略措施，並無優劣之分。世界上的各個國家，尤其是發展中國家應當根據自身國情和國際經濟環境正確選擇或組合這兩種發展戰略。

第二節 有關國際貿易的分類

一、進口貿易、出口貿易與過境貿易

按照國際貿易商品或服務的流向不同，國際貿易可以劃分為進口貿易、出口貿易與過境貿易三種貿易類型。

進口貿易又被稱為輸入貿易（Import Trade），是指一個國家或地區從他國或地區買進商品或服務，並將其應用於國內市場的貿易業務。一般而言，進口貿易既可以表現為直接地將外國商品輸入本國市場銷售，也可以表現為間接地將國內半成品或原材料先輸往國外加工生產之後的再進口。需要區別的是，如果商品在輸往國外後，由於質量、價格等問題未能完成銷售，可以在未經加工的前提下以免徵關稅的形式運回國內，這類特殊的進口被稱為復進口（Re-Import Trade）。

出口貿易又稱為輸出貿易（Export Trade），是指一個國家或地區向他國或地區賣出商品或服務，並將其應用於國外市場的貿易業務。一般而言，出口貿易既可以表現為直接地將本國生產或加工的商品輸往國外市場銷售，也可以表現為間接地將國外半成品或原材料先輸入國內加工生產之後的再出口。同樣需要區別的是，如果從外國輸入本國的商品在未經加工的前提下再次向國外輸出，這類特殊的出口就被稱為復出口（Re-Export Trade）。對於轉口貿易而言，復出口不僅是一種常見的貿易形式，更是一種具有重要經濟價值的貿易手段。

過境貿易（Transit Trade）是指在國際貿易過程當中，商品經過了除進口國和出口國之外的其他國家或地區，對其途經的國家或地區而言，這種貿易就被稱為過境貿易。通常過境貿易還可被進一步劃分為直接過境貿易和間接過境貿易兩種類型。前者是指外貿商品並未經過海關管理的全套程序而直接運往國外，多見於不存放海關保稅倉庫或不經過運輸工具裝卸的直接運輸出境方式；後者則是指外貿商品在入境之後，先要存放在海關的保稅倉庫，在未經加工的情況下再擇機運往國外的貿易方式。

二、有形貿易與無形貿易

按照國際貿易商品的具體形態不同，國際貿易可以劃分為有形貿易與無形貿易兩種貿易類型。

有形貿易（Visible Trade）是指以實物形態的商品作為貿易標的物的貿易類型，習慣上也被稱為貨物貿易（Goods Trade）。眾所周知，國際貨物貿易擁有悠久的歷史和廣泛的影響，歷來都是各國政府與海關的重點管理對象。由於國際貿易有形商品的種類繁多，聯合國秘書處於20世紀50年代出版了《國際貿易標準分類》（Standard International Trade Classification，SITC），以便於對國際貿易貨物的統計、管理和徵稅。20世紀80年代，海關合作理事會（現名世界海關組織）又主持制定了《商品名稱及編碼協調制度》（The Harmonized Commodity Description and Coding System，HS）。這也是一套方便海關統計及管理進出口貨物的商品分類編碼體系。總之，有形貿易是國際貿易的傳統類型和主要形式，受到世界各國的高度重視。

無形貿易（InvisibleTrade）與有形貿易相對應，是指以非實物形態的商品作為貿易標的

物的貿易類型。服務貿易（Service Trade）就是典型的無形貿易。非實物商品主要包括服務和勞務，如運輸、保險、金融、旅遊、教育、諮詢及技術等服務，勞務的輸出與輸入等。除此之外，無形貿易還包含了因資本的國際流動而產生的收益項目，如利潤、利息、股息、租金等，幾乎包含了除貨物貿易之外的其他一切收支。

實際上，隨著現代國際貿易的不斷發展，有形貿易與無形貿易已漸漸成為一個不可分割的整體。例如，出口成套設備就必然伴隨相關的金融與技術服務；進口大宗產品也必然伴隨國際運輸與貨運保險等服務。因此，可見的商品與不可見的服務往往是一同被買賣的，二者相互區別又緊密聯繫，都被列入一國國際貿易的管理與統計範疇。

三、直接貿易與間接貿易

按照國際貿易關係的不同，國際貿易可以劃分為直接貿易與間接貿易兩種貿易類型。

直接貿易（Direct Trade）是指進出口貿易的雙方直接開展國際貿易，進口方就是商品的消費國，出口方就是商品的生產國。這種貿易形式的最大特點表現為商品的國際交換過程不通過第三國，即商品將直接由生產國運輸到消費國進行消費。在通常情況下，直接貿易關係簡單、程序明確，商品的跨國流動是一次性的、單向的。

間接貿易（Indirect Trade）與直接貿易相對，是指進出口貿易的雙方需要通過第三國或更多的中間國來完成國際貿易。在這一貿易類型中，商品的生產國和消費國之間往往有其他國家一起來參與貿易活動。間接貿易的最主要形式就是轉口貿易（Entrepot Trade）。轉口貿易既可以表現為國際貿易的商品先從生產國運往第三國，在第三國只停留、不加工，再由第三國運往消費國；也可以表現為國際貿易的商品不通過第三國而直接由生產國運往消費國，但必須由第三國作為中間商分別與生產國和消費國產生貿易關係。

在現實中，貿易壁壘一般會阻礙進出口國家間的直接貿易，而以轉口貿易為代表的間接貿易則常常成為相關企業規避風險、減少障礙的有效方法。

四、雙邊貿易與多邊貿易

按照國際貿易參與國家或地區的數量不同，國際貿易可以劃分為雙邊貿易與多邊貿易兩種貿易類型。

雙邊貿易（Bilateral Trade）是指在兩個國家或地區之間的貿易往來。雙邊貿易也指兩個國家或地區之間相互保持收支平衡的貿易，即一國的出口和進口分別對應著另一國的進口和出口，貿易收支與商品交易緊密聯繫。通常情況下，開展雙邊貿易的國家或地區需要簽訂政府間的貿易協議，明確雙邊貿易以雙邊收支平衡為基礎，從而為本國解決對外支付困難、平衡外匯收支及促進經貿發展提供幫助。

多邊貿易（Multilateral Trade）是指在三個或三個以上的國家或地區之間開展的貿易往來。與雙邊貿易類似，多邊貿易也指多個國家或地區之間相互保持收支平衡的貿易，即如果將多個國家或地區視為一個整體，在這一整體內部，貿易與收支能夠實現平衡。各國可以用針對某些國家的順差來支付針對另一些國家的逆差，在多邊支付的條件下實現整體的貿易平衡。通常情況下，開展多邊貿易的國家同樣需要簽訂政府間的貿易條約或協定。例如，在世界貿易組織中，各個成員經濟體間的國際貿易就屬於典型的多邊貿易。

五、水準貿易與垂直貿易

按照國際貿易參與國家或地區的經濟發展水準不同，國際貿易可以劃分為水準貿易與垂直貿易兩種貿易類型。

所謂經濟發展水準，通常是指一個國家或地區經濟發展的規模、速度和所達到的水準。

其一般可以用國民生產總值、國民收入、人均國民收入、經濟發展速度、經濟增長速度等指標來加以度量。習慣上，我們按照經濟發展水準的不同可以將世界上的國家劃分為發達國家與發展中國家兩個大類。

水準貿易（Horizontal Trade）是指在經濟發展水準相近的國家或地區之間開展的國際貿易。例如，發達國家之間的貿易或發展中國家之間的貿易就是水準貿易。處於相同經濟發展水準的國家往往擁有相似的經濟模式和貿易政策，貿易活動一般具有較強的同步性和協調性，因而更容易在貿易合作中實現互利互贏。

垂直貿易（Vertical Trade）與水準貿易相對，是指在經濟發展水準相差較大的國家或地區之間開展的國際貿易。例如，發達國家同發展中國家之間的貿易。由於國際貿易參與國的經濟發展水準差異明顯，經濟實力與貿易政策又各不相同，因而更容易產生貿易不平衡的問題。特別是近年來，隨著國際產業鏈分工的深入，垂直貿易的優勢凸顯，各國紛紛開始重視對這一貿易類型的發展與創新。

六、有證貿易與無證貿易

按照國際貿易過程中是否使用單證，國際貿易可以劃分為有證貿易與無證貿易兩種貿易類型。

有證貿易（Documentary Trade）是指在國際貿易過程中必須通過一系列單證的交換才能完成貨款收付的貿易類型。所謂單證，是指票據、單據與證件等商業文件。常見的票據有匯票、本票及支票等，常見的單據有發票、提單、運單及保險單等，常見的證件有信用證、商檢證書及完稅證明等。國際貿易往往路途遙遠、過程複雜，使得「一手交錢、一手交貨」變得困難重重，因而以單據買賣為代表的象徵性交貨就成了國際貿易的重要方式，進而形成了有證貿易。

無證貿易（Electronic Data Interchange）與有證貿易截然相反，是一種基於計算機網絡技術和國際貿易統一慣例的新型貿易類型。無證貿易強調了對電子數據信息的交換與儲存，將整個貿易過程中的合同、運輸、保險、商檢及海關等信息匯總處理，從而實現了無紙化、全程化和信息化。目前，無證貿易正在對傳統貿易產生深刻影響，其高速、精確、遠程和巨量的技術性能正在改變著現有的商業模式和貿易習慣。可以預測，無證貿易代表了貿易發展的一種方向，完全有可能成為未來的主要貿易類型。

七、易貨貿易與現匯貿易

按照國際貿易過程中所使用的清償工具不同，國際貿易可以劃分為易貨貿易與現匯貿易兩種貿易類型。

顧名思義，易貨貿易（Barter Trade）就是指以貨物交換的形式來進行的國際貿易。採用這類貿易方式時，進出口雙方按事先約定貨物的計價標準，採用以貨換貨的結算方式來完成貿易活動。易貨貿易很好地彌補了一些國家或企業缺乏外匯的問題，不僅可以使國際貿易能夠在外匯不足的情況下正常進行，還能夠通過貨物的交換加深進出口國家或地區間的經貿關係，因而是一種受到發展中國家青睞的貿易類型。另外，易貨貿易還常見於邊境貿易當中。

現匯貿易（Spot Exchange Trade）又被稱為自由結匯貿易（Free-Liquidation Trade），是指在國際貿易的結算中使用外匯作為清償工具的貿易活動。可用於國際支付的外匯必須是國際通用的貨幣，例如美元、歐元、英鎊、日元及港元等（表1-4）。在傳統國際貿易中，現匯貿易是最受歡迎的貿易類型之一。

表 1-4 世界主要外匯及部分國家貨幣舉例

國家或地區	貨幣中文名稱	貨幣英文名稱	貨幣符號
美國	美元	U. S. Dollar	USD
歐洲貨幣聯盟	歐元	Euro	EUR
日本	日元	Japanese Yen	JPY
英國	英鎊	Pound	GBP
澳大利亞	澳大利亞元	Australian Dollar	AUD
加拿大	加元	Canadian Dollar	CAD
新加坡	新加坡元	Singapore Dollar	SGD
瑞士	瑞士法郎	Swiss Franc	CHF
中國	人民幣元	Renminbi Yuan	CNY
中國香港	港元	HongKong Dollar	HKD
印度	盧比	Indian Rupee	INR
俄羅斯	盧布	Russian Ruble	RUB
韓國	韓元	Won	KRW
埃及	埃及鎊	Egyptian Pound	EGP

資料來源：根據國家外匯管理局網站資料整理。

第三節　國際貿易的特點

同國內貿易相比較，國際貿易仍然是商品和勞務的交換活動。二者在社會再生產中的地位相同，所要交換商品的運行方式類似，都要按照商品經濟的一般規律來運行。然而，由於國際貿易具有跨國屬性，因而在經濟社會環境當中的特殊性也將更加明顯。

一、國際貿易的環節較多

（一）國際貿易合同的達成過程較為複雜

簽訂貿易合同是進出口雙方開展國際貿易的前提，但是達成貿易協議或合同的過程並不簡單，往往會涉及國際商務談判的諸多環節。一般而言，簽訂貿易合同的過程包括三個步驟，分別是交易前的準備、正式的交易磋商及貿易合同的訂立。例如，在交易之前，進出口雙方需要選擇目標市場、目標客戶，尤其是進口商需要做好資金準備、出口商需要做好商品準備。在交易磋商階段，進出口雙方又會經歷詢盤、發盤、還盤和接受等各個具體環節，最終達成一致。在貿易合同的訂立階段，進出口雙方還要確定合同的具體形式與內容，特別是要對雙方的「責」「權」「利」進行最後的確定。可見，簽訂一份正式的貿易合同是一項複雜而且具體的工作。

（二）國際貿易合同的履行過程較為複雜

每一份貿易合同的履行，從簽訂到了結都是一個複雜且漫長的過程。站在進出口商各自的角度，貿易合同的履行又可分為出口合同的履行和進口合同的履行兩個方面。以出口合同為例，履行過程就包含了「貨」「證」「運」「款」「賠」五個環節。貨是指出口貨物，出口

商需要及時備貨並向海關和商檢報驗；證是信用證，出口商為了後續收款的安全，必須聯繫銀行完成催證、審證及改證等手續；運是指國際貨物運輸，相應的租船訂艙、購買保險等工作也要及時完成；款即收取貨款，出口商需要嚴格按照合同及信用證的要求方能順利製單結匯；賠是指索賠環節，如果發生損失，出口商還需要向相應的保險人、承運人、肇事人等索賠。進口合同的履行與之類似。可見，貿易合同的履行是一項嚴謹且系統的工作。

(三) 國際貿易的業務關係方眾多

國際貿易貨物往往需要進行跨國的長途運輸，貨物的進出口手續又較為複雜，因此不是一項僅僅依靠進出口雙方就能完成的簡單工作。一般而言，國際貿易會涉及國內外的大量關係人，除了進口商與出口商之外，常見的還有海關、商檢機構、銀行、保險人、承運人及中間人等。加之各個關係人又可能分佈於世界各地，相應工作的開展必然是比較困難的。事實上，從國際貿易的常用單證中也能看出不同關係方的具體作用。例如，信用證來自進口地銀行，海運提單來自國際承運人，保險單來自保險公司，商業發票來自出口商，商檢證書來自商檢機構，完稅證明來自海關，等等。因此，眾多的業務關係方也從另一個角度體現了國際貿易程序的複雜性。

二、國際貿易的不確定因素較多

(一) 來自自然環境的不確定因素

自然的力量從來不依賴於人的主觀意志。在國際貿易過程當中，由於商品是在國家與國家、國家與地區之間運輸，因而運輸距離通常較遠，需要面對的風險也較多。商品的倉儲與物流會隨時隨地受到大自然的影響，從而產生出以自然災害（Natural Calamities）為代表的自然風險。常見的自然災害包括惡劣的氣候、雷電、洪水、海嘯及地震等。自然風險的總體特徵表現為不可控、有週期、危害大和涉及面廣，因此，自然風險也是保險人承保最多的風險類型。需要說明的是，一般的自然災害可以通過購買運輸保險來加以防控，但極端的自然災害往往屬於不可抗力的範疇，需要進出口雙方在貿易合同中予以界定並作為免責條款來訂立。可見，在國際貿易中，保險只能補償一部分自然風險，想要徹底消除自然風險是辦不到的。

(二) 來自商業環境的不確定因素

從世界範圍來看，各國的商業環境同樣複雜多變，其中產生的商業風險、信用風險、匯率風險和價格風險是國際貿易需要面對的主要風險。

其一，商業風險是指因商業活動的特殊變化而引起經濟損失的客觀可能性。在現實經濟環境中，商品交易的商業風險無處不在，比如商品價格的跌落、交貨質量的變更及結匯單證的不符等。

其二，信用風險是指貿易合同的當事人因種種原因不願意或無能力繼續履行合同所規定的義務，從而致使貿易對方或其他相關關係方遭受經濟損失的可能性。信用風險也被稱為違約風險，常常是因為貿易中的資金鏈斷裂、貨源喪失或運輸緊張等原因，也是一種常見的國際貿易不確定因素。

其三，匯率風險是指貿易商在運用外幣進行計價收付的環節中，因外匯匯率的非預期性變動而蒙受損失的可能性。國際貿易的計價貨幣和支付貨幣常常使用外幣，從簽訂合同到完成收款往往又要經歷一段較長的時間，在此期間匯率時刻處於變動之中，為此，貿易商就需要使用一定的金融工具來規避匯率風險。

其四，價格風險是指進出口雙方在簽訂貿易合同之後，因商品價格波動而對貿易中的一方產生經濟損失的可能性。眾所周知，國際市場上的商品價格受到多種因素的影響，價格的漲跌現象極為常見。為了防範這類風險，進出口商需要選擇合理的定價方法和策略，盡可

消除這一不確定因素對自身的不利影響。

(三) 來自其他方面的不確定因素

由於國際貿易涉及不同的國家或地區，進出口企業還需要面對來自一些國家或地區的政策法律風險。所謂政策法律風險，是指因為一些國家或地區出現了貿易政策變化、法律法規修改或者外交關係變更等情況，從而給正在進行國際貿易的進出口企業帶來產生經濟損失的可能性。政策法律風險有時候甚至會上升為更加嚴重的政治風險，例如，外國政府採取的沒收、徵用、國有化等干預經貿活動的強制措施，外國發生戰爭、動盪和暴力衝突等。由於此類風險難以預測、不易補救，因而進出口企業在同世界上一些高風險國家或敏感地區進行國際貿易時要特別注意。

三、國際貿易的困難較多

(一) 語言不同帶來的困難

全世界擁有近兩百個國家和地區，不同的語言更是達到數千種。其中，國際常用語言就有英語、漢語、西班牙語、阿拉伯語、葡萄牙語、日語、德語及俄語等。然而，迄今為止並沒有任何一種語言可以在全世界範圍內做到完全通用，而從事國際貿易又必然會和形形色色的外國人展開交流，所以掌握並使用至少一門外語就成了開展國際貿易的起碼要求。在實踐中，配備精通外語的翻譯人員是克服國內外語言障礙的常見方法，而其他環節的業務人員也應當至少具備掌握一門外語的能力。

(二) 制度慣例不同帶來的困難

世界各國在法律法規、商業慣例（Commercial Practice）、貨幣與度量衡等方面存在的不同也會使國際貿易的開展困難重重。在法律法規方面，世界範圍內有國際法，各國有國內法，各個層次的法規、法令、條例等難免會出現相互衝突的情況。國際貿易的每一個環節都必須做到合法合規才能順利完成。在商業慣例方面，很多國家或地區已在長期的交易活動中形成了特定的習慣，其中有些做法甚至逐漸成為得到所有參與交易的貿易商公認並遵行的習慣做法。這些慣例的重要性僅次於法律，在一定範圍內具有強制性，因而外來的貿易商必須要瞭解並使用這些慣例。在貨幣與度量衡方面，國際貿易貨款的計價和支付需要在不同貨幣之間換算，貿易貨物的數量也需要在不同度量衡之間換算，來自貨幣和度量衡的差異也會增加國際貿易的難度。除此之外，各國的海關制度、稅收制度以及商業管理制度等都存在一定差異，這些都有可能成為開展國際貿易的障礙和挑戰。

(三) 社會文化差異帶來的困難

目前，全世界擁有的人口超過了 70 億，民族數量超過了 2,000 個。不同國家和民族在社會、經濟及文化等方面存在著較大的差異，如何在國際貿易過程中適應差異、規避禁忌，這又是一項影響貿易成敗的重要因素。一般而言，社會文化差異的來源可以劃分為社會因素和文化因素兩個方面。社會因素包括社會制度、社會關係、交往互動、道德規範及風俗習慣等。文化因素則包括教育程度、宗教信仰、共同語言、價值觀念及消費習慣等。它們廣泛地存在於貿易對象所在的國家或地區，其影響力是持續的、強烈的和難以改變的。所以，無論是在國內還是在國際上開展國際貿易活動，相關企業和業務人員都必須要瞭解並尊重不同國家的社會文化差異，要在經過認真分析和策劃之後，制定出切實可行的國際貿易營銷方案。

本章小結

本章主要講述了三個方面的內容。

第一，有關國際貿易類的基本概念，包括國際貿易與對外貿易、對外貿易額與對外貿易量、對外貿易差額、對外貿易商品結構與國際貿易商品結構、對外貿易地理方向與國際貿易地理方向、貿易條件、對外貿易依存度、貿易競爭力指數、出口導向與進口替代。我們在把握每種概念的內涵的同時，需注意相應的應用範圍，避免混用、錯用貿易概念。

第二，有關國際貿易的分類，包括進口貿易、出口貿易與過境貿易、有形貿易與無形貿易、直接貿易與間接貿易、雙邊貿易與多邊貿易、水準貿易與垂直貿易、有證貿易與無證貿易、易貨貿易與現匯貿易。我們在掌握分類方法與相應類型的同時，需注意各種分類的意義與用途。

第三，國際貿易的特點，包括國際貿易的環節較多、國際貿易的不確定因素較多、國際貿易的困難較多。我們要注意辨析國際貿易與國內貿易的異同。

 思考題

1. 請簡述貿易順差與貿易逆差的概念，並結合中國對外貿易概況進行闡述。
2. 請簡述國際貿易的分類方法，並舉例說明相應分類的目的與意義。
3. 試論述提高國際貿易競爭力的途徑，並結合一定的衡量指標來加以說明。
4. 試論述有形貿易與無形貿易的概念、異同與聯繫。
5. 試論述國際貿易與國內貿易的相同點和不同點。

第二章
國際貿易經典理論

  學習目標

　　熟悉國際貿易的基本理論，掌握相應經濟思想和理論觀點的發展脈絡，能夠闡述與分析現代國際貿易理論的發展趨勢。

  學習重點

　　重商主義思想，絕對優勢理論，比較優勢理論，保護貿易理論，要素稟賦理論。各個主要理論的背景、代表人物、內容以及評述等。

第一節　重商主義思想

　　顧名思義，重商主義（Mercantilism）就是一種強調「商業」「資本」以及「財富」在一國對外經濟活動中具有重要意義的理論思想。究其歷史，重商主義是一種產生於15世紀至17世紀的西方經濟思想，它產生於西方封建社會逐漸瓦解和資本主義逐步發展的原始累積階段，反應了當時的理論動向與政策變遷。關於重商主義的出處，一般認為是由亞當·斯密（Adam Smith）在其重要著作《國民財富的性質和原因的研究》，即《國富論》一書中提出的，而在此之後，人們對於國際貿易的思考與研究可以說都是從重商主義出發的。

一、重商主義的經濟思想

　　重商主義認為，一個國家的經濟發展必須建立在對貨幣財富的大量累積之上。這意味著

在以金銀等貴金屬為貨幣的時代，一個國家的金銀儲備越多，國民經濟也就越發達。按照這樣的邏輯，重商主義主張政府應加強對經濟的干預，特別是要強化對國際貿易的管控。一個國家要盡可能地增大出口而減少進口，即通過擴大貿易順差來實現對財富和資本的不斷累積。

重商主義的發展可以被劃分為早期重商主義和晚期重商主義兩大階段。

早期重商主義又被稱為「貨幣差額論」，形成於15至16世紀，研究者以英國的威廉‧斯塔福（William Staffor）和約翰‧海爾斯（John Hales）為代表。在這一時期，人們普遍認為財富就是貨幣，貨幣就是金銀，主張嚴格限制貴金屬貨幣的向外輸出，尤其是在國際貿易中，應當通過政府的行政政策來主動實現多出口、少進口或不進口，從而形成所謂的「貨幣平衡」。在貨幣差額論的影響下，政府開始干預經濟和貿易，貨幣、資本及商品的自由流動被人為限制，甚至連外國商人的經營活動也被管理起來。在這一思想的作用下，國家的貨幣看似得到了累積，但國際貿易尤其是自由貿易的優勢卻並沒有得到應有的重視。

晚期重商主義也被稱為「貿易差額論」，形成於16至17世紀，研究者以英國的托馬斯‧孟（Thomas Mun）為代表。在這一時期，人們開始意識到片面強調在每一筆國際貿易中都要實現貨幣財富的淨流入是狹隘的和錯誤的，政府在繼續強調爭取順差、累積金銀的同時，開始允許一些企業向外國輸出資本，因為只要做到總的貿易收支是貨幣流入大於貨幣流出的，那麼一個國家仍然能夠實現所謂的「貿易平衡」。在貿易差額論的指導下，當時的英國、法國及德國等資本主義國家陸續開始實行貨幣限制、獎出限入及貿易壟斷等政策，在鼓勵輸出貨幣的過程中獲得了更多的輸入貨幣，最終從其殖民地市場掠奪到了大量的財富，完成了西方資本主義的原始累積。

重商主義思想經歷了從貨幣差額論到貿易差額論的發展，體現了早期研究者對國際貿易與經濟發展相互關係的最初認識，也反應了商業資本在不同歷史時期的影響與作用。事實上，亞當‧斯密在研究重商主義之時，已經對其進行了批判和反駁，並在其基礎之上提出了後來的國際貿易絕對優勢理論。

二、重商主義的政策體系

（一）限制金銀貨幣的流出

既然金銀貨幣代表了資本財富，那麼政府必然制定政策來限制貴金屬貨幣的跨國自由流動。按照重商主義的基本思想，貨幣政策的重點是嚴格管制貨幣的向外流出，具體表現為對國際貿易收支的嚴格管理，即只能有金銀流入的順差，不能有金銀流出的逆差。例如，在歷史上，英國、西班牙等國甚至制定了嚴苛的法律來懲罰將金銀輸出到國外的個人和企業。

（二）強化國際貿易的壟斷

由於金銀貨幣的主要來源是國際貿易順差，實行重商主義的國家自然也要實行國際貿易的壟斷政策。特別是當西方資本主義逐漸進入殖民主義時代之後，西歐各國不斷強化對海外殖民地市場的貿易壟斷，並利用國際貿易中原材料和製成品之間的價格剪刀差，獨占並持續掠奪了大量海外財富，從而形成了不斷累積的「壟斷順差」。

（三）推行獎出限入的政策

重商主義與貿易保護主義可謂密切關聯，主張重商主義的國家必然採取貿易保護政策。獎出限入政策就是運用政策工具鼓勵出口並限制進口的一般做法。具體而言，政府可以一方面通過採用出口退稅、出口補貼及貿易獎勵等政策手段盡可能地鼓勵本國商品對外出口，另一方面又通過採用加徵關稅、進口配額及進口禁令等政策措施盡可能地限制外國商品向內進口。當然，限制進口的措施並沒有絕對執行，對於生產性的設備原料和非生產性的消費品還是有所區別的。例如，歷史上的英國就曾經頒布專門的法令來禁止國內個人和企業進口海

外奢侈品，並以補貼進口原材料的方法來保護本國產業的生存與成長。

（四）促進本國航運的發展

國際貨物運輸是國際貿易的重要環節，人們很早就已經意識到國際航運對於一個國家發展貿易的關鍵作用。對於實行重商主義的國家而言，海上貿易的通暢與否更關係著貨幣財富能否持續流入這一核心問題，因而受到各個國家的高度重視。特別是隨著世界地理大發現和新航線的不斷開通，早期西方資本主義國家間的海上競爭也愈發激烈起來。為此，在歷史上，相應國家紛紛制定政策，既要限制外國承運人來經營本國的航運業務，又要鼓勵本國承運人去積極拓展國際運輸業務。例如，英國就曾經規定，有關英國的國際貿易運輸必須使用英國公司的船舶。

（五）鼓勵本國工業的成長

重商主義的主要觀點是強調貿易順差，順差的前提又是擁有大量暢銷的外貿商品。當西方國家進入資本主義生產方式之後，工業品成了主要的出口商品。為此，各國政府以提高出口商品的國際競爭力為目標，制定了各種政策來發展工業。例如，針對工礦企業，政府可以發放低息貸款；針對技術工人，政府可以給予高薪待遇；針對機器設備，政府還可以免徵關稅等。可以說，後來的重商主義漸漸從單一的促進出口政策轉向了更為多元化的鼓勵工業成長政策。

綜上所述，以上各項措施構成了重商主義思想的基本政策體系，雖然並不完美，但在歷史上促進了西方資本主義生產方式的最終形成。

三、對重商主義的評述

重商主義是特定歷史時期的理論探索，它的歷史局限性是不容置疑的。其經濟思想的特點主要是強調了貨幣與財富的重要意義，其政策主張的特徵是重視國家對經濟貿易的主觀干預。

有學者曾指出，重商主義是對西方封建主義經濟思維的一次重大突破，人們從重商主義開始，進行了圍繞商業資本的世俗化的經濟研究，並漸漸看清了從貨幣到商品再到貨幣的資本生產過程。就這一點而言，重商主義還是有一定的理論和實踐價值的。

然而，重商主義卻存在著明顯的瑕疵。比如，重商主義對社會財富的認知是片面的、錯誤的。金銀、貨幣、資本及財富是一組既相互聯繫又相互區別的概念，決不能簡單地畫上等號。同時，重商主義對於世界財富的認知也是靜態的、固化的。事實上，後來的貿易理論已經證明，國際貿易並非零和博弈，世界財富完全可以在貿易中被創造、被增加。

當然，誕生於數百年前的重商主義並沒有消亡，甚至還在發展，後來還出現了「新重商主義」。其中的某些政策主張至今仍然存在並依然具有一定的現實意義。特別是對於發展中國家而言，在面對如何提高工業產品的國際競爭優勢，如何應對發達國家的貿易保護主義，以及如何保護本國的幼稚產業等難題時，重商主義仍然具有參考價值。

第二節　絕對優勢理論

絕對優勢理論產生於 17 至 18 世紀，是一種強調絕對成本優勢的國際貿易理論。當時的歐洲經歷了從英國到法國的資產階級革命，資本主義的發展進入了全新的階段。與此同時，人們對於經濟貿易的觀點也在不斷進步，重商主義思想開始衰落，而自由貿易理論逐漸興起。

絕對優勢這一概念仍然是由英國古典經濟學家亞當‧斯密在其《國富論》一書中提出

的。以他為代表的學者認為，國際貿易產生的原因在於各國之間生產成本的價格差異。具體而言，對於某項商品，只有擁有較低絕對成本的國家才具有生產這項商品的絕對優勢，也只有這類國家才可以出口該項商品；反之，一個國家若沒有某項商品的絕對成本優勢，則只能選擇進口該類商品，而放棄生產與出口。按照這樣的邏輯，世界各國都應該重新評估本國的生產成本與出口優勢，並按照絕對優勢進行國際分工。世界貿易的最優模式是各國僅僅出口本國的絕對優勢商品，而進口絕對劣勢商品，從而實現所謂的新的「自由貿易」格局。

一、絕對優勢理論的內涵

重商主義思想僅僅強調了國際貿易的結果是要擴大順差，並沒有系統解釋國際貿易產生的原因是什麼。隨著17世紀西歐各國的資本主義生產方式得到了鞏固與發展，擴大貿易和自由貿易已迫在眉睫。此時，處於產業革命前夜的經濟學家們開始思考，國際貿易的根本動因和條件是什麼呢？為此，以亞當·斯密為代表的學者提出了絕對優勢理論，他們不但批評了重商主義的故步自封，倡導了自由貿易的勢不可擋，更概括出了國際貿易的基本原理——絕對成本學說。

按照絕對優勢理論的觀點，在國際貿易中，絕對成本帶來了絕對優勢，絕對優勢創造了絕對利益。因此，參與國際貿易的國家應當充分認知本國的絕對成本，並憑藉這一成本優勢從對外貿易中實現獲利。然而，絕對成本優勢又從何而來呢？圍繞這一問題，亞當·斯密等學者展開了一系列的研究，並重新解析了一條從自然稟賦到財富累積的絕對優勢形成路徑。

（一）財富累積來自發展生產

絕對優勢理論並不讚同重商主義的財富觀，認為金銀貨幣僅僅是社會財富的表現而非本質。所謂社會財富，是指社會勞動者通過生產活動所創造出來的有價值的勞動產品。一般而言，使用價值和交換價值是社會財富的兩項基本特徵。亞當·斯密認為，一個國家生產各類商品的能力是其能否長期富有的關鍵。只有當剩餘商品的數量和質量能夠滿足跨國交換的需要時，國際貿易才能順利開展。因此，以商品為代表的物質財富才是換取貨幣財富的基礎，而生產商品的能力才是累積財富的源泉。

（二）發展生產來自勞動分工

一個國家生產能力的提高主要體現為勞動生產率的提高，而提高勞動生產率的最佳方法就是進行勞動分工。在管理學中，勞動分工是組織生產的一種常用方法，科學合理的分工能夠提高勞動生產者的熟練程度，從而節約生產過程中的時間成本、培訓成本及轉換成本等。亞當·斯密在其著作《國富論》中提出並闡述了勞動分工對於發展生產的重要價值，在他看來，勞動分工是人類從事生產和交換活動的自然傾向，分工的結果必然是對生產數量和生產效率的大幅提升。例如，在分工前，一名工人每日可生產20枚針，而分工後，平均每名工人每日可生產4,800枚針，勞動生產率發生了巨變。

（三）勞動分工來自自然稟賦

絕對優勢理論將勞動分工上升為了國際分工，認為國家與國家之間也可以按照貿易商品的生產類型進行分工。從概念上講，國際分工（International Division of Labor）是社會勞動分工的高級形式，它使得各國的生產活動更加緊密地聯繫在一起，並最終成為世界市場形成並發展的重要特徵之一。亞當·斯密指出，國際分工的基礎是各國先天的自然稟賦或後天的要素獲得。自然稟賦包括氣候、土壤、物產、資源及地理條件等，要素獲得則包含技術研發、設備引進及勞動力培養等。按照稟賦的具體情況，國際分工也有不同的類型，例如，按照稟賦的「有與無」，貿易國家可分為生產出口國和依賴進口國；按照稟賦的「多與少」，貿易國家可分為大量出口國和大量進口國；按照稟賦的「輕與重」，貿易國家可分為自由貿易國和壟斷貿易國。需要指出的是，儘管後來的研究已經表明，稟賦論並不完全正確，但其

在解釋自然資源條件下的國際分工時仍然具有獨特的說服力。因此，依據稟賦開展分工是各國參與國際貿易的最優選擇。

（四）自然稟賦決定了絕對優勢

自然稟賦賦予了一個國家生產某項商品的絕對成本優勢。例如，擁有肥沃土地和良好自然環境的國家更有可能生產出品質優良的農產品；擁有大量熟練掌握生產技藝的手工勞動者的國家更有可能製造出價格低廉的紡織品。顯而易見，這些有利條件可以使一國生產的商品成本更低、質量更高、數量更多，從而具備參與國際市場競爭的絕對優勢。時至今日，由稟賦創造出優勢的例子仍然比比皆是，例如，泰國出口大米、俄羅斯出口石油、中國出口服裝……可以說，自然稟賦優勢不僅提升了商品的生產條件，而且改善了商品的交換條件，更為國際貿易的進行提供了更優的可選擇方案。

綜上所述，絕對優勢理論闡述了「財富—生產—分工—稟賦」這一國際貿易絕對優勢的形成路徑，將研究國際貿易的理論推向了更深層次。亞當·斯密在批評重商主義限制貿易政策的同時，在絕對優勢理論中提倡了自由貿易政策。在他看來，如果世界上的每一個國家都能專注於生產並出口本國的絕對優勢商品，而完全進口本國的絕對劣勢商品，那麼世界貿易的整體效果將會提升，各國人民的經濟福利也會增加。

二、絕對優勢理論分析

按照絕對優勢理論的分析思路，我們首先做出如下假設：

第一，世界上有兩個國家，假設為 A 國和 B 國。

第二，每個國家只生產兩種商品，假設為工業品和農產品。

第三，生產投入只需一種要素，假設為勞動力，並且各國的勞動力無差異。

第四，生產要素在國內行業之間自由流動，但不能跨國流動。

第五，生產的商品可以在國家間自由貿易。

第六，假設國家間的運輸成本、時間成本、中間環節費用等為零。

第七，假設生產技術和生產成本保持不變。

第八，不考慮外匯因素，假設為易貨貿易。

基於以上假設，繼續假定 A 國和 B 國的具體生產情況（表 2-1）。可見，A 國在工業品的生產領域具有絕對優勢，B 國在農產品的生產領域具有絕對優勢。

表 2-1　國際分工之前的生產可能性

國家	每人每天的勞動產出
A 國	8 單位工業品或 12 單位農產品
B 國	5 單位工業品或 16 單位農產品

按照絕對優勢理論，既然 A、B 兩國各自擁有一項絕對優勢、一項絕對劣勢，那麼兩國國家完全可以通過國際分工，各自專注於優勢商品的生產與出口，而完全進口處於成本劣勢的商品。於是，在經過國際分工之後，各國和世界的生產情況發生了變化（表 2-2）。顯然，世界的工業品和農產品總產量得到了提高，國際貿易分工創造了新的世界財富。

表 2-2　國際分工之後按照絕對優勢的生產情況

國家	按照絕對劣勢生產		按照絕對優勢生產	
A 國	0 單位工業品	12 單位農產品	+8 單位工業品	-12 單位農產品

表2-2(續)

國家	按照絕對劣勢生產		按照絕對優勢生產	
B國	5單位工業品	0單位農產品	-5單位工業品	+16單位農產品
世界	5單位工業品	12單位農產品	+3單位工業品	+4單位農產品

三、對絕對優勢理論的評述

相比於重商主義思想，絕對優勢理論有了明顯的進步，特別是對於勞動生產率和國際分工的闡述較好地解釋了國際貿易的基本原理，有關自由貿易的政策主張更是對當時資本主義生產力的發展起到了推動作用。絕對優勢理論不但解釋了不同稟賦的國家如何通過分工和交換實現雙贏的問題，更描繪了一幅各個國家憑藉各自優勢在國際貿易中創造財富的美好圖景。

然而，絕對優勢理論依然存在著明顯的局限性。例如，其將分工視為交換的發展傾向，從而忽略了分工早於交換這一生產關係發展的歷史事實，因此是片面的、錯誤的。更有學者指出，絕對成本優勢只是國際貿易中的一個特例，因為在現實中，能夠引發國際貿易的優勢既不是絕對的，也不是不變的。正如後來的比較優勢理論是這樣假設的：如果一個國家在各方面都處於絕對優勢，而另一個國家在各方面則處於絕對劣勢，那麼，它們還有可能開展國際貿易嗎？顯然，絕對優勢理論並不能回答，這一理論當然也就不能作為國際貿易的普遍規律。

第三節　比較優勢理論

比較優勢理論產生於19世紀，代表人物為英國經濟學家大衛・李嘉圖。他在《政治經濟學及賦稅原理》一書中指出，產生國際貿易的原因是各國生產技術的相對差別及相對成本優勢，從而在修正絕對優勢理論錯誤的同時，將針對國際貿易基本原理的研究推向一個新的高度。

一、比較優勢理論的內涵

所謂比較優勢（Comparative Advantage），是指在國際貿易中，勞動生產率既存在著國家間的差異，也存在著國內商品間的差異。在沒有絕對優勢的情況下，每個國家仍然可以按照「兩利相權取其重，兩弊相權取其輕」的原則，專注於生產和出口在本國國內擁有相對較高勞動生產率的商品，從而在國際競爭當中發揮出比較優勢。由於比較優勢理論大大提高了國際分工與勞動生產率對於國際貿易的解釋力，較為清晰地闡述了國際貿易的動因與基礎，因而也被視為對絕對優勢理論的一次重大創新。

大衛・李嘉圖的比較優勢理論其實是在亞當・斯密的絕對成本理論的基礎上發展而來的。按照絕對優勢理論，世界各國必須按照稟賦情況進行國際分工，一國的所有出口商品都要是絕對優勢商品，而進口商品全部是絕對劣勢商品。很顯然，這樣的觀點是片面的，大衛・李嘉圖意識到了這一點並重新進行了表述，即各個國家只需生產那些利益相對較大、風險相對較小的商品即可獲益，從而擴大了國際分工的範圍、提高了國際貿易的可行性。

回顧歷史，比較優勢理論其實是19世紀英國資產階級為爭取自由貿易政策而進行的理論探索。1815年至1846年，英國政府為了保護地主階級的經濟利益，頒布並實施了著名的

「穀物法」（Corn Laws）。此項法案強行限制穀物進口，導致出現國內農產品價格上漲、工人工資提高及企業利潤下滑等不利情況。「穀物法」名為防止外國低廉穀物對國內市場的衝擊，實則嚴重傷害了產業資本家及其企業的經濟利益。因此，圍繞「穀物法」的存廢，英國工業資產階級同地主階級展開了鬥爭，他們迫切需要找到一種支持自由貿易學說的理論依據。大衛·李嘉圖的比較優勢理論正是在這樣的歷史背景下提出的，並在這場鬥爭中成為國際貿易的普遍原理。在他看來，由於英國生產工業品的優勢要明顯高於生產農產品的優勢，所以英國不僅可以大量進口外國農產品，還可以專門進行對工業品的生產。英國完全可以通過工業品出口來彌補農產品進口，這樣既提高了總體產量，又獲取了國際貿易中的「比較利益」。事實上，當「穀物法」在英國被最終廢除時，產業資本代替了農業土地，貿易自由取代了貿易限制，英國資本主義的發展才真正打開了自由貿易的大門。

二、比較優勢理論分析

與絕對優勢理論類似，按照比較優勢理論的分析思路，我們首先做出如下假設：

第一，世界上有兩個國家，假設為 A 國和 B 國。

第二，每個國家只生產兩種商品，假設為工業品和農產品。

第三，生產投入只需一種要素，假設為充分就業的勞動力，並且各國無差異，沒有規模經濟。

第四，生產要素在國內行業之間自由流動，但不能跨國流動。

第五，生產的商品可以在國家間自由貿易。

第六，假設國家間的運輸成本、時間成本、中間環節費用等為零。

第七，假設生產技術和生產成本不變。

第八，不考慮外匯因素，假設為易貨貿易。

第九，沒有技術進步、資本累積及經濟發展。

基於以上假設，繼續假定 A 國和 B 國在一個生產週期內的具體生產情況如表 2-3 所示。可見，A 國在工業品的生產領域和農產品的生產領域均具有絕對優勢，而 B 國在兩項生產領域都處於絕對劣勢。

表 2-3　國際分工之前的生產可能性

國家	生產 1 單位工業品	生產 1 單位農產品	產量
A 國	80 個勞動力	70 個勞動力	2 單位
B 國	100 個勞動力	150 個勞動力	2 單位

按照比較優勢理論，既然 A 國擁有絕對優勢，B 國處於絕對劣勢，那麼兩個國家還有可能開展國際貿易嗎？仔細觀察不難發現，一方面，對 A 國而言，生產 1 單位工業品所需的勞動力 80 人多於生產 1 單位農產品所需的勞動力 70 人，因而其生產農產品的能力更強，比較優勢更大。另一方面，對 B 國而言，生產 1 單位工業品所需的勞動力 100 人少於生產 1 單位農產品所需的勞動力 150 人，因而其生產工業品的能力更強，比較劣勢更小。所以，兩個國家完全可以通過國際分工，各自專注於相對優勢更大的產品的生產與出口，同時完全進口另一種產品。於是，在經過國際分工之後，各國和世界的生產情況發生了變化（表 2-4），A 國生產出了 2.14 單位的農產品，B 國生產出了 2.5 單位工業品，兩個國家在沒有增加勞動力數量的情況下都擴大了產量。顯然，世界的工業品和農產品總產量得到了提高，國際貿易分工在比較優勢理論的指導下創造出了新的世界財富，兩國均能獲利。

表 2-4　國際分工之後按照比較優勢的生產情況

國家	生產 1 單位工業品	生產 1 單位農產品	產量
A 國	0 個勞動力	150 個勞動力	2.14 單位
B 國	250 個勞動力	0 個勞動力	2.5 單位

三、對比較優勢理論的評述

相比於絕對優勢理論，比較優勢理論的解釋力更具普遍性和實踐性。這一理論揭示了比較成本這一客觀規律，並觸碰到了產生國際貿易的真正原因。在比較優勢理論的指引下，處於不同經濟發展水準的國家都可以參與國際分工並開展國際貿易，自由貿易的眾多好處開始得到世界各國的認可和分享。

然而，比較優勢理論並不完美，仍然具有歷史的片面性。第一，同絕對優勢理論類似，比較優勢理論也是建立在大量假設的基礎之上的，這些假設描繪了一個過於簡單、抽象且沒有變化的世界，使得一切研究都是靜態分析。如果考慮到從短期到長期利益變化、技術創新、知識學習及經驗累積等因素，比較優勢完全是動態的、變化的。後來的動態比較優勢理論就對此進行了補充。第二，比較優勢理論雖然解釋了國際貿易產生的原因，但並沒有闡述國際分工的成因。後來的學者就指出，國際分工與生產關係密切相關。與簡單分析成本優勢相比，現實中的國際分工要複雜得多、困難得多。第三，比較優勢理論對於國際貿易條件的研究顯得不足。決定兩個國家能否開展國際貿易的臨界點到底是什麼，大衛・李嘉圖等並沒有說明。甚至有學者發現，比較優勢理論還存在著不能解釋的特例，例如，「等優勢或等劣勢貿易模型」（Equal Advantage or Equal Disadvantage Model）。當然，總體而言，比較優勢理論作為國際貿易的核心理論是毋庸置疑的。今天，有關比較優勢的研究還在繼續，新的觀點和實踐也正在補充和發展這一經典理論。

第四節　保護貿易理論

保護貿易理論即幼稚產業保護理論（Infant Industry Theory），這一理論的產生以 19 世紀的歐洲產業革命為背景，出發點是保護當時在歐美各國方興未艾的資本主義新興產業。所謂幼稚產業，是指那些剛剛興辦，雖然在短期內沒有國際競爭力，但從長期看具備發展潛力的產業。保護貿易理論的最早提出者是美國財政部長亞歷山大・漢密爾頓（Alexander Hanmilton），在經過後來的學者弗里德里希・李斯特（Friedrich List）的繼續研究後，它成為影響世界貿易的重要政策理論。

一、漢密爾頓的經濟思想

美國於 1776 年獨立，那時的美國剛剛經歷戰爭，工農業的發展情況相比於西歐各國還很落後，如何發展經濟成為擺在美國政府面前的一道難題。當時的美國有兩種選擇：第一種是實行自由貿易政策，在國際分工中選擇傳統的低端產業，繼續像獨立前的英國殖民地一樣向西歐各國出口原材料、農產品；第二種是推行保護貿易政策，在國際分工中培養更優的高端產業，重點保護和發展新興的工業，從而減輕甚至擺脫對西歐各國工業品的進口依賴。在當時的美國，北方工業資產階級的產業能力還很薄弱，而南方農業莊園主的產業已累積多年，第一種選擇似乎更容易實現。然而，作為美國政府第一屆財政部長的漢密爾頓卻提出，

美國必須要發展工業生產，並於 1791 年代表美國工業企業家向國會提交了著名的《關於製造業的報告》，從而拉開了美國政府干預國際貿易和保護幼稚產業的政策序幕。

漢密爾頓在對美國的經濟、社會、地理及自然情況進行分析之後，得出結論：美國是一個工業基礎薄弱、生產技術落後及生產成本較高的缺乏絕對優勢的國家，自由貿易理論並不適用於美國。美國一旦實行自由貿易政策，整個國家將會逐漸淪為工業落後的農業國，這不符合美國經濟發展的長遠戰略。漢密爾頓進一步指出，一個國家想要實現工業化並非易事，特別是在工業化的早期階段，想要營造良好的產業培育環境就必須排除外來的干擾。一國政府完全可以通過限制對外國同類商品的進口，達到封閉國內市場、保護國內幼稚產業的目的。

對於製造業，漢密爾頓也做出了闡述。在他看來，製造業是國民經濟的重要產業，儘管當時美國的製造業還很弱小，但發展的前景十分美好。例如，發展製造業就會帶動生產設備與工業技術的進步，這又會加速專業化分工並大幅提高勞動生產率；發展製造業需要消耗大量的原材料與中間產品，從而帶動全產業鏈的形成與擴展；發展製造業還可以擴大就業人口的總體規模，這為美國進一步吸引移民、建設城鎮帶來了好處；發展製造業還能夠促進農業等其他行業的發展，使美國社會和個人都能從中獲益。漢密爾頓將一個不但政治獨立，而且經濟獨立的未來美國描繪了出來，並具體提出了實現這一願景的「保護幼稚產業」政策措施，為美國經濟的後來居上奠定了政策理論基礎。

漢密爾頓在給國會的報告中提出了一系列的保護貿易措施，主要包括：第一，開徵保護關稅，利用關稅措施抵消國外商品的價格優勢；第二，對重要工業原材料進行貿易管制，限制出口並鼓勵進口；第三，對機器設備，尤其是先進設備進行貿易進行管制；第四，向工商企業提供政府貸款，促進工業企業的快速發展；第五，政府通過津貼、獎金等手段來刺激工業必需品的生產；第六，設立專門的商品檢查制度和機構，保證工業產品的質量。就總體思路而言，其政策主張的核心是強化政府干預。雖然這些措施並未被國會全部批准，但美國卻從中獲益匪淺，漢密爾頓的經濟思想更是對後來的世界經貿發展產生了深遠的影響。

漢密爾頓是幼稚產業保護思想的早期提出者，他的思想是繼重商主義之後的又一個和自由貿易理論相對立的理論思想，既印證了當時的西歐工業強國因在世界範圍內推行自由貿易政策而遇到的阻力，又反應了一些經濟發展相對落後的國家對於發展本國產業或民族工業的要求和願望。可以說，這一思想代表了國際貿易理論發展的兩面性、矛盾性。然而，漢密爾頓的保護貿易學說主要體現在其遞交給國會的報告之中，其理論基礎較為薄弱、邏輯體系亦不夠完善，尚且存在著一定的不足。後來，諸如李斯特等學者通過繼續研究，補充並完善了這一經濟理論，逐漸形成了更為完整和系統的幼稚產業保護理論。

二、李斯特的系統闡述

在漢密爾頓提出貿易保護思想近 50 年後，德國經濟學家李斯特在他的著作《政治經濟學的國民體系》一書中進一步對幼稚產業保護理論進行了系統闡述，並提出了更多、更具體的政策措施。縱觀李斯特的人生經歷及其學術生涯，可謂波瀾起伏、大器晚成，特別是當他旅居美國之後，所見所聞令他有所反思。在他從讚成自由貿易向主張保護貿易的轉變過程中，漢密爾頓的經濟思想對他的影響很大。類似美國、德國這樣的大量出口工業原材料並進口工業製成品的國家，如何才能找到一條自主工業化的快速道路？保護幼稚產業成了當時唯一的可行路徑。

（一）經濟發展階段學說

李斯特在系統闡述幼稚產業保護理論之前，提出了「經濟發展階段學說」，認為一個國家的貿易制度一定要和國家的發展階段相適應。具體而言，一個國家在經濟社會發展的第一

階段，應當實行自由貿易政策，從而在國際貿易中向先進國家學習生產技術和管理手段，重點發展農業；在經濟社會發展的第二階段，應當實行商業限制等保護貿易政策，保護並培育新興產業，重點發展製造業、運輸業和國際貿易等；在經濟社會發展的第三階段，再次實行自由貿易政策，將已經成熟的工農業商品推向世界市場，憑藉對財富與資本的累積在國際競爭中贏得有利地位，使得各個行業全面發展。結合當時的世界狀況，李斯特指出，西班牙和葡萄牙處於第一階段，德國和美國處於第二階段，而英國已經處於第三階段。除了三階段論，李斯特還提出過五階段論，即原始未開化時期、畜牧時期、農業時期、農工業時期和農工商時期五個階段。類似的，自由貿易政策只適用於前面的初級階段和最後的最高階段，因為在這些階段，國際競爭對國內經濟的危害不大。而在中間的農工業時期，國家正處於經濟加速發展與轉型的關鍵時期，此時利用保護貿易政策來防禦國際競爭的效果最佳，對於各項幼稚產業培育的促進作用也最為明顯。一個國家應當根據自身經濟發展的狀況來合理選擇自由貿易政策和保護貿易政策的適用範圍，從而使國家的干預能夠最有利於經濟社會的全面發展。可以說，經濟發展階段學說清晰地解釋了保護貿易政策的作用過程，進一步奠定了幼稚產業保護理論的思想基礎。

(二) 保護貿易政策具有靈活性

李斯特的保護貿易政策並非無條件的絕對保護，在他看來，政策只是國家管理經濟的一種手段而絕非最終目的。李斯特並不否認比較優勢理論的普遍性和正確性，他在承認一國能夠在國際分工和自由貿易中獲利的同時，對貿易所涉及的產業或商品進一步加以區分。有的產業適用自由貿易政策，比如一般的農業、工業，需要自由地進口重要原材料和機器設備；而有的產業卻不行，比如紡織業等關係國計民生的工業產業和新興產業。另外，關於保護貿易政策的時間，李斯特也做出了規定，最佳的情況是當國內產業具備國際競爭力了，即國內商品的出口價格低於或等於同類商品的進口價格時，保護政策即可終止。最壞的情況是國內產業的發展在保護政策下仍然長期停滯，則可放棄保護，保護政策也可終止。他還進一步指出，貿易保護政策是一把雙刃劍，運用得好可以發展產業，運用得不好則會破壞產業。例如，保護性關稅措施，如果長期實行而不調整，不但限制了國內外企業的相互學習與競爭，更會滋生企業在技術改良、擴大生產及營銷創新等方面的發展惰性。

(三) 主張國家管理經濟並發展生產力

在比較優勢理論中，自由貿易使得各個國家專注於生產與出口具有稟賦優勢的商品，同時大量進口價格相對更低的外國商品。在李斯特看來，這種機械而靜態的分析模式並不正確，因為它對國際貿易和國際分工原因的描述是天生的和被動的。李斯特進一步指出，一個國家生產財富的能力遠比財富本身更重要。具體而言，一個國家工業生產力的強弱代表了這個國家綜合國力的強弱，是這個國家經濟崛起的關鍵動力。從短期來看，進口外國廉價商品似乎有利可圖，在其背後卻是對國內相關產業的忽視和放棄。從長期來看，保護幼稚產業表面上維護了商品的高成本、高價格，但是對新增生產力的形成和發展卻有著重要作用。因此，發展生產力應被視為一個國家的戰略目標。與此同時，一國政府在發展生產力的過程中也扮演了重要角色，因為政府是特殊的保護貿易政策的制定者和執行者。李斯特讚同國家對於經濟貿易的主觀干預，認為好的政策不僅能使個人和企業增加利益，更能使社會整體利益有所增加，從而將宏觀層面的國家發展與微觀層面的個人發展更加合理地聯繫了起來。後來的實踐也證明，國家管理經濟並發展生產力的做法對於落後國家的工業化發展十分有效。

李斯特也提出了一系列保護幼稚產業的具體政策措施，主要包括：第一，確定保護貿易政策的適用對象和保護目的，比如哪些產業是本國的幼稚產業、保護政策的實施步驟及對國內競爭的影響等；第二，選擇保護貿易政策的具體手段，比如關稅措施如何應用等；第三，區分保護貿易政策的實施程度，例如，對貿易產品按照不同類型進行不同程度的管理等。總

之，這一政策理論體系的形成，標誌著保護貿易理論的完整確立。從歷史的角度來看，這些政策措施的出現不僅代表了國際貿易在理論層面的再次發展，在實踐層面更反應了像德國、美國這樣的工業落後國家力圖追趕英國等工業強國的願望與行動。

三、對保護貿易理論的簡單評述

從漢密爾頓到李斯特，貿易保護理論完成了從提出到系統化的發展過程，並在整個國際貿易理論的發展史上確立了具有里程碑意義的重要地位。一個國家的經濟發展不僅具有階段性，而且具有潛在性，保護幼稚產業的實質就是保護並發展尚且弱小的生產力。一國政府完全可以通過貿易保護政策有目標、有條件、有計劃、有辦法地逐漸改變自身的經濟發展階段，並最終在國際分工中發揮後發優勢。縱觀世界經濟的發展史，德國和美國正是通過實行保護貿易政策成功超越了英國，相繼進入具備發達工業實力的資本主義強國行列。在進入20世紀之後，又有大量發展中國家繼續推行幼稚產業保護政策，並紛紛取得了經濟發展、產業進步和社會繁榮的良好成就。可以說，保護貿易理論對世界貿易和各國經濟的發展是有歷史貢獻的。當然，亦有學者在後續研究中指出了保護貿易理論的種種缺陷，例如，效率問題、反作用問題等。最為特殊的一種情況是，如果實行保護貿易政策的結果導致了幼稚產業的發展停滯甚至倒退，那產生問題的原因究竟是對幼稚產業的認定不恰當，還是制定與執行政策出現了問題，這一理論並不能自圓其說。換言之，一項產業獲取國際競爭力的來源究竟是什麼？是不是所有幼稚產業都可以通過一段時間的「暫時性」保護而成長起來，貿易保護理論並沒有回答。因此，對於保護貿易理論的理解與應用，各個國家還是要根據自身情況來綜合考慮，保護貿易政策的作用仍然是有限的。

第五節　要素稟賦理論

要素稟賦理論（Factor Proportion Theory）又被稱為赫克歇爾-俄林理論（Heckscher-Ohlin Theory），是一種關於要素稟賦差異的國際貿易解釋理論。這一理論由瑞典經濟學家赫克歇爾於1919年首創，之後由其學生奧林於1933年在著作《地區間貿易與國際貿易》中進一步完善。到20世紀40~50年代，美國經濟學家薩繆爾森又通過提出要素價格均等化定理等研究進一步發展了這一理論，使其更加完善和具有說服力。在他們看來，一國的生產要素稟賦決定了該國參與國際貿易競爭的比較優勢，即生產商品的資本、土地及勞動力等要素的差異與配置才是引起國際貿易的主要原因。兩個國家之間只要存在生產要素差異或產品價格差異，國際貿易就會產生並發展，直至這種差異徹底消失為止。按照這一理論邏輯，各個國家應該首先分析自身的要素稟賦特徵，而後在國際貿易中主要出口那些由本國相對充裕的生產要素所生產的商品，進口那些由本國相對稀缺的生產要素所生產的商品。這一策略所帶來的好處會一直持續到各國生產要素的價格差異趨於均等之時。由於重新闡述了國際貿易理論的格局、條件及利益問題，發展了古典國際貿易理論的假設前提與分析方法，因而要素稟賦理論也被稱為新古典國際貿易理論。

一、要素稟賦理論的內容

要素稟賦理論由要素比例學說（Factor Proportions Theory）和要素價格均等化理論（Factor-Price Equalization Theory）兩個部分組成。前者立足於對價格體系的理論分析，以生產要素的豐缺程度來解釋國際貿易的原因和類型。後者則著眼於數學推導，探討了國際貿易對於要素價格的反作用，認為國際貿易必將促使各國生產要素的價格和進出口商品的價格

趨於均等化。

要素稟賦理論指出，生產要素（Factor of Production）是影響國際貿易的重要因素。從經濟學的角度定義，生產要素是指在各項生產活動當中必須投入或使用的資源因素。常見的生產要素包括勞動力、土地、資本、技術、信息及人的管理才能等。同時，生產要素還具有價值性、流動性及週期性等特徵。要素價格（Factor Price）是生產要素在社會生產經營活動中的貨幣價值表現，例如，勞動力的價格是工資，土地的使用費用是租金，資本的回報是利息，管理的收益是利潤等。國際貿易實質上是各國生產要素及其價格體系的一種互動表現，貨物的跨國流動促進了生產要素的國際流動，而貿易的最終結果是使世界範圍內的資源配置達到最優化。

生產要素對於國際貿易的作用主要體現為兩個方面：一方面是要素稟賦，另一方面是要素比例。

在要素稟賦方面，一個國家各類生產要素的數量不盡相同，有的國家豐富，有的國家匱乏。於是，人們就用要素豐裕度（Factor Abundance）這一概念來衡量一個國家某種生產要素的多與少。要素稟賦是否豐裕，又有兩種衡量方法：一種是總量衡量法，即某一生產要素在一個國家的供給比例越高，則越豐裕；另一種則是價格衡量法，即某一生產要素在一個國家的相對價格越低，則越豐富。一般認為，總量衡量法只考慮了供給因素，因而比較簡單，而價格衡量法涉及了供給與需求兩個角度，因而更為合理。實踐也表明，一個國家的產業狀況與其要素稟賦密切相關，要素稟賦還進一步決定了一個國家對外貿易的主要模式。例如，英國、法國等西歐工業發達國家往往憑藉其豐裕的資本要素生產和出口工業品，這些國家的製造業占比很高；而印度尼西亞、泰國等東南亞國家常常依託其豐裕的資源要素生產和出口工業原材料，這些國家的初級產業占比較高。要素稟賦概念既符合比較優勢理論的觀點，又進一步加強了對現實問題的解釋力，因而更趨成熟。

在要素比例方面，這一比例也被稱為要素密集度（Factor Intensity），是指在生產某種產品時所投入的各類生產要素的比例大小。對於一種生產要素而言，此項比例越大則密集度越高，反之越低。由此可將國際貿易的產業或商品劃分為勞動密集型、土地密集型、資本密集型、技術密集型及資源密集型等不同類型。例如，紡織業所需的勞動力數量較多，屬於勞動密集型產業；農業生產需要大面積的耕地，屬於土地密集型產業；航空業需要購進大量價格昂貴的飛機，屬於資本密集型產業；智能機器人產業需要大量先進技術和創新知識，屬於技術密集型產業；而原油、天然氣及礦產開採業依託於自然資源，屬於資源密集型產業。需要注意的是，要素密集度只是一個暫時的相對概念，隨著生產技術的進步、管理理念的更新和勞動力素質的提升，不同密集度類型的產業及其產品會相互轉變。這種現象的背後伴隨著生產要素價格的不斷變化。

俄林等學者進一步指出，國際分工與國際貿易必然導致生產要素價格的國別差異逐漸縮小並最終均等。在開放經濟環境中，生產要素的跨國流動會導致其價格的直接均等化，同時，國際貿易中的商品交換也會引起生產要素價格的間接均等化。由薩繆爾森提出的價格均等化定理更是對此觀點進行了嚴謹的數學推導。簡單來說，在進行國際貿易之前，兩國商品的比較成本優勢來自本國要素稟賦的差異，即某一生產要素越豐裕，則密集使用該要素所生產的產品價格越低廉。在開展國際貿易之後，隨著本國低價產品的大量出口和外國低價產品的大量進口，出口行業中密集使用的低價生產要素的報酬會逐漸提高，而進口行業中密集使用的高價生產要素的報酬會逐漸降低，從而在一段時間後，各國之間的生產要素價格達到均等。

要素稟賦理論得出一個結論，一個國家開展國際貿易的最佳選擇是生產和出口那些密集使用本國豐裕要素的商品，因為這類商品的價格更低、優勢更大；同時，進口那些密集使

用本國稀缺要素的商品，因為這類商品的國內價格較高、處於劣勢。國際貿易其實就是各國在依託各自的稟賦優勢進行國際分工後所進行的廉價商品的交換過程。

二、里昂惕夫之謎

在第二次世界大戰結束後，世界經濟與貿易形勢發生了很大變化。在科技進步和經濟全球化的背景下，世界各國之間的國際貿易與國際投資飛速增長，大量新現象、新問題不斷出現，以要素稟賦理論為代表的傳統國際貿易理論的解釋力不斷受到挑戰，現代國際貿易理論研究由此進入了一個全新的階段。

里昂惕夫之謎也被稱為里昂惕夫悖論（The Leontief Paradox），是美國經濟學家里昂惕夫（V. W. Leontief）提出的一項理論。1953年里昂惕夫在費城的美國哲學協會上宣讀了他的論文《國內生產與對外貿易：美國資本狀況的重新檢驗》，從而拉開了圍繞比較優勢理論與要素稟賦理論的激烈討論。眾所周知，按照要素稟賦理論，當時的美國工業基礎紮實、商業資本雄厚，理應在國際分工中占據高端位置。在國際貿易中，美國應當發揮比較優勢，出口資本密集型商品，同時進口勞動密集型商品。然而，里昂惕夫在選取1947年美國的200個行業資料進行研究後，以充分的調查研究數據為支撐，得出一個驚人的結論：美國在國際貿易中大量出口的是勞動密集型商品，而大量進口的是資本密集型商品。這一違背要素稟賦理論的事實就被稱為里昂惕夫之謎，並被視為現代國際貿易理論研究的重要轉折點。

那麼，美國為什麼會出口大量使用國內稀缺要素的商品而進口大量使用國內豐裕要素的商品呢？里昂惕夫後來也做出瞭解釋。事實上，這一悖論並沒有違背要素稟賦理論，只是在對生產要素豐裕或稀缺的判斷上出現了問題。在里昂惕夫看來，由於美國勞動力的生產效率比其他國家要高很多，所以在衡量美國的勞動力要素時，不僅要考慮數量因素，還要結合質量因素。這樣一來，美國就成了一個勞動力資源豐富、資本相對稀缺的國家，進出口商品的要素密集度差異就並不矛盾了。這一解釋即後來的勞動熟練說（Skilled Labor Theory）。

除此之外，其他學者也對里昂惕夫之謎做出了不同解釋，最具代表性的有自然資源說（Natural Resources Theory）、貿易壁壘說（Trade Barriers Theory）、人力資本說（Human Capital Theory）、技術差距說（Theory of Technological Gap）、產品週期說（Theory of Product Cycle）、需求偏好相似說（Theory of Demand Preference Simi-larlty）及產業內貿易說（Intra-industry Trade Theory）等。

總之，里昂惕夫之謎是對要素稟賦理論的一次大挑戰。除了悖論本身的理論價值之外，圍繞解答這一「謎題」而引發的一系列理論研究更是有力地推動了現代國際貿易與國際分工理論的大發展。也是從里昂惕夫開始，經濟理論、數學方法和統計工具相結合的研究模式逐漸興起，經濟學研究走向了真正意義上的理論與實際相結合。後續研究也進一步彌補了傳統貿易理論的不足，為我們今天更好地理解要素稟賦理論提供了幫助。

三、對要素稟賦理論的簡單評述

赫克歇爾、俄林的要素稟賦理論和薩繆爾森的要素價格均等化學說是繼國際貿易比較優勢理論之後的又一次進步，被視為現代國際貿易理論的基礎和開端。要素稟賦理論從進出口商品的價格差異深入到了生產要素的價格差異，從而進一步論證了國際貿易產生的原因是不同國家之間要素稟賦的差異。要素稟賦理論從生產要素的數量與種類擴展到了生產要素的豐裕程度，從而進一步揭示了開展國際貿易的條件是商品價格比例中的比較優勢。要素稟賦理論從生產要素的國際流動聯想到外貿商品的國際流動，從而進一步闡明了國際貿易的重要作用是實現對世界資源的有效配置。可以說，要素稟賦理論在繼承古典貿易理論的同時，發展並創新了相應觀點，使其成為一種理論性與實用性都更強的國際貿易理論。

當然，任何理論都有一定局限性，要素稟賦理論也不例外。其一，對於生產要素的觀點存在問題。以馬克思為代表的政治經濟學反駁了要素稟賦理論中關於勞動、資本和土地的要素組合觀點，認為只有勞動者的勞動才是創造價值的唯一來源。由於要素稟賦研究的結論忽視了勞動收入和財產收入的根本區別，因而被視為一種掩蓋了資本家和地主對勞動者進行剝削的資產階級貿易理論。其二，對於科學技術的作用不夠重視。自17世紀以來，科學技術呈現出了加速發展的趨勢，國際貿易與國際分工深受科技進步的影響，以至於世界經濟與貿易格局每隔數十年就有一次較大的調整。而要素稟賦理論依然採用靜態的分析方法，從而忽視了各國要素稟賦的動態變化，這必然導致其解釋力的逐漸下降和「里昂惕夫之謎」的不斷出現。其三，要素價格均等化理論難以真正實現。世界貿易的具體情況表明，貿易商品的價格成因非常複雜，類似貿易壁壘、技術條件及各國的其他貿易政策等因素都有可能影響貿易商品的價格，因而所謂的商品價格和要素價格的最終均等化是很難實現的。這一觀點因過於理想化而並不完全符合世界貿易的實際。

本章小結

　　本章主要講述了五種經典的國際貿易理論。
　　第一，重商主義思想。重商主義產生於15世紀至17世紀，是一種強調「商業」「資本」及「財富」在一國對外經濟活動中具有重要意義的理論思想。代表人物為亞當・斯密。
　　第二，絕對優勢理論。絕對優勢理論產生於17至18世紀，是一種強調絕對成本優勢的國際貿易理論。該理論認為世界貿易的最優模式是各國僅僅出口本國的絕對優勢商品，進口絕對劣勢商品，從而實現所謂的新的「自由貿易」格局。代表人物亦是亞當・斯密。
　　第三，比較優勢理論。比較優勢理論產生於19世紀，認為在沒有絕對優勢的情況下，每個國家仍然可以通過專注於生產和出口在本國國內擁有相對較高勞動生產率的商品而獲益，從而在國際競爭當中發揮出「比較優勢」。代表人物為大衛・李嘉圖。
　　第四，保護貿易理論。保護貿易理論產生於19世紀，認為一個國家的經濟發展不僅具有階段性，而且具有潛在性，一國政府完全可以通過貿易保護政策有目標、有條件、有計劃、有辦法地逐漸改變自身的經濟發展階段，並最終在國際分工中發揮出後發優勢。代表人物為漢密爾頓和李斯特。
　　第五，要素稟賦理論。要素稟賦理論產生於20世紀初，是一種關於要素稟賦差異的國際貿易解釋理論。該理論認為各個國家應該首先分析自身的要素稟賦特徵，而後在國際貿易中主要出口那些由本國相對充裕的生產要素所生產的商品，進口那些由本國相對稀缺的生產要素所生產的商品。代表人物為赫克歇爾、俄林等。
　　以上五種貿易理論代表了國際貿易理論的發展歷程。

思考題

1. 請簡述重商主義思想的主要內容，並分析其理論局限。
2. 請簡述保護貿易理論的主要思想，並結合具體政策論證保護幼稚產業的意義。
3. 試論述從絕對優勢理論到比較優勢理論的發展過程，並比較兩者的異同。
4. 試論述要素稟賦理論的主要觀點，並評述其局限性。
5. 試論述里昂惕夫之謎的內容，並對此悖論進行解釋。

第三章
關稅政策與措施

學習目標

掌握關稅的基本概念，相應的分類及經濟效應，能夠對各類關稅政策的效果做出一定的分析和評價。

學習重點

關稅的概念、特徵及作用，進口稅、出口稅及過境稅，從量稅、從價稅、混合稅及差價稅，普通稅、特惠稅、普惠制稅及最惠國待遇稅，正稅與附加稅，名義關稅與有效關稅，關稅的價格效應、國內經濟效應及貿易條件效應。

第一節　關稅概述

一、關稅的概念

關稅（Customs Duties，Tariff）是指一個國家或地區的海關對出入關境的商品徵收的稅款。關稅不僅是一個國家或地區財政收入的重要來源，而且往往成為一個國家或地區管理進出口貿易的重要政策手段。

關稅的歷史非常悠久，早在古希臘時期就有所記載，古代中國也出現過類似海關的「市舶司」，並由其來徵收往來貨物的稅款。英國於 1640 年建立起了統一的關稅制度，從而開啓了近代關稅制度從創立到完善的歷史進程。隨後，法國、比利時、荷蘭等國相繼建立關

稅制度，並逐漸發展為今天的被世界各國所普遍採用的現代海關制度。隨著世界貿易的全球化發展，關稅的作用愈發突出。由於關稅很容易造成商品成本和價格的上升，從而削弱商品在國際市場上的競爭力，因此，關稅措施也常常被稱為關稅壁壘（Tariff Barrier, Tariff Wall），並成為一國實施保護貿易政策的重要手段之一。

二、關稅的特徵

（一）強制性、無償性與預定性

作為一種國家稅收，關稅具有一般稅收的基本特徵。所謂強制性是指關稅由國家立法、強制徵收，企業或個人必須依法依規向海關申報並繳納關稅，並不存在討價還價或自願不自願的情況。所謂無償性是指國家對於關稅的徵收是單向的，國家並不需要給予某個具體的納稅人任何報酬或補償，關稅將直接進入國家的財政收入之中。所謂預定性也被稱為固定性，是指國家以法律法規等形式預先規定了海關徵收的對象、種類、稅率及方法等事項，並在一定時期內保持不變。這一特徵保證了關稅政策的連續性和穩定性，即使國際市場發生變化，相關的稅收調整也具有可預見性。

（二）徵稅主體是進出口商人

關稅的納稅人是從事進出口貿易的企業或個人。在國際貿易的眾多關係方中，出口商、進口商及中間商是主要關係人，商品的跨國運輸、國際貿易合同的具體履行都是由他們操辦並完成的。儘管按照不同的貿易術語或合同要求，申報並繳納關稅事項的經辦人有所不同，但這一環節的最後完成者還是出口商或者進口商。

（三）徵稅客體是進出口貨物

關稅是針對國際貿易中的貨物來計算和徵收的。例如，在海關稅則中就明確規定了貿易商品的名稱、徵稅的標準、計稅的單位及稅率等。絕大多數關稅稅種都沒有脫離進出口商品的基本範疇，例如，常見的從量稅、從價稅、反傾銷稅等。總體而言，除了國家經濟層面的宏觀考慮，具體的關稅還是圍繞商品這一國際貿易標的物的品名、品質、數量及價格等特徵來徵收的。

（四）徵稅機構是海關

海關（Customs）是一個國家或地區行使進出口監督管理職權的行政機關。歷史上的政府「關卡」與貨物「通行費」就被視為海關和關稅的歷史源頭。因此，各國海關都是徵收關稅的最主要執行者。除此之外，現代海關還發揮著監管國際貿易、查禁非法走私、統計貿易數據及維護經貿秩序等重要職能，是有關國際貿易的重要部門之一。

（五）徵稅依據是海關稅則

海關稅則（Customs Tariff）是一個國家或地區所制定的徵收關稅的法律依據。其主要內容包括稅則號列、商品名稱、徵稅標準、計稅單位以及稅率等。海關稅則的最大作用在於說明了一個國家或地區的關稅章程，並形成了一張系統劃分應稅商品、免稅商品及禁止進口商品的一覽表，從而明確並提升了該國國際貿易的可操作性。由於海關稅則涉及與關稅相關的切實經濟利益，因而瞭解並熟悉海關就成了對國際貿易從業人員的基本要求。

（六）稅收性質是間接稅

間接稅與直接稅相對應，是指一項稅收的實際負擔人並不是納稅義務人，是可以轉嫁稅收負擔的一類稅種。顯然，關稅屬於典型的間接稅。從表面上看，國際貿易的進出口商是關稅的納稅義務人，關稅由他們向海關繳納。但實際情況而言，貨物一旦通過海關，進出口商必然將因關稅而產生的經濟成本加價在貨物的銷售價格之中，從而將關稅負擔轉嫁給了下一環節的購買者或終端消費者。可見，關稅的納稅人與負稅人並不一致，實際影響也將最終體現在商品的價格之中，因而屬於間接稅的範疇。

(七) 涉外性

雖然關稅政策是由一國政府制定和執行的，但是會影響到一系列跨國經濟活動的開展情況。國際貿易作為一項涉及多個國家或地區的商品交換活動，與之密切相關的關稅政策也就成了一類國際性很強的涉外政策。今天，隨著經濟全球化時代的到來，一國或地區在制定經濟政策的時候必須要考慮國際政治與外交環境，其關稅政策要建立在尊重國際慣例和兼顧世界各國利益的基礎之上，從而實現與其他國家或地區長期穩定地開展互利友好的國際貿易。

三、關稅的作用

(一) 增加國家財政收入

關稅的初衷與本質還是國家稅收，稅收的主要作用就是增加國家的財政收入。今天，隨著各國經濟結構的調整與優化，關稅作為財政收入的來源，其重要性正在逐漸下降。從世界各國的具體情況來看，對發達國家而言，關稅在其稅制結構中的佔比普遍不高，關稅的財政作用下降最快；但對廣大發展中國家而言，國民經濟的對外依存度相對較高，進口商品的種類較多、數量較大，加之其他稅源並不豐富，因而關稅仍然是其財政收入的重要來源。中國是世界貿易大國，近年來，關稅稅率逐年下調，關稅結構不斷優化，但關稅收入一直是一項可觀的財政收入，並且為對外貿易的發展提供了穩定的資金支持（表3-1和圖3-1）。

表 3-1　2014—2018 年中國稅收收入中關稅的占比情況

年份	稅收收入總額（億元）	關稅額（億元）	關稅占比（%）
2014 年	119,158	2,843	2.39%
2015 年	124,892	2,555	2.05%
2016 年	130,354	2,603	2.00%
2017 年	144,360	2,998	2.08%
2018 年	156,401	2,848	1.82%

數據來源：根據財政部歷年統計數據整理。

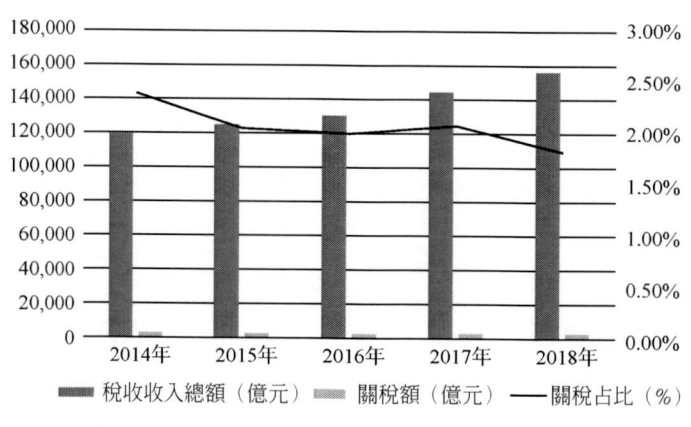

圖 3-1　2014—2018 年中國稅收收入中關稅的占比情況

(二) 保護國內產業與市場

關稅措施是一項常用且有效的保護貿易政策措施。以進口關稅為例，關稅抬高了外國商

品的國內價格，不但能夠減少進口數量，還能削弱甚至剝奪其在國內市場的競爭優勢，從而為國內同類商品的生產與銷售營造出良好的發展環境。此時，財政關稅也就轉變為了保護關稅。其實，從重商主義思想到幼稚產業保護理論，關稅的保護作用就已經被發現並推廣，以至於在今天成了一條幫助發展中國家防範海外市場衝擊、培育民族產業基礎及積蓄國際競爭優勢的快速工業化路徑。然而，關稅的保護作用也具有負面性，長期的高關稅會提高物價、影響就業，況且影響產業發展的因素也不僅僅只有競爭環境。因此，關稅的保護作用是暫時的、有限的和有條件的。今天，在世界貿易組織（WTO）框架下，世界各國都在為實現自由貿易而逐漸降低各自的關稅水準。中國作為世界上最大的發展中國家，在過去幾十年間，運用保護關稅發展了中國的特色產業，尤其在進口替代工業的發展上成就巨大，並使「中國製造」成為後來居上的國際知名「品牌」。

(三) 調節國民經濟與國際貿易

關稅也是一個國家調節經濟的重要槓桿工具。事實上，任何國家海關稅則的內容都是圍繞一定經濟目標來制定的。例如，海關可以通過調高某項商品的進口關稅來實現減少進口數量的目標，也可以通過降低或免除某項商品的進口關稅來達到鼓勵進口的目的。除了對進出口商品的數量進行調節，關稅還能在貿易金額方面調節差額，防止順差或逆差的持續擴大，從而維護國際收支平衡。另外，對於國民經濟中的生產經營活動，關稅的角色猶如經濟砝碼，能夠快速提高或降低進出口商品的市場價格，從而引導國際生產要素和商品向著有利於本國經濟發展的方向流動。關稅措施還能促進國內外市場的價格穩定與供需平衡，為本國產業結構的優化調整贏得時間，為其他經濟政策的落實創造條件等。

(四) 維護國家經濟主權

關稅還是一國經濟主權的象徵，對於維護國家的國際形象與地位具有重要意義。表面上看，關稅是海關向進出口貨物徵收的一類稅款，似乎只涉及經濟關係與經濟利益。然而，關稅權利的行使關係到一個國家的對外關係和政治利益，其背後是一個國家的主權。例如，歷史上很多前殖民地國家都有過因為喪失關稅主權而深受西方國家經濟掠奪的悲慘歷史。所以，任何主權獨立的國家都應該獨立自主地制定和實施本國的關稅政策、管理本國的海關並收支關稅。今天，關稅政策已經成為世界各國維護本國政治、經濟權益的重要工具，各國更應在平等互利和對等合作原則下，相互尊重、消除歧視，使國際貿易的好處能夠惠及更多國家和人民。

需要注意的是，關稅除了具有以上積極作用，也存在著一些消極影響。關稅措施畢竟是關稅壁壘，站在自由貿易的角度，關稅對於世界市場的整體影響仍然是負面的。其一，關稅人為地提高了商品的價格，並加重了消費者的經濟負擔，是經濟學上消費者剩餘的損失。其二，關稅人為地設置了貿易障礙，從而減少了商品在國家間的流動數量和頻率，這並不利於全世界生產和交換活動的進行。其三，關稅的各項作用均在減弱，而保護幼稚產業的作用尚且存在爭議。一些實例已經表明，影響國內外經濟貿易的因素有很多，僅僅使用關稅這一類措施是遠遠不夠的。

第二節　關稅的分類

一、按照徵收對象的不同

(一) 進口稅

顧名思義，進口稅就是一國海關對外來輸入商品所徵的關稅。進口稅是各國海關稅則當

中的主要關稅，其產生的歷史最久，普及的範圍最廣，對世界貿易的影響也最大、最深遠。進口稅的徵收環節一般出現在外國貨物進入本國關境或國境時，也有可能出現在貨物由自由港、自由貿易區或海關的保稅區進入本國國內市場時。只要外國貨物進入國內，關稅就會產生並影響到商品在國內的價格，從而削弱其價格優勢和對國內產業的衝擊。各國一般會根據自身經濟發展的需要確定有所區別的進口稅稅率，比如對於重要的工業製成品往往徵收高稅率關稅，對於工業半成品或零部件則徵收正常關稅，而對於工業原材料等則徵收低稅率關稅或者不徵稅。今天，進口稅已成為各國貿易談判和國際競爭的重要籌碼，少數國家仍然在以加徵進口稅的方式推行貿易保護主義，但更多的國家則著眼於開拓市場和便利貿易，紛紛簽訂了相互減免進口稅的關稅協定。就世界整體而言，進口稅的平均稅率正在下降。

(二) 出口稅

顧名思義，出口稅是指一國海關對向外輸出的商品所徵的關稅。在歷史上的17至18世紀，出口稅曾經是西歐各國的重要稅種，一度成為各國財政收入的重要來源。然而，同進口稅的影響類似，出口稅同樣會增加貿易商品的成本，從而降低其參與國際競爭的優勢，這將不利於本國商品的對外銷售。於是，從19世紀開始，歐美各國的出口稅逐漸取消。今天，一些國家仍然在徵收出口稅，但主要是一些經濟欠發達國家。這類國家往往擁有較為豐富的自然資源，國民經濟對原材料出口的依賴程度相對較高。在這種情況下，徵收出口稅不僅不會影響對外貿易，反而還能增加本國的財政收入。其他國家偶爾也會徵收進口稅，其目的常常是為了保護稀有資源、調節市場價格及限制競爭對手等。

(三) 過境稅

過境稅是指一國海關對經過其關境的商品所徵收的關稅。歷史上的一些國家地處交通要道，設卡收稅極為便利，地理位置優勢就成為其徵收過境稅的條件與資本。然而，過境稅至少涉及了三方海關，分別是出口國海關、進口國海關和過境國海關。在關稅制度並不完善的時期，貨物所經各國層層加稅、重複交稅，使國際貿易商人幾乎無利可圖。因此，過境稅無疑進一步加重了貿易商的稅收負擔，漸漸成為一種不利於自由貿易的落後稅種。雖然過境稅具有一定的財政收入作用，但是隨著國際貨物運輸行業的發展和世界交通線路的多元化，各國還是相繼取消了過境稅，取而代之的是更為合理的登記費、准許費等手續費。例如，《1994年關貿總協定》的第五條規定，各成員方除了對過境貨物收取部分服務管理費外，過境關稅應當免徵。可見，被列為免徵的過境稅僅僅具有象徵意義了。

二、按照計算方法的不同

(一) 從量稅

從量稅是指以進出口商品的數量作為依據來徵收的關稅。這裡的數量包含多種計量單位，如重量、數量、容積、體積、長度及面積等。從量稅的計算如公式3-1所示：

公式3-1：從量稅金額 = 商品數量 × 每單位稅金

常見的從量稅商品有原油、酒類及部分農產品等。例如，歐盟稅則曾規定，每百升香檳酒按40歐元徵收從量稅。從量稅的優點主要有兩點。第一，計算方便、手續簡單。海關驗放時並不需要審核貨物的規格、品質及價格等。第二，單位商品稅額固定。這有效避免了物價變動對稅收的影響，從而保障了稅收政策的穩定性。需要注意的是，如果對從量稅的應用不合理，其優點也可能轉化為缺點，這主要體現在兩個方面。其一，從量稅對商品等級及價格的忽視，容易造成稅負的不公平現象。例如，同樣是紅酒，昂貴的高檔紅酒和廉價的低檔紅酒同樣按照數量交稅，顯然，這樣的關稅對於低價、低檔的商品的影響作用將更大。其二，從量稅稅額固定，彈性不足，相應的調整常常滯後於市場變化，並不能很好地發揮稅收的調節與保護作用。除此之外，從量稅的適用範圍也是有限的，諸如奢侈品、藝術品、珠寶

首飾及古董字畫等則不適合使用從量稅。在國際貿易實務中，從量稅還往往成為發達國家針對發展中國家廉價工業品、農產品及原材料的稅收壁壘。

（二）從價稅

從價稅是指以進出口商品的價格作為依據來徵收的關稅。從價稅根據商品的價格制定稅率。從價稅的計算如公式 3-2 所示：

公式 3-2：從價稅金額 = 商品的貨幣總值 × 稅率

例如，中國目前對國外汽車整車進口的關稅稅率為 15%，這就是典型的從價稅。從價稅也有一系列優點。第一，從價稅以價格為基礎，從而將國家稅收與商品的銷售額、增值額、營業額及利潤聯繫在了一起。由於商品的價格形成過程複雜而多變，更具彈性的從價稅更能發揮出稅收的積極作用。第二，從價稅按稅率徵收，其稅負輕重與商品價格成正比關係，從而相較於從量稅更加公平合理。當商品價格上漲時，從價稅能夠增加財政收入；當商品價格下跌時，從價稅又能在一定程度上鼓勵商品進口。從價稅對產業的調節與保護作用可以動態適時更新。第三，從價稅原理科學，管理貿易更有針對性。一個國家完全可以通過對不同商品的稅率結構進行合理設計來充分發揮稅收的積極作用。當然，從價稅也存在不足。例如，如何確定進口商品的完稅價格就是實施從價稅的一項難題。海關徵稅的依據是完稅價格，但世界各國對於完稅價格的認定標準卻並不統一。目前，主要有三種方式：第一種是按照進口商品的離岸價（FOB 價格）認定，第二種是按照進口商品的到岸價（CIF 價格）認定，第三種是按照進口商品的法定價格認定。例如，按照《中華人民共和國進出口關稅條例》的規定，進口貨物以到岸價格為完稅價格；出口貨物以離岸價格扣除出口稅作為完稅價格。同時，海關在計徵關稅時，還需要以商品發票作為價格依據。可見，對於從價稅的管理較為困難，一些瞞報偷稅的現象也容易在從價稅中出現。

（三）混合稅

混合稅也被稱為複合稅，是指同時以進出口商品的數量和價格作為依據來徵收的關稅。在實際稅務中，既存在以從價稅為主、以從量稅為輔的徵收方式，也存在以從量稅為主、以從價稅為輔的徵收方式。混合稅的計算如公式 3-3 所示：

公式 3-3：混合稅金額 = 從量稅金額 + 從價稅金額

例如，海關對於某項商品按照每箱 10 英鎊徵收從量稅，再按照 5% 的稅率徵收從價稅。混合稅的優點是兼顧了從量稅與從價稅的優勢，互補了二者的缺陷，但缺點是計算方法與徵收手續等較為複雜，並且容易在國際貿易中產生爭議。目前，混合稅多見於價格容易波動的農產品貿易中，其適用範圍相對有限。

（四）差價稅

差價稅（Variable Levy）又被稱為差額稅，是指以國內外相同商品的價格差異作為依據來徵收的關稅。當本國生產的某種商品價格高於國外同類商品價格時，海關以兩者之間的差價作為徵稅額度，從而抵消國外商品在本國的競爭優勢，達到防範國外商品傾銷、保護國內產業發展和維護市場及價格穩定的作用。差價稅的特點是隨著國內外市場價格的變動而變動，有時也被列為滑動關稅（Sliding Duty）的範疇。當國內外價格差異擴大時，差價稅的稅率相應提高，其保護作用和調節作用更為明顯；當國內外價格差異縮小時，差價稅的稅率相應降低，從而減輕相應納稅人的經濟負擔。在具體徵收方式上，有的國家直接按照商品的價格差額徵收，有的國家則以附加稅的形式在出現價格差別時另行徵收。在具體做法上，各國通常需要設定一個門檻價格，以此為參照比較相應商品的進口價格，其正的差額即差價稅金額。如今，差價稅主要應用在農產品貿易中。

三、按照優惠程度的不同

（一）普通稅

普通關稅又被稱為正常進口關稅，是指一個國家針對來自未建交國家或未簽訂貿易協議國家的商品所徵收的關稅。普通關稅是一個主權國家的自主關稅，但並不是普遍使用的關稅類型。隨著世界經濟的全球化和區域經濟的一體化，世界各國彼此交往、互聯互通，絕大多數國家都與外國簽訂了不同層次的貿易協議，更多地使用了優惠關稅而減免了普通關稅。例如，美國針對銀飾的普通關稅稅率為 110%，優惠稅率則低至 27.5%。隨著稅率更低的優惠關稅的大量普及，除個別特殊情況外，普通關稅已失去了絕大部分的實際意義。

（二）特惠稅

特惠稅又被稱為優惠稅，是指一國對來自有特殊關係的國家的商品徵收的優惠稅率關稅。這種優惠稅的稅率通常很低，並且只適用於特定的優惠國，既可以是互惠的，也可以是單向的。

一般而言，特惠稅主要有兩種情況，第一種是資本主義宗主國同其殖民地、自治領地之間的特惠稅。例如，英國等資本主義工業國家為了維護自身在廣大殖民地市場的貿易優勢，就曾利用特惠稅制度，一面傾銷商品，一面盡可能廉價地獲取工業原材料及農產品，進而壟斷其殖民地市場。在第二次世界大戰結束後，這一情況得到緩解。第二種是簽署洛美協定的國家之間的特惠稅。洛美協定是 1975 年由歐洲經濟共同體與非洲、加勒比海沿岸和太平洋地區的一些發展中國家簽署的一項貿易與經濟協定。這一協定的主要內容包括以下幾個方面。其一，非洲、加勒比海沿岸和太平洋地區的 46 個發展中國家的工業品和絕大多數農產品可以免稅且不限量地進入歐共體市場，但並不要求它們提供反向優惠。其二，歐共體市場對這些發展中國家的其他農產品等商品做出特殊安排，如免稅配額等。其三，歐共體市場對原產地為這些發展中國家或歐共體國家的商品給予「充分累計」制度安排，即相關商品在這些發展中國家加工後仍然可以享受特惠稅待遇。其四，歐共體國家還向這些發展中國家提供了經濟援助。從中不難看出，這一協定對發展中國家來說是一種實惠政策。後來，洛美協定被多次續訂，為促進發達國家同發展中國家之間的經濟與貿易合作做出了一定貢獻。

（三）普惠制稅

普惠制稅即普遍優惠制（Generalized system of preference）條件下的關稅。這是經濟發達國家給予發展中國家或地區的一項稅收承諾，承諾給予來自這些國家或地區的出口商品，特別是工業製成品或半成品，普遍的、非歧視的、非互惠的優惠關稅。習慣上，發達國家被稱為給惠國，發展中國家被稱為受惠國。關於普惠制，我們可以從其產生、原則、目標及規則來把握。

第一，普惠制的產生是通過廣大發展中國家長期爭取而實現的。回顧歷史，1964 年在第一屆聯合國貿易與發展會議上，77 個發展中國家向發達國家提出了關稅優惠的要求。1968 年在第二屆聯合國貿易與發展會議上，建立普惠制的決議——《對發展中國家出口至發達國家的製成品及半製成品予以優惠進口或免稅進口》獲得通過，發達國家向發展中國家做出了關稅優惠的承諾。1971 年歐洲共同體制定並實施了第一份具體的普惠制方案，數十個發展中國家或地區享受到了關稅優惠。1976 年在第四屆聯合國貿易與發展會議上，發達國家與發展中國家進一步就普惠制的執行方案達成一致。

第二，普惠制的原則是普遍性、非歧視性和非互惠性。所謂普遍性，是指所有經濟發達國家對所有發展中國家出口的工業製成品、半成品都應該給予關稅優惠。所謂非歧視性，是指經濟發達國家的此項關稅優惠政策不得對某些發展中國家或產品存在例外、歧視的情況。所謂非互惠性是指此項關稅優惠政策是經濟發達國家單方面給予發展中國家的稅收照顧，

並不要求發展中國家做出同樣的關稅承諾和減讓。

第三，普惠制的基本目標是幫助發展中國家發展經濟和實現工業化。具體而言，發展中國家往往以出口工業原材料或初級加工產品為主，這類商品的數量較大但價值不高，減免關稅能夠顯著減輕其成本負擔，有益於發展中國家利用出口貿易來實現外匯創收。發展中國家有了外匯累積，就具備了進一步發展工業製造業的條件，從而也會加速其工業化及城市化的發展。隨著發展中國家產業結構的調整與升級，整體社會經濟的發展亦會改善，並反應為較高的經濟增長率。

第四，普惠制的主要規則是原產地規則（Rules of Origin）。這一規則衡量了來自享受普惠制的發展中國家的商品是否具有原產資格，其目的是保障普惠制的針對性，排除來自非普惠制國家的貿易干擾。原產地規則涉及原產地標準、直接運輸規則和原產地證書三項要求。其一，原產地標準是指享受稅收優惠的商品必須全部來自受惠國。若商品從原材料到零部件完全是由受惠國生產或製造的，則符合完全原產地標準。若商品存在部分來自國外的原材料或零部件，則必須滿足對原材料或零部件的深加工條件，才能滿足原產地標準。關於深加工的判定標準，目前主要有實質性改變的加工標準（Process Criterion）和超過一定比例價值的增值標準（Value-added Criterion）兩種方法。其二，直接運輸規則是指享受稅收優惠的商品必須從發展中國家直接運往發達國家，中途確需經過或停留第三地的，在第三地不得加工、生產及買賣。商品在國際運輸過程中，還需得到海關的監管，特別是需要向第三地海關取得過境提單、證明書等材料，才能享受普惠制關稅待遇。其三，原產地證書是證明所載明商品的確來自發展中國家的法律證明文件。當發展中國家的商品出口到發達國家時，這一文件是海關判定其能否得到關稅優惠的主要依據。在中國，普惠制下的原產地證書一般由貿易公司填製，但需要經過國家質量監督與檢驗檢疫總局或海關總署審核後才能正式出具。

（四）最惠國待遇稅

最惠國待遇稅（The Most-favoured-nation Rate of Duty）是指國家之間在簽訂最惠國待遇協定後相互給予的最優惠關稅的待遇。這一稅種又被稱為非歧視待遇，要求締約國相互承諾的關稅優惠不得低於現在和將來給予任何其他國家的關稅優惠，從而成為比普通稅率要低得多的優惠稅率。例如，在世界貿易組織的各個成員經濟體之間，依託多邊貿易協定，各國廣泛使用最惠國待遇稅。

需要注意的是，特惠稅、普惠制稅、最惠國待遇稅三者的名稱相似但區別明顯，主要區別體現在關稅優惠的給予對象方面。特惠稅針對的是特殊關係國或特殊協定國，普惠制稅針對的是發展中國家，最惠國待遇稅針對的是一切簽署雙邊或多邊自由貿易協議的國家。就稅率的高低而言，在一般情況下，普通稅最高，最惠國待遇稅其次，普惠稅再次，特惠稅最低。

四、按照徵收形式的不同

（一）正稅

正稅就是正常關稅，是海關稅則中明確規定的稅目。正稅一般都有明確的稅率。正稅是關稅的主體部分，與之相對的是附加稅等額外的稅目。

（二）附加稅

附加稅是指海關正稅之外的額外關稅，通常都是進口附加稅（Import Surtax）。附加稅往往是一種臨時關稅，其目的在於維護國內市場穩定、保障貿易競爭公平或者懲罰外國企業等，目的達到或威脅消除便會停止徵收。典型的附加稅包括反傾銷稅、反補貼稅及報復性關稅三類。

1. 反傾銷稅

所謂反傾銷稅（Anti-dumping Duty），是指一國對正在實施商品傾銷的進口商或進口貨物所徵收的進口附加稅。商品傾銷是指將商品以低於市場正常價值的價格出口到外國的行為。傾銷的目標在於打垮競爭對手、壟斷市場銷售等。由於出口價格過低，商品傾銷會對出口國市場造成嚴重衝擊並威脅其國內產業的正常發展，實質上屬於一種不正當的競爭手段，因而被世界貿易組織明文禁止。為了防止傾銷的危害，反傾銷稅成了最簡單、最直接、最有效的應對措施。

2. 反補貼稅

所謂反補貼稅（Countervailing Duty），是指一國對直接或間接接受過出口補貼的外國商品在進口環節所徵收的一種附加稅，有時也被稱為反津貼稅、抵銷關稅等。出口補貼（Export Subsides）是指一國政府為了鼓勵本國商品出口而給予出口企業的現金津貼或財政優惠，包括直接補貼和間接補貼兩種類型。補貼是以人為方式直接降低商品的出口價格，從而提高其在國際市場的競爭力，這對於沒有獲得補貼的其他企業及其商品而言是不公平的，其本質仍然是一種不正當的競爭手段。而反補貼稅是對付補貼的常用方法，其稅額一般與補貼金額相等，可以完全抵消補貼的作用，從而維護國內市場的公平競爭。回顧歷史，反補貼稅始創於19世紀末的英國，當時的英國曾對接受出口補貼的歐洲砂糖徵收此稅，隨後一些國家相繼效仿。進口商品在生產、製造、加工及出口過程中所接受的直接、間接補貼和優惠，都可以構成進口國對其徵收反補貼稅的理由。

3. 報復性關稅

所謂報復性關稅（Retaliatory Tariff），是指一國針對特定國家的不公平貿易行為所採取的帶有報復性質的臨時性附加關稅。常見的不公平貿易行為包括以下情形：其一，外國對本國商品徵收了歧視性的高額關稅；其二，外國因實行了過分的貿易保護措施而影響了本國商品的銷售；其三，外國給予其他國家的貿易與稅收政策更為優惠；其四，兩國在貿易協定到期後對新協定存在爭議，外國率先採取了不合理的措施。通常，報復性關稅會隨著不公平貿易行為的終止而取消，然而，兩國之間針鋒相對的報復性關稅也有可能激化貿易摩擦，形成所謂的關稅戰。例如，1964年，美國與歐共體就地毯和玻璃板的貿易問題互相提高關稅，進行了長達數年的關稅戰，結果是兩敗俱傷。因此，各國對於報復性關稅的使用都是比較慎重的。

五、按照保護程度的不同

（一）名義關稅

名義關稅是指一國海關按照關稅稅則給出的對某一類商品應該徵收的關稅。按照關稅的基本原理，稅率越高，對國內市場的保護程度也相應越高，因此名義關稅的稅率常常被稱為名義保護稅率，這也是各國海關公布的法定稅率。名義關稅稅率的計算如公式3-4所示：

公式3-4：名義關稅稅率 = $\dfrac{\text{進口商品的國內價格} - \text{進口商品的進口價格}}{\text{進口商品的進口價格}} \times 100\%$

（二）有效關稅

有效關稅是指一國海關的關稅制度對於限制某種商品輸入所產生的真實影響。由於國際貿易中的商品往往經過了一段複雜的加工過程，名義關稅只能作用於最終產品，而對中間產品的影響卻並不清晰。有效關稅分析了最終產品與中間產品在名義關稅下的結構變化，通過計算並比較不同情況下的商品增值率，研究出了更為科學和準確的關稅稅率結構。習慣上，有效關稅稅率又被稱為實際保護稅率，它更加直觀地反應了關稅措施對於商品價值的具體影響，其計算如公式3-5所示：

公式 3-5：有效關稅稅率 = $\dfrac{國內加工增值 - 國外加工增值}{國外加工增值} \times 100\%$

如果用 Z 代表有效關稅稅率，用 Y 代表製成品的名義關稅稅率，用 X 代表投入品的名義關稅稅率，用 α 代表投入品在製成品中所占的比重，則有效關稅稅率的公式還可以換算為公式 3-6：

公式 3-6：$Z = \dfrac{Y - \alpha X}{1 - \alpha} \times 100\%$

由上述公式可知，有效關稅存在三種情況。其一，當製成品的名義關稅稅率大於投入品的名義關稅稅率時，即 Y 大於 X 時，有效關稅稅率高於名義關稅稅率。其二，當製成品的名義關稅稅率等於投入品的名義關稅稅率時，即 Y 等於 X 時，有效關稅稅率與名義關稅稅率相同。其三，當製成品的名義關稅稅率小於投入品的名義關稅稅率時，即 Y 小於 X 時，有效關稅稅率低於名義關稅稅率，在特殊情況下甚至可能是一個負值。有效關稅的概念為世界各國按照商品的加工層次逐層徵稅提供了理論依據，使得很多國家的實際關稅稅率偏高，進而加劇了貿易保護措施的泛濫。

【例題 3-1】某企業進口成品的價格是 100 歐元/箱，其名義關稅稅率為 10%，原材料占成品比重為 80%，原材料免稅。則：

國內加工增值 = 100 ×（1+10%）-100 × 80% = 30（歐元/箱）
國外加工增值 = 100-100 × 80% = 20（歐元/箱）
有效關稅稅率 =（30-20）÷ 20 × 100% = 50%
可見，有效關稅稅率大於名義關稅稅率。
如果此時對原材料加徵 5% 的關稅，則：
原材料費用 = 100 × 80% ×（1+5%）= 84（歐元/箱）
國內加工增值 = 110-84 = 26（歐元/箱）
國外加工增值不變。
有效關稅稅率 =（26-20）÷ 20 × 100% = 30%
可見，有效關稅稅率有所下降，但仍然大於名義關稅稅率。

第三節　關稅的經濟效應

一、價格效應

毫無疑問，關稅會提高進口商品的市場價格，但是關稅的額度同價格變動的幅度有何關聯？進出口雙方是否都會不同程度地負擔關稅？除了國際貿易，關稅是否還對商品的生產與供給產生了影響？從關稅的價格效應出發，一系列經濟、貿易及產業問題值得研究。一般而言，按照關稅對價格的影響程度大小，我們可以將不同國家分為貿易大國和貿易小國。對於貿易大國，一旦徵收關稅，相應商品的需求量銳減，其國際市場價格會顯著下降；對於貿易小國，由於貿易量較小，徵收關稅對商品的供求關係及國際市場價格的影響可忽略不計。對於關稅各種效應的分析均可按照大國、小國進行分類探討。

（一）貿易大國的價格效應

貿易大國的需求變動會左右國際市場價格。這裡以一個案例來展開分析。假設美國是棉花的進口貿易大國，印度是棉花的出口貿易大國。圖 3-2 反應了美國棉花市場的具體情況，其中 P_0 是不徵關稅時棉花的國際市場價格，此時，美國的棉花進口量為 Q_1Q_2。在徵收進

關稅以後，棉花的美國市場價格相應提高，按照供需關係，美國市場對於棉花的需求量就會下降。由於美國是貿易大國，美國對棉花需求量的下降意味著棉花的國際市場價格會下降，假設由 P_0 下降為 P_1。此時，關稅水準即為 P_1P_2，美國的進口量減少至 Q_3Q_4，關稅總額等於 P_1P_2 乘以 Q_3Q_4，即面積 $c+f$。

不難發現，進口國市場價格的上升幅度是小於關稅水準的。由關稅產生的經濟負擔其實是由進口國和出口國雙方共同來分擔的。在本案例中，美國承擔了面積 c，而印度承擔了面積 f。根據兩國進出口商品供需函數的彈性不同，面積 c 和面積 f 的大小情況各不相同。假如美國對棉花的需求價格彈性為 0，即棉花的國際市場價格不會隨著美國進口量的下降而下降，則關稅會完全加價於美國市場，並全部由美國承擔；假如印度對棉花的供給價格彈性為 0，即印度不會因為棉花價格的下降而減少棉花的出口量，則關稅迫使印度棉花大幅降價，並全部由印度承擔。

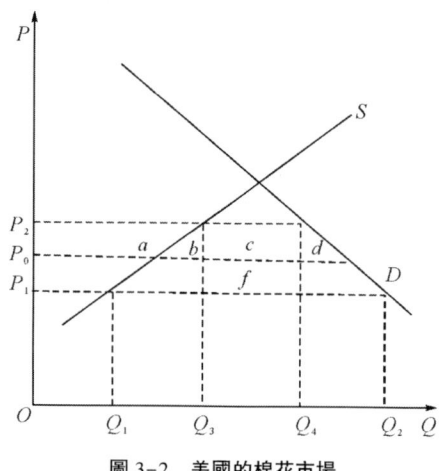

圖 3-2　美國的棉花市場

（二）貿易小國的價格效應

貿易小國的需求變動不會影響國際市場價格。進口國對於某項商品的需求彈性近似於 0，關稅將全部由進口國承擔。這裡還是以一個案例來展開分析。假設埃及是棉花的進口貿易小國。圖 3-3 反應了埃及棉花市場的具體情況，其中 P_0 是不徵關稅時棉花的國際市場價格。在徵收進口關稅 P_0P_1 以後，棉花的國際市場價格還是 P_0，埃及獨自承擔關稅總額，關稅總額等於 P_0P_1 乘以 Q_3Q_4，即面積 c。

二、國內經濟效應

國內經濟效應是指關稅對於國內經濟各個方面的綜合影響，主要體現為對消費者、生產者、國家政府及其他方面的各項效應。相應分析也可以按照大國和小國來分別討論。

（一）貿易大國的國內經濟效應

從前面的分析可知，因為徵收進口關稅，貿易大國美國對於棉花的進口價格從 P_0 提高為 P_2，進口量從 Q_1Q_2 減少為 Q_3Q_4，相應的國內經濟效應產生變動，具體如下：

第一，消費者效應。按照經濟學原理，消費者剩餘是指消費者從一定數量的商品消費中獲得的高於實際市場價格的心理預期差額。直觀上，消費者剩餘就是需求曲線、市場價格橫線和縱軸圍成的三角形面積。這一差額越大，消費者的獲得感與滿足感越強烈。然而，關稅抬高了市場價格，從而減少了消費者剩餘，具體的影響程度就是案例中的面積 $a+b+c+d$。

图 3-3 埃及的棉花市场

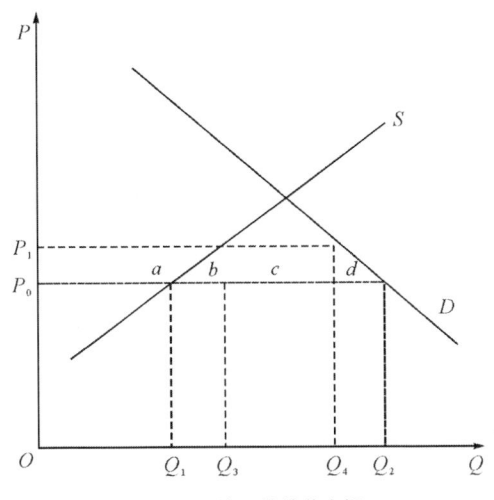

第二，生产者效应。类似的，按照经济学原理，生产者剩余是指生产者从一定数量的商品生产中获得的高于最低心理市场价格的额外收益。直观上，生产者剩余就是供给曲线、市场价格横线和纵轴围成的三角形面积。这一面积越大，生产者获得的好处越大、积极性越高。由于关税提高了进口商品的国内市场价格，从而增加了生产者剩余，具体的影响程度就是案例中的面积 a。

第三，政府税收效应。税收是一国政府的重要财政收入。关税在一定程度上丰富了国家的财政。在案例中，关税总额等于贸易量 Q_3Q_4 与单位关税金额 P_1P_2 的乘积，即面积 $c+f$。

第四，其他效应。关税越高，进口量越小，外国商品对国内产业的冲击也越不明显，这是关税的保护效应。在案例中，存在一种极端的情况，即关税被提高到了供需函数的交点水准，此时，贸易量下降为零，关税保护变为了彻底的关税壁垒。可见，关税对于国内经济的影响是复杂的，一个国家的总福利会因关税的升降而相应变化。在案例中，消费者剩余减少，生产者剩余增加，政府财政获益，于是总的福利变为面积 $-(a+b+c+d)+a+(c+f)$，即 $-(b+d)+f$。

(二) 贸易小国的国内经济效应

按照前面的分析，无论是否征收关税，贸易小国埃及面对的国际市场价格都不变，始终是 P_0。征税后，进口量由 Q_1Q_2 减少为 Q_3Q_4，相应的国内经济效应亦产生变动，具体如下：

第一，消费者剩余减少，为面积 $a+b+c+d$。

第二，生产者剩余增加，为面积 a。

第三，财政税收增加，为面积 c。

第四，整体社会福利变化为面积 $-(a+b+c+d)+a+c$，即 $-(b+d)$。

由此可见，相较于贸易大国，贸易小国在关税政策下的损失会更大。大国尚可通过关税措施转嫁经济负担，而小国只能在加征关税之后形成社会福利的净损失。

三、贸易条件效应

贸易条件效应是指一国因实施关税措施而引起的贸易条件变化。贸易大国和贸易小国的这一效应有所不同。

(一) 贸易大国的贸易条件效应

所谓贸易条件指数（Terms of Trade），是指在一定时期内一国出口商品价格与进口商品

價格的比例，有時也可以用出口價格指數與進口價格指數之比來表示，也被稱為國際貿易交換比價。這一指標是對一國開展國際貿易的經濟效應與競爭優勢的直觀衡量。貿易條件指數計算如公式 3-7 所示：

公式 3-7：$\text{貿易條件指數} = \dfrac{\text{出口價格指數}}{\text{進口價格指數}} \times 100\%$

【例題 3-2】假設某國的貿易條件以 2009 年為基期，為 100。到 2019 年，該國出口價格指數下降 15% 為 85；進口價格指數上升 15%，為 115。那麼，這個國家 2019 年的貿易條件為：

$$N = \dfrac{85}{115} \times 100\% = 73.91\%$$

這表明該國從 2009 年到 2019 年的 10 年間，貿易條件指數下降到了 73.91%。貿易條件指數惡化了 26.09%。

從表面上看，貿易條件與關稅沒有直接關聯，但是對於貿易大國而言，關稅能夠降低國際市場價格，從而降低進口價格指數，這將有利於貿易條件的改善。然而，關稅也不是越高越好，而是存在一個最優關稅（Optimum Tariff），使得面積 $(b+d):f$ 最小。研究表明，一國的最優關稅稅率為進口商品的外國供給彈性的倒數。需要注意的是，最優關稅有利於本國但不利於外國，一國貿易條件的改善往往意味著其他國家貿易條件的惡化。如果兩個大國都使用最優關稅政策，則會產生報復關稅。那時，貿易形勢將會變化，兩個國家都有可能遭受損失。

（二）貿易小國的貿易條件效應

對於貿易小國而言，由於關稅並沒有影響到國際市場價格，所以貿易條件不變，貿易小國也就不存在所謂的最優關稅稅率。現實中，貿易小國可以通過其他方式來改善貿易條件，比如加大對本國企業的研發支持，推進產業的升級轉型及引進外資企業等。在貿易政策的選擇上，貿易小國應當慎重選擇出口導向型貿易政策，因為這一政策容易導致貿易條件的惡化，而應當傾向於選擇進口導向型貿易政策，因為這一政策能夠引起貿易條件的改善。

本章小結

本章主要講述了三個方面的內容。

第一，關稅的概述。主要闡述了關稅的概念、特徵及作用。關稅是指一個國家或地區的海關對出入關境的商品徵收的稅款。關稅的特徵包括涉外性、強制性、無償性與預定性，稅收性質是間接稅，徵稅主體是進出口商人，徵稅客體是進出口貨物，徵稅機構是海關，徵稅依據是海關稅則。關稅還具有增加國家財政收入、保護國內產業與市場、調節國民經濟與國際貿易及維護國家經濟主權等作用。除此之外，我們還應對關稅的歷史、現狀及發展趨勢有所瞭解。

第二，關稅的分類。關稅有多種分類方法。按照徵收對象的不同，關稅可分為進口稅、出口稅及過境稅；按照計算方法的不同，關稅可分為從量稅、從價稅、混合稅及差價稅；按照優惠程度的不同，關稅可分為普通稅、特惠稅、普惠制稅及最惠國待遇稅；按照徵收形式的不同，關稅可分為正稅與附加稅，附加稅主要包括反傾銷稅、反補貼稅和報復性關稅；按照保護程度的不同，關稅可分為名義關稅與有效關稅。

第三，關稅的經濟效應。其主要包括價格效應、國內經濟效應及貿易條件效應。對於貿易大國和貿易小國，各項效應有著不同的分析結果，要注意相關效應的計算方法。

思考題

1. 請簡述關稅的概念、特徵及主要作用。
2. 請簡述關稅的主要分類方法,並解釋從量稅、從價稅、混合稅與差價稅的含義。
3. 試辨析普通稅、特惠稅、普惠制稅及最惠國待遇稅的區別。
4. 試論述貿易大國和貿易小國的價格效應,並作圖說明。
5. 試論述貿易大國和貿易小國的國內經濟效應、貿易條件效應。

第四章 非關稅政策與措施

學習目標

掌握非關稅壁壘的主要措施,能夠分析其經濟效應。掌握鼓勵進出口和限制進出口的主要措施,能夠比較各種措施的異同。瞭解經濟特區政策的主要內容,能夠闡述與分析各國經濟特區政策的效果與不足。

學習重點

非關稅壁壘中的進口配額制度、自動出口配額限制、進口許可證制度、通關環節壁壘、外匯管制、歧視性政府採購政策、技術性貿易壁壘;鼓勵出口的措施中的出口信貸、政府補貼、出口退稅、商品傾銷、外貿服務;限制出口形式與措施;經濟特區政策中的自由港、出口加工區、保稅區、綜合型經濟特區。

第一節 非關稅壁壘

非關稅措施(Non-tariff Measures)是指除了關稅措施之外的諸如數量限制措施、鼓勵出口措施、限制出口措施及經濟特區措施等一切干預國際貿易的政策措施。

常用的非關稅壁壘包括進口配額制度、自動出口配額限制、進口許可證制度、通關環節壁壘、外匯管制、歧視性貿易政策及技術性貿易壁壘等。非關稅壁壘的原理是通過人為設置各種障礙來提高進口商品的成本與價格,一方面減少其進口數量,另一方面削弱其競爭能力,從而達到保護國內市場與產業的效果。非關稅壁壘具有以下特點:

第一，靈活性較強。相比於關稅措施複雜的立法程序和嚴格的條約限制，非關稅壁壘更容易開展和撤銷，各國可以根據自身情況有針對性地靈活設置非關稅壁壘。

第二，隱蔽性更好。非關稅壁壘的設置目的並不像關稅措施那樣具有明確的財政性和保護性。很多非關稅壁壘都是出於一些非經濟目的，比如為了環境資源、健康衛生、動植物保護及食品安全等，因而具有很好的隱蔽性。其真實的貿易保護目的或歧視性意圖並不明顯。

第三，效果更理想。由於關稅措施常常引起貿易摩擦，其效果還容易受到外國的報復性關稅和政府補貼等相對應措施的抵消，因而實際效果並不理想。如今，關稅措施在世界範圍內正呈現出逐漸減弱的趨勢，而技術特性更強、保護效果更好的非關稅壁壘逐漸成為被各國廣泛採用的、新的進口限制措施。

一、進口配額制度

(一) 進口配額的概念

進口配額（Import Quotas）是一國海關對國外進口商品在一定時期內做出的數量或金額限制。在配額範圍之內允許進口，在配額範圍之外則禁止進口，或徵收高額關稅，或繳納高額罰金。

進口配額制度屬於典型的數量限制措施，曾經被很多國家使用，但隨著世界貿易組織成員的擴展和對這一措施的逐漸禁止，除一些特殊情況外，進口配額的影響力已明顯下降。

(二) 進口配額的分類

一般將進口配額劃分為兩類，分別是絕對配額和關稅配額。

1. 絕對配額

絕對配額（Absolute Quotas）是指一國海關在一定時期內對某項商品規定的最高進口數量或金額，這一「最高」指標是絕對的，一旦達到或超過將禁止進口。絕對配額一般又可進一步分為全球配額和國別配額兩類。

全球配額（Global Quotas）的含義是針對全世界範圍的配額限制，數量或金額限制並不區分具體國別，也沒有國家間的比例分配。這類配額由進口商按先來後到的順序排隊申請，並於配額總額滿額時結束。有時，各國供應商及本國進口商會為了獲得配額而相互競爭，地理位置、社會關係及信息渠道等因素常常左右配額的分配，在一定程度上影響了貿易活動的有序開展，因而更多國家開始採用國別配額制度。

國別配額（Country Quotas）的含義是針對不同國家或地區分別設置固定配額。在一定時期內，來自某一國家或地區的某類商品不得超過給定的配額。國別配額制度在設置上更具針對性和政策性，一國可以根據其對外經貿關係的具體情況，分國家設置進口商品的數量或金額限制，從而落實其差別化的經貿發展戰略。國別配額還可進一步細分為自主配額和協議配額。前者是進口國或地區單方面自主規定的國別配額；後者則是在國家或地區間的雙邊或多邊貿易協議中約定的國別配額。

2. 關稅配額

關稅配額（Tariff Quotas）是指一國海關在一定時期內對某項商品規定了一定的數量限制，當進口數量低於這一限制數量時，海關對其免稅或減稅；當進口數量高於這一限制數量時，海關對其徵稅、加稅或罰款。關稅配額可以分為優惠性關稅配額和非優惠性關稅配額兩類，前者是指對配額內的進口商品給予優惠關稅稅率待遇，對配額外的進口商品按正常稅率徵稅；後者則是指對配額內的進口商品按正常稅率徵收關稅，對配額外的進口商品徵收懲罰性的高稅率關稅。例如，中國2017年5月對進口食糖產品實施保障措施，對關稅配額外的進口食糖再加徵3年的附加關稅，第一年稅率為45%，第二年稅率為40%，第三年稅率為35%。一般而言，各國對超過配額部分的商品並不做數量上的嚴格限制，而是普遍採用了徵收相對較高稅率的關稅這

一手段。因此，相較於絕對配額，關稅配額是一種運用經濟價格手段來限制國際貿易的政策工具，具有一定的政策柔性和靈活性。

(三) 進口配額的經濟效應

與關稅措施的經濟效應類似，進口配額措施也會對國際貿易產生價格效應、國內經濟效應和貿易條件效應，並且也分為貿易大國和貿易小國兩種具體情況。這裡主要討論進口配額的經濟效應。

1. 進口配額對貿易大國產生的經濟效應

貿易大國的需求變動會左右國際市場價格，這裡以一個案例來展開分析。假設巴西是食糖的進口大國。圖4-1反應了巴西食糖市場的具體情況，其中 P_0 是自由貿易時食糖的國際市場價格，此時，巴西的食糖進口量為 Q_1Q_2。後來，巴西對食糖實施進口配額限制，每年允許的進口指標量為 Q_3Q_4，實際的進口量也只能是 Q_3Q_4。此時，食糖的國際市場價格下降為 P_1，總供給曲線相當於向右平移 Q_3Q_4 的距離，形成新的供需平衡點並產生新的國內均衡價格 P_2。可見，大國使用進口配額會使國際市場價格下降、國內市場價格上升，並產生相當於 P_1P_2 的關稅效果。相應的國內經濟效應亦產生變動，具體如下：

第一，消費者剩餘減少，為面積 $a+b+c+d$。
第二，生產者剩餘增加，為面積 a。
第三，政府及配額擁有者的所得增加，為面積 $c+f$。
第四，整體社會福利變化為面積 $-(b+d)+f$。

可見，進口配額相當於移動了供給函數曲線，但具體影響的大小還要通過比較各部分面積來判斷。

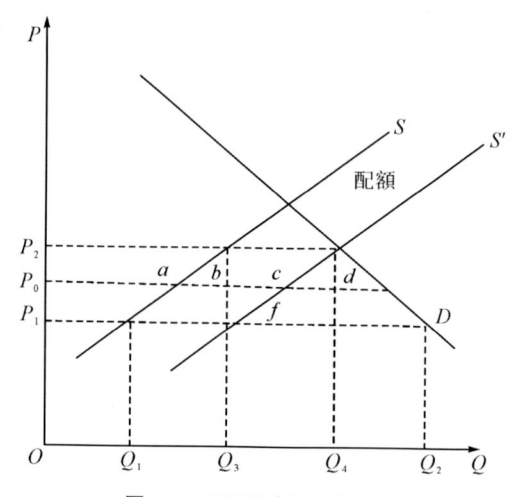

圖4-1 巴西的食糖市場情況

2. 進口配額對貿易小國產生的經濟效應

假設尼泊爾是食糖的進口小國，貿易小國面對的國際市場價格都不變，始終是 P_0。圖4-2反應了尼泊爾食糖市場的具體情況。尼泊爾對食糖實施進口配額限制，每年的進口限制量為 Q_3Q_4。當配額政策實施後，尼泊爾的食糖進口量由 Q_1Q_2 減少為 Q_3Q_4，總供給曲線相當於向右平移 Q_3Q_4 的距離。在新的均衡點上，尼泊爾的國內價格提高為 P_1。此時，進口配額對貿易小國產生的經濟效應相當於徵收了 P_0P_1 的關稅。整體社會福利變化為面積 $-(b+d)$。類似關稅政策，相較於貿易大國，貿易小國的在進口配額政策下的損失也會更大，因為小國在這類貿易

保護措施下會或多或少地承受社會福利的淨損失。

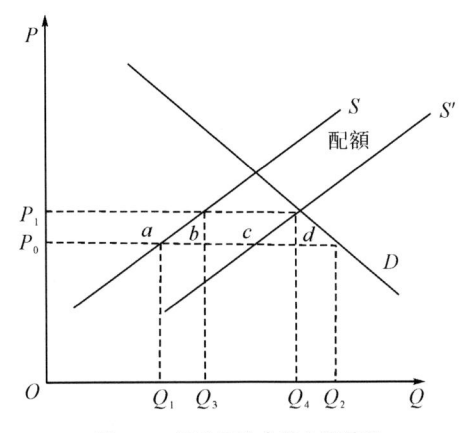

圖 4-2　尼泊爾的食糖市場情況

(四) 與關稅措施的進一步比較

從供需函數的分析結果來看，關稅措施與配額措施的效果是一致的，但從國際貿易的實際情況來看，兩種措施的效果又是不同的。

其一，面積 $c+f$ 的歸屬不同。在關稅措施下，由於關稅屬於政府及海關的管轄範圍，產生的收入當然屬於政府財政。在配額措施下，由於配額既可以由政府有償拍賣，也可以由政府免費發放，所以由配額所產生的差價收入既可以歸政府財政，也可以歸配額的擁有者。

其二，面積 a 的增加不同。生產者剩餘的增加主要來自價格的提升。雖然關稅措施與配額措施都能通過影響國內市場的需求量而引起國內市場價格的變化，但影響的幅度不盡相同。假如國內需求增加，在關稅措施下一國還可以通過擴大進口來增加供給，從而減少國內市場價格的漲幅。但在配額措施下，特別是絕對配額下，由於進口數量被嚴格限制，國內市場價格必然會大幅上漲。

其三，貿易保護的效果不同。關稅措施的原理是增加了進口商品的成本和價格，屬於價格限制手段。在關稅措施下，如果外國出口商對此進行補貼，則關稅的保護效果將會被減弱甚至抵消。配額措施的原理是限制了進口商品的數量或金額，屬於數量限制手段。在配額措施下，國內市場面對的外國產品數量是確定的，這更有利於國內企業開展有計劃、有保障的生產經營活動，為培育企業的國際競爭力營造相對確定的市場環境。另外，正是由於關稅措施並不能完全排除外國競爭者的進入，這也有利於防止國內的高成本落後企業利用貿易保護政策來開展壟斷經營。

總之，關稅措施與非關稅措施各有利弊。從世界各國的政策實踐來看，進口配額等非關稅措施有所增加，而關稅措施正在逐漸減少。

二、自動出口配額限制

自動出口配額限制（Voluntary Export Quotas）也被稱為自願出口限制，是指一國海關在一定時期內對某項商品規定的最高出口數量或金額，這一「最高」指標是「自願的」「自動的」，一旦達到或超過將禁止出口。出口配額限制是進口配額限制的一種變形，表面上它是一國對本國商品出口的政策限制，實際上，這種限制多數是迫於進口國的要求與威脅，或多或少帶有一定非自願的強制性，其實質還是對進口國的進口限制措施的一種延伸。現實中，一些國家就常常以保護本國產業或商品市場為由，要求與其開展國際貿易的其他國家加強

外貿管理、控制貿易數量，做到所謂的「對外貿易有序增長」。如果其他國家不予重視，該國則對其施加一定政策壓力，比如威脅開展反傾銷調查、反補貼銷調查及加徵報復性附加關稅等。當然，出口配額限制與進口配額限制還是具有明顯的區別。進口配額限制的政策主導權在進口國，而出口配額限制的政策主導權在出口國。站在實施保護貿易政策的進口國角度，進口配額是其可以直接控制的政策措施，而出口配額則要依賴外國的理解與配合。

目前，自動出口配額限制具有兩種類型，分別是非協定的出口限制和協定的出口限制。前者不受國際貿易協定的約束，具有單方面性質；後者則來源於國家間的貿易談判和雙邊貿易協定，具有一定的互惠性質。由於自動出口配額限制嚴重影響了自由貿易的發展，世界貿易組織早在烏拉圭回合的談判中就提出了對其運用的限制。

三、進口許可證制度

進口許可證制度（Import Licensing System）是指一國海關規定了某些商品的進口必須辦理許可證，並據此來管理和限制商品進口數量或金額的政策制度。進口許可證將進口企業人為地劃分為有證企業和無證企業，只有有證企業才能從事相關商品的進口業務。進口許可證需向海關提前申請，並由海關負責審查及頒發，在使用過程中也要接受海關的管理。進口許可證制度最大的優點是有利於海關管理，不僅操作簡便、效果明顯，而且能夠實現一個國家對進口商品來源地的調控管理。進口許可證制度的主要缺點是對進口企業的透明度不足。有時候一些國家為了本國商品結構或市場的穩定，對外國商品採用歧視性的進口許可證制度，或在審核進口許可證的過程中有意拖延，使進口許可證演變成了一種貿易保護的工具，從而損害了國際貿易的公平性原則。世界貿易組織就曾明確指出，各國不得使用進口許可證制度來阻礙和限制國際貿易，但是進口許可證作為各國管理國際貿易的重要手段之一，早已廣泛地應用於國際貿易實務之中。

進口許可證也有一些具體類型。

一方面，進口許可證按照有無限制，分為公開一般許可證和特種進口許可證。公開一般許可證（Open General Licence）是指沒有任何限制的進口許可證。凡是列明屬於一般許可證的商品，不需要政府審批即可按照自由貿易原則來進口，對商品的來源地、數量等不做區別和要求。因此，這種許可證有時也被稱為自動進口許可證。特種進口許可證（Specific Licence）則是指進口商在進口商品之前必須要向政府或海關申請批准的許可證。這類許可證主要針對一國需要重點管控的進口商品，帶有明顯的貿易限制意圖，常常與配額措施、外匯管制措施、技術性貿易壁壘及綠色貿易壁壘等一同使用，因此也被稱為非自動進口許可證。

另一方面，進口許可證按照有無配額，分為有定額的進口許可證和無定額的進口許可證。有定額的進口許可證是指一國海關發放的許可證與配額相聯繫，既規定進口配額限制，又在配額內使用許可證。在這種情況下，配額措施在前，許可證制度在後，配額限制了進口商品的數量，許可證則管理了配額在國別與企業間的分配。無定額的進口許可證是指不與配額掛鈎的許可證制度。由於這類許可證往往是出於一國政府的短期政策目標需要，因此具有很強的臨時性、靈活性及政策性特徵，其對國際貿易的干擾作用也最為明顯。

四、通關環節壁壘

通關環節壁壘也被稱為海關程序壁壘或海關壁壘（Customs Barriers），是指一國海關在辦理外國商品進口的過程中，利用法律法規的某些彈性，人為製造一些延遲商品進口的通關障礙，從而增加進口商品的機會成本、時間成本及經濟成本。常見的通關環節壁壘包括以下幾種：其一，要求進口商提供難以獲得的商業資料，比如涉及商業秘密的技術文件資料，從而使進口商知難而退；其二，嚴格要求填寫資料的規範性，比如提出特殊的語言翻譯要求

等，以此來延長通關手續的辦理等待時間；其三，濫用海關估價制度，高估進口商品的正常價格，從而以高額關稅來限制進口；其四，在進口環節設置一些不合理的海關辦理程序，例如規定一些地理位置偏遠、交通條件落後的通關驗貨口岸等，從而增加進口貨物的交貨難度。歷史上的法國政府曾規定進口錄像機必須在一個叫普瓦蒂埃的小鎮入境，而那裡不僅物流條件落後，而且工作效率較低，從而較好地限制了外國錄像機的輸入。這就是一類典型的通關環節壁壘。通關環節壁壘看似簡單，卻具有較高的迷惑性和隱蔽性，常常使一些對季節性、時間性要求比較高的進口商品被擋在國外，因而也是一類不利於自由貿易的壁壘措施。

五、外匯管制

外匯管制（Foreign Exchange Control）是指一國政府對國際結算和外匯買賣的政策管制。管理的依據是國家法令，管理的對象是國家外匯，管理的機構是中央銀行、財政部及其專設機構等，管理的手段是調節外匯供需，而管理的目標是維持本國外匯市場的平穩、保持本國的國際收支平衡及促進本國對外貿易的發展等。

在實踐中，一國政府可以通過頒布政策法令來限制外匯買賣，從而實現限制進口、調節貿易等政策意圖。常用的外匯管制方法包括外匯的數量管制和外匯的成本管制兩種。一方面，外匯的數量管制是指一國的外匯管理機構對外匯買賣的數量進行限制和分配。國家通過限制外匯的使用，從而實現了對進口商品的種類、數量及來源地的管控。另一方面，外匯的成本管制是指一國的外匯管理機構對外匯買賣實行復匯率制度（Multiple Exchange Rate System），即使用兩種以上匯率的制度。眾所周知，匯率的高低會影響一國對外貿易的發展，即本幣升值有利於進口而不利於出口，本幣貶值則有利於出口而不利於進口。本幣不同匯率的高低則代表了國家對進出口的不同態度。比如，當某個國家管理進口貿易時，可以對鼓勵進口的商品實行優惠匯率，對一般商品實行正常匯率，對不願意進口的商品實行加價匯率；管理出口貿易時，又可以對鼓勵出口的商品實行優惠匯率，對於一般商品實行正常匯率，對不願意出口的商品實行加價匯率。可見，利用不同匯率間的差異，國家可以通過直接調節外匯買賣成本來間接調控進出口商品的數量和結構。

六、歧視性政府採購政策

歧視性政府採購政策（Discriminatory Government Procurement Policy）是指一國政府通過明確的法令或暗中的指示，要求本國政府機構優先採購本國產品的政策措施。這一政策常常以支持國貨、發展民族企業為理由，所以也被稱為購買國貨政策（Buy-National Policies）。對於發達國家或貿易大國，政府採購往往金額較大、數量較多，對經濟產生的影響也較深。例如，英國、日本等發達國家都曾規定其政府機構必須使用本國生產的通信設備及電子計算機產品，這種政策也逐漸成為限制相關產品進口的一項非關稅壁壘措施。由於政府的這種優先購買行為帶有很強的行政指令性質或不透明特徵，造成了國內市場對國外商品的歧視與排擠，因此其實質還是一種干擾經濟活動的貿易保護措施。為此，世界貿易組織已在《政府採購協議》中對各國的歧視性政府採購政策進行了明確的限制。

歧視性政府採購政策也具有經濟效應，可以通過一個例子來理解。假設澳大利亞需要進口複印機設備，國際市場價格為 P_w，進口量為 S_1D_1（圖4-3）。當澳大利亞對本國生產的複印機實行購買國貨政策後，國內市場價格會上升至 P_d，國內複印機的產量會提高至 G，進口量會減少至 GD_1。此時，本國的生產者剩餘增加了面積 a，政府因高價採購而多支付了面積 $a+b$，本國的整體社會福利出現了淨損失，為面積 b。可見，實行歧視性政府採購政策是有一定代價的。

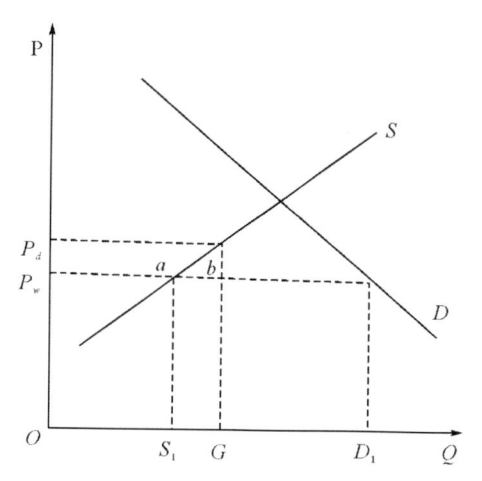

圖 4-3 澳大利亞的複印機市場情況

七、技術性貿易壁壘

技術性貿易壁壘（Technical Barriers to Trade，TBT）是指一國政府通過制定一些諸如科學技術、衛生檢疫、安全環保及產品質量等的國家標準來要求和限制進口商品的政策措施。技術性貿易壁壘往往內容繁多、標準嚴格、程序複雜，進口商品一旦不能滿足某項標準要求，就會被限制甚至禁止進口，從而達到調控進口商品數量、保護國內市場及產業的政策效果。作為一類貿易保護措施，技術性貿易壁壘的出發點大多是為了創造更好的經濟、社會及自然環境，因而具有較強的合法性、合理性和隱蔽性特徵。在貿易實踐中，這類壁壘也逐漸成了各國或地區出口商最難應對的一類措施。

世界貿易組織在《技術性貿易壁壘協議》（Agreement on Technical Barriers to Trade）中規定，WTO 成員有權制定和實施旨在維護國家基本安全、保護人類生命、健康或安全，保護動植物生命或健康、保護環境、保證出口產品質量、防止詐欺行為等的技術法規、技術標準和評定程序。這一協議適用於包括農產品與工業品在內的幾乎所有產品，另有《衛生與植物檢疫措施協議》（Application Of Sanitary And Phytosanitary Measures，SPS）補充實施。

（一）技術法規

技術法規是指規定強制執行的產品特性、相關工藝和生產方法的法規文件。在文件內容中，還可進一步規定相應產品及生產過程的專門術語、符號、標誌及包裝要求等。技術法規最主要的特點是強制性，即只有達到法規要求的產品才能進入國內市場銷售。例如，有的國家曾出抬技術法規，要求玩具中某有害化學成分的含量不得超過一個極低的值，導致亞洲國家的大量玩具產品無法進入該國市場，從而形成技術性貿易壁壘。

（二）技術標準

技術標準是指由公認機構制定的用來指導產品標準化生產的規則或指南文件。按照世界貿易組織的解釋，技術標準是由各國自願選擇的，但在國際貿易實踐中，技術標準又被分為強制標準和推薦標準兩個類別。某些發達國家就常常利用自身的科技資本與技術優勢，單方面制定和實施了相關技術標準，並將其作為了強制執行的貿易限制措施。相應的發展中國家無力應對此類標準，往往在國際貿易中處於劣勢。例如，某些國家要求從發展中國家進口的汽車必須滿足歐洲汽車尾氣排放第五代標準，這是一項極為嚴格的環保標準，很多發展中國家的汽車製造企業難以做到，即使個別企業為滿足標準對所有的柴油新車加裝了顆粒物

濾網，仍然會造成成本增加、競爭力下降的不良後果。

（三）評定程序

評定程序又稱為合格評定程序，是指依據一定的技術法規和技術標準，對產品生產過程進行的全面監督、審查和檢驗。評定合格的產品將被授予合格證書或合格標準，並以此作為能否滿足一國技術要求並進入該國市場的判斷依據。按照《技術性貿易壁壘協議》，各國的合格評定程序不得與國際標準相違背，如果存在差異，應當向世界貿易組織的技術性貿易壁壘委員會報告。然而，在國際貿易實踐中，有些國家的合格評定程序卻存在不合理的限制內容，比如單方面的技術要求、不透明的歧視性手續等，致使準備進口的商品在通關環節被延遲或禁止，從而產生降價、退貨、扣留甚至銷毀等經濟損失。

（四）綠色壁壘

綠色壁壘（Green Barriers）也被稱為綠色貿易壁壘或環境保護壁壘，是指以保護生態環境、自然資源及人類健康為目的的一類技術性貿易壁壘。綠色壁壘的產生以世界經濟發展中的工業化及全球化為背景。一方面，工業化在發展生產力的同時促進了城鎮化。隨著世界人口的快速增長，傳統資源面臨枯竭、自然環境日趨惡化，人類社會的可持續發展問題逐漸凸顯起來。為此，環境保護就成了世界各國的普遍共識。另一方面，經濟全球化在促進合作的同時也加劇了競爭。隨著世界貿易的快速增長，全球產業鏈分工漸漸形成，自由貿易規則也日益完善。然而，一些國家的產業轉型困難、貿易條件惡化及國際收支失衡等問題日益突出，貿易保護主義再次抬頭。因此，基於環境與貿易兩大原因，綠色壁壘成了一類理由充分、手段高明且難以對付的新型貿易壁壘，受到越來越多國家的重視與應用。綠色壁壘也可以表現為不同的形式，具體如下。

其一，綠色關稅。一國可以保護環境為由，針對在生產環節有一定污染或環境破壞的產品設置進口附加稅或進口限制。

其二，綠色技術標準。一國可以憑藉其技術壟斷地位設置具有較高要求的強制性環境保護技術標準，將不具備相關標準的產品排斥在國內市場之外。

其三，綠色環境標誌。一國可以向達到環境保護標準的商品頒發綠色環保標誌，以證明其生產過程的綠色、生態、無公害。綠色標誌在一定時間和區域內能夠發揮出類似通行證、許可證的作用。

其四，綠色包裝。一國可以強制要求進口商品的包裝必須符合環保要求。比如包裝材料要可回收、可再生，包裝的成分要可分解、無污染，包裝的設計要低成本、易拆卸等。對於符合要求的商品，給予稅收優惠；對於不符合要求的商品，則加徵關稅或罰款。

其五，綠色反補貼。一國可以通過發放補貼的形式來彌補本國的高污染、高耗能企業的資源環境成本。以發展中國家為例，由於生產技術相對落後，環境治理資金不足，很多產品並不能滿足綠色要求，政府常常需要代為治理環境，而補貼就是其中最為直接的一種方式。這種綠色補貼抵消了出口產品受到的綠色壁壘影響，因而受到發達國家的指責和反對。出口產品一旦被認定存在綠色補貼，就很容易被限制進口，即遭到綠色反補貼措施。

其六，綠色檢驗檢疫。一國可以通過動植物衛生檢疫來測度進口商品是否符合環保健康要求。比如，對商品的成分進行污染物、微生物、病毒、重金屬及添加劑等檢驗，並對照嚴格的環境與衛生標準，只允許符合標準的商品進入國內，不符合標準的則禁止進口。

總之，綠色壁壘具有合法性、廣泛性、靈活性、隱蔽性及強制性等特徵，並在今天的國際貿易中發揮著限制進口的作用。

（五）衛生檢疫

伴隨著世界貿易的不斷發展，商品檢驗環節的衛生與動植物檢疫漸漸成了一國加強進口管制、規範商品監管的重要手段。例如，按照世界貿易組織的《衛生與植物檢疫措施協

議》，WTO成員可以為防止以下危險而採取措施，從而避免危害人類及動植物的生命與健康。

（1）防止因瘟疫、疾病、帶病細菌或致病細菌的侵入、形成或傳播而產生的危險；

（2）防止因食品、飲料或飼料中的添加劑、污染物、毒素或致病細菌而產生的危險；

（3）防止因動物、植物或產品中攜帶的病害、蟲害的侵入、形成或傳播而產生的危險；

（4）防止或限制成員方境內因瘟疫的侵入、形成或傳播而產生的其他損害。

衛生檢疫的具體措施包括頒布政策法規、設定檢疫程序、制定衛生安全標準、發放衛生安全標誌等，所涉及的國際貿易商品也從單一的農畜產品逐漸擴大到了多元化的其他商品及其包裝。可以說，衛生檢疫措施亦是一種具有較強隱蔽性的新型技術性貿易壁壘措施。

八、其他壁壘

除了以上主要壁壘之外，非關稅措施還包括最低限價措施、禁止進口措施、進口押金制度、貿易救濟措施等其他類型。每一類型的措施都有其針對性和適用性。近年來，隨著世界服務貿易的快速發展和各國對知識產權保護力度的加強，服務貿易壁壘和知識產權壁壘的影響力也有所增強。特別是伴隨著一些國際貿易中的新現象、新問題，新的貿易壁壘也在被「發明」、被「創造」。與此同時，針鋒相對的反壁壘措施也在發展。可以說，非關稅壁壘是一類動態發展並不斷更新的貿易限制措施。

第二節　鼓勵出口的措施

一、出口信貸

（一）出口信貸的含義與特點

出口信貸（Export Credit）是指一國政府通過給予本國出口企業一定的資金信貸支持，鼓勵並幫助企業開展對外貿易的金融政策措施。出口信貸往往由國家銀行來提供擔保，貸款期限較長而利率不高，能夠有效解決出口企業的融資困難，並為企業抓住國際機遇、適應國際競爭及創造國際績效提供有力的幫助。出口信貸的主要特點體現為三個方面。其一，出口信貸產品的優勢非常明顯。特別是當一國企業需要向國外長期出口某種商品或一次性賣出金額巨大的機器設備或生產資料時，出口信貸就能為企業提供較長時期的低成本的融資服務，從而解決企業的資金不足、設備短缺等現實問題。其二，出口信貸還具有很強的涉外性、國際性特徵。一國銀行既可以向本國出口商提供融資貸款，也可以向符合條件的外國進口商提供資金服務，其國際信貸屬性十分明顯。其三，出口信貸還體現了一定的金融合作性。在實際業務中，為了資金安全，出口信貸常常與國際保險、國際保理等合作開展業務，這樣繼保證了銀行的貸款安全，也加強了國際金融機構間的交流與合作。除此之外，出口信貸主要的服務對象是資本類貨物的出口，而政府在出口信貸中發揮了主導作用。

（二）出口信貸的主要類型

一方面，出口信貸按照期限的不同可以分短期信貸、中期信貸和長期信貸三種。其一，短期信貸（Short-term Export Credit）是指貸款期限在一年以下的出口信貸。這類貸款主要用於促進對原材料、消費品及小型機器設備等商品的出口。其二，中期信貸（Medium-term export credit）是指貸款期限介於一年到五年的出口信貸。這類貸款主要用於鼓勵生產週期在五年以內的商品的出口，比如中型船舶、列車、機械及小型飛機等。其三，長期信貸（Long-term Export Credit）是指貸款期限超過五年甚至更長時間的出口信貸。這類貸款主要用於支

持生產或使用週期特別長的商品，比如大型船舶、採礦設備及汽車生產線、家電生產線等。

另一方面，出口信貸按照對象的不同可以分為賣方信貸和買方信貸兩種。其一，賣方信貸（Supplier Credit）是指出口國銀行向本國出口商提供的商業貸款。在微觀企業層面，賣方信貸主要被應用於出口商對外銷售大中型機器設備的業務中，由於這類商品價值量較大、生產週期較長，因而對進出口商雙方的資金壓力都比較大。為了週轉資金，進出口商通常就會選擇賒銷或延期付款的交易方式。賣方信貸正好滿足了這類要求，以先提供貸款促成國際貿易、後償還貸款完成貨款支付的方式，既調動了外國進口商的簽約積極性，還保障了本國出口商的生產可行性。在宏觀政策層面，賣方信貸體現了國家的政策意圖，具有明顯的政府支持背景。國家可以通過向特定企業提供具有優惠利率的賣方信貸，鼓勵和發展國內重要產業或新興產業，使信貸政策成為貫徹產業政策、貿易政策及金融財政政策的有效工具。以中國為例，中國進出口銀行就是一家向貿易企業提供金融支持的國有政策性銀行。其主要賣方信貸產品包括六類，分別是設備出口貸款、船舶出口貸款、高新技術產品貸款、一般機電產品貸款、對外承包工程貸款及境外投資貸款。這家銀行為中國實施「走出去」戰略和落實「一帶一路」倡議發揮了重要作用。當然，賣方信貸也存在一定問題，國際貿易過程中加入了銀行，使得貸款形式的貿易貨款增加了利息和手續費等成本，從而提高了出口商的對外報價金額。此項成本將最終由進口商承擔，這在一定程度上將削弱出口商品的競爭優勢，對其出口產生了不利的影響。其二，買方信貸（Buyer Credit）是指出口國銀行向外國進口商或外國銀行提供的商業貸款。在通常情況下，銀行將貸款作為貿易貨款直接支付給出口商，而進口商將按照貸款協議分期償還銀行貸款及相應利息。實際上，買方信貸屬於資本輸出的一種類型，從短期來分析，等額的貸款僅僅對應著等額的出口商品，但從中長期來分析，資本輸出的影響力會隨著時間的推移而不斷放大，特別是在外國企業償還貸款和使用機器設備的過程中，金融、貿易的外部性效益會逐漸顯現，從而為出口國帶來更大的貿易利益。概括起來，買方信貸的優點主要體現在三個方面。首先，有利於進口商融資融物。買方信貸是直接貸款給外國進口商或進口商所在地銀行，不僅可以使進口商及時獲得貿易商品的使用權，而且利息優惠、還款壓力可控。其次，有利於出口商安全收匯。由於買方信貸以現匯形式支付給出口方，且一切貸款手續由進口方向銀行辦理，因而對於出口方而言，不僅貨價計算與融資程序都更為簡單，較大金額的貨款回收也更為快捷、更為安全。再次，有利於銀行開展業務。買方信貸將本國銀行同外國企業或銀行相聯繫，將本國金融業務擴展為了國際金融業務。這不僅為本國銀行經營海外業務創造了機會，也在很大程度上豐富了本國銀行的收入來源。可見，買方信貸是一種涉及進口商、出口商、本國銀行及外國銀行等多方當事人的金融產品，並在大額國際貿易中受到各方當事人的歡迎。

需要注意的是，雖然賣方信貸和買方信貸同屬出口信貸的範疇，但是二者在借款人、擔保方、付款方式、風險管理、財務影響及政策效果等方面存在著明顯的區別，在具體業務中一定要正確使用。

二、政府補貼

（一）出口補貼

出口補貼（Export Subsides）是指一國政府給予出口商在出口商品時的資助、補助或津貼。出口補貼的目的是擴大本國商品的出口數量，其原理是通過降低出口商品的價格來增強其在國際貿易中的競爭力。

首先，按照補貼的作用原理，出口補貼可以分為直接補貼和間接補貼。直接補貼是政府直接給予出口商的無償的現金補貼，例如財政撥款、優惠收購價格等。間接補貼則是政府通過一些政策工具變相向出口商讓渡的財政收入，例如稅收減免、優惠利息貸款等。出口補貼

的初衷是彌補企業因國際市場價格較低而產生的經濟損失，但實際上更多地成了一種調動企業出口積極性的優惠或獎勵。因此，出口補貼相當於人為地增加了出口企業的利潤，使其產品相比於國外同類產品更具價格優勢。

其次，按照世界貿易組織的《補貼與反補貼措施協議》，出口補貼可以分為禁止使用的補貼、可以申訴的補貼和不可申訴的補貼。禁止使用的補貼又被稱為「紅色補貼」，是指政府對進口替代品或出口品在生產、銷售環節進行的各種補貼措施。這類補貼直接扭曲國際貿易，最易造成貿易摩擦，對世界經濟的不利影響也最為突出，因此被WTO禁止。可以申訴的補貼又被稱為「黃色補貼」，是指一國政府可以使用，但外國政府也可以提出反對申訴的補貼措施。在WTO框架下，絕大多數政府補貼是被禁止使用的，但在農產品的生產和貿易過程中還保留了一些諸如價格補貼、投入品補貼及貸款補貼等措施。這些措施一旦對其他國家產生了嚴重影響或貿易損失，其他國家就可以提出反對或採取反制措施。不可申訴的補貼又被稱為「綠色補貼」，是指一國政府可以使用的對國際貿易影響不大的補貼措施。這類補貼帶有一定的照顧、幫扶或援助意義，一般不能被訴諸爭端解決。

最後，按照補貼的具體形式，出口補貼可以分為虧損補貼、稅收補貼、資源補貼及金融補貼等。

虧損補貼也叫外貿企業虧損補貼，是指當出口企業由於各種原因產生虧損時，政府向其發放的財政補貼，一般又可進一步分為進口虧損補貼和出口虧損補貼。前者是指外貿企業從國際市場上以較高價格進口商品，再在國內市場上以較低價格銷售商品時，由此產生的價格損失由政府補貼。後者則是指當外貿企業從國內市場上以較高價格購進商品，再在國際市場上以較低價格出口商品，由此產生的價格損失由政府補貼。由於虧損補貼解決了外貿企業從事國際貿易的後顧之憂，因而能夠很好地調動出口企業的積極性，也使其在外貿洽商環節更加自信。然而，政府保底的「無風險」措施也有可能引發「只講成交、不講獲利」的低價競爭，從而使本國的貿易條件進一步惡化。

稅收補貼也被稱為稅收優惠，是指政府通過制定一系列稅收政策，對出口企業減少、免除或返還某些稅款的優惠政策措施。稅收優惠不僅涉及進口關稅，還可包含營業稅、增值稅及所得稅等。由於稅收補貼在減輕出口企業的稅收負擔、降低出口商品的經濟成本、激發企業參與國際貿易的主動性等方面效果顯著，因而被各國政府所廣泛採用。例如，中國財政部、商務部等四部門宣布，從2018年10月1日起對跨境電子商務綜合試驗區的電商出口企業實行免稅政策，這將有力地促進相關企業發展國際貿易。

資源補貼是指一國政府給予出口企業的在資源方面的優惠、補貼等支持措施。在出口商品的生產過程中，往往需要各種原材料、能源及土地等資源，政府可以通過制定一些法令、政策，給予從事外貿行業的生產企業一定的資源價格補貼，使其能夠憑藉較低的生產成本來參與國際市場競爭。例如，廉價的土地租金、優惠的水電費用等。

金融補貼是指一國政府給予出口企業金融領域的各項優惠、補貼措施，主要涉及了貸款、保險、外匯及信託方面的支持措施。這些措施大多是通過類似中國進出口銀行這樣的政策性銀行來完成的。在商業貸款方面，銀行向出口企業提供了具有優惠利率的貸款，從而為企業融通資金提供了幫助。在擔保和保險方面，銀行為企業提供國家信用擔保或出口信用保險，從而進一步增強企業的外貿競爭力。在外匯方面，銀行向出口企業提供優惠的外匯匯率，從而使企業在國際貿易中的本幣收入增加、外幣支出減少。在信託方面，銀行還可為企業提供國際信託業務服務，從而更好地開展大型機器設備的跨國融資租賃業務。

（二）生產補貼

生產補貼（Production Subsidy）是指一國政府對本國商品的生產環節給予的資助、補助或津貼。生產補貼的提供者是政府，屬於國民收入轉移支付的一種類型，由於其作用相當於

反向徵收的財政稅收，因而也被稱為「負生產稅」。生產補貼的作用範圍較廣，可以涉及產品生產的各個環節，從技術研發、產品生產、組織銷售到國際貿易都可以進行補貼。生產補貼的目的是發展生產，政府的無償投入能夠幫助企業擴大產量、提高質量並降低成本，從而增強其產品在國際市場當中的競爭優勢，並在一定程度上實現政府希望鼓勵出口的政策目標。與出口補貼類似，生產補貼的形式也包括財政撥款、貸款優惠、稅收減免及資源補貼等各種直接或間接措施。所不同的是，生產補貼著眼於較長時期的產業扶持，並很少專門針對外貿企業，因此，這類補貼對國際貿易的支持效果並沒有出口補貼那麼明顯。

三、出口退稅

出口退稅（Export Rebate）是指當出口商在出口商品時，政府將已徵收的國內稅與進口稅返還出口商的一種政策措施。這一措施運用了稅收工具，採用了先徵後退的方法，達到鼓勵本國企業對外出口的政策效果，其作用相當於一種外貿補貼措施。出口退稅包含了兩層含義，其一是返還已納國內稅，如果出口商品並沒有在國內銷售，銷往國外後必然會被重複徵稅，所以應當在其出口時退還諸如增值稅、消費稅等各項國內稅。其二是返還已納進口稅，如果出口商在商品的生產過程中使用了從外國進口的原材料或零部件，而這些進口材料最終並沒有用於國內消費，則還需要在商品出口時退還這部分進口材料的進口關稅。正是由於出口退稅措施立足於消除國際重複徵稅，因而得到了很多國家的認可和使用。

需要注意的是，出口退稅措施的效果一般受限於政府的財政狀況、退稅環節的工作效率及退稅利益的分配方式等因素，各國的出口退稅政策也存在一定的差異。曾經甚至出現了一些不法商人，他們利用法律漏洞，通過詐騙出口退稅來非法獲利。常見的詐欺手段就有偽造單據類的假報出口、租借貨物類的假報出口、空車空船類的假報出口、以次充好或以少報多類的假報出口、內外勾結類的假報出口等。因此，各國在鼓勵出口退稅的同時，也在不斷加強對外貿企業的經營監管，確保相應政策的有效性。

四、商品傾銷

(一) 商品傾銷的內涵

商品傾銷（Dumping）是指一國政府支持國內企業在國外市場以低於正常市場價格的方式大量銷售本國產品。正常市場價格以出口商品的國內市場價格或生產成本為參照，過低的出口價格有違常理，必有原因。在歷史上，傾銷曾經是西方發達資本主義國家時常使用的不平衡貿易手段，被用來打擊、限制和扼殺發展中國家民族產業的生存和發展。如今，商品傾銷仍然存在，但性質與作用卻有了很大變化。

通常，出現傾銷有這樣幾種原因。其一，以低價手段來打擊國外競爭對手，使產品能夠迅速開拓海外市場；其二，以低價手段來擴大海外市場範圍，使產品銷售形成網絡並走向壟斷；其三，以低價手段來轉嫁危機，使積壓滯銷的產品能夠迅速被國際市場消費。可見，傾銷已成為一國政府用來鼓勵出口、擴大出口的一種政策手段。

對於一國是否對另一國構成商品傾銷，有三條主要判斷依據。其一，出口商品的價格或價值是否低於正常值，通常以其國內價格來比較；其二，出口低價商品是否對進口國的產業造成了損害，包括重大損害、重大威脅和重大阻礙三種情況；其三，低價商品進口與國內產業損害有無關聯，需要確定二者的先後順序和因果聯繫。

對於某一廠商能否實施商品傾銷策略，也有三項基本條件。其一，出口廠商所在行業處於不完全競爭市場，因為只有具有壟斷能力的廠商才能決定價格的高低；其二，國內市場與國外市場相對隔離，使得國內消費者不能從國外市場買回具有更低價格的商品；其三，出口廠商的國內市場需求彈性要比國外市場需求彈性更小，從而使降價策略能夠在國內需求量

穩定的前提下快速擴大外國需求量。可見，商品傾銷並非簡單地對商品實施降價出口，構成傾銷和實施傾銷都是需要符合一定條件的。

（二）商品傾銷的分類

按照時間或目的的不同，商品傾銷可以分為三種類型。

第一，突發性傾銷（Sporadic Dumping），又被稱為季節性或偶然性傾銷，是一種出口企業為了消化積壓商品、獲取流動資金或者調整生產方向等，在消費淡季或短時間內向國外市場大量低價出售某種商品的傾銷策略。這類傾銷的影響力是暫時的，對產業的損害度也不高，外國消費者還可從低價中獲益，所以基本上屬於一種正常的商業現象。

第二，間歇性傾銷（Intermittent Dumping），也被稱為掠奪性傾銷，是一種出口企業為了打垮外國競爭對手、壟斷外國市場或掠奪外國商業資源等，在一段時間內向國外市場以極低的價格大量出售某種商品的傾銷策略。這類傾銷商品的價格甚至可以低於生產成本，從而使外國廠商因無法應對而被迫退出市場。當出口廠商完全取得在外國市場的壟斷地位後，再通過不斷提高商品的價格來獲得持續的超額壟斷利潤。在間歇性傾銷策略下，雖然出口企業以短期虧損贏得了長期獲利，但是這種策略對於進口國的產業傷害是嚴重的和長期的。世界各國大多反對這類傾銷，認為這是一種「損人利己」的政策，並常常採用反傾銷措施來加以應對。

第三，持續性傾銷（Persistent Dumping），又被稱為長期傾銷，是一種出口企業為了擴大出口的規模、消化過剩的生產能力或提高出口創匯的金額等，在相當長的一段時間內向國外市場大量低價出售某種商品的傾銷策略。長期向外國傾銷商品是具有很大難度的，因為絕大多數企業都不可能長期虧損。因此，開展持續性傾銷的出口商要麼能夠獲得持續的外來補貼，要麼必須保證出口商品的價格不低於生產成本。由此可見，這類傾銷的掠奪性不高，外國消費者也可從低價商品中長期獲益。從促進外國廠商跟隨著降低成本的角度分析，這類傾銷甚至對激發良性的國際競爭還有一定的積極意義。

需要注意的是，在現實貿易中，商品傾銷的實際效果並不確定。特別是當外國的反傾銷措施實施後，出口企業很有可能出現利潤銳減甚至虧損的不利情況。這時，就需要出口國政府的其他措施來彌補虧損、穩定價格並支持企業繼續出口。

五、外貿服務

政府在一國的對外貿易中發揮了重要作用。除了制定政策和監督管理等宏觀作用外，政府還可以通過向出口商提供各種具體的服務，從微觀層面直接或間接地促進企業的對外貿易。在服務領域，世界各國差異很大，各國都會根據本國企業的實際情況制定並實施一系列針對性更強、促進效果更明顯且更受企業歡迎的服務措施。歸納起來，常見的服務措施主要有這些類型。其一，改革外貿管理機構，消除重複的、落後的和意義不大的工作環節，從而簡化辦事流程並提高通關效率。其二，設立專門的諮詢服務機構，既可以從事國際貿易問題研究，為制定外貿政策提供理論依據，也可以指導企業具體開展對外貿易，例如向出口企業提供及時的國際貿易信息。其三，組織不同層次的評優評獎活動，通過樹立外貿中的典型個人或企業，向各行業、各地區的不同企業推廣有價值的外貿經驗。其四，定期舉辦不同類型的進出口商品博覽會、展銷會，或組織國內外企業家代表團開展互訪，從而促進國內外廠商的交流、合作並達成貿易合同。其五，協調國內的保險、銀行及運輸等關係方，為外貿企業提供便捷、高效的「一條龍」服務。總之，隨著國際貿易競爭的日趨激烈，差異化的政府服務能夠很好地解決外貿企業的具體問題，並逐漸成為一種受到各國重視的鼓勵出口措施。

第三節 限制出口的措施

一、出口管制的含義

出口管制（Export Control）是指一國政府通過制定和實施一系列法令，以各種經濟或非經濟手段對本國出口商品實施控制的一類政策措施。在正常情況下，出口商品是有利於國家、產業及企業發展的，政府應當對出口活動給予鼓勵和支持。然而，在一些特殊條件下，一國政府出於對自身政治、經濟、軍事及對外關係等的考慮，實施了出口管制。歷史上的出口管制多帶有非經濟的社會、法律及政治原因，多見於發達國家對發展中國家的出口限制。隨著自由貿易的發展和世界多邊貿易體系的完善，發達國家的出口管制受到廣泛批評並有所收斂，國際貿易中現有的出口管制政策則更多地體現了一國政府對於國內產業、就業等經濟問題的考量。出口管制的具體目的可分為經濟原因和非經濟原因兩個方面。

（一）經濟原因的出口管制

在經濟原因方面，出口管制的出發點是維護國內經濟繁榮、保障國內就業充分及保持國際貿易優勢。

其一，出口管制是為了穩定本國產業。一般來講，每個國家都有一定的產業體系。政府的職責之一就是維持這一體系的平穩運行。特別是關係國計民生的製造業，必須保證其原材料的充分供給，否則就會影響生產、減少供給，甚至降低經濟增長率。因此，為了避免過量出口對國內產業鏈產生不利影響，政府必然對重要的原材料進行出口管制。另外，對於一些國外需求數量比較大的商品，出口管制也是為了國內市場價格的穩定，防止出現嚴重的通貨膨脹現象。

其二，出口管制是為了保障本國就業。眾所周知，充分就業是一國政府進行宏觀經濟管理的重要目標。商品從原材料到半成品再到成品的整個生產加工過程都能創造就業崗位。成品出口的確能夠帶來利潤，但過多的、長期的原材料和半成品出口，則會在一定程度上減少本國的就業崗位數量，變相支持和促進了外國相關製造產業的進一步成長。因此，對於就業比重較大的生產環節，相應產品會受到一定程度的出口管制。另外，對於供不應求的出口商品，若不進行出口管制，需求缺口一旦失控，同樣也會造成大面積失業的嚴重後果。然而，出口管制與保障就業的平衡點很難被掌控，發達國家因出口管制而限制就業的案例也並不少見。

其三，出口管制是為了保持貿易優勢。有的國家的某些商品擁有國際貿易壟斷優勢，控制並限制出口商品的數量就是為了維持這類商品較高的壟斷價格，從而使出口國能夠長期獲得高額的壟斷利潤。壟斷優勢的來源比較複雜，有自然優勢、資本優勢、技術優勢及勞動力優勢等，有的優勢是難以模仿、不可替代的核心優勢，有的卻不是。所以，為了盡量保持這種優勢地位，就會出現出口管制現象。另外，為了避免同類產品的無序競爭，為了防止外國進行反傾銷、反補貼等貿易反制，為了貿易條件不至於惡化，一國政府都有可能主動實施出口管制政策。

（二）非經濟原因的出口管制

在非經濟原因方面，出口管制的出發點是保護環境資源、保護歷史文化及其他政治軍事因素等。

其一，出口管制是為了保護稀缺的自然資源。隨著工業化的發展，人類對於自然環境的破壞程度日益加深，對於自然資源的需求更是快速增長，一些不可再生的資源面臨著日趨枯

竭的局面。一些國家為了保護自然資源或者維護生態平衡，對相應產品進行了出口管制。最為常見的是對稀缺礦產資源的出口限制及對瀕危野生動植物產品的禁止出口等。

其二，出口管制是為了保護珍貴的歷史文化。眾所周知，歷史文物、古建築及古生物化石等都具有很高的歷史價值、文化價值或科學價值，一個國家應該對其妥善保管並進行科學研究。然而在歷史上，諸如文物流失的現象曾非常嚴重，而海關就是防止文物非法輸出的最後一道關卡。如今，這些物品的進出口幾乎已被各國所嚴格管制。有的國家還對這類物品進行了鑒定並評級，較高等級的被列為禁止出口，較低等級的則被列為限制出口或允許出口，即使出口也需要辦理相應的出口許可證，從而防止其流失。可見，出口管制具有保護和弘揚民族歷史文化的作用。

其三，出口管制是為了政治與軍事目的。國家與國家之間存在不同程度的外交關係。當關係緊密時，雙邊貿易往往自由而通暢；當關係緊張時，雙邊貿易則會受阻或中斷。出口管制常常就是一種配合緊張關係的經濟制裁措施。以政治為例，出口管制是國際上經濟戰、貿易戰的政策工具。一國可以通過出口管制向外國政府施壓，從而達到干擾外國經濟秩序、迫使對方在外交談判中讓步的目的。例如，一些霸權主義國家常常以此來制裁發展中國家。以軍事為例，出口管制還常常被應用於軍工產品的出口中。有的國家為了限制別國軍事實力的增長，保持自身在軍備競賽中的優勢，選擇對外國實施軍事出口限制。受限制的商品主要包括各種武器彈藥、飛機、軍艦及先進的電子設備等。比如，發達國家對部分發展中國家長期實施軍事禁售政策，名義上是高新技術保護，實質上是軍事出口管制。另外，當有戰爭爆發時，有的國家也會以「保持中立」為由，對正在交戰的國家實施出口管制。可見，出口管制政策還帶有明顯的政治軍事意圖。

二、出口管制的形式與措施

（一）出口管制的形式

出口管制的形式可以分為單邊出口管制和多邊出口管制兩種類型。

首先，單邊出口管制是指一國政府按照本國的需要單方面地制定和實施出口管制政策。單邊出口管制一般由國內的專設機構來監管和執行，其行動不受外國干涉，完全獨立自主。單邊出口管制是出口管制中的主要形式，世界各國或多或少都存在一定程度的出口管制，因為總有一些物資不適用於自由貿易。

其次，多邊出口管制是指兩個或兩個以上的國家基於多邊出口管理體制來制定和實施的、共同的出口管制政策。通常，實施多邊出口管制政策的國家已經建立了一定的政治、經濟或軍事共同體，統一的對外出口管制政策只是其各項一致性政策中的一個類別。這些國家共同制定對外貿易政策，彼此相互協調與配合，旨在達到共同的整體性政治、經濟或軍事目標。相較於單邊出口管制，多邊出口管制的效果更強、影響範圍更廣，但其實施難度也更大。例如，歷史上著名的巴黎統籌委員會就是一個典型的多邊出口管制機構，雖影響巨大但最終解散。今天，多邊出口管制措施仍然存在於一些國際條約當中，大多與軍事有關，例如《不擴散核武器條約》《禁止生物武器公約》《禁止化學武器公約》等。

（二）出口管制的措施

出口管制的措施主要包括對外貿易國家專營制度、出口關稅制度、出口許可證制度、出口配額制度及出口禁運政策。

其一，對外貿易國家專營制度是指一國政府將實施出口管制的商品交由指定機構進行專項經營的一種管理制度。國家專營的優點是便於國家對特殊商品的出口管制。涉及的外貿商品大多是一些敏感性商品，比如稀有礦產、石油、糧食、藥品及武器等。專營這些商品既要考慮市場因素，也要強化政策因素。特別是當關係國家的經濟與貿易戰略時，往往就要以

國家政策目標為主，而以外貿利潤為輔。國家專營的缺點是容易造成壟斷。由於只有專營機構擁有外貿專營權，排除了來自其他企業的競爭，從而更容易使相關產業產生經營上的壟斷與生產中的惰性，並陷入高投入、低增長的困境。

其二，出口關稅制度是指一國政府對實施出口管制的商品徵收出口關稅的一種政策措施。出口關稅加重了出口企業的經濟負擔，在提高出口商品成本及價格的同時，削弱了出口商品的競爭優勢，從而達到減少出口數量的政策效果。例如，中國政府於2019年1月1日起，取消了對化肥、磷灰石、鐵礦砂、礦渣、煤焦油、木漿等94項商品所徵收的出口關稅，其中部分產品的出口關稅就曾發揮了一定的出口管製作用。在通常情況下，用於出口管制的出口關稅稅率要高於普通出口關稅，其限制出口的政策意圖更加明確。同時，和其他關稅措施一樣，出口關稅的效果也與出口商品的需求價格彈性有關，彈性越高，出口管制的效果越明顯，反之，則效果越弱。

其三，出口許可證制度是指一國政府對實施出口管制的商品發放許可證的一種政策措施。出口許可證須向海關申請，企業在獲得批准之後方可辦理相關商品的出口業務。出口許可證多用於限制國內生產急需的原材料、半成品或其他稀缺物資，並常常與出口配額措施配合使用。另外，在保護文物、管制藥品及衛生防疫等領域，出口許可證也發揮了重要作用。例如，按照《中華人民共和國文物保護法》之規定，任何文物的出口都必須向海關申報，並按照鑒定等級做出安排，允許出口的須辦理出口許可證，不允許出口的則一律禁止出口，非法出口的將予以追回。總之，出口許可證制度對於出口管制的效果非常明顯，管理手段靈活多變，可適時調整，因此也就成了一種被各國及各領域廣泛採用的出口管制措施。

其四，出口配額制度是指一國政府對實施出口管制的商品規定最高出口數量的一種政策措施。這類出口配額不僅包含之前提到的一些國家被迫採用的「自動」出口配額，還包括各國實施的真正意義上的主動限制出口措施。作為一種常見的出口數量或金額限制措施，出口配額既可以限制出口貿易的規模，還可以調控出口市場的地區國別，是一種管制出口的直接干預手段。

其五，出口禁運政策是指一國政府或多國政府對實施出口管制的商品嚴格禁止跨國交易的一種政策措施。這是出口管制中最為極端的一種方式。歷史上的出口禁運常見於發達資本主義國家對發展中國家實施的經濟封鎖、貿易歧視或軍事施壓等措施，表現為特殊時期的臨時性貿易管制。然而，在限制正常貿易方面，出口禁運帶來的傷害往往是雙邊的，隨著自由貿易理念的廣泛傳播，來自發達國家的不合理的出口禁運措施受到了越來越多的反對，並出現了逐漸減少的趨勢。後來，出口禁運措施漸漸被應用於杜絕重要物資的非法出口，尤其在保護珍稀動植物方面發揮了積極作用。例如，《瀕危野生動植物種國際貿易公約》的附錄一就明確規定了禁止國際貿易的動植物名錄，包括大熊貓、雪豹、犀牛、黑猩猩及江豚等，因為國際貿易將導致其快速滅絕。

第四節　經濟特區政策

經濟特區政策是一類內涵豐富、形式多樣的鼓勵國際貿易、發展涉外經濟的政策措施。經濟特區（Special Economic Zones）是由一國政府劃定的一片「境內關外」的特殊區域，通常為港口、海島、邊境口岸或交通樞紐地區等。在區域內該國實行各種經濟貿易優惠政策，並發展物流倉儲加工製造等產業，從而達到引進外資、促進貿易和發展經濟等政策目標。按照規模、功能及影響力的不同，政策指導下的經濟特區又分為不同的類型。

一、自由港與自由貿易區

自由港（Free Port）是指一國政府按照「國境之內、關境之外」原則設立的允許外國商品、資金及人員自由流動的開放型海港或內河港。在自由港內，海關手續非常簡便，不但一切貨物免徵關稅，而且相關廠商還被允許在區域內開展加工、裝配、倉儲、銷售、展覽及包裝等商業活動。只有當貨物從自由港進入國內其他地區時，才會被按照進口商品進行管理並徵收關稅。自由港對於國際貿易的發展意義重大。其一，自由港政策帶動了港口本身的建設，隨著大量外貿業務的開展，加工貿易、轉口貿易、國際運輸及國際金融等業務相應發展，從而進一步豐富並提升了涉外港口的國際貿易功能。其二，自由港政策刺激了區域經濟的發展，隨著港口經濟的外部性效應不斷向周邊區域輻射，與之相配套的產業，尤其是第三產業必然聚集和發展，從而創造更多的就業機會，帶動和支持臨近地區城市經濟的發展。世界著名自由港有亞洲的香港特別行政區、新加坡、馬六甲，歐洲的漢堡、鹿特丹、哥本哈根等。

自由貿易區（Free Trade Zone，FTZ）是在自由港的基礎上發展起來的一類海關特區。自由貿易區並不局限於沿海或沿河港口，而是可以設在港口之外或內陸地區。類似的，在自由貿易區內，政府也實行了一系列經濟與貿易優惠政策，比如免徵關稅、自由進出、便利商貿等。設立自由貿易區的目的同樣在於發展國際貿易和帶動經濟增長。發展中國家就常常通過設立自由貿易區來實現吸引外資、擴大交流、擺脫貧困及加速工業化等政策目標。以中國為例，2018年10月16日，國務院批復同意設立了中國（海南）自由貿易試驗區，成為除上海、廣東、天津、福建、遼寧、浙江、河南、湖北、重慶、四川、陝西之外的第12個自由貿易試驗區。

需要注意區別的是，有一類自由貿易區（Free Trade Area，FTA）來源於國家間的貿易協定，比如北美自由貿易區，這屬於更高層次的區域經濟一體化組織下的雙邊或多邊制度安排。在這類自由貿易區，內部成員之間實行零關稅等自由貿易規則，對外則使用一致的國際貿易政策。其範圍更廣、影響更大，實質上已經不屬於一國政府設置在國境之內並自主安排的經濟特區範疇了（表4-1）。

表4-1　FTZ與FTA的比較

比較內容	FTZ	FTA
設立主體	一個國家或地區	兩個或兩個以上的國家或地區
涉及範圍	一個關稅區的一部分	兩個或兩個以上的關稅區
法律依據	國內法規	國際雙邊或多邊協議
主要政策	提供海關保稅或免稅待遇	在貿易成員間取消關稅，同時保留各自的對外貿易政策
舉例	中國（上海）自由貿易試驗區	中國-東盟自由貿易區

資料來源：編者整理。

總之，自由港與自由貿易區主要的優惠和便利措施包括關稅稅率優惠、海關手續簡化、倉儲運輸服務、商品展銷博覽及加工裝配便利等，是受到世界各國廣泛採用的經濟特區政策。

二、出口加工區

出口加工區（Export Processing Zone）是指由一國政府設立的專門進行出口商品的製造、

加工、裝配及包裝等環節的特殊區域。出口加工區是在自由貿易區的基礎上發展而來的，它在延續自由貿易區各項政策優惠的同時，強化了出口加工這一職能，是專門發展加工貿易的一種經濟特區。一般而言，出口加工區多設置在經濟發展條件便利和人口相對集中的港口或城市。在出口加工區內，隨著外國資本的流入，與生產加工相聯繫的技術、設備及人員也在聚集。這些外國企業以出口加工區為依託，憑藉區內優越的貿易政策環境和地理交通位置，充分利用當地的廉價資源來從事生產加工活動，從而實現節約生產成本、方便國際運輸、擴大出口市場及持續獲取利潤等一系列目標。相應的，設立出口加工區的國家從中也擴大了對外開放、發展了配套產業、解決了就業難題、實現了經濟發展。因此，出口加工區是一項雙贏效果顯著的經濟特區政策。例如，世界上最早的出口加工區建立於20世紀50年代末，位於愛爾蘭的香農國際機場附近。中國的出口加工區起步於改革開放之後，目前，規模較大的有江蘇省的昆山出口加工區、無錫出口加工區，上海市的漕河涇出口加工區、松江出口加工區，以及四川省的成都出口加工區等。

出口加工區雖然來源於國家政策，但是建設一個具有國際競爭力的出口加工區卻並非易事，尤其需要突出由兩個層面的具體工作。其一，建設出口加工區應著力於基礎設施等「硬環境」的建設。由於出口加工區需要承接大量加工裝配業務，商品的流量與存量都很大。為了滿足大量的生產、運輸及儲存業務，出口加工區必須建設起良好的道路、廠房、倉庫及交通樞紐等基礎設施，並保障工業生產對供水、供電、供氣及網絡通信等硬件設施的需求。其二，建設出口加工區應重視對政策服務等「軟環境」的營造。優惠的政策和良好的服務是吸引外資的重要因素。除了自由貿易區的常用政策外，出口加工區還應針對加工企業開展專項優惠措施，比如，對進口原材料與機器設備免徵關稅；對加工企業的所得稅、財產稅等國內稅給予優惠或減免；簡化進區落戶的手續流程，提高相關政策執行的透明度；承諾給予加工企業在使用土地、雇傭工人及結算外匯等方面的優質服務等。

三、保稅區

保稅區（Bonded Area）是指由一國政府或海關設立的允許外國商品在不繳納關稅的情況下長時間儲存的特殊區域。保稅區的主要功能可概括為保稅倉儲、出口加工和轉口貿易三項。與自由貿易區類似，保稅區也實行「境內關外」的管理模式，對進入區內的外國商品實行不徵關稅的政策措施。中國最早設立的保稅區是1987年建立的深圳沙頭角保稅區。從那以後，海關陸續在各地設立了各類保稅區。按照保稅區的規模和功能不同，又可以細分為保稅倉庫、保稅工廠、一般保稅區和綜合保稅區四類。

其一，保稅倉庫是指由海關批准設立的特別倉庫。保稅倉庫多為公用型倉庫，其規模雖小，但儲存的貨物可在倉庫內進行改裝、分級、抽樣、混合和再加工等，只要不進入國內市場，便不交關稅，十分有利於數量不大的轉口貿易。

其二，保稅工廠是指由海關批准設立的特別工廠。保稅工廠由具有法人資格的企業向海關申請設立，並在海關監管下進行一定的加工、分類、包裝及檢修等工序。相比於保稅倉庫，保稅工廠的級別更高、規模更大，可開展的業務也更豐富，適合於長期從事加工貿易或轉口貿易的出口企業。

其三，一般保稅區和綜合保稅區都屬於較高層次的保稅區類型。相比之下，綜合保稅區的規模最大、功能最強。綜合保稅區除了具有一般保稅區的各項功能外，還具有出口加工區、自由貿易區和現代化港口等的各項優勢，是一國對外貿易發展的最前沿。中國的綜合保稅區有江蘇的江陰綜合保稅區、廣西的南寧綜合保稅區、四川的成都高新綜合保稅區、遼寧的營口綜合保稅區等。

需要注意的是，保稅區和自由貿易區還是有明顯區別的。其一，海關對二者的監管方式

不同。海關對進入自由貿易區的貨物不徵關稅,而對進入保稅區的貨物暫不徵稅,二者的法律含義並不相同。其二,進入二者的貨物類型不同。在自由貿易區內,國外貨物和國內貨物都被允許進入,但在保稅區內卻只允許國外貨物進入,而不允許國內貨物進入。其三,二者對存儲貨物的時間要求不同。在自由貿易區內,貨物可以自由進出並不限定儲存期限,但在保稅區內,貨物的存儲期限卻是有限的,一般為2~5年。由此可見,保稅區並不等同於自由貿易區。

四、綜合型經濟特區

綜合型經濟特區是指由一國政府通過給予優惠的經濟貿易政策,設立並持續建設的具有招商、引資、加工、製造、貿易、金融、旅遊及教育等多項功能的綜合性特殊區域。這類經濟特區,一般規模較大、功能齊全,對外能夠積極參與國際分工並更加深入地嵌入全球價值鏈,對內能夠積極發揮牽引經濟作用並促進國內市場的對外開放與經濟繁榮,因而對一個國家經濟發展的影響非常大。綜合型經濟特區在法律、政策、地理、人口、基礎設施及自然環境等方面具有整體性的綜合優勢,通常涵蓋了自由港、自由貿易區、出口加工區及綜合保稅區的各項功能,擁有相對獨立的完整的產業體現,並能夠在區域內實現全產業鏈的高效率分工與配合,充分發揮出了規模經濟效應。可以說,綜合型經濟特區是各類經濟特區中級別最高、難度最大、影響最深遠的一類。

改革開放以來,中國的經濟建設取得了輝煌的成就,其中,經濟特區政策發揮了積極作用。從20世紀70年代末到80年代初,中國政府先後設立了深圳、珠海、汕頭和廈門四個綜合型經濟特區,80年代末又增設海南經濟特區。這些經濟特區憑藉優惠的經濟政策、靈活的經濟措施及高效的管理體制,打造了良好的外向型營商環境,在不斷引進外國資金、技術及管理經驗的過程中,培養了中國自己的優勢產業與龍頭企業,為區域經濟的全面發展做出了貢獻。近年來,新的經濟特區還在繼續建設。2010年5月,中國政府批准設立了霍爾果斯經濟特區和喀什經濟特區,這將為引領西部地區發展外向型經濟創造條件。

五、其他經濟特區

其他類型的經濟特區包括自由邊境區、過境區及科學工業園區等。還有一些特殊區域雖然名稱各不相同,但實質還是各類主要經濟特區的一種或幾種。

其一,自由邊境區(Free Perimeters)是指一國政府在其邊境地區設立的帶有自由貿易區或出口加工區性質的經濟開發特區。這類區域以發展邊境貿易為主,附帶發展加工貿易。不同於自由港得天獨厚的地理優勢,自由邊境區往往位於一國的邊遠地區,不僅深入內陸,而且基礎設施和城市發展也相對落後。開展對外貿易往往成為這類地區脫貧致富、發展經濟的最佳選擇。例如,在美國與墨西哥、加拿大的邊境上就有不少自由邊境區。中國的滿洲裡口岸也正在探索建設中俄邊境的自由邊境區。

其二,過境區(Transit Zone)是指一國政府設立的用於便利相鄰國家之間開展國際貿易的中轉貿易特區。過境區通常位於沿邊、沿河、沿海、沿湖的港口、機場或城市,對相關國際商品實施保稅政策並嚴格限制其開展加工、裝配及包裝等業務。世界著名的過境區有德國的漢堡、法國的馬賽及巴基斯坦的卡拉奇等。

其三,科學工業園區(Science and Industry Quarter)是指一國政府設立的專門以研發和推廣新技術、新工藝及新產品為目的服務型政策優惠特區。這類特區通也具有外向型特徵,招商引資的重點是技術與人才,其本質還是一種配合國際貿易競爭的特殊手段。科學工業園區通常位於交通設施便利、信息網絡發達及研究機構密集的城市邊緣,融合了發明創造、教育培訓、創新創業及人員交流等多種功能,並且在政策上也具有一定的產業。隨著科學工業

園區的成熟與繁榮，其還能帶動周邊地區的城市化與現代化，具有顯著的經濟外部性，因而在很多國家或地區都有應用。區別於其他經濟特區的資本密集型、勞動密集型特徵，科學工業園區則更注重發展知識密集型和技術密集型優勢。它將無形的知識、技術及理念轉變為有形的產品、方法及生產力，從而為經濟發展提供了智力支持。有時候，這類特區也被命名為科技園、孵化園、創業園及開發區等。世界上著名的科學工業園區有美國的硅谷、日本的築波科學城、德國的慕尼黑高科技工業園區、英國曼徹斯特科技園區等。中國也建設了北京中關村科技園、上海張江高新技術產業開發區、成都高新技術產業開發區等大量不同規模和等級的科學工業園區。

本章小結

本章主要講述了四個方面的內容。

第一，非關稅壁壘，包括進口配額制度、自動出口配額限制、進口許可證制度、通關環節壁壘、外匯管制、歧視性貿易政策及技術性貿易壁壘等。非關稅壁壘的原理是通過人為設置各種障礙來提高進口商品的成本與價格，一方面減少其進口數量，另一方面削弱其競爭能力，從而達到保護國內市場與產業的效果。

第二，鼓勵進出口措施，包括出口信貸、政府補貼、出口退稅、商品傾銷及外貿服務等。隨著國際貿易競爭的日趨激烈，有針對性地鼓勵進出口措施能夠促進對外貿易的發展。

第三，限制進出口措施，主要是出口管制措施。一國政府可以通過制定和實施一系列法令，以各種經濟或非經濟手段對本國出口商品實施控。隨著自由貿易的發展和世界多邊貿易體系的完善，發達國家的出口管制受到廣泛批評並有所收斂，國際貿易中現有的出口管制政策則更多地體現了一國政府對於國內產業、就業等經濟問題的考量。

第四，經濟特區政策，主要包括自由港、出口加工區、保稅區及綜合型經濟特區等。經濟特區政策是一類內涵豐富、形式多樣的鼓勵國際貿易、發展涉外經濟的政策措施，對於促進貿易和發展經濟具有積極意義。

思考題

1. 請簡述非關稅措施的主要類型，並舉例說明其對國際貿易的影響。
2. 請簡述進口配額對貿易大國和貿易小國產生的經濟效應，並畫圖進行說明。
3. 試辨析兩種自由貿易區 FTZ 與 FTA 的區別。
4. 試論述技術性貿易壁壘的特點，並結合案例闡述綠色壁壘對國際貿易的影響。
5. 試論述商品傾銷的動因、形式及相應的後果。

第五章
區域經濟一體化與世界貿易組織

學習目標

熟悉區域經濟一體化的內涵與形式，掌握區域經濟一體化的理論基礎並能夠分析相應的經濟效應，能夠闡述世界貿易組織的歷史、運作機制及原則體系。

學習重點

優惠貿易安排、自由貿易區、關稅同盟、共同市場、經濟聯盟和完全的經濟一體化等區域經濟一體化形式；關稅同盟理論、大市場理論、協議性分工理論等區域經濟一體化的基礎理論及其經濟效應；世界貿易組織的宗旨、地位與職能，以及非歧視性原則、公平貿易原則和透明度原則。

第一節　區域經濟一體化概述

一、區域經濟一體化的內涵

區域經濟一體化（Regional Economic Integration）又被稱為區域經濟集團化，是指兩個或兩個以上的國家或地區，通過協商並達成一致的經濟貿易政策，彼此讓渡部分經濟主權，從而在經濟上形成具有排他性的區域經濟聯合體。區域經濟一體化使得其成員間的貿易障礙逐漸消除、產業經濟融合發展、經濟政策高度統一，並在對外貿易與國際分工等國際競爭當中形成強大的合力，成為能夠產生較大國際影響的一種經濟合作機制。

回顧歷史，區域經濟一體化已走過了近百年的歷程。最早的雛形諸如「比荷盧經濟同盟」和「英帝國特惠制」。前者是誕生於20世紀30年代的比利時與盧森堡經濟聯盟，後來又有荷蘭加入，是一種旨在加強外交關係、協調財經政策、共同應對國際競爭的、帶有經濟同盟性質的國家集團。後者是20世紀30年代英國和其自治領地、殖民地之間簽訂的實行互惠關稅的經濟協定，是一種為了維護英鎊的國際地位、保持英國的貿易競爭力而組建的帶有關稅同盟性質的國家集團。第二次世界大戰結束後，隨著大量發展中國家的出現，區域經濟一體化組織如同雨後春筍般相繼成立。例如，在歐洲先後就成立了多個國家間的經濟組織。蘇聯主導成立了東歐國家「經濟互助委員會」；西歐諸國聯合成立了「歐洲煤鋼共同體」，即後來的歐洲經濟共同體；英國、丹麥、挪威、葡萄牙等國聯合成立了「歐洲自由貿易聯盟」；除此之外，在亞洲有「東南亞國家聯盟」「南亞地區合作組織」；在美洲有「安第斯條約組織」「中美洲共同市場」；在非洲有「西非國家經濟共同體」等；跨越亞非的還有「阿拉伯合作委員會」等。這些合作組織或協定在歷史上曾產生過重要的經濟影響，有的仍然存在，有的已經解散或終止。

今天，隨著世界格局的多極化發展，世界經濟出現了很多新問題、新機遇和新現象，區域經濟一體化組織在宏觀經濟調控、重大風險防範及社會經濟可持續發展等領域再次表現出了積極的作用。諸如歐洲聯盟、北美自由貿易區、亞太經濟合作組織等都取得了進一步的發展，並將區域經濟一體化推向了新的階段和新的高度。

二、區域經濟一體化的形式

按照區域經濟一體化程度的不同，由低到高可分為優惠貿易安排、自由貿易區、關稅同盟、共同市場、經濟聯盟和完全的經濟一體化等若干類型（表5-1）。

（一）優惠貿易安排

優惠貿易安排（Preferential Trade Arrangement）是指在兩個或兩個以上的國家或地區，通過簽訂貿易協議，對彼此之間的全部或部分貿易商品進行關稅減免的一體化措施。這種經濟合作往往只涉及關稅及非關稅措施，關稅優惠也是有限的和不全面的，相應簽約國（地區）對外仍然執行各自的貿易政策，因此也被稱為特惠關稅區。優惠貿易安排是合作程度最低、最鬆散的區域經濟一體化組織，往往出現於開展多國合作的最初階段，歷史上的「英帝國特惠制」和早期的「東南亞國家聯盟」都屬於這類形式。除此之外，還有「非洲木材組織」「美國與加拿大汽車產品協定」等。近年來，中國也在不斷探索與其他國家達成優惠貿易安排，例如，中國與智利、新加坡、巴基斯坦及新西蘭等都建立起了優惠貿易安排。

（二）自由貿易區

自由貿易區（Free Trade Area）是指在兩個或兩個以上的國家或地區，通過簽訂自由貿易協定來實現商品的跨境自由流動。按照自由貿易協定，簽約國家（地區）對內幾乎完全消除關稅與非關稅壁壘，對外保留各自的關稅與非關稅措施，從而形成一種特殊的區域貿易集團。自由貿易區對於內部成員間的經濟與貿易發展是十分有利的，因為它帶來了貿易商品及生產要素的自由流動。然而，自由貿易區也存在一定缺陷。由於各個國家或地區的對外貿易政策並沒有統一，難免出現關稅稅率高低不同的情況，這一現象容易引發貿易商品的流向變化，使一些外國出口商專門選擇向區域內關稅水準較低的國家（地區）出口商品，從而改變一些國家（地區）的國際貿易數量和結構，並引發新的貿易不平衡問題。總之，自由貿易區亦是區域經濟一體化的一種低層次類型，隨著國際經濟合作的深入和擴展，自由貿易區常常會向著更高層次發展。中國十分重視同其他國家或地區開展自由貿易，近年來先後與澳大利亞、東盟、韓國、格魯吉亞、馬爾代夫等國家或地區簽訂了自由貿易協定。最近的是2019年3月中國香港與澳大利亞簽署的自由貿易協定。這些協定為中國同相關國家或地區發展自由貿易創造了有利條件。

(三) 關稅同盟

關稅同盟（Customs Union）是指在兩個或兩個以上的國家或地區，以自由貿易區為基礎，進一步簽訂關稅同盟條約，實現一致對外的、無差別的關稅及非關稅措施。相比於自由貿易區，關稅同盟彌補了各國（地區）對外貿易政策存在差異這一缺陷，使得外國商品不論進入區域內的哪一個國家（地區）都會被徵收相同稅率的關稅，從而實現了對外經濟貿易政策的協調性、統一性和公平性。歷史上的歐洲出現過不少關稅同盟，如瑞士與列支敦士登關稅同盟、歐共體關稅同盟等。非洲的南部非洲關稅同盟也具有較長的歷史。成立於2004年3月的包含肯尼亞、坦桑尼亞和烏干達三個國家的東非共同體關稅聯盟，是進入21世紀以來才成立的新興關稅同盟，代表了關稅同盟在發展中國家的最新發展。

(四) 共同市場

共同市場（Common Market）是指在兩個或兩個以上的國家或地區，以關稅同盟條約為基礎，進一步放鬆和消除對資本、技術、勞動力等各種生產要素的流動限制，從而實現真正意義上的自由市場。共同市場的經濟一體化進程更加深入，已經從單純的國家或地區間的自由貿易發展到了國際生產要素的自由流動，從而使國家或地區間的合作不再僅僅局限於對關稅與非關稅壁壘的減讓，而是擴展到了國際金融合作、國際勞務互補、國際產業鏈分工及國際運輸保險等其他領域。可以說，共同市場將讓區域內的國家（地區）經濟合作更加緊密、政策措施更加協調、經濟發展更加同步。例如，1991年3月，由阿根廷、巴西、烏拉圭和巴拉圭四國主導並建立了南方共同市場——這一完全由發展中國家組成的區域經濟一體化組織在對外貿易、發展經濟、保護環境及研發科技等方面取得了不小的成就。

(五) 經濟同盟

經濟同盟（Economic Union）是指在兩個或兩個以上的國家或地區，通過簽訂更為全面的經濟同盟條約，實現建立一個超越國界的經濟實體的政策目標。針對經濟同盟的內部成員，各國之間完全消除了貿易壁壘，並實現了商品與生產要素的自由流動。針對經濟同盟的外部國家（地區），各國共同成立管理經濟與貿易的專門機構，對外執行統一的經濟貿易政策，徹底消除各國原有經濟政策的各種差異。可以說，從經濟同盟開始，真正意義上的區域經濟一體化才得到了實現。各國在共同的經濟政策指導下，逐步實現在財政、稅收、貨幣及貿易等方面的協調一致，並最終形成一個相對龐大和獨立的經濟實體。儘管經濟同盟具有發展經濟與貿易的諸多優勢，但在現實中，從共同市場到經濟同盟的成功實踐卻少之又少。一般認為，只有歐洲聯盟最為接近經濟同盟，因為只有歐盟具備了統一的歐元、共同的中央銀行及一致的經濟政策。

(六) 完全經濟一體化

完全經濟一體化（Complete Economic Integration）是指在兩個或兩個以上的國家或地區，以經濟同盟為基礎，進一步實現經濟社會的全面統一。完全經濟一體化不僅消除了各國在貨幣、市場和經濟政策等方面的差異，而且建立起高度協調一致的經濟制度、法律制度和政治制度，進而使各國從「經濟統一」逐步走向了「政治統一」，並最終形成了一個全面一體化的政治經濟實體。可以說，完全經濟一體化是區域經濟一體化的最高級組織形式。然而，這只是一種理論上的理想形式。目前，世界上並沒有真正達到完全經濟一體化的跨國集團，即使是發展情況最好的歐洲聯盟，距離實現完全經濟一體化仍然存在著較大的差距。

表 5-1　區域經濟一體化的形式與內涵

主要特徵	優惠貿易安排	自由貿易區	關稅同盟	共同市場	經濟同盟	完全經濟一體化
關稅與非關稅減讓	√	√	√	√	√	√

表5-1(續)

主要特徵	優惠貿易安排	自由貿易區	關稅同盟	共同市場	經濟同盟	完全經濟一體化
成員內部實現自由貿易		√	√	√	√	√
達成一致對外的關稅與非關稅措施			√	√	√	√
實現各種生產要素的自由流動				√	√	√
建立超越國界的經濟實體					√	√
形成全面一體化的政治經濟實體						√

資料來源：編者整理。

三、區域經濟一體化的理論基礎與經濟效應

(一) 關稅同盟理論

關稅同盟理論是進行區域經濟一體化分析的重要理論，最早由美國經濟學家範納（J. Viner）於1950年提出。範納在其著作《關稅同盟問題》一書中提出，如果兩個國家締結了關稅同盟條約，實現對內取消關稅、對外統一關稅，並通過協商來分配國家間的關稅收入，則會產生十分有益的經濟效應。具體而言，關稅同盟的經濟效應可分為靜態效應和動態效應兩類。

1. 靜態效應

關稅同盟的靜態效應由貿易創造效應、貿易轉移效應及貿易擴大效應組成。

其一，貿易創造效應（Trade Creating Effect）是指關稅同盟能夠擴大社會需求、增加國際貿易的總量。其原理是，在關稅同盟條約生效後，同盟內的成員可以通過自由貿易獲得來自其他成員的廉價商品。一方面，由於原本在國內生產的產品改為了從國外進口，因而跨國貿易的數量必然增加；另一方面，由於跨國貿易節約了該類商品的國內生產資源，因而國家可以將節約的資源用於調整國內的產業分工，進而又為擴大生產、創造需求提供了支持。

其二，貿易轉移效應（Trade Diverting Effect）是指關稅同盟能夠影響貿易地理方向、改變國際貿易的對象。其原理是，在簽訂關稅同盟條約之前，一國可以按照自由貿易的原則在世界範圍內選擇質量最好、價格最低的貿易商品，但在關稅同盟條約生效後，由於同盟內部的成員對外實行統一的貿易保護關稅政策，從而使原來的最低價格商品在加上關稅之後不再具有價格優勢。於是，這一國家只能從關稅同盟內部重新選擇新的「最低價格」商品，產生轉移貿易的現象。對於世界上擁有某一優勢商品的國家，如果它被吸納在關稅同盟之內，則不存在貿易轉移效應；如果它被排斥在關稅同盟之外，則會產生明顯的貿易轉移效應。

其三，貿易擴大效應（Trade Expansion Effect）是指關稅同盟能夠消除貿易壁壘、擴大內部成員間的貿易量。其原理是，在關稅同盟條約生效後，一國進口商品的價格會因為貿易壁壘的消除而進一步降低。按照供求關係原理，價格降低會導致需求上升，如果價格的需求彈性大，則需求的增加將更明顯。這一規律反應在國際貿易上即是擴大進口量，因而被稱為國際貿易的擴大效應。除此之外，關稅同盟還可以降低海關成本、減少貨物走私、加強政府溝通，並逐漸改善各成員的對外貿易條件。

實質上，關稅同盟是一項對內自由貿易、對外保護貿易的區域經濟一體化措施。無論是貿易創造、貿易轉移抑或是貿易擴大，其核心效應還是增加國際貿易量。因此，從關稅同盟的靜態效應來看，區域經濟一體化是有利於各國通過合作來實現經濟與貿易發展這一目標的。

2. 動態效應

關稅同盟一旦建立，會在較長時間內對區域內的國家或地區及鄰近國家或地區產生持續的經濟與貿易影響。隨著各國的政策調整和經濟發展，關稅同盟的經濟效應也會不斷擴大並動態變化，即產生動態效應。關稅同盟的動態效應主要包括以下幾個方面。

其一，關稅同盟能夠優化資源配置。在同盟內，各國實現自由貿易，從而促進了商品流通、企業競爭及產業分工，並使資源配置進一步趨於合理。

其二，關稅同盟能夠發展規模經濟。關稅同盟為優質企業利用好國內國外兩種資源、兩個市場提供了便利，使其生產過程能夠突破國內的要素制約，形成更具規模的跨國企業。

其三，關稅同盟能夠促進國際投資。在同盟內部，隨著跨國市場的形成與發展，國際資本的流動將更加便利，這為開展更為頻繁和高效的國際商務活動創造了條件。

其四，關稅同盟能夠刺激技術進步。隨著關稅等貿易壁壘的消除，關稅同盟必然導致跨國競爭的日益激烈，這並不利於幼稚產業與落後產業的生存與發展，勢必會加速各國企業技術創新的步伐，從而促進科學技術與生產工藝的進一步提升。

總之，隨著關稅同盟的締結與發展，經濟一體化政策會對各國的貿易、投資、金融、財政、科技及就業等產生持續而深遠的影響。

（二）大市場理論

大市場理論（Theory of Big Market）由西托夫斯基（T. Scitovsky）和德紐（J. F. Deniau）等學者提出，是一種從共同市場角度解釋區域經濟一體化現象的重要理論。在共同市場形成之前，由於存在各種貿易壁壘，各國的商品只能在各自國內相對狹窄的市場範圍內進行生產和交換，規模經濟效益無法實現。當幾個國家將國內市場相互連接而形成共同市場時，隨著商品與生產要素實現了自由化流動，商品的生產可能性曲線不僅可以向外擴張，各種資源也能夠按照新的生產可能性曲線重新優化配置，從而促進生產與貿易的進一步增長。

大市場理論的核心觀點在於，大市場會讓經濟像滾雪球一樣不斷擴張，即擴大市場和加劇競爭能夠產生規模經濟。按照這一邏輯，大市場理論的提出者建立了從「擴大市場競爭」到「規模經濟成本下降」，再到「消費需求增加」及「經濟貿易發展」的經濟一體化路徑，從而揭示了各國在動態市場下開展經濟合作的諸多好處。然而，大市場理論並不完美，其中的一些觀點後來也受到了挑戰。例如，其對自由貿易能產生規模經濟的觀點，並不能解釋區域經濟一體化和世界性的自由貿易孰優孰劣的問題。既然市場越大越好，那麼為什麼國際貿易還會受到貿易保護政策的諸多限制呢。另外，引入競爭、消除壟斷的方法有很多，並不一定要建立共同市場。當然，作為區域經濟一體化的代表性理論，大市場理論還有一定的理論價值和現實意義的。

（三）協議性分工理論

協議性分工理論亦是解釋區域經濟一體化動因的重要理論。這一理論的提出者是日本學者小島清。在他看來，各國可以通過一定的協議進行合理、規範且有組織的國際分工，從而既可以各自專注於具有比較優勢的商品的生產和貿易，也能夠消除因為僅僅依靠市場規律來進行自然分工而產生的壟斷、失衡與低效率問題。由於各國進行的協議性分工以統一的產業政策為基礎，因而它們能夠最大限度地獲得國際貿易過程中的規模經濟效應。

一般認為，各國進行協議性分工需要具備一些條件。其一，參與分工的國家最好具有較高的經濟相似性。這一要求是突破自然分工的關鍵，即只有各國在要素稟賦、經濟發展階段及工業化水準等方面大體一致時，所要分工的產業與商品才能在各國間無差別地轉移，組織

化的人為分工才能發揮作用。其二，進行分工的商品必須是能夠產生規模經濟效應的商品。如果這些商品不能創造規模經濟，那麼國際分工並不能使各國的整體經濟福利增加，也就失去了主動分工的意義和動力。其三，國際分工的商品在國內外生產沒有利益差別。各國進行協議性分工需要建立在產業轉移可以自由進行這一基礎上，同類商品無論在本國生產還是在外國生產，對本國經濟的不利影響並不明顯。這些商品若在轉移至國外後反而能夠擴大生產、降低成本、提高出口量，則更有利於開展協議性分工。可見，對於各國開展區域經濟一體化合作，協議性分工理論不僅解釋了相關條件，而且分析了可以從中獲得的好處，從而站在國際分工的角度解釋了國際貿易協作的基本原理。

第二節　世界貿易組織概述

與區域經濟一體化相對應的是世界經濟全球化，世界貿易組織就是唯一的世界經濟全球化組織。

一、世界貿易組織的歷史

世界貿易組織（World Trade Organization，WTO）是處理國際貿易全球規則的永久性國際組織。該組織於1995年1月1日正式開始運作，總部設在瑞士日內瓦。其組織職能是負責管理世界經濟與貿易秩序，並維護全球自由貿易的順利進行。截至2019年年底，世界貿易組織已擁有164個成員，覆蓋世界貿易總量的98%，並與國際貨幣基金組織、世界銀行集團共同組成了當代國際經濟領域的三大基本組織，被視為世界上的「經濟聯合國」。

（一）從國際貿易組織到關稅與貿易總協定

第二次世界大戰結束後，以美國為首的戰勝國為了重建世界政治經濟新秩序，在政治領域成了聯合國（United Nations，UN），在經濟領域成立了國際貨幣基金組織（International Monetary Fund，IMF）、世界銀行集團（World Bank Group，WBG）和國際貿易組織（International Trade Organization，ITO）。但是，國際貿易組織的成立過程並不順利。回顧歷史，從1946年2月成立國際貿易組織籌備委員會開始，到1947年4月，由美國、英國、加拿大、印度及中國等23個國家（地區）共同簽訂了123項關稅減讓協議，並匯編成為「關稅與貿易總協定」（GATT），再到1947年10月，各國簽訂《關稅與貿易總協定臨時適用議定書》並擬定於1948年1月生效。各國為國際貿易組織的成立做好了各項準備。然後，美國國會未能批准國際貿易組織憲章，即《哈瓦那憲章》，從而導致國際貿易組織最終沒有成立。為了建立並維護世界貿易的基本秩序，世界各國不得不暫時利用政府間的匯總協議「關稅與貿易總協定」來代替國際貿易組織。結果，這一臨時協定從1948年1月1日一直運行到了1994年的12月31日，發揮了協調國際貿易與各國經濟政策的重要作用。

（二）從關稅與貿易總協定到世界貿易組織

在「關稅與貿易總協定」運行的47年間，各國先後進行了八次多邊貿易談判。從第一次的日內瓦回合到最後一次的烏拉圭回合，參與國際貿易談判的國家（地區）越來越多，達成的貿易共識越來越廣泛，對世界貿易的影響越來越深遠（表5-2）。可以說，關稅與貿易總協定在消除國際貿易壁壘、處理國際貿易糾紛、完善國際貿易政策、加強世界貿易溝通及促進世界經濟發展等方面做出了巨大的歷史性貢獻。

然而，隨著世界貿易格局和經濟形勢的向前發展，關稅與貿易總協定的局限性逐漸顯現，對其進行改革的呼聲和要求也不斷增加。其局限性主要體現在四個方面：其一，關稅與貿易總協定是一項臨時性的政府協定，並不是正式的國際組織或國際法人。特別是由於美國的原因，

關稅與貿易總協定並未真正完全生效,而是一直以「臨時適用議定書」的形式在發揮著作用。其二,關稅與貿易總協定的管轄範圍十分有限,並不能滿足國際貿易的最新發展。關稅與貿易總協定只涉及了部分傳統的貨物貿易,並沒有包含服務貿易和技術貿易,因而對於國際貿易的規範是不全面的。其三,關稅與貿易總協定在爭端解決機制、規則運作體系等方面也存在一定漏洞。隨著國際貿易數量和頻率的增加,一些陳舊的規則條款的執行情況越發顯示出對國際貿易發展的不適應。到 20 世紀八九十年代,在關稅與貿易總協定的最後一輪多邊談判烏拉圭回合中,關稅與貿易總協定的「先天不足」與世界貿易發展的「後天挑戰」終於促成了新的改革。1994 年 4 月 15 日,在摩洛哥的馬拉喀什市舉行的部長會議決定,成立世界貿易組織,從而使關稅與貿易總協定這一臨時性的多邊國際協定退出了歷史舞臺。

1995 年 1 月 1 日,新成立的世界貿易組織接替了關稅與貿易總協定來管理世界貿易,這是一個具有獨立的法人資格,擁有獨立的財產,管理範圍更廣、影響更大的國際性經濟組織。至此,從國際貿易組織到世界貿易組織,世界各國走過了近半個世紀的漫長道路。

表 5-2 關貿總協定八輪多邊貿易談判的情況

序號	談判時間	談判地點	參加的國家或地區數	談判的主要成果
第 1 輪 日內瓦回合	1947 年 4 月—1947 年 10 月	瑞士日內瓦	23 個	達成 45,000 項產品的關稅減讓協議;GATT 於 1948 年 1 月 1 日生效
第 2 輪 安納西回合	1949 年 4 月—1949 年 10 月	法國安納西	33 個	達成 5,000 項產品的關稅減讓協議
第 3 輪 托基回合	1950 年 9 月—1951 年 4 月	英國托基	39 個	達成 8,700 項產品的關稅減讓協議
第 4 輪 日內瓦回合	1956 年 1 月—1956 年 5 月	瑞士日內瓦	28 個	達成 3,000 項產品的關稅減讓協議
第 5 輪 狄龍回合	1960 年 9 月—1962 年 7 月	瑞士日內瓦	45 個	達成 4,400 項產品的關稅減讓協議
第 6 輪 肯尼迪回合	1964 年 5 月—1967 年 6 月	瑞士日內瓦	54 個	達成 60,000 項產品的關稅減讓協議;首次涉及非關稅壁壘的減讓,並制定了第一個反傾銷協議
第 7 輪 東京回合	1973 年 9 月—1979 年 4 月	日本東京/瑞士日內瓦	99 個	達成 27,000 項產品的關稅減讓協議;擴大對發展中國家的優惠
第 8 輪 烏拉圭回合	1986 年 9 月—1994 年 4 月	烏拉圭埃斯特角城/瑞士日內瓦	117 個	達成眾多關鍵文件或協議,決定建立世界貿易組織;將 GATT 規則應用到服務貿易與投資等領域

資料來源:根據戰勇主編《世界貿易組織(WTO)規則》等資料整理。

二、世界貿易組織的運作機制

(一)世界貿易組織的宗旨、地位與職能

1. 目標與宗旨

世界貿易組織的目標是通過各國或地區之間互惠互利的政策安排,大量削減關稅與非關稅貿易壁壘,消除國際貿易關係中的歧視性待遇,從而建立起一個更完整的、更具活力的、更持久的多邊貿易體系。這一貿易體系繼承並發展了關稅與貿易總協定,其內容不僅包含貨物與服務貿易,還涉及與貿易有關的國際投資、知識產權保護及其他政策協調等內容,將真正實現對世界貿易秩序的有效監督與科學管理。

對於世界貿易組織的宗旨的表述主要來自《馬拉喀什建立世界貿易組織協定》的序言。由於世界貿易組織的前身是關稅與貿易總協定，所以在《關稅與貿易總協定》《服務貿易總協定》等文件中亦有表述。綜合起來，世界貿易組織的宗旨包含了以下內容。

第一，提高生活水準，保證充分就業和大幅度、穩步提高實際收入和有效需求。世界貿易組織致力於通過協調各國或地區的對外經濟與貿易關係，一方面創造需求、擴大生產，另一方面增加就業、改善福利，從而提高各國或地區人民的生活質量。可見，世界貿易組織的宗旨具有改善福利的特徵。

第二，擴大貨物和服務的生產與貿易。世界貿易組織的核心工作是通過消除各項關稅與非關稅壁壘來促進更加自由和便利的世界貿易。作為世界貿易的兩大基本類型，貨物貿易與服務貿易同等重要，二者對世界經濟的增長和發展都具有十分明顯的作用。可見，世界貿易組織的宗旨具有發展貿易的特徵。

第三，堅持走可持續發展之路，各成員應促進對世界資源的最優利用、保護和維護環境，並以符合不同經濟發展水準的各成員需要的方式，加強採取各種相應的措施。世界貿易組織著眼於世界經濟的長期可持續發展，在促進世界資源被更有效、更適宜、更科學地利用的同時，也注重對資源及環境的保護。可見，世界貿易組織的宗旨具有保護環境的特徵。

第四，積極努力確保發展中國家或地區，尤其是最不發達國家或地區在國際貿易增長中獲得與其經濟發展水準相適應的份額和利益。世界貿易組織對發展中國家或地區給予了照顧與幫扶，在一系列有針對性的特殊優惠待遇中，保護並支持了經濟落後國家或地區的技術進步、產業升級和經濟發展。可見，世界貿易組織的宗旨具有兼顧公平的特徵。

第五，建立一體化的多邊貿易體制。世界貿易組織主張通過多邊談判來解決貿易爭端，通過制定政策來消除貿易壁壘，通過平等對話來消除貿易歧視。各個國家或地區應當通過採取實質性削減關稅及非關稅措施，爭取早日建立一個更趨完整的、更具活力的、更加持久的多邊貿易合作體制。可見，世界貿易組織的宗旨還具有多邊合作的特徵。

總之，世界貿易組織的目標與宗旨反應了對公平貿易、可持續發展及多邊協商的強調，這也是世界經濟與貿易發展潮流的必然要求。

2. 法律地位

和關稅與貿易總協定不同，世界貿易組織具有國際法人的主體資格，能夠在國際經濟與貿易活動中發揮更加積極和有效的建設性作用。

第一，世界貿易組織具有法人資格。法人資格賦予了世界貿易組織更多、更大的法定能力，其中就包括權利能力和行為能力。例如，世界貿易組織具有簽訂合同或協議的能力、擁有不動產或動產的能力、提起訴訟和獲得賠償的能力、享有特權或豁免權的能力等。然而，世界貿易組織的法定能力並不是無限的，各個成員在賦予其權利的同時，也規定了相應的各項責任與義務，並將權利限定在了一定範圍之內。

第二，世界貿易組織及其官員、代表在履行職能時享有一定的特權與豁免權。這項法定權利與1947年11月聯合國大會通過的《聯合國專門機構特權和豁免公約》一致，涉及任何形式的法律程序豁免、財產豁免、資金豁免及稅收豁免等。

第三，世界貿易組織擁有建立總部的法定能力。按照建立總部的相關協議，世界貿易組織可以擁有總部及相關機構，並以此開展日常工作及對外協商與合作事務。世界貿易組織的總部設在瑞士日內瓦。

總之，世界貿易組織是一個擁有獨立法人資格及能力的常設性、永久性國際多邊經濟組織。

3. 職能與作用

世界貿易組織的主要職能是促進自由貿易。具體而言，世界貿易組織的基本職能又可以

細分為六項。

第一，管理國際貿易運行。世界貿易組織作為擁有成員數量最多、影響範圍最大的多邊貿易組織，擔負著監督與管理各個成員落實貿易政策、履行貿易承諾、開展合理競爭等的職責。世界貿易組織擁有完整的組織機構和系統化的管理流程。從總干事、秘書長、部長會議到各級專門理事會、委員會，各職位、各部門分工協作，能夠較為細緻且高效地管理基於貿易協議的各項國際貿易事務。

第二，組織國際貿易談判。從關稅與貿易總協定到世界貿易組織，國際上先後進行了八次多邊貿易談判，總體上成果較為豐碩。但時至今日，一些舊的問題還沒有完全解決，新的問題又不斷產生。可以說，開展多邊貿易談判的必要性和迫切性仍然在日益增加。世界貿易組織繼承並發展了談判職責，不但為國際貿易談判提供了平臺與場所，而且為削減更多的貿易壁壘和促成更廣泛的自由貿易發揮了積極作用。

第三，解決國際貿易爭端。國際貿易爭端是一種常見的經濟現象，其原因較為複雜、後果也較為嚴重，防範和化解國際貿易爭端歷來是各國涉外經濟管理中的一項難題。世界貿易組織則建立了較為完善的國際貿易爭端解決機制，一方面避免了有些國家或地區通過單方面的貿易制裁措施來擾亂世界貿易秩序，另一方面又保障了各項有關貿易與投資的政策協議能夠得到貫徹執行，因而在維護世界貿易多邊體制的安全運行、有序運行方面發揮了關鍵作用。

第四，審議國際貿易政策。世界貿易組織擁有成熟的貿易政策審議流程和相關機構，制定和實施了一系列多邊貿易政策和規則。世界貿易組織還會定期審議各個成員的貿易政策，一方面能夠確保相關成員遵守規則、兌現承諾，另一方面還能夠預防不正當競爭、避免貿易摩擦及增加政策在執行過程中的透明度。

第五，協調國際組織合作。世界貿易組織會保持與聯合國、世界銀行、國際貨幣基金組織等其他國際組織的溝通與合作，以便形成協調一致的全球經濟政策。強化國際組織之間的合作，不但可以降低管理成本、提高工作效率、避免政策重複，更能夠擴大世界貿易組織的國際影響力，並進一步發揮其他各項職能的作用。

第六，幫扶發展中國家或地區。世界貿易組織專門設置了「貿易與發展委員會」等專門機構，針對發展中國家或地區和最不發達國家或地區給出了技術援助和培訓服務。在一些政策的制定和實施中，也給予發展中國家或地區特殊照顧，為幫助和支持發展中國家或地區開展國際貿易與經濟建設發揮了作用。

（二）世界貿易組織的組織結構

世界貿易組織的組織結構主要包括部長級會議、總理事會、專門委員會、總干事和秘書處等幾個部分（圖5-1）。

1. 部長級會議

部長級會議是世界貿易組織的最高權力機構，擁有最高決策權。部長級會議的職責包括解釋世界貿易組織各項協議的具體含義，監督世界貿易組織各項協議的執行情況，決策重大國際貿易行動與措施，召集新一輪國際貿易多邊談判；發展國際貿易組織成員等。會議由各個成員的對外經貿部部長或其高級代表組成，一般每兩年召開一次。目前，世界貿易組織已召開11屆部長級會議，最近一次是2017年12月在阿根廷首都布宜諾斯艾利斯召開的第十一屆部長級會議，預計第12屆部長級會議將於2020年在哈薩克斯坦的阿斯塔納召開。

2. 總理事會

在部長級會議之下，設置總理事會來負責世界貿易組織的日常運轉及管理工作。總理事會在部長級會議休會期間，代行其各項職能。特別是行使爭端解決機構的職責和行使貿易政策審議機構的職責等。總理事會仍然由各個成員派代表組成，可隨時召開會議。如果遇到重

大問題，總理事會還可以建議召開部長級會議並提前做好準備工作。在總理事會之下，設置貨物貿易理事會、服務貿易理事會及與貿易有關的知識產權理事會，分別對應管理相關的國際貿易政策事務。總理事會設置主席職位，由各個成員輪流擔任，任期一般為一年。

3. 專門委員會

在部長級會議之下，還設置有各個專門委員會，以便處理各項與貿易有關的專門事務。目前，世界貿易組織已設立了十多個專門委員會，主要包括貿易與發展委員會、國際收支限制委員會、預算、財務與行政委員會、貿易與環境委員會等。在部分理事會之下，也設置有不同職能的委員會。例如，在貨物貿易理事會下設置有反傾銷措施委員會、市場准入委員會及海關估價委員會等。

4. 總干事和秘書處

世界貿易組織部長級會議設置秘書處並任命總干事。秘書處設置於瑞士日內瓦，目前有700人左右。秘書處的職責是向各個理事會、委員會等下屬機構提供服務、監測世界貿易的發展動向、向公眾與媒體發布信息、協助解決國際貿易爭端及籌備各類會議等。總干事是世界貿易組織的首腦，由部長級會議任命，任期四年。世界貿易組織絕大部分的政策都是由各個成員開會決定，使得總干事的權力相對有限，其主要職責表現為指派工作人員和履行日常管理等。具體而言，總干事將擴大對各個成員的政策影響、推行世界貿易組織的政策與規則、把控世界貿易組織的發展方向及協調各類貿易談判等。現任總干事為自2013年當選並於2017年連任的巴西外交官羅伯托·阿澤維多。

(三) 世界貿易組織的爭端解決機制

自1995年成立以來，世界貿易組織就在解決國際貿易爭端方面發揮了不可替代的重要作用。按照世界貿易組織成員的承諾，一旦發生貿易爭端，任何一方不應採取單邊反制措施，而應該將爭端訴諸世界貿易組織裁決。各國應避免發生貿易戰，自覺維護貿易自由和貿易公平。「烏拉圭回合」達成了《關於爭端解決規則與程序的諒解書》，使得世界貿易組織有了一個處理爭端的統一規則與程序，進而形成了世界貿易組織獨特的爭端解決機制。理論上，一切基於貿易協議的爭端問題都可以交由世界貿易組織的爭端解決機制來處理，而總理事會就是處理貿易爭端的常設機構。按照相應機制，解決爭端的過程分為六個環節。

第一，磋商程序。磋商是解決貿易糾紛的首要原則。在一般情況下，磋商由產生貿易爭端的雙方秘密進行，並不得妨礙各方在進一步程序中的權利。磋商有利於貿易爭端的內部化解，是最簡單、最經濟的解決方式。

第二，調解程序。如果爭議雙方未能協商一致，經雙方同意，還可以進行由第三方介入的斡旋、調解及調停程序。這類程序同樣是不公開進行的，通常由世界貿易組織總干事出面協調，以便爭議雙方能夠盡快結束貿易摩擦，達成和解。

第三，專家程序。如果調解失敗，則需要引入專家小組程序。這是國際貿易爭端解決機制的核心程序。專家小組一般由三人組成，對相關爭端案件擁有調查、審查、建議和裁決等權力。原則上專家小組需在六個月內反饋裁決報告，報告一旦通過就具有相當的約束力。

第四，上訴程序。在專家小組發布最終報告之後，爭端各方還有上訴的權利。上訴由世界貿易組織的常設上訴機構受理，上訴的有效期為六十至九十天。允許上訴體現了世界貿易組織的公平性原則。

第五，裁決程序。上訴機構經過再次審理，會做出維持、修正或撤銷等裁決結論。這一結論將是權威的最終裁決，各方須無條件接受，從而形成了世界貿易組織完整的二審終審制。

第六，執行程序。最終裁決生效之後，世界貿易組織會要求爭端當事方予以執行。對於不能立即執行的案件，會給予一定的時間期限，一般不超過十五個月。如果出現拒絕執行的

當事方，世界貿易組織還可以應受害方的要求採取進一步的報復或制裁措施。

從國際貿易的實踐來看，一件爭端案件的解決時間在一年左右，如果遭遇上訴，則時間更長。因此，世界貿易組織對一些鮮活易腐商品或季節性商品做出了規定，相應爭端案件應在三個月內裁決。世界貿易組織的爭端解決機制很好地服務了國際貿易，不僅化解了各國間的具體貿易摩擦，更促進了各國在貿易政策、法律法規方面的協調融合。相比於關稅與貿易總協定，世界貿易組織在這方面的成效更為顯著。

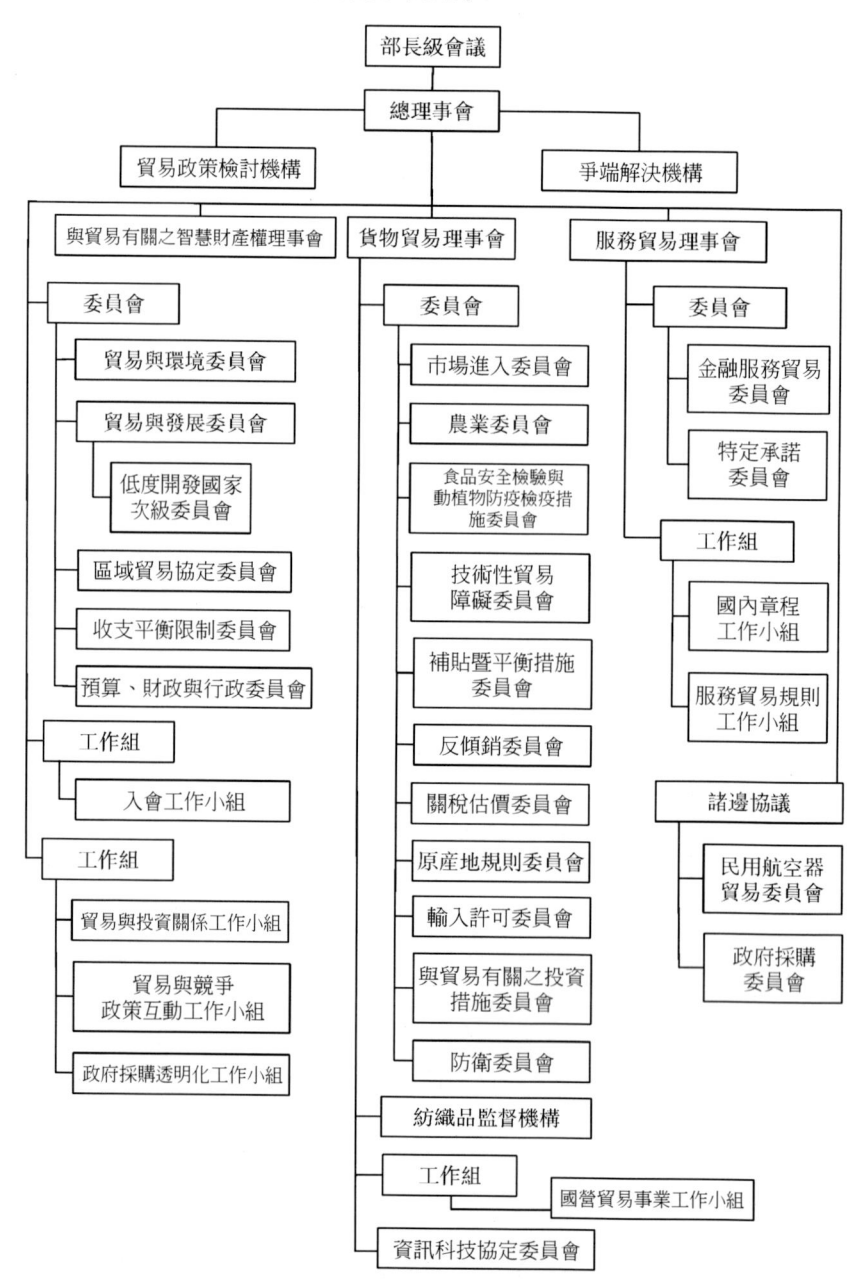

圖 5-1　世界貿易組織結構圖

三、世界貿易組織的原則體系

世界貿易組織的原則體系由若干原則組成，總體上可概括為非歧視性原則、公平貿易原則和透明度原則三項主要原則。

(一) 非歧視性原則

非歧視性原則也被稱為無差別待遇原則，是指 WTO 成員在實施某項貿易限制措施時，必須一視同仁，對其他任何成員不得有額外的優惠或歧視措施。這一原則適用於各類關稅措施、非關稅措施其他與貿易有關的政策措施。非歧視性原則是世界貿易組織的基本原則，具體表現在最惠國待遇原則、互惠原則及國民待遇原則之中。

1. 最惠國待遇原則

最惠國待遇原則是指任何 WTO 成員給予別國或地區的貿易特權、優惠和豁免，必須同時無條件地適用於任何第三方成員，從而做到非歧視性。世界貿易組織要求各成員的貿易政策須滿足普遍性、互惠性、自動性及無條件性，並將最惠國待遇原則應用於一切與進出口有關的關稅減讓、數量限制、費用計算、知識產權保護及海關手續等方面。

2. 互惠原則

互惠原則是指成員之間應當相互給予對方貿易優惠待遇的做法。這一原則是關稅與貿易總協定的基礎原則，並在世界貿易組織中繼續沿用。由於互惠原則明確了各成員之間的貿易關係和談判基礎，因而有利於各成員開展更為務實和有效的經貿合作。目前，互惠原則已在農產品貿易、紡織品和服裝貿易、資源類產品貿易、服務貿易及知識產權保護等領域發揮了積極作用。

3. 國民待遇原則

國民待遇原則是指成員給予其他成員的自然人與法人等貿易主體的經貿政策待遇不得低於本國自然人與法人。這一原則被視為對最惠國待遇原則的重要補充，帶有明顯的公平性、對等性和保護性特徵。國民待遇原則涉及外國商品在本國的銷售、運輸、加工和使用等諸多環節，要求相關法令及政策不得帶有歧視性，特別是在稅費徵收、流通限制等方面，國內外商品應當享受同等的待遇。

(二) 公平貿易原則

公平貿易原則的含義是要求各個成員在國際貿易過程中不得使用不公正的政策措施來干擾國際貿易競爭或扭曲國際貿易關係。首先，自由貿易是公平貿易的前提，世界貿易組織要求各個成員應自覺削減貿易壁壘，提高市場准入程度。其次，如果成員遭遇損害性質的貿易措施，世界貿易組織也允許該成員採取反傾銷、反補貼等貿易補救措施，從而維護貿易公平。最後，對於發展中國家（地區）或國際貿易中的特殊情況，世界貿易組織也會給予一定優惠政策或保障措施，進一步體現了照顧性、針對性及公平性特徵。公平貿易原則是世界貿易組織的核心原則，具體表現在自由貿易原則、允許例外原則及發展中國家（地區）優惠待遇原則之中。

1. 自由貿易原則

自由貿易原則也被稱為貿易自由化原則，既是世界貿易組織的一項原則，也是世界貿易組織的基本目標。要想實現在世界各國間的自由貿易，削減關稅與非關稅壁壘是關鍵，因而這一原則又可進一步表述為關稅減讓原則和禁止數量限制原則。前者是指各個成員應致力於減少關稅措施和降低關稅水準，並且形成一種只降不升的貿易便利化趨勢。常用措施包括降低關稅稅率、減少關稅稅目、固定計算方法及設置最高稅率等。後者是指各個成員不能使用除了關稅措施之外的其他貿易限制措施，例如各類配額、許可證等數量限制措施。雖然自由貿易原則對於貿易障礙的消除並不徹底，但是這一原則的目標和方向是正確的，並且在擴

大市場准入、促進貿易開放及保障互惠互利等方面仍然發揮了積極的作用。

2. 允許例外原則

允許例外原則是指針對一些特殊情況，成員可以不履行已承諾的義務，並採取一些限制進口貿易的緊急保障措施。實施保障措施的情況包括維護國家安全、保護知識產權、防止文物或藝術品流失等。常用的措施包括提高關稅稅率、進行數量限制等。為了防止允許例外原則被濫用，世界貿易組織對使用時的條件、手段和期限等都做出了嚴格規定和限制。可以說，允許例外原則體現了世界貿易組織制定和應用規則的一定靈活性，兼顧了國際貿易與其他經濟社會領域的相互協調。

3. 發展中國家優惠待遇原則

發展中國家優惠待遇原則又被稱為「非互惠待遇原則」，是世界貿易組織對發展中國家給予的政策優惠安排。這一安排是例外的、單向的和非互惠的。這一原則的主要內容體現為較低水準的義務要求、靈活安排的兌現承諾時間表及針對性的各項技術服務等。例如，當發展中國家無法立即履行國際貿易協議時，世界貿易組織允許其享受一定時間的過渡時期。最不發達國家更是可以在不承擔任何義務的情況下，享受世界貿易組織的眾多權利。可以說，發展中國家優惠待遇原則是一項有利於世界經濟與貿易整體發展的優惠政策。

(三) 透明度原則

透明度原則是指成員所採取的一切影響國際貿易活動的政策措施必須在第一時間公開宣布。這一原則主要針對各政策措施的出抬、修訂及廢止等環節，防止有任何國家（地區）通過暗箱操作來獲利，從而消除因不公開貿易所帶來的歧視性和不公平性貿易。具體涉及各國的海關法規、政府間貿易協議、司法裁決以及行政命令等。透明度原則亦是世界貿易組織的重要原則，不但適用於貨物貿易、服務貿易、技術貿易、投資活動及知識產權保護等經濟領域，而且還延伸到法律法規的制定、頒布及實施等非經濟領域。

(四) 其他原則

除了以上主要原則之外，世界貿易組織還有其他一些原則。例如，協商與協商一致原則。這一原則是世界貿易組織處理國際貿易問題的基本原則之一，並在過去數十年中為決策重大事項發揮了積極的作用。再比如，公正、平等處理貿易爭端原則。這一原則被普遍應用於世界貿易組織內部的爭端調解，特別是在以世界貿易組織總干事為調解人的貿易爭端解決機制中，很好地維護了世界貿易的公平性和世界貿易組織的權威性。

本章小結

本章主要講述了兩個方面的內容。

第一，區域經濟一體化。區域經濟一體化是指兩個或兩個以上的國家或地區，通過協商並達成一致的經濟貿易政策，彼此讓渡部分經濟主權，從而在經濟上形成具有排他性的區域經濟聯合體。按照區域經濟一體化程度的不同，由低到高可分為優惠貿易安排、自由貿易區、關稅同盟、共同市場、經濟聯盟和完全的經濟一體化等若干類型。有關區域經濟一體化的理論基礎包括關稅同盟理論、大市場理論、協議性分工理論等。

第二，世界貿易組織。世界貿易組織（WTO）是一個具有獨立的法人資格和財產的處理國際貿易全球規則的永久性國際組織。它經歷了從國際貿易組織到關稅與貿易總協定，再到世界貿易組織的發展歷程。世界貿易組織的目標是通過各成員之間互惠互利的政策安排，大量削減關稅與非關稅貿易壁壘，消除國際貿易關係中的歧視性待遇，從而建立起一個更完整的、更具活力的、更持久的多邊貿易體系。世界貿易組織的組織結構主要包括部長級會

議、總理事會、專門委員會、秘書處和總干事等幾個部分。世界貿易組織的原則體系主要包括非歧視性原則、公平貿易原則和透明度原則。中國於 2001 年 12 月加入世界貿易組織，並為世界經濟與貿易的發展做出了重要貢獻。

思考題

1. 請簡述優惠貿易安排、自由貿易區、關稅同盟、共同市場、經濟聯盟和完全的經濟一體化的概念，並闡述各個概念之間的區別。
2. 請簡述關稅同盟的靜態效應和動態效應。
3. 試論述世界貿易組織爭端解決機制的基本流程。
4. 試論述世界貿易組織非歧視性原則的內涵，並結合一定的案例進行闡述。
5. 試論述世界貿易組織的歷史、現狀與發展趨勢，並談談你對世界經濟全球化的理解。

第六章

「一帶一路」與中國對外貿易

學習目標

熟悉「一帶一路」的背景,掌握「一帶一路」的概念,能夠闡述「一帶一路」的合作重點及積極影響,特別是理解「一帶一路」與國際貿易發展的關係。瞭解中國對外貿易的歷史與現狀,能夠結合統計數據闡述中國對外貿易發展的特點與趨勢。

學習重點

「一帶一路」的概念、背景、合作重點以及意義,中國對外貿易的歷史、現狀與發展趨勢。

第一節 「一帶一路」概述

一、「一帶一路」的概念

2013年9月和10月,習近平提出了建設「新絲綢之路經濟帶」和「21世紀海上絲綢之路」的合作倡議。「一帶一路」(The Belt and Road,B&R)是「絲綢之路經濟帶」和「21世紀海上絲綢之路」的簡稱,是中國政府從世界經濟形勢和亞太地緣關係的最新變化出發,首次向國際社會提出的區域發展與經貿合作倡議,具有極其深遠的戰略意義。中國提出建設「一帶一路」的倡議,旨在借用古代絲綢之路的歷史符號,高舉和平發展的旗幟,積極發展與沿線國家或地區的經濟合作夥伴關係,共同打造政治互信、經濟融合、文化包容的利益共

同體、命運共同體和責任共同體。

二、「一帶一路」的背景

(一) 歷史背景

絲綢之路是古代中國對外交往的重要通道，並以陸上絲綢之路和海上絲綢之路為主體。一方面，陸上絲綢之路起源於公元前 202 年至公元前 8 年的西漢時期，東起長安（今西安），向西途經甘肅、新疆至中亞、西亞地區，並最終連接地中海各國。1877 年，德國地質地理學家李希霍芬在其著作《中國》一書中，將「從公元前 114 年至公元 127 年間，中國與中亞、中國與印度間以絲綢貿易為媒介的這條西域交通道路」命名為「絲綢之路」，這一名詞隨即得到了廣泛的認可和使用。另一方面，海上絲綢之路亦形成於西漢時期，歷經漢唐至明清，幾度繁榮，是世界上歷史最久、影響最大的海上大通道之一。明朝時，海上絲綢之路的航線已擴展至全球，進入了全盛時期，廣州、泉州、寧波、福州、南京等皆是當時的航運大港，對外貿易十分繁盛。除了陸上絲綢之路和海上絲綢之路之外，中國歷史上還出現過面向西南的南方絲綢之路和茶馬古道、深入北方的草原絲綢之路等，它們共同構成了古代中國對外貿易的渠道網絡。

(二) 時代背景

隨著世界經濟、貿易、投資及商務環境的不斷變化，各國均要面對在發展領域出現的一系列新問題和新挑戰，而在這些問題當中，能否抓住全球化的機遇並促進國際貿易的發展就是一項迫切需要解答的關鍵問題。如今，中國經濟與世界經濟密切相連，並為世界經濟的持續增長做出了十分重要的貢獻。為了進一步擴大和深化對外開放，加強同亞非歐及世界其他各國的經貿合作，中國提出了建設「一帶一路」的倡議，得到世界各國的讚同和回應。一方面，中國將堅持對外開放的基本國策並構建全方位的開放新格局，進一步深度融入世界經濟體系。另一方面，「一帶一路」沿線國家或地區也將通過對話與合作，建立更加平等均衡的新型共贏發展夥伴關係，為世界經濟與貿易的長期穩定發展奠定更加堅實的基礎。

(三) 中國背景

中國是建設「一帶一路」倡議的提出國，作為一項具有深遠戰略意義的發展倡議，「一帶一路」倡議與中國對外經貿發展的現實問題密切相關。

1. 開拓海外市場

「一帶一路」建設有利於中國對海外市場的開拓。眾所周知，對外貿易的發展需要一定的外國市場，外部需求越大，對外貿易的增長動力越強。截至 2018 年年底，中國的對外貨物貿易總額已連續兩年位居世界第一，是世界上名副其實的貿易大國。然而，中國的對外貿易卻存在著一定的問題。以出口為例，中國的傳統貿易夥伴比較單一，主要是美國、歐洲及日本等；貿易商品的種類也不夠豐富，主要是傳統的資源密集型和勞動密集型產品等。國內產能的日漸增長和傳統外國市場的需求飽和，再加上個別國家推行貿易保護主義政策，限制了中國對外貿易量的持續增加，使得中國的產能過剩問題逐漸凸顯了出來。恰逢此時，建設「一帶一路」的倡議為中國對外貿易的發展指明了新的方向，通過發展與沿線國家或地區的國際貿易和經濟合作，不但能夠緩解中國國內的產能過剩問題，更能促進並帶動相關發展中國家的經貿發展，並最終形成一個互利共贏的、新的國際貿易市場，使各國都能夠從中獲益。

2. 發展世界貿易

「一帶一路」建設有利於世界各國的經貿發展與互利共贏。實踐證明，「一帶一路」建設不但為中國對外貿易的發展帶來了新的機遇和動力，而且正在成為一種影響世界貿易格局的新興力量。數年來，中國同「一帶一路」沿線國家或地區的貿易和投資總體保持了良

好的增長勢頭，在開展雙邊或多邊經貿合作的過程中也取得了很好的成績（表6-1）。以2013年至2018年的數據為例，中國與「一帶一路」沿線國家或地區的進出口總額達到64,691.9億美元，為當地創造了24.4萬個就業崗位，共建設境外經貿合作區82個，簽署對外承包工程合同超過5,000億美元，對外直接投資超過800億美元[①]。隨著「一帶一路」建設在經貿領域的持續作用，中國與東亞、東南亞、南亞、中亞、西亞、東歐及大洋洲的國家或地區的經貿合作水準也得到了較大提升，韓國、越南、馬來西亞、印度、俄羅斯、泰國、新加坡等國已成為中國主要的「一帶一路」貿易夥伴。可以說，「一帶一路」沿線國家或地區在參與「一帶一路」建設與交流的過程中，分享了共同發展的紅利，實現了區域經濟的增長。

表6-1　2016—2018年中國與「一帶一路」沿線國家或地區的貿易與投資情況

年份	對「一帶一路」沿線國家或地區進出口總額（億元）	對「一帶一路」沿線國家或地區非金融類直接投資額（億美元）	對「一帶一路」沿線國家或地區對外承包工程完成營業額（億美元）	「一帶一路」沿線國家或地區對華直接投資新設立企業數	「一帶一路」沿線國家或地區對華直接投資金額（億元）
2016年	62,517	145	760	2,905	458
2017年	73,745	144	855	3,857	374
2018年	83,657	156	893	4,479	424

數據來源：根據國家統計局歷年統計公報整理。

三、「一帶一路」的合作重點

（一）政策溝通

發展國際貿易必須營造良好的經貿政策環境，各國應盡力消除阻礙自由貿易的各類壁壘，防止貿易保護主義對各國利益的損害。因此，加強政策溝通應該是「一帶一路」建設的重要保障。各國應加強國際經貿合作方面的政府間合作，構建多層次的政府間宏觀政策溝通交流機制，深化經濟交流，促進政治互信，以期在國際貿易、國際金融、國際商務等領域達成長期合作的新共識。「一帶一路」沿線國家或地區可以就經濟發展戰略和對策進行充分的交流對接，共同制定推進區域經貿合作的規劃與措施，並協商解決合作中的問題，共同為務實合作及大型項目實施提供政策支持。

（二）設施聯通

發展國際貿易需要具備完善的基礎設施條件，各國應大力建設道路、橋樑、港口等基礎設施，為國際貨物運輸與倉儲提供充分的便利。因此，基礎設施互聯互通應當是「一帶一路」建設的優先領域。「一帶一路」沿線國家或地區應在尊重別國主權和安全的基礎上，加強在基礎設施建設規劃、技術標準體系等方面的對接，共同推進國際骨幹通道的建設，逐步形成連接亞非歐各國的基礎設施網絡。例如，對於目前各國並不一致的運輸標準，各國可協商建立統一的全程運輸協調機制，以期在國際通關、換裝、多式聯運等環節高效銜接，逐步形成兼容規範的運輸規則，並最終實現國際貨物運輸的標準化、便利化和信息化。

（三）貿易暢通

開展國際貿易的前提是市場開放、政策透明、管理科學，各國應以「一帶一路」建設為契機，主動擴大市場開放並融入世界經貿合作體系。因此，保障貿易暢通應當是「一帶

[①] 數據來源：中國一帶一路網。

一路」建設的重點內容。一方面,「一帶一路」沿線國家或地區應著力解決國際貿易的便利化問題,努力消除有關貿易的各類壁壘,構建公平透明的營商環境,共商共建自由貿易區,從而推進互利共贏的全面合作。另一方面,「一帶一路」沿線國家或地區還應著力解決國際投資的便利化問題,盡力消除有關投資的各種限制,拓展國際投資的領域,推進投資協定的簽署,協商國際稅收的減免,保護投資者的合法權益。特別是針對一些新興產業和高新技術,各國還應按照優勢互補、互利共贏的原則,積極開展深入有效的合作,創新國際貿易和國際投資的合作發展機制。

(四) 資金融通

發展國際貿易需要國際金融的同步發展,各國應在銀行、貨幣、國際結算等領域加強合作,為國際貿易業務的順利完成提供金融便利。因此,資金融通應當是「一帶一路」建設的重要支撐。在深化金融合作方面,中國與「一帶一路」沿線國家或地區一道,積極推進亞洲貨幣體系、投融資體系和信用體系的建設,擴大沿線國家或地區雙邊本幣互換、結算的範圍和規模,推動亞洲債券市場的開放和發展。例如,2014年10月亞洲基礎設施投資銀行(Asian Infrastructure Investment Bank,AIIB)由中國、印度、新加坡等21個首批意向創始成員國在北京共同創立,這是一家以促進亞洲區域的互聯互通化和經濟一體化建設為宗旨的多邊金融機構,重點支持了「一帶一路」沿線國家或地區的基礎設施建設和資金融通。截至2019年7月13日,亞投行已擁有100個成員國。另外,2014年12月,依照《中華人民共和國公司法》,中國外匯儲備、中國投資有限責任公司、中國進出口銀行、國家開發銀行共同出資成立了絲路基金,這是按照市場化、國際化、專業化原則設立的中長期開發投資基金,其主要職能是在「一帶一路」的建設進程中尋找投資機會並提供相應的投融資服務。

(五) 民心相通

發展國際貿易還需要良好的國際人文社會環境,需要克服國家或地區間的文化差異與溝通障礙,實現充分的相互信任。因此,民心相通應當是「一帶一路」建設的社會根基。民心相通具有非常豐富的內涵,例如,傳承和弘揚絲綢之路的友好合作精神,開展各國之間的文化交流、學術借鑑、人才交往、媒體合作等。各國應當採取各種方式為深化雙邊和多邊合作奠定堅實的民意基礎。在國際貿易領域,民心相通還體現為推動服務貿易的發展和便利的跨文化溝通。例如,在教育服務貿易方面,「一帶一路」沿線國家或地區可以通過擴大相互間的留學生和教師的流動規模,開展各個層次的合作辦學或學術訪問,這既可以為國際貿易的發展培養專業人才,也可以增進各國間的相互瞭解與尊重,並最終促進國際經貿合作的深入開展。除了教育服務貿易之外,各國還可通過電子商務、技術貿易等其他形式的國際貿易來促進交流、加強合作,為實現民心相通營造出良好的經濟貿易環境。在促進文化交流方面,中國以孔子學院為載體,旨在增進世界人民對中國語言和文化的瞭解,發展中國與外國的友好關係,促進世界的多元文化發展,為構建和諧世界貢獻力量。孔子學院(Confucius Institute)是中國國家漢語國際推廣領導小組辦公室在世界各地設立的推廣漢語和傳播中國文化的機構。截至2018年12月,全球已有154個國家或地區建立了548所孔子學院和1,193個中小學孔子課堂。其中,「一帶一路」沿線就有54個國家或地區設立了共計153所孔子學院和149個孔子課堂,並覆蓋了歐盟28國和中東歐16國[1]。各地的孔子學院充分利用自身優勢,開展了豐富多彩的教學和文化活動,不僅成了各國學習漢語言文化、瞭解當代中國的重要場所,更是促進「一帶一路」沿線國家或地區民心相通的重要平臺,有力地支持了國際貿易的健康發展。

---

[1] 數據來源:央視網與第13屆孔子學院大會資料。

四、影響與意義

「一帶一路」的戰略目標是要建立一個政治互信、經濟融合、文化包容的利益共同體、命運共同體和責任共同體，要為包括歐亞大陸在內的世界各國謀福利。「一帶一路」倡議是中國與絲路沿途國家或地區分享優質產能、共商項目投資、共建基礎設施、共享合作成果的全新平臺，內容包括道路聯通、貿易暢通、貨幣流通、政策溝通、人心相通「五通」，並承載著三項重要使命。

第一，探尋經濟增長之路。「一帶一路」是中國在後金融危機時代，著眼於全方位開放，將自身的產能優勢、技術與資金優勢、經驗與模式優勢轉化為市場與合作優勢的一次集中創新。沿線各國將通過回應「一帶一路」建設的倡議，共同分享中國改革發展的紅利與經驗。中國也將著力推動在沿線國家或地區間實現合作與對話，建立更加平等均衡的新型全球夥伴關係，進而夯實世界經濟長期穩定發展的基礎。

第二，實現全球化的再平衡。傳統的全球化發展依託於海洋，臨近海洋的國家或地區往往獲得了經濟發展的先機，而內陸國家或地區則較為落後，從而形成了巨大的貧富差距。傳統的全球化由歐洲與美國主導，形成了近現代國際秩序中的「西方中心論」，導致東方從屬於西方、經濟發展滯後於西方的歷史局面。如今，建設「一帶一路」的倡議正在推動全球經濟的再平衡。同時，在建設「一帶一路」的倡議中，中國主動向西推廣優質產能和比較優勢產業，這將使沿途、沿岸國家或地區首先獲益，這也將改變絲綢之路沿途地帶的世界地位，使其不再僅僅作為東西方貿易與文化交流的通道。這將有利於縮小貧富差距、平衡地區發展，並推動建立持久和平、普遍安全、共同繁榮的和諧世界。

第三，開創地區間的新型合作。「一帶一路」作為一項全方位對外開放戰略，正在以經濟走廊理論、經濟帶理論、21世紀的國際合作理論等創新著傳統的經濟發展理論、區域合作理論和全球化理論。正是由於建設「一帶一路」的倡議強調了共商、共建、共享的原則，使其超越了過去的區域發展戰略，為21世紀的國際合作帶來新的理念和模式。

第二節　中國對外貿易的歷史與現狀

一、中國對外貿易的歷史

和平、發展、合作是當今世界的潮流。改革開放以來，中國順應經濟全球化趨勢，不斷擴大對外開放，在平等互利的基礎上積極同世界各國開展經貿合作。經過四十多年的發展，對外貿易已成為中國經濟最為活躍、增長最快的部分之一，中國也成為躋身世界前列的貿易大國。中國對外貿易的發展，將中國與世界更加緊密地聯繫起來，這有力地推動了中國的現代化建設，也促進了世界的繁榮與進步。特別是當中國在2001年加入了世界貿易組織之後，中國經濟融入全球經濟的進程進一步加快，中國對外貿易的活力進一步增強。

（一）對外貿易質量不斷提升

1949年中華人民共和國成立以後，堅持獨立自主、自力更生，逐步開展對外經濟貿易交流。由於受到當時國際政治環境和國內計劃經濟體制等因素的制約，中國當時的對外貿易發展相對緩慢。

1978年，中國進入改革開放的新時期。大力發展對外貿易，成為中國加快現代化建設、改變落後面貌、促進經濟發展和提高綜合國力的重要途徑。四十多年來，中國利用世界經濟較長時期繁榮、經濟全球化深入發展的機遇，擴大對外開放，吸引和利用外商投資，引進先

進技術，改造和提升國內產業，在全面參與國際分工和競爭中，實現了對外貿易的跨越式發展。相應發展成就表現在以下幾個方面。

第一，貨物貿易總量躋身世界前列。1978年，中國貨物進出口總額只有355億元，在世界貨物貿易中排名第32位，所占比重不足1%。2018年，中國貨物進出口總額達到305,050億元，比1978年增長了859倍。其中，出口總額164,177億元，進口總額140,874億元[1]。中國出口總額和進口總額占世界貨物出口和進口的比重逐年提高，已連續兩年成為世界貨物貿易第一大進出口國。

第二，貨物貿易結構發生了根本性變化。中國出口商品結構在20世紀80年代實現了由初級產品為主向工業製成品為主的轉變，到90年代實現了由輕紡產品為主向機電產品為主的轉變，進入21世紀以來，以電子和信息技術為代表的高新技術產品出口比重不斷增加。外貿經營主體除了國有企業外，還包括外商投資企業、民營企業等，後二者的進出口總額目前均已超過國有企業。20世紀80年代至21世紀初，中國加工貿易蓬勃發展，成為外貿的重要組成部分。在中國外貿發展中，外商投資企業和加工貿易發揮了十分重要的作用。

第三，形成全方位和多元化進出口市場格局。改革開放後，中國全方位發展對外貿易，與世界上絕大多數國家或地區建立了貿易關係。貿易夥伴已經由1978年的幾十個國家和地區發展到目前的超過兩百個國家或地區。歐盟、美國、東盟、日本、金磚國家及「一帶一路」沿線國家或地區等成為中國主要貿易夥伴。21世紀以來，中國與新興市場和發展中國家的貿易持續較快增長。例如，2018年中國對「一帶一路」沿線國家或地區的進出口總額就達到了83,657億元，比上年增長了13.3%。

第四，服務貿易的國際競爭力不斷增強。加入世界貿易組織後，中國服務貿易進入新的發展階段，規模迅速擴大，結構逐步優化，排名也進入世界前列。旅遊、運輸等領域的服務貿易增勢平穩，建築、通信、保險、金融、計算機和信息服務、專有權利使用費和特許費、諮詢等領域的跨境服務及承接服務外包快速增長。例如，2018年中國服務貿易總額已達52,402億元，比上年增長了11.5%。數據表明，中國正在成為世界服務貿易大國。

對外貿易的發展有力地推動了中國的現代化建設，中國已成長為一個開放的重要經濟體。參與國際分工與競爭、引進先進技術、設備和管理、利用外商直接投資等措施，極大地促進了中國的技術進步和產業升級，並提高了中國企業的管理水準和市場競爭力。加工貿易的迅速發展壯大使中國勞動力充裕的比較優勢得以發揮，加快了中國的工業化和城鎮化進程。對外貿易直接帶動就業人口超過8,000萬，其中60%以上來自農村，就業者的收入和生活得到了顯著提高和改善。對外貿易與國內投資、消費一起，成為中國經濟增長的三大引擎。

中國對外貿易的歷史性進步是與國際國內形勢的發展變化緊密聯繫在一起的。20世紀80年代前後，和平與發展成為世界的主題。隨著經濟全球化的不斷推進，資金、技術、產品、市場、資源、勞動力等要素在世界範圍內的流動和配置更加活躍。以信息、通信為主導的科學技術進步使生產效率得到極大的提高，國際產業轉移也不斷深化和發展。經濟全球化、科學技術進步、國際產業轉移和各國之間合作的加強等都為中國進一步融入世界經濟提供了歷史性機遇。中國政府順應時代潮流，以經濟建設為中心，實行改革開放，發展與世界各國的經濟技術合作，積極合理地利用外資，充分發揮各項比較優勢，促進了國際產業鏈分工的深化，為對外貿易的長期較快發展創造了十分有利的條件。在這一歷史進程中，外國企業尤其是發達國家的跨國公司在中國獲得了大量投資機會，實現了與中國經濟的互利雙贏。

---

[1] 數據來源：國家統計局《關於一九七八年國民經濟計劃執行結果的公報》和《2018年國民經濟和社會發展統計公報》。

中國對外貿易的發展得益於改革開放，得益於經濟全球化，得益於堅持走互利合作共贏的道路。可以說，中國的發展離不開世界，世界的繁榮穩定也離不開中國。

當然，中國仍然是一個發展中國家。與世界貿易強國相比，中國的相當一部分出口產業仍處於全球產業鏈的中低端，資源、能源等要素投入和環境成本還相對較高，中國企業的國際競爭力、抗風險能力還相對較弱。中國要實現由貿易大國向貿易強國的轉變是一個較為長期的過程。

（二）對外貿易政策不斷完善

改革開放之前，中國對外貿易實行指令性計劃管理和國家統負盈虧。改革開放以來，中國外貿體制經歷了由指令性計劃管理到發揮市場機制的基礎性作用、由經營權高度壟斷到全面放開、由企業吃國家「大鍋飯」到自主經營和自負盈虧的轉變。在中國爭取恢復關稅與貿易總協定締約方地位和加入世界貿易組織的談判過程中，以及在中國加入世界貿易組織後，中國的外貿體制逐步與國際貿易規則接軌，建立起統一、開放、符合多邊貿易規則的對外貿易制度。

在改革開放初期，中國外貿體制改革主要是改革單一計劃管理體制，下放外貿管理權和經營權，實行外匯留成制度並建立外匯調劑市場。吸收外商直接投資，使外商投資企業作為新的經營主體進入外貿領域，打破了國有外貿企業的壟斷。此後，中國推行了外貿經營承包制，用指導性計劃逐步取代指令性計劃。按照國際貿易的通行規則，中國建立了出口退稅制度。1992年10月，中國明確提出建立社會主義市場經濟體制的改革目標。根據這一目標，中國對財政、稅收、金融、外貿和外匯體制進行了全面改革。1994年1月，中國政府取消對出口的所有財政補貼，進出口企業轉變為完全自負盈虧。人民幣官方匯率與市場調劑匯率並軌，實行以市場供求為基礎、單一的、有管理的浮動匯率制度。外貿經營領域進行了企業股份化和進出口代理制試點。同年，《中華人民共和國對外貿易法》正式頒布實施，從而確立了維護公平、自由的對外貿易秩序等原則，奠定了對外貿易的基本法律制度。1996年12月，中國實現了人民幣經常項目下的可兌換。與此同時，中國多次大幅度自主降低關稅，減少配額和許可證等非關稅措施。這些改革使中國初步建立起以市場經濟為基礎，充分發揮匯率、稅收、關稅、金融等經濟槓桿作用的外貿管理體制和調控體系。

2001年12月11日，歷經16年談判，中國成為世界貿易組織第143個成員。根據加入世界貿易組織的承諾，中國擴大了在工業、農業、服務業等領域的對外開放，加快推進貿易自由化和貿易投資便利化。在履行承諾的過程中，中國深化外貿體制改革，完善外貿法律法規體系，減少貿易壁壘和行政干預，明確政府在外貿管理中的職責，促進政府行為更加公開、公正和透明，推動開放型經濟進入了一個新的發展階段。在這一時期，主要改革措施有以下幾個方面。

第一，加快對外經濟貿易法制化建設。加入世界貿易組織後，中國集中清理了2,300多部法律法規和部門規章，對其中不符合世界貿易組織規則和中國加入世界貿易組織承諾的，分別予以廢止或修訂。新修訂的法律法規減少和規範了行政許可程序，建立健全了貿易促進、貿易救濟的法律體系。根據世界貿易組織《與貿易有關的知識產權協議》，中國對與知識產權相關的法律法規和司法解釋進行了修改，基本形成了體系完整、符合中國國情、與國際慣例接軌的保護知識產權法律法規體系。

第二，進一步降低關稅，削減非關稅措施。在加入世界貿易組織的過渡期，中國進口商品關稅總水準從2001年的15.3%逐步降低到2005年的9.9%。到2005年1月，中國絕大多數關稅削減承諾執行完畢。根據承諾，中國自2005年1月起全部取消對424個稅號產品的進口配額、進口許可證和特定招標等非關稅措施，僅僅保留了依據國際公約及在世界貿易組織規則下為保證生命安全、保護環境實施進口管制產品的許可證管理。截至2018年年底，

中國的關稅總水準已經降至 7.5%。

第三，全面放開外貿經營權。根據 2004 年新修訂的《中華人民共和國對外貿易法》，自 2004 年 7 月起，中國政府對企業的外貿經營權由審批制改為備案登記制，所有對外貿易經營者均可以依法從事對外貿易。取消外貿經營權審批促進了國有企業、外商投資企業和民營企業多元化外貿經營格局的形成。在國有企業和外商投資企業進出口持續增長的同時，民營企業對外貿易發展迅速，進出口市場份額持續擴大，成為對外貿易的重要經營主體。

第四，進一步擴大服務市場開放。中國認真履行加入世界貿易組織的承諾，為境外服務商提供了包括金融、電信、建築、分銷、物流、旅遊、教育等在內的廣泛的市場准入機會。在世界貿易組織服務貿易分類的 160 個分部門中，中國開放了 100 個，開放範圍已經接近發達國家的平均水準。2018 年，中國新設立外商企業 60,533 家，比上年增長 69.8%；實際使用外商直接投資金額 8,856 億元，增長 0.9%，折合 1,350 億美元，增長 3.0%。其中，外商服務企業的占比逐年提高。

第五，營造更為公平的市場競爭環境。中國通過建立、完善公平貿易法律制度和執法、監督機制，遏制與打擊對外貿易經營中的侵權、傾銷、走私、擾亂市場秩序等不公平貿易行為，努力為境內外企業提供一個寬鬆、公平、穩定的市場環境。中國政府依據國內法律和國際貿易規則，加強預警監測，同時利用貿易救濟和反壟斷調查等措施，對貿易夥伴的不公平貿易行為予以糾正，維護國內產業和企業的合法權益。在應對國際金融危機的過程中，中國與國際社會一起堅決反對任何形式的貿易保護主義，嚴格遵守世界貿易組織相關規定，在實施經濟刺激計劃時平等地對待境內外產品，促進了境內外企業的公平競爭。

截至 2010 年年底，中國加入世界貿易組織的所有承諾全部履行完畢。中國認真履行承諾的實際行動得到世界貿易組織大多數成員的肯定。2006 年、2008 年和 2010 年，中國政府接受了世界貿易組織的三次貿易政策審議。世界貿易組織所倡導的非歧視、透明度、公平競爭等基本原則已經融入中國的法律法規和有關制度。市場意識、開放意識、公平競爭意識、法治精神和知識產權觀念等在中國更加深入人心，推動了中國經濟進一步開放和市場經濟體制進一步完善。從 2010 年至 2019 年，中國在世界貿易組織框架下，繼續為世界經濟與貿易的發展做出持續的貢獻。

當前，全球經濟結構和貿易格局仍然面臨著調整需求。中國對外貿易也將在不斷創新中前進，要努力實現從規模擴張向質量和效益提高的轉變，從主要依賴低成本優勢向增強綜合競爭優勢轉變，從中國製造向中國創造轉變，從貿易大國向貿易強國轉變。

二、中國對外貿易的現狀

（一）宏觀經濟概況

根據國家統計局發布的《2018 年國民經濟和社會發展統計公報》，2018 年的全年國內生產總值達到 900,309 億元，比上年增長 6.6%。其中，第一產業增加值 64,734 億元，增長 3.5%；第二產業增加值 366,001 億元，增長 5.8%；第三產業增加值 469,575 億元，增長 7.6%。第一產業增加值占國內生產總值的比重為 7.2%，第二產業增加值比重為 40.7%，第三產業增加值比重為 52.2%。全年最終消費支出對國內生產總值增長的貢獻率為 76.2%，資本形成總額的貢獻率為 32.4%，貨物和服務淨出口的貢獻率為 -8.6%。人均國內生產總值 64,644 元，比上年增長 6.1%。國民總收入 896,915 億元，比上年增長 6.5%。近五年宏觀經濟概況見圖 6-1。

2018 年的年末國家外匯儲備為 30,727 億美元，比上年末減少 672 億美元（圖 6-2）。全年人民幣平均匯率為 1 美元兌 6.617,4 元人民幣，比上年升值 2.0%。

單位：億元

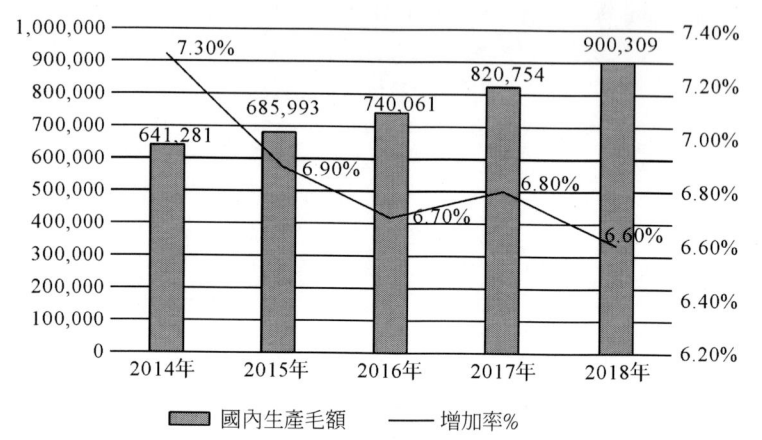

圖 6-1　2014—2018 年國內生產總值及其增長速度

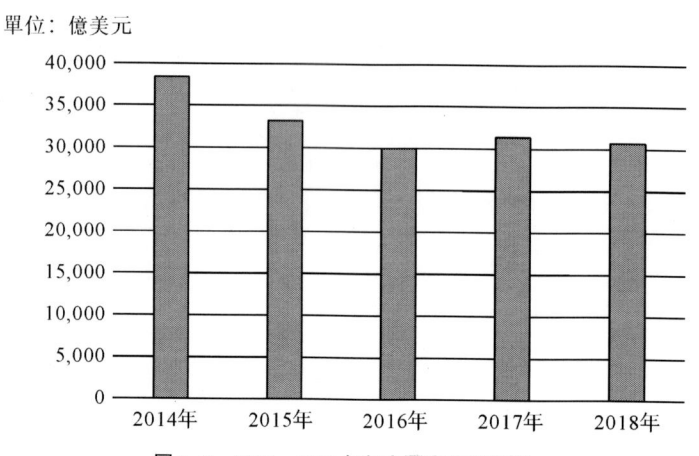

單位：億美元

圖 6-2　2014—2018 年年末國家外匯儲備

（二）國內貿易概況

2018 年全年社會消費品零售總額 380,987 億元，比上年增長 9.0%。按經營地統計，城鎮消費品零售額 325,637 億元，增長 8.8%；鄉村消費品零售額 55,350 億元，增長 10.1%。按消費類型統計，商品零售額 338,271 億元，增長 8.9%；餐飲收入額 42,716 億元，增長 9.5%。

在限額以上單位商品零售額中，糧油、食品類零售額比上年增長 10.2%，飲料類增長 9.0%，菸酒類增長 7.4%，服裝、鞋帽、針紡織品類增長 8.0%，化妝品類增長 9.6%，金銀珠寶類增長 7.4%，日用品類增長 13.7%，家用電器和音像器材類增長 8.9%，中西藥品類增長 9.4%，文化辦公用品類增長 3.0%，家具類增長 10.1%，通信器材類增長 7.1%，建築及裝潢材料類增長 8.1%，石油及製品類增長 13.3%，汽車類下降 2.4%。

全年實物商品網上零售額 70,198 億元，比上年增長 25.4%，占社會消費品零售總額的比重為 18.4%，比上年提高 3.4 個百分點。

（三）對外貿易與投資概況

2018 年的全年貨物進出口總額為 305,050 億元，比上年增長 9.7%（圖 6-3）。其中，

出口164,177億元，增長7.1%；進口140,874億元，增長12.9%。貨物進出口順差23,303億元，比上年減少5,217億元。對「一帶一路」沿線國家或地區進出口總額83,657億元，比上年增長13.3%。其中，出口46,478億元，增長7.9%；進口37,179億元，增長20.9%。

單位：億元

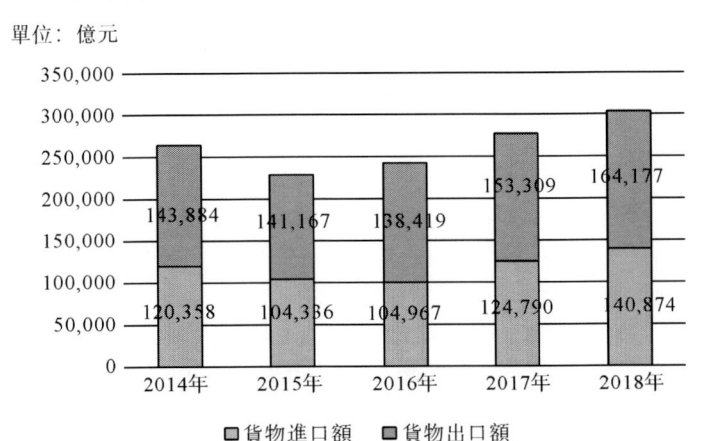

圖6-3　2014—2018年貨物進出口總額

2018年全年服務進出口總額52,402億元，比上年增長11.5%。其中，服務出口17,658億元，增長14.6%；服務進口34,744億元，增長10.0%。服務進出口逆差17,086億元。

全年外商直接投資（不含銀行、證券、保險領域）新設立企業60,533家，比上年增長69.8%。實際使用外商直接投資金額8,856億元，增長0.9%，折1,350億美元，增長3.0%。其中「一帶一路」沿線國家或地區對華直接投資新設立企業4,479家，增長16.1%；對華直接投資金額424億元，增長13.2%，折64億美元，增長16.0%。全年高新技術製造業實際使用外資898億元，增長35.1%，折137億美元，增長38.1%。

全年對外非金融類直接投資額7,974億元，比上年下降1.6%，折1,205億美元，增長0.3%。其中，對「一帶一路」沿線國家或地區非金融類直接投資額156億美元，增長8.9%。

全年對外承包工程完成營業額11,186億元，比上年下降1.7%，折1,690億美元，增長0.3%。其中，對「一帶一路」沿線國家或地區完成營業額893億美元，增長4.4%，占對外承包工程完成營業額比重為52.8%。對外勞務合作派出各類勞務人員49萬人。

本章小結

本章主要講述了兩個方面的內容。

第一，「一帶一路」概述。「一帶一路」是「絲綢之路經濟帶」和「21世紀海上絲綢之路」的簡稱，是中國政府從世界經濟形勢和亞太地緣關係的最新變化出發，首次向國際社會提出的區域發展與經貿合作倡議，具有極其深遠的戰略意義。一帶一路」的合作重點包括政策溝通、設施聯通、貿易暢通、資金融通及民心相通。實踐證明，「一帶一路」建設不但為中國對外貿易的發展帶來了新的機遇和動力，而且正在成為一種影響世界貿易格局的新興力量。

第二，中國對外貿易的歷史與現狀。改革開放以來，中國順應經濟全球化趨勢，不斷擴

大對外開放，在平等互利的基礎上積極同世界各國開展經貿合作。經過四十多年的發展，對外貿易已成為中國經濟最為活躍、增長最快的部分之一，中國也成為躋身世界前列的貿易大國。回顧發展歷程，中國的對外貿易質量不斷提升，對外貿易政策不斷完善，面對全球經濟結構和貿易格局的深刻調整，中國對外貿易也將在不斷創新中前進，並努力實現從規模擴張向質量和效益提高的轉變，從主要依賴低成本優勢向增強綜合競爭優勢轉變，從中國製造向中國創造轉變，從貿易大國向貿易強國轉變。

思考題

1. 請簡述建設「一帶一路」倡議的提出背景、內涵及國際影響。
2. 請簡述中國對外貿易與投資的概況，並結合具體數據來分析其特點與趨勢。
3. 試論述建設「一帶一路」倡議對發展世界貿易的積極意義。
4. 試論述改革開放四十多年來中國對外貿易政策的調整過程。
5. 試論述中國將如何實現從貿易大國向貿易強國的轉變。

第七章

國際無形貿易

學習目標

熟悉國際無形貿易的主要特徵,掌握國際服務貿易的概念、內容、分類及形式,掌握國際技術貿易的概念、內容及方式,能夠闡述《服務貿易總協定》的產生背景、基本內容及主要作用。

學習重點

國際服務貿易的內容、分類及發展概況,跨境交付、境外消費、商業存在、自然人流動的區別與聯繫,《服務貿易總協定》的產生背景與簽署過程,專利、商標、專有技術的概念、特點及作用,許可證貿易、技術諮詢服務、合作生產、工程承包、技術協助等國際技術貿易主要方式的概念、特點及內容。

第一節　國際服務貿易

一、無形貿易概述

無形貿易（Invisible Trade）是一個與有形貿易相對應的概念,是一種以非實物形態的商品作為貿易標的物的貿易類型。無形貿易主要包括服務貿易與技術貿易兩種具體類型,並且具有幾項顯著的特徵。

第一,無形性特徵。無形貿易的交易對象不是有形的商品,而是無形的勞務、服務或知

識產權。相比於有形貿易，無形貿易不再存在貨物的運輸、倉儲、保險、檢驗等業務環節。

第二，同時性特徵。對無形貿易的標的物而言，生產與消費往往是同時進行的。相應的產品在生產時即完成出口，在進口時即完成消費。

第三，非海關性特徵。無形貿易一般只能反應在一國的國際收支平衡表中，而並不被列入海關的進出口統計數據中。海關一般並不直接管理無形貿易，因而無形商品不需要辦理進出口的報關驗放手續。

近年來，伴隨著國際有形貿易的快速發展，國際無形貿易也逐漸興起，並日益成為影響一國對外貿易格局和競爭優勢的重要力量。

二、國際服務貿易的概念

國際服務貿易（International Service Trade）是指以服務為標的物的一種國際貿易類型。在經濟學中，服務是一種特殊形式的勞動產品，反應的是勞動這一活動本身的特殊使用價值。因此，服務是一種有別於有形商品的特殊商品，這類商品主要表現為一系列特殊的人類勞動，並且具有價值性、一次性和無形性等特徵。在開展服務貿易的過程中，一方向另一方提供某項服務並獲得相應收入的過程被稱為服務的出口或輸出，一方獲得服務並支付相應款項的過程即為服務的進口或輸入。從宏觀角度看，國際服務貿易反應為不同國家或地區相互提供的各種服務活動；從微觀角度看，國際服務貿易則表現為企業或個人購買或提供的各種跨境勞務活動。

另外，按照WTO《服務貿易總協定》的定義，服務貿易是指四種有關服務的跨國交換活動。第一，從一成員境內向任何其他成員境內提供服務；第二，在一成員境內向任何其他成員的服務消費者提供服務；第三，一成員的服務提供者在任何其他成員境內以商業存在的形式提供服務；第四，一成員的服務提供者在任何其他成員境內以自然人的形式提供服務。

三、國際服務貿易的內容與分類

（一）以部門為標準

按照所屬的經濟部門不同，國際服務貿易劃可以分為十二個主要的大類。

第一，商業服務。商業服務是指各類與商業活動有關的服務交換活動。它主要包括設備租賃服務、不動產服務、安裝及裝配工程服務、維修設備服務、伴隨生產活動的服務、其他專業化服務等。

第二，通信服務。通信服務是指各類有關信息處理、儲存和交換的服務活動。它主要包括郵電服務、電訊服務、視聽服務、網絡服務等。

第三，建築服務。建築服務是指各類有關建築工程的設計、勘測與施工的服務活動。它主要包括選址服務、建築物的安裝工程、建築工程施工服務、建築物的維修服務等。

第四，銷售服務。銷售服務是指各類與商品的銷售過程有關的服務活動。它主要包括商品營銷服務、商品零售服務及其他商品代理銷售服務等。

第五，教育服務。教育服務是指各類與教育有關的服務活動。它主要包括高等教育服務、中等教育服務、初等教育服務、學前教育服務、繼續教育服務及教育交流服務等。

第六，環境服務。環境服務是指各類與環境保護有關的服務活動。它主要包括污水處理服務、廢物處理服務及衛生服務等。

第七，金融服務。金融服務是指除保險業之外的其他各項金融服務活動。它主要包括銀行存款服務、金融市場運作管理服務、銀行貸款服務、債權市場服務及金融仲介服務等。

第八，保健服務。保健服務是指各類與生命健康有關的服務活動。它主要包括醫院診療服務、個人保健服務及獸醫服務等。

第九，旅遊服務。旅遊服務是指各類與旅遊觀光有關的服務活動。它主要包括賓館與飯店服務、旅行社服務、導遊服務及景區服務等。

第十，保險服務。保險服務是指各類與保險產品的銷售、管理和賠償有關的服務活動。它主要包括貨物運輸保險服務、信用保險與保證保險服務、再保險服務及其他國際保險服務等。

第十一，交通運輸服務。交通運輸服務是指各類運輸人員或貨物的服務活動。它主要包括海運服務、陸運服務、空運服務、管道運輸服務及其他輔助性服務等。

第十二，文化服務。文化服務是指各類與文化、娛樂、體育等有關的服務活動。它主要包括文化交流服務、新聞機構服務、圖書館服務、體育服務及娛樂服務等。

除了以上主要類型外，服務貿易還包括諸如動產銷售服務等其他服務。隨著世界經濟、社會、文化、科技等的不斷發展，服務貿易的內容在不斷擴展和豐富。

（二）以用途為標準

按照經濟用途或性質不同，國際服務貿易可以劃分為三個大類。

第一，消費者用途的服務。消費者用途的服務是指從消費者角度產生的國際服務交換活動。它主要包括金融服務、保險服務、交通服務、旅遊服務、文化服務及部分個性化的教育服務等。

第二，政府用途的服務。政府用途的服務是指那些由政府免費或低價提供的國際服務交換活動。它主要包括基本的醫療服務、教育服務、養老服務、政策諮詢服務、行政管理服務及稅收服務等。

第三，生產用途的服務。生產用途的服務是指各類有關商品生產的國際服務交換活動。它主要包括會計服務、廣告服務、法律服務、諮詢服務、通信服務、安保服務以及其他生產環節的服務等。

（三）以要素為標準

按照各種生產要素在服務貿易中的密集程度不同，國際服務貿易可以劃分為四個大類。

第一，知識密集型服務。知識密集型服務要求服務的提供者是擁有某種技術、技能或知識的專業人員，能夠提供專業化的高質量服務。例如，教育服務、法律服務、會計服務、審計服務、諮詢服務等。

第二，資本密集型服務。資本密集型服務要求服務的提供者應具備雄厚的資本實力，能夠滿足相關服務對資金的大量需求。例如，銀行貸款服務、遠程通信服務、國際航運服務、建築工程服務、礦產開採服務及酒店住宿服務等。

第三，技術密集型服務。技術密集型服務要求服務的提供者掌握某項高新技術、現代科技、發明專利或關鍵設備。例如，醫學服務、航天服務、研發服務及特殊加工服務等。

第四，勞動密集型服務。勞動密集型服務以大量使用勞動力要素為特徵，勞動耗費在服務成本中的占比較高。例如，國際工程承包服務、餐飲服務、產品加工服務等。

四、國際服務貿易的形式

按照WTO簽署的《服務貿易總協定》，國際服務貿易有四種主要提供形式，分別是跨境交付、境外消費、商業存在和自然人流動。

（一）跨境交付

跨境交付（Cross-Border Supply）也被稱為國境交付，是指服務貿易的出口商從出口國境內向進口國境內的進口商提供服務。這類服務並不直接產生人員、貨物或資金的跨境流動，跨境流動的只有服務本身。跨境交付一般通過電信、郵政或互聯網等媒介實現服務的交換，多應用於金融服務、文化服務和信息諮詢服務等。例如，身在中國的律師通過傳真向一

家美國公司提供法律諮詢服務。

(二) 境外消費

境外消費（Consumption Abroad）是指服務貿易的出口商在出口國境內向來自外國的進口商直接提供服務，並獲取相應的報酬。這類服務的特點是要求消費者到境外購買服務，即需要購買服務的人員跨國流動，而服務本身並不發生跨國流動。例如，在教育服務貿易中，學生或學者需要到外國學校才能開展留學或訪學活動；在醫療服務貿易中，病人需要前往外國醫院才能進行診療或保健活動；在旅遊服務貿易中，遊客必須到外國風景區才能進行遊覽觀光活動等。

(三) 商業存在

商業存在（Commercial Presence）是指服務貿易的出口商在外國設立分公司、營銷網點、代理企業等商業機構，並通過這類商業機構向外國境內的進口商提供服務並獲取報酬。這類服務的特點是出口商需要在外國開展經營活動，出口商的人員、資金或設備需要跨境流動，而服務本身並不需要跨境流動。商業存在的具體方式較為靈活，既可以在國外通過直接投資建立分支機構，也可以與當地企業共同開辦合資或合作企業。例如，在金融服務貿易中，國內商業銀行通過在外國設立分行，向外國客戶提供信貸服務；在通信服務中，國內電信公司通過與外國電信部門合作組建企業，向外國客戶提供通信服務；在旅遊服務貿易中，國內酒店通過在外國開設連鎖酒店，向外國客戶提供住宿、餐飲等旅遊服務。

(四) 自然人流動

自然人流動（Movement of Natural Persons）是指服務的提供者以自然人的身分前往外國向消費者提供服務並獲得報酬。這類服務在原理上與商業存在類似，但主要區別有兩點。其一，商業存在的服務提供者為企業，而自然人流動的服務提供者為個人。其二，商業存在的服務期限更長，而自然人流動大多是一種暫時性的短期現象。自然人流動的特點是人員必須跨境流動，人員與服務具有不可分割性。例如，在教育服務貿易中，專家教授前往外國大學開展教學、科研或管理工作；在文化服務貿易中，演員或藝術家前往外國拍攝電影、主持節目或從事廣告宣傳活動；在法律服務貿易中，律師前往外國開展法律諮詢與案件辯護等服務。

五、服務貿易總協定

(一) 概述

《服務貿易總協定》（General Agreement on Trade in Services，GATS）是關貿總協定烏拉圭回合談判達成的第一套有關國際服務貿易的具有法律效力的多邊協定。該協定於 1995 年 1 月正式生效，是 WTO 框架下的重要協定之一，其宗旨是在透明度和逐步自由化的條件下擴大服務貿易，並促進各成員的經濟增長和發展中國家服務業的發展。

在內容上，《服務貿易總協定》包括序言和六個部分共二十九個條款、八個附錄、八項部長會議決定，首次為國際服務貿易提供了一套初步的總體規則框架，並被公認為是國際服務貿易邁向自由化的重要里程碑。《服務貿易總協定》還將原則性與靈活性相結合，給予了發展中國家適當照顧，有利於各國在服務貿易方面開展合作和交流。

《服務貿易總協定》所列出的服務行業包括 12 個部門，分別是商業、通信、建築、銷售、教育、環境、金融、衛生、旅遊、娛樂、運輸及其他，具體又分為 160 多個分部門。該協定規定了各成員必須遵守的普遍義務與原則，磋商和爭端解決的措施步驟等，並在 WTO 框架下成立了服務貿易理事會，由其專門負責監督和管理各個成員對協定的執行情況。

(二) 產生背景

一方面，發達國家積極倡導服務貿易的自由化。在經歷 1979 年至 1982 年的經濟危機

後，美國經濟增長緩慢，在國際貨物貿易中赤字增加，而在服務貿易領域卻優勢明顯，出現了連年順差。以 1984 年為例，美國的商品貿易有 1,140 億美元的逆差，而服務貿易卻有 140 億美元的順差。作為世界上最大的服務貿易出口國，美國急切地希望打開其他國家的服務貿易市場，通過大量的服務貿易出口來彌補貿易逆差，推動國內經濟增長。而各國對服務貿易不同程度的限制，成為美國利益最大化的障礙。因此，美國積極倡導實行全球服務貿易的自由化。

事實上，早在東京回合談判中，美國政府就根據《1974 年貿易法》的授權，試圖把服務貿易作為該回合談判的議題之一，但是由於當時還有更加迫切的問題需要解決，美國沒有提出服務貿易的減讓談判，只是在東京回合中達成的海關估價、政府採購協議中寫入了一些服務貿易的內容。美國國會在《1984 年貿易與關稅法》中授權政府就服務貿易等進行談判，並授權對不在這些問題上妥協的國家進行報復。發展中國家和一些發達國家抵制美國的提議，歐盟起初也對美國的提議持懷疑態度，但在經過調查後發現，歐共體的服務貿易出口量要高於美國，於是轉而支持美國。日本雖然是服務貿易的最大進口國，呈逆差形勢，但由於在國際貨物貿易中存在順差，最後也選擇支持美國。

另一方面，發展中國家對服務貿易自由化由堅決抵制到逐步接受。當美國開始提出服務貿易的問題時，絕大多數發展中國家都堅決反對服務貿易自由化，它們的理由主要有三點。其一，服務業中的許多部門，如銀行、保險、證券、通信、信息、諮詢、專業服務等都是一些資本或知識密集型行業，這些行業在發展中國家還很弱小，不具備競爭優勢；其二，發展中國家的服務部門尚未成熟，經不起發達國家相關服務業的衝擊，過早地實行服務貿易自由化會擠垮這些尚處於幼稚階段的服務業，因而不宜過早開放；其三，部分服務行業屬於涉及國家主權、機密和安全的關鍵行業，在相關條件不足的情況下更加不宜過早開放。然而，隨著發達國家在服務貿易談判問題上的認識逐步統一，發展中國家堅決抵制的立場也開始改變。首先，一些新興的發展中國家和地區的某些服務業已取得相當的優勢，如韓國的建築工程承包就具有一定的國際競爭力，新加坡的航空運輸業在資本、成本和服務質量上也具有明顯的優勢。這些國家或地區十分希望通過談判來擴大本國優勢服務的出口。其次，大部分發展中國家一方面迫於來自發達國家的壓力，另一方面也認識到如果不積極地參與服務貿易談判，會導致由發達國家單方面制定服務貿易規則的不利局面。從長遠來看，自身利益將會受到更大的損害。因此，許多發展中國家也先後表示願意參加服務貿易談判。

終於，在經過多年的「烏拉圭回合」談判之後，關貿總協定的各成員方於 1994 年 4 月在馬拉喀什正式簽署了《服務貿易總協定》[①]。

(三) 簽署過程

1986 年 9 月，服務貿易作為三項新議題之一被列入烏拉圭回合多邊貿易談判的議程，拉開了首次進行服務貿易多邊談判的序幕。回顧歷史，烏拉圭回合的服務貿易談判大體可分為四個階段。

第一階段從 1986 年 10 月到 1988 年 12 月。談判的主要內容包括服務貿易定義，適用服務貿易的一般原則、規則，服務貿易協定的範圍，現行國際規則、協定的規定，服務貿易的發展及壁壘等。這一階段各國的分歧很大，分歧主要集中在對國際服務貿易如何界定的問題上。發展中國家要求對國際服務貿易做比較狹窄的定義，將跨國公司內部交易和諸如金融、保險、諮詢、法律規範服務等不必跨越國境的交易排除在外面，而發達國家則主張較為廣泛的定義，將所有涉及不同國民或國土的服務貿易歸為國際服務貿易一類。多邊談判最終採取

---

① 資料來源：商務部網站。

了折中的意見,即不預先確定談判的範圍,根據談判需要對國際服務貿易採取不同定義。

第二階段從1989年1月到1990年6月。在加拿大蒙特利爾舉行的中期審議會上,談判的重點集中在透明度、逐步自由化、國民待遇、最惠國待遇、市場准入、發展中國家更多參與、保障條款和例外等服務貿易的基本原則,此後的工作主要集中於對通信、建築、交通運輸、旅遊、金融和專業服務等各具體部門的談判。與此同時,各國代表同意採納一套服務貿易的準則,以消除服務貿易中的諸多障礙。各國分別提出自己的方案,闡述了各自的立場和觀點。1990年5月,中國、印度、喀麥隆、埃及、肯尼亞、尼日利亞和坦桑尼亞幾個亞非國家向服務貿易談判組聯合提交了「服務貿易多邊框架原則與規則」提案,對最惠國待遇、透明度、發展中國家更多參與等一般義務及市場准入、國民待遇等特定義務做了區分。後來,《服務貿易總協定》的文本結構採納了「亞非提案」的主張,並承認成員方發展水準的差異,對發展中國家做出了很多保留和例外,這在相當程度上反應了發展中國家的利益和要求。

第三階段從1990年7月到1993年12月。這一階段最終達成了《服務貿易總協定》。1990年12月的布魯塞爾部長級會議上,服務貿易談判組修訂了「服務貿易總協定多邊框架協議草案」,其中包含海運、內陸水運、公路運輸、空運、基礎電信、通信、勞動力流動、視聽、廣播、錄音、出版等部門的草案附件,但由於美國與歐共體在農產品補貼問題上的重大分歧而沒有能夠最終結束談判。經過進一步的談判,1991年年底形成了《服務貿易總協定》草案,該草案由6個部分35個條款和5個附件組成,規定了最惠國待遇、透明度、發展中國家更多參與、市場准入、國民待遇、爭端解決等重要條款,基本上確定了協定的框架結構。經過各國的繼續磋商和談判,在對協議草案進行進一步的修改後,1993年12月貿易談判委員會在擱置了個別難題後,最終通過了《服務貿易總協定》。

第四階段從1994年1月到1995年1月。1994年4月,各成員方在馬拉喀什正式簽署了《服務貿易總協定》,並規定該協定於1995年1月和世界貿易組織同時生效。至此,長達八年的烏拉圭回合談判終於告以結束,雖然還有幾個具體服務部門的協議尚待進一步磋商談判,但《服務貿易總協定》作為多邊貿易體制下規範國際服務貿易的框架性法律文件已經誕生,國際服務貿易的發展進入了新的階段[1]。

(四) 主要內容

《服務貿易總協定》是在多邊貿易體制下第一個有關國際服務貿易的框架性法律文件,旨在使世界服務業市場和國際服務貿易在透明和漸進自由化條件下不斷發展。

《服務貿易總協定》的最終文本由四大部分組成,第一部分是正文,保留六個部分二十九個條款,規定了有關服務貿易的原則、規則與一般定義和範圍;第二部分是八個附件,具體明確了航空、金融、海運、電信等較複雜的服務業部門的定義、範圍、原則與規則,包括正文第二條的最惠國待遇豁免清單;第三部分是在「肯定列表」的基礎上,各國做出的關於市場准入和國民待遇的部門「承諾細目表」;第四部分是部長級會議決定與諒解等。

第一部分,正文。主體內容是前言、範圍與定義、普遍義務與原則、承擔特定義務、逐步自由化、組織機構條款、最終條款。其中,前言提出了簽訂《服務貿易總協定》的宗旨、目標和原則。

第二部分,附件。作為《服務貿易總協定》不可分割的重要組成部分,附件涵蓋航空服務、金融服務、電信服務、自然人移動等多個服務貿易領域。這些附件充分考慮了服務的複雜性、多樣性和服務提供方式的差異性,對特定的服務部門以附件和部長級會議的文件形

---

[1] 資料來源:商務部網站。

式確立具有針對性的補充規定，並為進一步推動服務貿易自由化所做的後續談判提供指導。

第三部分，承諾細目表。《服務貿易總協定》的承諾細目表是具體反應各成員服務業和服務貿易部門開放的條件和狀況的有效文件，為了便於成員間的比較分析，承諾細目表採用統一的格式。

第四部分，部長級會議決定和諒解。其包括具體部門、具體義務和具體原則在內的 11 項內容，從制度上進一步保證了《服務貿易總協定》及其附件的順利執行[①]。

閱讀資料 7-1：中國服務貿易概況

2019 年 1~8 月，中國服務貿易總額達到 35,720.8 億元人民幣，同比增長 3%。其中，出口 12,645.6 億元，增長 9.7%；進口 23,075.2 億元，下降 0.3%。主要呈現以下特點：

第一，服務出口增速進一步提高。8 月當月服務出口增長 11.5%，快於前 7 個月增長水準，帶動 1~8 月服務出口增長進一步加速，顯示我服務出口競爭力持續提升；服務出口占服務進出口比重為 35.4%，比上年同期提升 2.1 個百分點。特別是信息傳輸、軟件和信息技術服務業，租賃和商務服務業的加快發展及服務貿易整體發展環境的持續改善，推動知識產權使用費、其他商業服務等高端生產性服務出口快速增長。

第二，服務貿易逆差減小。1~8 月，中國服務出口增速高於進口增速 10 個百分點，服務貿易逆差下降 10.1%，降幅比前 7 個月進一步增大。逆差規模下降至 10,429.6 億元，比上年同期減少 1,174.7 億元。

第三，知識密集型服務貿易表現突出。1~8 月，中國知識密集型服務進出口達到 12,141.7 億元，增長 10.6%，高於服務進出口整體增速 7.6 個百分點，占服務進出口總額的比重達到 34%，比上年同期提升 2.3 個百分點。其中，知識密集型服務出口 6,387 億元，增長 13.5%；進口 5,754.7 億元，增長 7.6%。從具體領域看，個人文化娛樂服務、電信計算機和信息服務、金融服務等增長較快，進出口增速分別達到 23%、19.7% 和 15.2%。

——資料引用自商務部網站

第二節　國際技術貿易

一、國際技術貿易概述

（一）國際技術貿易的概念

國際技術貿易（International Technical Trade）是指以技術作為標的物的一種國際貿易類型。關於技術的定義，世界知識產權組織在 1977 年出版的《供發展中國家使用的許可證貿易手冊》中，對技術進行了定義：「技術是製造一種產品的系統知識，所採用的一種工藝或提供的一項服務，不論這種知識是否反應在一項發明、一項外形設計、一項實用新型或者一種植物新品種，或者反應在技術情報或技能中，或者反應在專家為設計、安裝、開辦或維修一個工廠或為管理一個工商業企業或其活動而提供的服務或協助等方面。」實際上知識產權組織把世界上所有能帶來經濟效益的科學知識都定義為技術。在國際技術貿易中，技術的出口商將某種技術以商業協議或合同契約的形式轉讓給進口商，並收取一定的技術使用費。需要注意的是，國際技術貿易不包括無償的跨國技術轉讓活動，只有有償的跨國技術轉讓才屬

---

① 資料來源：商務部網站。

於國際技術貿易的範疇。

國際技術貿易的發展伴隨著科學技術的進步和知識經濟的繁榮，代表了國際貿易發展的新趨勢和新特點。這一貿易類型的主要內容涉及了各種工業產權、專有技術及相關的設備安裝、工程設計、人員培訓等輔助環節，並日益成為推動世界經濟發展與科技進步的重要力量。

（二）國際技術貿易的特點

技術和知識作為一類特殊的無形商品，在國際貿易中呈現出了有別於一般貨物貿易的顯著特點。

第一，標的物形態的特殊性。一般貨物貿易的標的物為各種實物形態的商品，而技術貿易的標的物為無形的技術或知識。可供交易的技術是人們在科學研究或生產實踐中創造、發明或創新的科技成果。不同於看得見、摸得著的實物商品，科技成果並沒有品質、數量、重量和包裝等交易條件，往往只是一種方法、工藝、流程或原理等，其具體價值只有在應用於生產時才能得以體現。

第二，所有權轉移的特殊性。商品的所有權一般包含了對商品的佔有、使用及收益處分的權利。在一般貨物貿易的過程中，商品的所有權會隨著國際貿易的完成而發生轉移，即當進口商取得商品所有權後，出口商就不能再佔有、使用及出賣商品。而在技術貿易的過程中，出口商通常向進口商轉移的只是某項技術的使用權、製造權或銷售權，進口商只能獲得在一定期限內使用該項技術從事生產、加工或銷售的權利，並不擁有該項技術的所有權。加之同一項技術還可同時向不同的進口商提供使用權，或者多次轉讓使用權，從而實現了技術的所有權與使用權的完全分離。

第三，貿易關係的特殊性。在一般貨物貿易的過程中，出口商與進口商之間是較為單純的買賣關係，通常是短期的一次性交易。只要雙方按照貿易合同的規定交付貨物、付清貨款，這一買賣關係隨即結束。而在技術貿易的過程中，出口商與進口商之間是較為複雜的合作關係，通常需要保持較長時間的配合與溝通。一項技術從出口商轉移到進口商的過程，通常需要經歷技術引進、吸收轉化、投入生產及創造效益等環節，非一朝一夕能夠完成。因此，技術貿易的完成並不是雙方買賣關係的結束，而是雙方長期合作關係的開始。

除了以上主要特點外，技術貿易還具有創新性、先進性、壟斷性及保護性等特點。隨著科學技術與國際貿易的繼續發展，國際技術貿易還會呈現出更多、更新的特點。

二、國際技術貿易的內容

國際技術貿易的主要內容包括專利、商標與專有技術。其中，專利與商標屬於工業產權，世界各國普遍對其立法保護，因而在開展國際技術貿易時應特別注意相關的法律規定。

（一）專利

1. 專利的概念

專利（Patent）是一國政府或相關機構代表國家根據發明人對某項技術或發明的申請，經過審查並認定其符合法律規定後，授予發明人在一定期限內的一種專有權利。專利權人擁有對專利技術的獨佔權、轉讓權和禁止權，其他人只有在得到專利權人授權的情況下才能使用專利技術。為了保護專利權人的合法權益，鼓勵發明創造，推動發明創造的應用，提高創新能力，促進科學技術進步和經濟社會發展，中國於1984年3月頒布了《中華人民共和國專利法》（簡稱《專利法》），至今已修訂三次。

2. 專利的要求

世界各國對申請專利提出了若干要求，中國和多數國家都要求被授予專利權的技術發明應具備新穎性、先進性和實用性。中國《專利法》第二十二條規定：「授予專利權的發明

和實用新型，應當具備新穎性、創造性和實用性。」

第一，新穎性是指在提出專利申請之日，該項發明是現有技術中所沒有的，即未被公知或公用的。凡以書面、磁帶、唱片、照相、口頭或公然使用等方式已經公開的發明，即喪失其新穎性。同時，新穎性的喪失也有例外情況。例如，在一些知名的國際展會上首次披露的發明，不一定喪失了新穎性，法律仍然允許發明人在展會後一定期間內提出專利申請。

第二，先進性也被稱為創造性，是指發明在申請專利時比現有的技術先進，其程度對所屬技術領域的普通專業人員不是顯而易見的。如果與現有技術相比有所改良，但對於該技術領域的普通專業人員而言屬於顯而易見範疇的，則不能授予專利權。

第三，實用性是指發明能夠在產業上被製造和使用，並且能夠產生有意義的效果。專利技術應當具有實際價值，能夠被應用於生產或生活之中。需要注意的是，專利法並不要求該項發明或實用新型在申請專利之前就已經得到生產實踐的檢驗，而是能夠分析或推斷出其在生產實際中的效果即可。

3. 專利的類型

專利的類型在不同的國家有不同的規定，中國《專利法》第二條規定：「本法所稱的發明創造是指發明、實用新型和外觀設計。」

（1）發明專利。

發明專利（Invention Patent）是指前所未有的、獨創的、新穎的和實用的專利技術或方法。相比於實用新型專利和外觀設計專利，發明專利的技術含量及價值最高，保護期也最長。中國《專利法》將發明定義為對產品、方法或者其改進所提出的新的技術方案，具體包括產品發明和方法發明兩種類型。產品發明是指一種創新的產品，例如，新機器、新工具、新裝置等；方法發明是指一種創新的技術方案，例如，新的操作方法、新的製造方法、新的工藝流程等。

（2）實用新型專利。

實用新型專利（Utility Model Patent）是指對產品的形狀、構造或者其結合所提出的適合於實用的新的技術方案。這裡的產品形狀，是指產品所具有的、可以從外部觀察到的確定的空間形狀。這裡的產品構造，是指產品的各個組成部分的安排、組織和相互關係。對於產品形狀與構造的創新也能對生產實際產生積極的影響。在各國的專利法中，對實用新型專利的創造性和技術水準要求低於發明專利，但更加強調實用新型專利的實用價值。

（3）外觀設計專利。

外觀設計專利（Design Patent）是指對產品的形狀、圖案、色彩或者其結合所做出的富有美感並適合於工業應用的新設計。在生產實際中，外觀設計主要應用於工業產品的樣式製作。外觀設計不同於發明和實用新型，它是一種造型方法，而不是技術方案。一般認為，外觀設計專利應符合四項基本要求。其一，內容應涉及產品的形狀、圖案、色彩等外在特徵；其二，必須是對產品的外表所做的創新性設計；其三，必須符合審美要求，具有一定的美感；其四，必須能夠適合於工業應用，具有可操作性。

關於各項專利的保護期限，中國《專利法》第四十二條明確規定：「發明專利權的期限為二十年，實用新型專利權和外觀設計專利權的期限為十年，均自申請日起計算。」

（二）商標

1. 商標的概念

商標（Trade Mark）是指生產商或銷售商為了方便識別某種商品、服務或與其相關的具體個人或企業而製作的顯著標誌。商標一般由文字、圖形、圖案等組成，並被印製在商品外表或包裝上。商標權的所有人需向相關管理機構提出申請，經核准註冊後方可使用，只有註冊商標才可受到法律的保護。在國際貿易中，商品是普遍使用的一種標誌，擁有知名商標的

企業往往產品更優、服務更好，因而其產品也更加受到國際市場的歡迎。為了加強對商標的管理，保護商標專用權，促使生產者和經營者保證商品和服務質量，維護商標信譽，以保障消費者和生產、經營者的利益，促進社會主義市場經濟的發展，中國於 1982 年 8 月頒布了《中華人民共和國商標法》，至今已修訂四次。

2. 商標的特點

第一，顯著性。商標是區別於他人商品或服務的主要標誌，具有特別顯著的區別功能，以便被消費者或其他客戶識別。

第二，獨占性。註冊商標的所有人對其商標具有專用權，並受到法律的保護。未經商標權所有人的許可或授權，任何人不得擅自使用與該註冊商標相同或相類似的商標，否則將構成侵犯註冊商標使用權的違法行為，並承擔相應的法律責任。

第三，價值性。商標代表著商標所有人的企業信譽和商業形象，實質上也是企業對市場的質量承諾。企業通過商標的創意、設計、申請註冊、廣告宣傳及使用，不僅使商標本身具有了價值，也使得擁有商標的商品增加了附加值。因此，商標是企業的一種重要的無形資產。商標的價值可以通過評估來確定，經過估值後的商標既可以轉讓，也可以抵押，從而擁有了更為多樣的使用方法。

第四，競爭性。商標是商品信息的一種載體，企業完全可以憑藉商標來參與市場競爭。在國際貿易中，出口企業間的競爭就是商品或服務的質量與信譽的競爭，並表現為在商標知名度上的競爭。商標的國際知名度越高，相應商品或服務的國際競爭力就越強，對外出口的數量與頻率也就越高。

第五，依附性。雖然商標是一種重要的無形資產，但商標卻不能脫離商品而獨立存在。商標必須與商品或服務相結合，在整個國際貿易過程中依附於商品或服務。

第六，可視性。大多數商標是由文字、圖形、字母、數字等組合而成，並輔以恰當的顏色和造型。商標應當符合社會大眾的審美習慣，在視覺上給人以美感，並盡量做到使人印象深刻的良好效果。

第七，單義性。作為一個排他性的法律符號，商標的意義應當明確。消費者對商標的識別與理解應當避免產生歧義，因為過分歧義會增加消費者的選擇困難，從而降低商標的排他性。商標的最佳效果是當消費者看到商標時，便能自然地聯想到相應的商品或企業。

3. 商標的類型

在國際市場上，各種商標數量眾多，按照不同的標準，商標可以分為不同的類型。

第一，按照商標的結構不同，商標可劃分為文字商標、記號商標、圖形商標及組合商標。

第二，按照商標的功能和用途不同，商標可劃分為商品商標和服務商標。

第三，按照商標的使用目的不同，商標可劃分為聯合商標、防偽商標、證明商標和集體商標。

第四，按照商標的管理方法不同，商標可劃分為註冊商標和未註冊商標。

第五，按照商標的使用狀況不同，商標可劃分為使用商標和備用商標。

第六，按照商標的寓意不同，商標可劃分為有含義的商標和無含義的商標。

第七，按照商標的市場信譽不同，商標可劃分為普通商標和馳名商標。

第八，按照商標的載體不同，商標可劃分為平面商標、立體商標、聲音商標及氣味商標等。

4. 商標的作用

第一，商標有利於區別同類商品的不同生產者和經營者。商標是區分企業的顯著標誌，這是商標最本質、最基本的作用。

第二，商標有利於區別不同生產者所生產商品的不同質量。擁有不同商標的商品往往具有不同的質量，有信譽的商標代表著更優的質量和更好的服務。為了爭創知名商標，企業勢必加強質量管理，這也有利於增強企業的責任心和進取心。

第三，商標有利於消費者認牌購貨。商標是消費者同商品生產者和經營者之間的聯繫紐帶，有信譽的商標往往擁有大量忠誠的客戶或消費者，市場佔有率和影響力均較大。

第四，商標有利於商品的廣告宣傳。商標作為一種標誌體現了商品的質量和信譽，自然也就成了廣告宣傳的有效手段。

第五，商標有利於對商品的包裝和美化。設計美觀的商標可以增加商品的美感，提高商品的身價，擴大商品的銷路。

第六，商標有利於國際貿易的順利開展。出口商品的商標代表著出口商品的技術水準和質量，代表著企業的生產水準和信譽，能起到樹立商標信譽和促進出口貿易的作用。

第七，商標有利於企業開展正當競爭。商標是商品信譽好壞的標誌。信譽好的商標，競爭力強，出口企業必然生意興隆；信譽不好的商標，競爭力弱，出口企業必然生意蕭條。商標信譽是國際競爭優勢的重要組成，有信譽的商標更能夠吸引消費者和打開市場銷路。

(三) 專有技術

1. 專有技術的概念

專有技術（Know-How，Proprietary Technology）也被稱為秘密技術或技術訣竅，是指在生產、銷售、管理及財務等業務領域的一切符合法律規定條件的秘密知識、經驗和技能。例如，在生產產品過程中的特殊工藝、秘密配方、技術方法、營銷技巧和管理訣竅等。專有技術也是一類有關使用和運用工業技術的製造方法，主要來源於知識與經驗的累積。

2. 專有技術的特點

第一，秘密性。專有技術的秘密性也被稱為保密性，是指專有技術是不公開的創新技術，一般需要支付酬金才能獲得。可以說，保密是體現專有技術的特殊價值的重要前提。同時，秘密性也使專有技術具備了排他性，即只有購買專有技術的企業才可以使用該項技術並從中獲益。專有技術一旦被公開，便喪失了專有的價值性。這也是專有技術與專利的最主要區別。

第二，實用性。專有技術的實用性是指專有技術需要具有實際價值，能夠被應用於實際的生產過程。購買專有技術的企業能夠依靠專有技術來增加經濟效益，而沒有實際價值的技術並不是專有技術，也沒有必要參與買賣。

第三，價值性。專有技術的價值性也被稱為經濟性，是指專有技術的掌握者能夠通過使用該項技術而獲得競爭優勢，從而為企業帶來持續的經濟價值。

第四，知識性。專有技術的知識性反應了其基本內容是某種知識。專有技術實質上是知識或經驗的累積，表現為某種語言、公式、配方、流程、記錄或實驗結果，代表了生產過程中最有價值的先進知識。

第五，可轉讓性。專有技術的可轉讓性反應出專有技術是一類可供交換的無形資產。專有技術可以被傳授或轉讓，可以被買賣或租賃，是一類可以學習的生產技術。

3. 專有技術與專利的區別

專有技術與專利在時效、保密、特點、形態及存在方式等方面存在明顯的區別，具體區別見表7-1。

表 7-1　專有技術與專利技術的區別

比較內容	專有技術	專利技術
時效情況	無時間限制	有時間限制
保密情況	技術內容保密	技術內容公開
特點	秘密性、實用性、價值性、知識性、可轉讓性	新穎性、創造性和實用性
技術形態	是動態的，其內容可以發展改進，是可變的	是靜態的，其內容是固定不變的
存在方式	書面表示或口頭表示	書面表示

資料來源：編者整理。

三、國際技術貿易的方式

（一）許可證貿易

1. 許可證貿易的概念

許可證貿易（Licensing）也被稱為許可貿易，是指國際技術貿易的出口商將技術標的物的使用權通過許可證協議或合同的形式授予進口商，允許其使用這項技術來生產或銷售商品，並向其收取一定金額的使用費。許可證貿易是國際技術貿易的主要方式，並得到世界各國的普遍採用。

2. 許可證貿易的類型

第一，獨占許可（Exclusive License）。獨占許可是指在一定的期限和區域內，技術的進口商對許可證協議下的技術享有獨占使用權，技術的出口商承諾不在該時間段和區域內使用或授權他人使用該項技術。在這種許可類型下，只有進口商這一家企業可以使用技術，因而其獲得的權利最大、支付的費用最高。

第二，排他許可（Sole License）。排他許可是指在一定的期限和區域內，技術的進口商對許可證協議下的技術享有排他使用權，技術的出口商承諾除了自己可以使用該項技術外，不在該時間段和區域內授權他人使用該項技術。在這種許可類型下，進口商與出口商兩家企業可以使用技術。

第三，普通許可（Simple License）。普通許可是指在一定的期限和區域內，技術的進口商對許可證協議下的技術享有一般使用權，技術的出口商不僅自己可以使用該項技術，還可在該時間段和區域內授權他人使用該項技術。在這種許可類型下，可能存在多家企業同時使用該項技術的情況。

第四，交叉許可（Cross License）。交叉許可也被稱為交換許可，是指在一定的期限和區域內，簽訂技術許可協議的雙方都擁有對方需要的某項技術。於是，雙方互為技術貿易的出口商和進口商，相互交換使用各自的技術。在這種許可類型下，交換使用技術的雙方一般都不收取技術使用費。

第五，分許可（Sub-License）。分許可也被稱為可轉讓許可，是指在一定的期限和區域內，技術的出口商在技術許可協議中授權進口商可以將該項技術再轉讓給第三人。在這種許可類型下，分許可一般為普通許可，分許可的期限與範圍不能超過主許可的要求。

綜上，許可證貿易中的各方權利見表 7-2。

表 7-2　許可證貿易中的各方權利比較

許可類型	各方權利		
	被許可方	許可方	第三方
獨占許可	有獨占使用權	無使用權	不能獲得使用權
排他許可	有使用權	保留使用權	不能獲得使用權
普通許可	有使用權	保留使用權及轉讓權	可以獲得使用權
交叉許可	有交換技術使用權	有交換技術使用權	不能獲得使用權
分許可	有使用權及轉讓權	保留使用權及轉讓權	可以獲得使用權

資料來源：編者整理。

(二) 技術諮詢服務

1. 技術諮詢的概念

技術諮詢服務（Technology Consulting Services）是指諮詢公司等專門機構接受委託人所提出的技術課題，發揮自身在技術、知識、信息、渠道等方面的優勢，向委託人提供解決某項技術問題的方案或建議，並收取一定金額的諮詢費。具體而言，技術諮詢服務針對的是特定的技術項目，服務內容包括可行性論證、經濟技術預測、專題調查、分析評價等，並以諮詢報告的形式提供給委託人。技術諮詢服務的內容既包括技術，也涉及了服務，因而是一類形式靈活、內涵豐富的綜合型技術貿易。目前，技術諮詢服務已成為世界技術市場的主要經營業務。

2. 技術諮詢的特點

第一，技術諮詢的內容較為廣泛。技術諮詢的內容可以是科學技術、生產工藝、管理方法、財務策略等各種專業性技術項目。技術諮詢報告對於每個項目的可行性、經濟效益、工程設計、驗收鑒定等具體內容也都可做出詳細的分析與建議。

第二，技術諮詢的專業化程度較高。在國際技術市場上，提供技術諮詢服務的機構大多依託行業團體、科研機構或高等學校等專業性機構。發達國家的技術諮詢機構多為諮詢工程師協會或聯合會，而發展中國家也擁有不少專業性的諮詢公司等。

第三，技術諮詢的效果較為明顯。在國際市場上，具有技術劣勢的企業往往可以通過技術諮詢服務來提高出口商品的競爭力。在專業機構及相關專家的指導下，技術相對落後的企業可以迅速獲得先進的生產經驗和技術方法，從而降低自主進行技術研發的成本和風險。在獲得技術諮詢服務的過程中，企業還能及時獲取國際市場的最新技術情報，從而抓住轉瞬即逝的商機，進而發揮在技術方面的後發優勢。

第四，技術諮詢的成本較為低廉。在技術諮詢服務中，委託人需要向諮詢機構支付一定金額的諮詢費。相比於自主創新的經濟成本、機會成本和時間成本，諮詢費要低很多。因此，對於委託人而言，技術諮詢是一種最經濟的技術問題解決途徑。

3. 技術諮詢的類型

第一，工程諮詢服務。工程建設投資是一項複雜的系統工程，包括從項目的制定、設計、實施、驗收直至建成投產的整個過程。工程諮詢服務的目的是保證整個工程建設能夠在技術上、質量上、經濟效益上、工期進度上和投資的控制上都能做到符合要求，並最終實現預期的經濟效益。因此，委託人需要獲得一整套正確的投資決策建議和科學的管理方法。

第二，專業諮詢服務。專業諮詢是一項重要的諮詢服務業務，亦是國際促進技術轉移的重要方式。諮詢的結果是一系列能夠解決實際問題的系統性方案。例如，改造產品設計和功能的工藝流程、改進生產效率和提升質量的控制方法、提高勞動生產率的管理模式等。有

時，專業諮詢服務還可涉及經營管理等軟科學問題。例如，規章制度的合理化改革、設計思路與生產規劃的調整、財務與銷售方案的修改等。

第三，其他相關的服務。技術諮詢機構還可向委託人提供與技術相關的其他服務。例如，技術市場數據和信息的調查與分析服務、企業員工或技術人員的理論與操作培訓、技術研發與推廣的實驗室建設等。

（三）合作生產

1. 合作生產的概念

合作生產（Co-Production）也被稱為協作生產，是指不同國家或地區間的兩個或兩個以上企業，以協作生產合同為基礎，充分發揮各自的優勢，在相互配合中共同完成對某種產品的生產或加工。在合作生產的過程中，在相關當事人之間會發生生產技術的轉讓、生產要素的共享及新技術與新產品的共同開發，在保持各自法人資格的獨立性的同時，各企業共負盈虧、協同發展。

2. 合作生產的特點

第一，合作生產擁有多個當事人。除了國際技術貿易中的出口商與進口商，合作生產還可以包括其他當事人。各個當事人各自提供一定技術或方法，共同完成整個商品的生產過程。

第二，合作生產的實質是技術交換。擁有某項技術是開展合作生產的前提。合作生產的各方當事人按照所提供的技術或方法劃分權利、義務和責任，並最終表現在技術交換、勞務提供和商品生產三個方面。

第三，合作生產涉及多種類型的國際貿易。在開展合作生產的過程中，一方當事人負責提供技術，另一方當事人負責生產商品。合作生產不僅包含了國際技術貿易，還涉及加工貿易、服務貿易、一般貨物貿易等多種貿易類型，因而能夠帶動國際勞務、原材料與設備等的進出口，使國際的貿易合作、生產合作與商務合作更加頻繁與緊密。

3. 合作生產的形式

第一，提供零部件的合作生產。其具體又包括兩種方式：一種是由一方當事人提供生產商品的核心零部件，交由另一方當事人組裝為成品；另一種是由雙方當事人各自提供一部分零部件，然後在交由對方之後，各自分別組裝為成品，待成品生產完成後，再在國際市場上出售並獲利。

第二，提供技術指導的合作生產。由具有技術優勢的一方當事人提供核心技術、生產設備、重要圖紙或關鍵零部件，並在其指導下，由技術較弱的一方當事人來完成其他零部件的生產和成品的組裝，待成品生產完成並達到技術要求後，再將其投入國際市場。在通常情況下，技術指導屬於中長期的合作生產項目。

第三，專業化的合作生產。開展合作生產的各方當事人根據所要生產的商品的品質、規格、型號及功能等進行分工生產，各自完成生產過程中的一個或幾個環節，即以分別生產、相互交換、最後組裝的模式生產商品。

（四）工程承包

1. 工程承包的概念

工程承包（Project Contracting）也被稱為交鑰匙工程，是指工程的所有人委託工程的承包人按照規定的標準和條件完成某項工程任務。承包人需按照雙方合同的規定，按時、按質、按量地完成工程，並承擔施工期間的全部責任，待完工並驗收合格後交付委託人。工程承包的內容涉及面較廣，主要包括地質勘查、工程設計、土建施工、設備安裝、廠房建設和技術轉讓等。有時，工程承包還會涉及與生產建設相關聯的人員培訓、質量管理、諮詢建議等其他內容。在工程承包業務中，承包合同是規定雙方權利、義務與責任的基本文件，承包

商需保證完成工程項目，而委託人需保證支付承包費用。

國際工程承包（International Contracting for Construction）是一項具有綜合性、國際性、合作性和規範性的國際商務活動，其主要業務流程包括招標、投標、開標、評標、中標、簽約、準備、施工、竣工、驗收和交付等若干環節。國際工程的承包商需具有一定的資質和實力，在技術、資本、勞務、管理、設備、材料及許可權等方面具有一定的優勢。

2. 工程承包的方式

第一，單獨承包。承包公司從外國業主手中獨立獲得承包某項工程的權利。在這種方式下，承包公司對整個工程項目負責，整個承保過程從簽約時開始，至竣工驗收後結束。承包公司還需負責工程建設所需的材料、設備、勞動力、流動資金及臨時設施等。

第二，總承包。總承包是指由一家承包公司總攬承包整個工程項目。承包公司將對整個工程負全部責任。在這種方式下，總承包商可以將部分工程再分包給其他二級承包商，各個分承包商只對總承包公司負責，而不與工程所有人產生直接關係。在國際市場上，大多數國際工程承包都採用了總承包的方式。

第三，聯合承包。聯合承包是指由幾家承包公司共同來承包一項工程。各個承包商根據各自的優勢，相互分工與協作，各自完成一部分建設任務，並分別向工程所有人負責。

（五）技術協助

1. 技術協助的概念

技術協助（Technical Assistant）是指國際技術貿易中的一方當事人接受另一方當事人的委託，運用自身掌握的優勢技術或生產經驗，協助另一方完成某項具體的經濟、技術任務。在國際市場上，技術協助是一種比較靈活的技術引進方式。技術的提供方可以根據引進方的技術水準和接受能力及具體的技術要求進行有針對性的技術服務。

2. 技術協助的類型

第一，人員培訓方面的協助。人員是操作和使用技術的關鍵要素，企業的相關人員必須通過培訓和學習才能夠真正實現技術轉讓。在這種方式下，將由技術的輸出方幫助技術的輸入方引進和培訓專業技術人員，從而將技術轉化為實際的生產能力。

第二，諮詢服務方面的協助。技術的輸出方還扮演著技術顧問和技術指導的角色，在合同規定的範圍內負責接受委託人的技術諮詢，並提出相關的對策建議。工程諮詢服務是一類常見的諮詢項目，主要涉及對土建工程、機電工程、供熱、空調、照明、採礦、冶金、化工及石油鑽探等領域的諮詢服務。

第三，商業服務方面的協助。技術的輸出方也可對商業方面的技術問題進行指導，協助委託人完成市場營銷、商務營運及財務管理等環節的工作。例如，在市場營銷方面，技術輸出方可以在商標、廣告、包裝、倉儲、運輸、進出口及索賠等方面提供服務；在商務營運與財務管理方面，可以在生產計劃、市場開發、成本核算及財務審計等方面提供諮詢。

閱讀材料 7-2：中國國際技術貿易概況

2018 年中國已與 130 多個國家建立了技術貿易的聯繫。

當前中國擁有各類技術交易市場超過 1,000 家。自 2016 年起，中國已經成了繼美國和日本之後第三個國內有效發明專利擁有量超過 100 萬件的國家。

當今世界，科學技術作為最活躍、最具革命性的生產要素，日益成為國家競爭力的核心體現。隨著人工智能、大數據、雲計算、區塊鏈等技術應用的不斷湧現，技術的可貿易性不斷增強，大力發展技術貿易是新一輪科技革命和產業變革的客觀需要，是實現經濟高質量發展的必然要求，是創新型國家建設的必由之路。

中國始終將創新作為引領發展的第一動力，深入實施創新驅動戰略，技術創新的活力持

續釋放，技術貿易得到了穩步發展。目前中國與130多個國家建立了技術貿易的聯繫，2017年中國技術進出口總額達到了557億美元，同比增長27%。作為創新和市場的紐帶，技術貿易在推動產業優化升級、增強企業創新能力、培育經濟增長新動能等方面發揮日益重要的作用，成為中國創新型國家建設的重要助推器和加速器。

近年來，中國技術轉移體系建設加快推進、技術轉移機構蓬勃發展，各類技術交易市場超過了1,000家，2017年全國技術合同成交額達到1.34萬億元人民幣，同比增長17.7%，近37萬項科技成果通過技術市場轉移轉化，催生出大量新產品、新產業和新的商業模式，形成推動經濟高質量發展的強大動能。

——資料引用自中國新聞網

閱讀材料7-3：中國（上海）國際技術進出口交易會

中國（上海）國際技術進出口交易會[China（ShangHai）International Technology Fair，CSITF]（簡稱「上交會」），是經國務院批准，由中華人民共和國商務部、科技部、國家知識產權局和上海市人民政府共同主辦，聯合國工發組織UNIDO、聯合國開發計劃署UNDP、世界知識產權組織WIPO支持，上海市國際技術進出口促進中心、中國機電產品進出口商會等共同承辦的專門為技術貿易設立的國家級、國際性的專業展會。第八屆上交會將於2020年4月16~18日在上海世博展覽館舉行。

上交會以「技術，讓生活更精彩」為核心理念，以「創新驅動發展，保護知識產權，促進技術貿易」為主題，旨在通過整合海內外科技力量和創新成果，積極打造促進技術貿易發展，推進實現創新升級戰略的權威性展示、交流、服務的平臺。

——資料來源於互聯網

本章小結

本章主要講述了兩個方面的內容。

第一，國際服務貿易。國際服務貿易是以服務為標的物的一種國際貿易類型。在經濟學中，服務是一種特殊形式的勞動產品，反應的是勞動這一活動本身的特殊使用價值。按照WTO簽署的《服務貿易總協定》，國際服務貿易有四種主要提供形式，分別是跨境交付、境外消費、商業存在和自然人流動。《服務貿易總協定》於1995年1月正式生效，是WTO框架下有關國際服務貿易的具有法律效力的多邊協定，其宗旨是在透明度和逐步自由化的條件下擴大服務貿易，並促進各成員的經濟增長和發展中國家服務業的發展。

第二，國際技術貿易。國際技術貿易是以技術作為標的物的一種國際貿易類型。技術的出口商將某種技術以商業協議或合同契約的形式轉讓給進口商，並收取一定的技術使用費。國際技術貿易的主要內容包括專利、商標與專有技術，主要方式有許可證貿易、技術諮詢服務、合作生產、工程承包、技術協助等。國際技術貿易的發展伴隨著科學技術的進步和知識經濟的繁榮，代表了國際貿易發展的新趨勢和新特點。

思考題

1. 請簡述無形貿易的概念、特點及分類。
2. 請簡述國際服務貿易的主要內容和基本形式。
3. 試論述《服務貿易總協定》的產生背景和簽署過程。
4. 試論述國際技術貿易的特點與內容，並以專利為例分析國際技術貿易的發展趨勢。
5. 試論述國際技術貿易中許可證貿易的主要類型，並結合一定案例闡述其原理與作用。

第八章

電子商務與國際貿易

學習目標

熟悉電子商務的概念、優點與缺點，掌握電子商務的主要模式；熟悉跨境電子商務的概念、特點與概況，掌握有關跨境電子商務的政策法規；明確電子商務對於當代國際貿易的影響，並能夠闡述跨境電子商務與國際貿易的聯繫。

學習重點

電子商務的概念，B2B、B2C、B2G、C2C、O2O等電子商務的主要模式，EDI的概念與優勢；跨境電子商務的概念與特點，《中華人民共和國電子商務法》的立法背景與主要內容。

第一節　電子商務概述

一、電子商務的概念

電子商務一詞源自 Electronic Commerce，是指通過電子手段進行的商業活動。對於電子商務的嚴格定義，學術界尚未完全達成共識。一般認為，只要在商務活動中使用了電子工具，如電報、電話、廣播、電視、傳真、計算機、互聯網及移動通信等，即構成了電子商務。由於電子設備和網絡技術是電子商務得以開展的基礎條件，因而可將電子商務（Electronic Business，EB）定義為一類利用網絡通信技術進行交易的商務活動。

回顧歷史，電子商務是伴隨著計算機和互聯網的發展而出現的新型商務模式。自20世紀90年代以來，電子商務經歷了從概念提出到實踐應用，再到持續創新的發展歷程。如今，電子商務已成長為一類綜合利用互聯網、物聯網、數據庫系統、商務智能和移動支付等各項技術的創新型商業模式，並日趨規模化、產業化、專業化和國際化，對國際貿易與世界經濟也開始產生重大的影響。

2019年1月，《中華人民共和國電子商務法》開始實施，這是一部促進電子商務持續健康發展的重要法律。

二、電子商務的優點與缺點

（一）電子商務的優點

第一，提高了國際交易的效率。電子商務依託現代信息技術和網絡工具，將傳統商務活動信息化、網絡化、電子化和數字化，從而大大節省了交易磋商和業務辦理過程中的人力、物力和財力，實現了對交易成本的大幅度降低。同時，電子商務使交易雙方無須見面即可交易，從而突破了傳統商務活動中的時間和空間限制，實現了對交易效率的大幅度提高。

第二，擴展了國際交易的範圍。電子商務的主要信息交流媒介是互聯網，開放性的網絡為企業的外向發展創造了便利。從理論上講，無論開展交易的雙方相距多麼遙遠，他們都可以開展電子商務。這就使普通企業也可以面向全球市場推銷商品與尋求合作，更好地把握來自國際市場的商業機遇。

第三，提高了企業參與競爭的能力。電子商務使信息的傳遞更加快捷與透明，這有利於企業及時掌握國際市場的最新變化，並及時採取相應的對策。特別是對於中小微企業而言，信息是構成其競爭優勢的關鍵資源，能夠擁有和大企業一樣的信息，無疑是提升了其參與國際競爭的生存能力和競爭能力。

第四，創新了商務活動的模式。一方面，電子商務減少了經銷商、代理商等中間環節，使生產商能夠直接與終端消費者或客戶進行交易；另一方面，電子商務重新組合了商品生產與流通的要素配置，使國際貿易變得更加直接和便利。因此，電子商務幾乎重新定義了商品或服務的交易流程，從而改變並創新了傳統的商品流通模式。

第五，增強了企業與客戶間的互動。電子商務使參與商務活動的各方能夠實現隨時隨地地直接交流，無論是交易磋商、合同簽訂還是後續履約，國際貿易的買賣雙方及相關中間方都能通過電子工具及時提出要求或反饋意見，在實現企業與客戶間的良性互動的同時，最大限度地減少分歧、避免爭議。

（二）電子商務的缺點

第一，互聯網本身尚且存在缺陷。互聯網技術是一項新興技術，在快速發展的過程中也逐漸暴露出在安全性、準確性等方面的缺陷。以安全性為例，信息安全是電子商務健康發展的基本要求，然而，如何安全地儲存、調用和交換各類信息數據，防止相關利益主體因信息洩露、篡改或丟失而遭受損失，尚處於不斷探索和完善的過程中。

第二，對電子商務的管理尚不完善。電子商務正在向著國際電子商務不斷邁進，但是世界各國對於電子商務的管理卻並不一致。雖然部分國家已針對電子商務進行了立法，但是日新月異的電子商務活動常常引起一些新的問題和困難。例如，由於國際電子商務的交易活動沒有固定的地點，很容易形成相關國家的管轄盲區和徵稅困難，若各國法規存在差異，還有可能進一步擴大爭議、影響交易。

第三，電子商務的標準尚不統一。除了法律法規方面的差異，世界各國對於電子商務的交易標準也還沒有統一。這使得各國在開展電子商務活動時存在操作流程、必要手續及業務規範等方面的矛盾，不利於形成全球性的電子商務標準模式。

第四，其他需要完善的問題。電子商務畢竟是一種新興的交易方式，其發展的過程就是不斷改進和完善的過程。例如，國際電子商務需要解決貿易無紙化的問題，即當電子合同、電子提單等無紙化單證逐步取代傳統的紙質單證時，如何保證電子憑據的有效性、真實性和完備性。電子商務中還需要解決知識產權保護的問題，即當互聯網與信息技術已深入國際貿易的各個環節時，如何保護專利、商標、版權及商業秘密等各種形式的知識產權。

三、電子商務的模式

（一）企業——企業模式（B to B）

企業與企業之間的電子商務模式（Business to Business），簡稱B2B。這是一種將商業交易中的賣方、買方及中間商之間的信息交流與業務活動集成化的電子商務運作模式。在這一模式下，電子商務的交易雙方都是企業，雙方使用互聯網技術和相適應的電子化平臺來完成商務交易的全部過程。

企業間的電子商務模式的交易過程通常可以分為四個階段。一是交易前的準備。這一階段主要是指買賣雙方和參加交易各方在簽約前的準備活動。二是交易談判和簽訂合同。這一階段主要是指買賣雙方對所有交易細節進行談判，將雙方磋商的結果以文件的形式確定下來，即以書面文件形式和電子文件形式簽訂貿易合同。三是辦理交易進行前的手續。這一階段主要是指買賣雙方從簽訂合同後到合同開始履行之前辦理各種手續的過程。四是交易合同的履行和索賠。

（二）企業——消費者模式（B to C）

企業與消費者之間的電子商務模式（Business to Customer），簡稱B2C。這是一種以互聯網平臺為媒介，直接面向消費者銷售產品和服務的商業零售模式。在傳統零售模式中，商品的流通過程涉及了製造商、批發商、中間商、零售商等多個環節，最終到達消費者手中。而在B2C模式中，製造商或銷售商為消費者提供了一個全新的購物環境，即通過網上商店將各個中間環節整合，實現以最直觀和最直接的方式將商品送到消費者的手中。

企業與消費者之間的電子商務模式以網站平臺為核心，主要包括三個基本組成部分，分別是負責為顧客提供在線購物場所的商場網站、負責為客戶所購商品進行配送的物流系統、負責對顧客的身分進行確認及貨款結算的銀行支付系統。

（三）企業——政府模式（B to G）

企業與政府機構之間的電子商務（Business to Government），簡稱B2G。這是一種將政府機構與企業聯繫起來的綜合性電子商務模式，主要業務內容包括電子化的政府採購、電子稅收、電子商檢、電子海關、電子化的工商行政管理、電子化的政策性金融服務等。政府機構在電子商務中扮演著多重角色，可以是商品或服務的購買者，也可以是市場運行的管理者，還可以是促進交易的服務者。例如，作為購買者時，政府可以通過網絡面向國際市場發布招投標信息，各國企業通過電子方式參與競爭，從而使相關項目的建設更加透明和高效。作為管理者時，政府可以通過完善有關電子商務的法律法規，規範流程、統一標準，從而營造良好的法律環境。作為服務者時，政府還可以針對中小微企業開展電子商務服務，在工商、稅務、金融、物流等多個方面給予優惠或提供便利。

（四）其他模式

除了以上主要電子商務模式外，還有一些新興的電子商務模式。近年來發展較為迅速的模式有以下幾種，分別是消費者與消費者之間的電子商務（Customer to Customer，C2C）模式，代理商、企業與消費者之間的電子商務（Agent to Business to Consumer，ABC）模式，多個企業與消費者之間的電子商務（Business To Business To Customers，B2B2C）模式，線上與線下相結合的電子商務（Online To Offline，O2O）模式等。相信，隨著電子商務的不斷

發展，其商業模式還將會被不斷地創新和完善。

四、EDI 與國際貿易

（一）EDI 的概念

電子數據交換（Electronic Data Interchange，EDI）是指按照統一規定的一套通用標準格式，將標準的經濟信息，通過通信網絡傳輸，在貿易夥伴的電子計算機系統之間進行數據交換和自動處理。由於使用 EDI 能有效地減少並最終消除貿易過程中的紙面單證，因而 EDI 也被稱為無紙交易。這是一種利用計算機進行商務處理的新方法。在國際貿易中，EDI 將貿易、運輸、保險、銀行和海關等行業的信息用一種國際公認的標準格式連接到計算機通信網絡，使各有關部門、公司與企業之間可以進行高效率、低成本的數據交換與處理，從而創新了傳統的國際貿易流程。

（二）EDI 的優勢

第一，降低了對紙張文件的消費。

第二，減少了許多重複勞動，提高了工作效率。

第三，使得貿易雙方能夠以更迅速、有效的方式進行貿易，大幅度簡化了訂貨過程或物流過程，使雙方能及時、充分利用各自的人力和物力資源。

第四，可以改善貿易雙方的關係，廠商可以準確地估計商品的未來需求量，貨運代理商可以簡化大量的出口文書工作，商業用戶可以提高物流的效率，各個關係方都能提高一定的競爭能力。

（三）無紙貿易的發展

無紙貿易就是 EDI 在國際貿易中的應用，是一種在公司之間傳輸訂單、發票等業務文件的電子化手段。回顧歷史，無紙貿易是 20 世紀 80 年代發展起來的一種新穎的電子化貿易工具，是計算機、通信和現代管理技術相結合的產物。以信息技術尤其是互聯網的發展和普及為基礎的電子商務，突破了時空的限制，具有效率高、成本低、範圍廣的特點。無紙貿易作為電子商務重要應用領域，變革傳統紙質單證體系為電子數據傳輸，在促進貿易便利化等商務活動中發揮著越來越重要的作用。目前，中國的對外貿易也正在步入無紙貿易的時代。

閱讀材料 8-1：中國電子商務概況

2018 年，中國電子商務交易規模為 31.63 萬億元，其中網上零售額超過 9 萬億元，同比增長 23.9%，實物商品的網上零售額超過 7 萬億元，占社會消費品零售總額的 18.4%，電子商務服務業營業收入規模達到 3.52 萬億元，快遞業務量超過 507 億件，電子商務相關就業人員已達 4,700 萬人，中國持續保持世界最大網絡零售市場地位。

——資料引用自《中國電子商務報告（2018）》

第二節　跨境電子商務

一、跨境電子商務的概念

跨境電子商務是指分屬不同關境的交易主體，通過電子商務平臺達成交易、進行支付結算，並通過跨境物流送達商品、完成交易的一種國際商業活動。目前，亦有學者將跨境電子商務歸屬於「E 國際貿易」的範疇，認為其是國際貿易發展進入下一階段的標誌性貿易方式。

跨境電子商務作為推動經濟一體化、貿易全球化的技術基礎，具有非常重要的戰略意義。跨境電子商務不僅衝破了國家間的障礙，使國際貿易走向無國界貿易，同時它也正在引起世界經濟貿易的巨大變革。對企業而言，跨境電子商務構建的開放、多維、立體的多邊經貿合作模式，極大地拓寬了商品進入國際市場的路徑，大大促進了多邊資源的優化配置與企業間的互利共贏；對於消費者而言，跨境電子商務使他們能夠非常容易地獲取其他國家的信息並買到物美價廉的商品，從而改善了消費者的福利。

　　中國跨境電子商務主要表現為企業對企業（B2B）和企業對消費者（B2C）兩種貿易模式。在 B2B 模式下，企業運用電子商務來完成廣告和信息發布，對商品的成交和通關流程基本在線下完成，本質上仍屬傳統貿易，並被納入海關的一般貿易統計之中。在 B2C 模式下，國內企業直接面對外國消費者推廣和銷售個人消費品，物流方面主要採用航空小包、郵寄、快遞等方式，其報關主體是郵政或快遞公司，目前大多仍未被納入海關登記的範圍。

二、跨境電子商務的特點

（一）全球性（Global）

　　跨境電子商務具有全球性和非中心化的特性。電子商務與傳統的交易方式相比，一個重要特點在於電子商務是一種無邊界交易。互聯網用戶不需要考慮如何跨越國界的問題就可以把產品尤其是高附加值產品和服務提交到市場交易當中。網絡的全球性特徵帶來的積極影響是對信息的最大程度的共享，消極影響是用戶必須面臨因各國文化、政治和法律的不同而產生的風險。任何人只要具備了一定的技術手段，在任何時候、任何地方都可以讓信息進入網絡，並在相互聯繫中進行交易。美國財政部曾在其財政報告中指出，對基於全球化的網絡建立起來的電子商務活動進行課稅是十分困難的，主要原因有兩個方面。其一，電子商務是基於虛擬的電腦空間展開的，從而喪失了傳統交易方式下的地理因素；其二，電子商務中的製造商容易隱匿其住所而逃避徵稅，而消費者對製造商的住所其實是漠不關心的。例如，一家很小的新加坡在線公司，通過一個可供世界各地的消費者點擊觀看的網頁，就可以通過互聯網銷售其產品和服務，只要消費者接入了互聯網，很難界定這一交易究竟是在哪個國家內發生的。這種遠程交易的發展，給稅收當局製造了許多困難。稅收權力只能嚴格地在一國範圍內實施，網絡的全球性特徵為稅務機關對跨國在線交易行使稅收管轄權帶來了困難。況且，行使稅收權利往往需要一個有形銷售網點的存在，但如果電子商務企業沒有具體的銷售地點，也會增加政府的稅收管轄難度。

（二）無形性（Intangible）

　　網絡的發展使數字化產品和服務的傳輸更加盛行，而數字化傳輸是通過不同類型的媒介將數據、聲音和圖像等信息在全球化網絡環境中集中傳播的。由於這些媒介信息在網絡中是以計算機數據代碼的形式出現的，因而是無形的。以一個 E-mail 信息的傳輸為例，這一信息首先要被服務器分解為數以百萬計的數據包，然後按照 ICP/IP 協議通過不同的網絡路徑傳輸到一個目的地服務器並經重新組織後再轉發給接收人，並且整個過程都是在網絡中瞬間完成的。可見，電子商務是數字化傳輸活動的一種特殊形式，其無形性的特性使得稅務機關很難控制和檢查銷售商的交易活動，稅務機關面對的交易記錄都將體現為數據代碼的形式。這使得稅務核查人員無法準確地計算企業的銷售所得和利潤所得，從而給準確稅收帶來了技術方面的困難。

　　實際上，數字化的產品和服務必然具有無形性。傳統交易以實物交易為主，而在電子商務中，無形產品完全可以替代實物成為新的交易對象。以書籍為例，傳統的紙質書籍，其排版、印刷、銷售和購買被視為該類商品必經的設計、生產、銷售環節，然而在電子商務交易中，消費者只要購買網上的數據權便可以閱讀和使用書中的知識和信息，企業完全不需要再

完整地將書籍生產出來。此時，如何界定該項交易的性質、如何監督該項產品的流通、如何對相關生產與消費環節徵稅等一系列的問題將會出現，從而給稅務和法律部門帶來新的問題。

（三）匿名性（Anonymous）

由於跨境電子商務的非中心化和全球性特性，因而很難識別電子商務用戶的身分和其所處的地理位置。在線交易的消費者往往不顯示自己的真實身分和自己的地理位置，重要的是這絲毫不影響交易的進行，網絡的匿名性也允許消費者可以這樣做。在虛擬的網絡世界裡，隱匿身分的便利必然導致權利與責任的不對稱。人們在網絡裡可以享受最大的權利，卻只承擔最小的責任，甚至乾脆逃避責任。這顯然會給稅務機關製造更多的麻煩，稅務機關若無法查明應當納稅的在線交易人的身分和地理位置，也就無法獲知納稅人的交易情況和應納稅額。

電子商務交易的匿名性導致了逃稅與避稅現象的增加。網絡的發展，一方面降低了納稅人的避稅成本，另一方面又增加了稅務機關的徵稅成本，從而使電子商務避稅變得更加容易。電子商務交易的匿名性使得應納稅人利用避稅地聯機金融機構規避稅收監管成為可能。特別是隨著電子貨幣和網絡銀行的廣泛使用，以及國際互聯網所提供的某些避稅地聯機銀行對客戶的「完全稅收保護」，參與跨境電子商務的納稅人可將其源於世界各國的貿易與投資所得直接匯入避稅地聯機銀行，從而規避了應納所得稅。

（四）即時性（Instantaneously）

對網絡而言，傳輸的速度和地理距離無關。在傳統交易模式中，信息交流的主要方式是信函、電報、傳真等，在信息的發送與接收間，存在著長短不同的時間差。而在電子商務模式中，信息交流不受實際空間距離遠近的影響，一方發送信息與另一方接收信息幾乎可以做到同時完成，在網絡中時間面對面的直接交流。對於諸如音樂、電影、游戲、軟件等數字化產品的交易，買賣雙方還可以即時清結，將訂貨、付款、交貨、付款等各個環節在瞬間完成。

電子商務的即時性特徵也具有兩面性。一方面，電子商務交易的即時性提高了人們交往和交易的效率，免去了傳統交易中的眾多中間環節；另一方面，電子商務交易也隱藏著一定的管理風險。例如，在稅收領域，電子商務交易的即時性往往會導致交易活動的隨意性，電子商務主體間的交易活動可能隨時開始、隨時終止或隨時變動。這將使稅務機關難以掌握交易雙方的具體交易情況，從而增加了稅收管理的難度。

（五）無紙化（Paperless）

電子商務主要採取無紙化操作的方式，這是以電子商務形式進行交易的主要特徵。在電子商務中，電子計算機的通信記錄取代了一系列的紙面交易文件，從而實現了整個信息發送和接收過程的無紙化。無紙化帶來的積極影響是使信息傳遞擺脫了紙張的限制，但由於傳統法律的許多規範是以有紙交易為出發點的，因而過快發展的無紙化貿易必然帶來一定程度上的法律混亂。

跨境電子商務以數字合同、數字時間取代了傳統貿易中的書面合同、結算票據，從而削弱了稅務當局獲取跨國納稅人經營狀況和財務信息的能力，並且電子商務所採用的其他保密措施也將增加稅務機關掌握納稅人財務信息的難度。在某些交易無據可查的情形下，跨國納稅人的申報額會大大降低，應納稅所得額和所徵稅款都將少於實際應該達到的數量，從而引起徵稅國國際稅收流失。例如，世界各國普遍開徵的傳統稅種印花稅，其課稅對象是交易各方提供的書面憑證，以各種法律合同、契約或憑證為依據，而在無紙化的網絡交易情況下，實物形態的合同已不復存在，因而印花稅將很難被徵收。

（六）快速演進（Rapidly Evolving）

互聯網是一個處於不斷創新過程中的事物，雖然已經經歷數十年的應用和發展，但是目前仍然處於不成熟階段，相應的網絡設施和軟件協議依然具有很大的不確定性。基於互聯網的電子商務活動也處在瞬息萬變的過程中，電子交易已經經歷了從 EDI 到電子商務新零售的發展過程，而數字化產品和服務的不斷推陳出新，正在不斷地改變著國際貿易市場和各國消費者的生活。

在一般情況下，各國為維護經濟社會的有序發展，都會注意保持法律的持續性與穩定性，稅收法律也不例外。跨境電子商務具有不同於傳統貿易方式的諸多特點，而傳統的稅法制度卻是在傳統的貿易方式下制定的，必然會在電子商務貿易中表現出一定程度的不適應。這就會引起網絡的超速發展與稅收法律規範相對滯後的矛盾。如何將時刻處於發展與變化中的網絡交易納入稅法的規範，又將是稅收領域的一個難題。由於網絡的發展不斷給稅務機關帶來新的挑戰，因而稅務政策的制定者和立法機關應當密切注意網絡與電子商務的最新發展，在制定稅務政策和稅法規範時充分考慮電子商務快速演進這一特殊因素。

三、有關跨境電子商務的政策法規

鑒於跨境電子商務的快速發展，其在交易方式、運輸物流、支付結算等方面與傳統貿易方式存在較大差異，針對傳統貨物貿易的管理體制、政策、法規等已無法滿足其發展要求，主要問題集中在海關、檢驗檢疫、稅務和收款付匯等方面。針對這些問題，國務院辦公廳於 2013 年 8 月印發了《國務院辦公廳轉發商務部等部門關於實施支持跨境電子商務零售出口有關政策意見的通知》，提出了支持跨境電子商務發展的具體措施。在 2019 年 1 月正式實施的《中華人民共和國電子商務法》也對發展跨境電子商務做出了明確的規定或要求。例如，針對跨境電子商務的通關困難，第七十一條規定，國家促進跨境電子商務發展，建立健全適應跨境電子商務特點的海關、稅收、進出境檢驗檢疫、支付結算等管理制度，提高跨境電子商務各環節便利化水準，支持跨境電子商務平臺經營者等為跨境電子商務提供倉儲物流、報關、報檢等服務。針對中小微企業積極參與電子商務創新創業的現象，進一步提出國家支持小型微型企業從事跨境電子商務。針對規範化管理跨境電子商務的業務流程，第七十二條規定，國家進出口管理部門應當推進跨境電子商務海關申報、納稅、檢驗檢疫等環節的綜合服務和監管體系建設，優化監管流程，推動實現信息共享、監管互認、執法互助，提高跨境電子商務服務和監管效率。跨境電子商務經營者可以憑電子單證向國家進出口管理部門辦理有關手續。針對跨境電子商務的國際認證，第七十三條規定，國家推動建立與不同國家、地區之間跨境電子商務的交流合作，參與電子商務國際規則的制定，促進電子簽名、電子身分等國際互認。針對解決跨境電子商務中的爭議或糾紛，進一步提出國家推動建立與不同國家、地區之間的跨境電子商務爭議解決機制。

隨著相關立法的不斷完善，跨境電子商務將成為傳統國際貿易模式的重要補充，並保持持續健康的發展。

閱讀資料 8-2：中華人民共和國國務院辦公廳 2013 年 8 月 21 日印發的跨境電商意見

關於實施支持跨境電子商務零售出口有關政策的意見

商務部　發展改革委　財政部　人民銀行
海關總署　稅務總局　工商總局　質檢總局　外匯局

發展跨境電子商務對於擴大國際市場份額、拓展外貿營銷網絡、轉變外貿發展方式具有重要而深遠的意義。為加快中國跨境電子商務發展，支持跨境電子商務零售出口（以下簡稱電子商務出口），現提出如下意見：

一、支持政策

（一）確定電子商務出口經營主體（以下簡稱經營主體）。經營主體分為三類：一是自建跨境電子商務銷售平臺的電子商務出口企業，二是利用第三方跨境電子商務平臺開展電子商務出口的企業，三是為電子商務出口企業提供交易服務的跨境電子商務第三方平臺。經營主體要按照現行規定辦理註冊、備案登記手續。在政策未實施地區註冊的電子商務企業可在政策實施地區被確認為經營主體。

（二）建立電子商務出口新型海關監管模式並進行專項統計。海關對經營主體的出口商品進行集中監管，並採取清單核放、匯總申報的方式辦理通關手續，降低報關費用。經營主體可在網上提交相關電子文件，並在貨物實際出境後，按照外匯和稅務部門要求，向海關申請簽發報關單證明聯。將電子商務出口納入海關統計。

（三）建立電子商務出口檢驗監管模式。對電子商務出口企業及其產品進行檢驗檢疫備案或准入管理，利用第三方檢驗鑒定機構進行產品質量安全的合格評定。實行全申報制度，以檢疫監管為主，一般工業製成品不再實行法檢。實施集中申報、集中辦理相關檢驗檢疫手續的便利措施。

（四）支持電子商務出口企業正常收結匯。允許經營主體申請設立外匯帳戶，憑海關報關信息辦理貨物出口收結匯業務。加強對銀行和經營主體通過跨境電子商務收結匯的監管。

（五）鼓勵銀行機構和支付機構為跨境電子商務提供支付服務。支付機構辦理電子商務外匯資金或人民幣資金跨境支付業務，應分別向國家外匯管理局和中國人民銀行申請並按照支付機構有關管理政策執行。完善跨境電子支付、清算、結算服務體系，切實加強對銀行機構和支付機構跨境支付業務的監管力度。

（六）實施適應電子商務出口的稅收政策。對符合條件的電子商務出口貨物實行增值稅和消費稅免稅或退稅政策，具體辦法由財政部和稅務總局商有關部門另行制訂。

（七）建立電子商務出口信用體系。嚴肅查處商業詐欺，打擊侵犯知識產權和銷售假冒偽劣產品等行為，不斷完善電子商務出口信用體系建設。

二、實施要求

（一）自本意見發布之日起，在已開展跨境貿易電子商務通關服務試點的上海、重慶、杭州、寧波、鄭州等5個城市試行上述政策。自2013年10月1日起，上述政策在全國有條件的地區實施。

（二）有關地方人民政府應制訂發展跨境電子商務擴大出口的實施方案，並切實履行指導、督查和監管責任，對實施過程中出現的問題做到早發現、早處理、早上報。要積極引導經營主體堅持以質取勝，注重培育品牌；依託電子口岸平臺，建立涵蓋經營主體和電子商務出口全流程的綜合管理系統，實現商務、海關、國稅、工商、檢驗檢疫、外匯等部門信息共享；加強信用評價體系、商品質量監管體系、國際貿易風險預警防控體系和知識產權保護工作體系建設，確保電子商務出口健康可持續發展。

（三）商務部、發展改革委、海關總署會同相關部門對政策實施進行指導，定期開展實施效果評估等工作，確保政策平穩實施並不斷完善。海關總署會同商務部、稅務總局、質檢總局、外匯局、發展改革委等部門加快跨境電子商務通關試點建設，加快電子口岸結匯、退稅系統與大型電子商務平臺的系統對接。

三、其他事項

（一）本意見所指跨境電子商務零售出口是指中國出口企業通過互聯網向境外零售商品，主要以郵寄、快遞等形式送達的經營行為，即跨境電子商務的企業對消費者出口。

（二）中國出口企業與外國批發商和零售商通過互聯網線上進行產品展示和交易，線下按一般貿易等方式完成的貨物出口，即跨境電子商務的企業對企業出口，本質上仍屬傳統貿

易，仍按照現行有關貿易政策執行。跨境電子商務進口有關政策另行研究。

——資料引用自商務部網站

閱讀資料 8-3：中國跨境電子商務概況

2018 年，中國跨境電子商務取得長足發展。海關總署數據顯示，全年海關驗放的電子商務進出口商品總額為 1,347 億元，同比增長 50%。其中，出口商品額為 561.2 億元，增長 67%；進口商品額為 785.8 億元，增長 39.8%。與 2017 年相比，出口提速明顯，增速提高了 25.7 個百分點，進口仍占總額的 55% 以上，但增速有所放緩。隨著「一帶一路」建設的走深做實，絲路電商快速發展。2018 年，中國與柬埔寨、科威特、阿聯酋、奧地利等國的跨境電子商務交易額同比增速均超過 100%。中國的西安、蘭州、福州、泉州、廣州等重要節點城市在跨境電子商務領域持續創新和發展，進一步帶動中國與「一帶一路」沿線國家或地區的跨境電子商務發展。

——資料引用自《中國電子商務報告（2018）》

本章小結

本章主要講述了兩個方面的內容。

第一，電子商務概述。電子商務是一類利用網絡通信技術進行交易的商務活動。如今，電子商務已成長為一類綜合利用互聯網、物聯網、數據庫系統、商務智能和移動支付等各項技術的創新型商業模式，並日趨規模化、產業化、專業化和國際化，對國際貿易與世界經濟也開始產生重大的影響。電子商務的優點是提高了國際交易的效率、擴展了國際交易的範圍、提高了企業參與競爭的能力、創新了商務活動的模式及增強了企業與客戶間的互動。電子商務的缺點是互聯網本身尚且存在缺陷、對於電子商務的管理尚不完善、對於電子商務的標準尚不統一及其他需要完善的問題。電子商務的模式主要要有企業——企業模式（B to B）、企業——消費者模式（B to C）、企業——政府模式（B to G）等。電子數據交換（EDI）為傳統國際貿易向無紙貿易轉變提供了技術保障，從而創新了傳統的國際貿易流程。

第二，跨境電子商務。跨境電子商務是指分屬不同關境的交易主體，通過電子商務平臺達成交易、進行支付結算，並通過跨境物流送達商品、完成交易的一種國際商業活動。跨境電子商務的特點包括全球性、無形性、匿名性、即時性、無紙化及快速演進等。2019 年 1 月頒布的《中華人民共和國電子商務法》是一部促進電子商務及跨境電子商務持續健康發展的重要法律。隨著相關立法的不斷完善，跨境電子商務將成為傳統國際貿易模式的重要補充，並保持持續健康的發展。

思考題

1. 請簡述電子商務的概念、特點及主要模式。
2. 請簡述跨境電子商務的特點，並闡述其對傳統稅收模式產生的挑戰。
3. 試論述傳統國際貿易與跨境電子商務的區別與聯繫。
4. 試論述政府應當如何促進跨境電子商務的持續健康發展。
5. 試論述 EDI 在國際貿易中的應用，並結合一定的案例展開分析。

第二部分
國際貿易實務

GUOJI MAOYI SHIWU

第九章 國際貿易術語

學習目標

熟悉《2010年國際貿易術語解釋通則》等主要國際貿易術語慣例，掌握11種國際貿易術語的含義、責任及需要注意的問題，能夠在國際貿易實踐中正確選擇和靈活使用國際貿易術語。

學習重點

6種主要貿易術語FOB、CFR、CIF、FCA、CPT、CIP的原理與應用，各種國際貿易術語的風險、責任與費用的劃分界限，實質性交貨與象徵性交貨的區別。

第一節 國際貿易術語概述

一、貿易術語的概念

貿易術語（Trade Terms）也被稱為價格術語（Price Terms）或貿易條件，是指以簡單的幾個英文字母縮寫來表示價格構成和交貨條件的專門術語。其中，價格構成是指價格的組成內容，比如除了成本價格，是否還要包括運費及保險費等；交貨條件則是指買賣雙方在何時何地完貨物交接。貿易術語形成於長期的國際貿易實踐，是一種約定俗成的貿易慣例，由於能夠非常簡便且明確地表示出買賣雙方關於風險、責任及費用的劃分情況，因而被廣泛地應用於國際貿易合同的洽商、簽訂及履行業務之中。

二、貿易術語的作用

（一）方便了國際貿易合同的訂立

貿易術語具有含義明確、一目了然的特點，並且不同的國際貿易術語適合於不同的貿易情形。買賣雙方只需在貿易合同的價格條款中確定貿易術語的種類便可確定成交價格，並明確各自應當承擔的責任、費用及風險。這不僅節約了國際貿易談判的時間，簡化了交易磋商的程序，更提高了達成國際貿易合同的效率。

（二）明確了國際貿易價格的組成

貿易術語包含了價格構成，不同的貿易術語的價格構成也各不相同。例如，習慣上的離岸價不包含運費和保險費，而到岸價是要包含這些費用的。買賣雙方可以根據市場行情和自身需要商定貿易術語，既有利於比較國際市場報價，促進有益的價格競爭，也有利於成本利潤核算，制定差異化的價格策略。

（三）加速了國際貿易爭端的解決

在國際貿易合同的履行過程中，難免會出現貿易爭端。例如，當發生貨物損失時、出現運輸延遲時、產生價格波動時，應該如何來劃分責任。貿易術語則明確了交貨條件，規定了買賣雙方各自的責任與義務，從而形成了一套完整的交接貨慣例，規範並約束著買賣雙方的貿易行為。因此一旦出現貿易爭端，就很容易依照慣例分清責任，從而簡化了貿易爭端的解決程序。

（四）加強了國際貿易各方的合作

國際貿易涉及的關係方眾多，不僅有進出口雙方，還包括船公司、商業銀行、保險公司、信託公司及政府海關等。貿易術語由相應的國際慣例所規範，在世界範圍內得到普遍接受和廣泛應用。貿易術語為國際合作創造了共識，有利於國際機構和各國的涉外機構更為便利地開展國際貿易及與國際貿易相關的其他業務。

第二節　國際貿易術語慣例

國際貿易慣例是從長期的國際貿易實踐中累積和總結出來的普遍性貿易規則，具有習慣性、經驗性和廣泛性特徵。需要注意的是，由於國際貿易慣例並不是法律，各國政府一般允許進出口商自由選擇最為合適的貿易慣例，因而並不具備強制性的法律約束力。但是國際貿易慣例仍然具有很大的國際影響力，其主要作用就在於引導與規範國際貿易操作。對於外貿企業而言，學習和使用慣例不僅能夠獲得各種程序性的便利，更能在發生爭議或損失時，爭取到更為有利的談判地位。在各項國際貿易慣例中，與貿易術語最為相關的是《1932年華沙——牛津規則》《1990年美國對外貿易定義修訂本》和《2010年國際貿易術語解釋通則》三項管理文件。

一、《1932 年華沙——牛津規則》

《1932 年華沙——牛津規則》（Warsaw-Oxford Rules 1932）由國際法協會制定，專門解釋了 CIF 貿易術語。進入 19 世紀中葉以後，CIF 作為一種固定名稱的價格術語得到了廣泛的使用，但其具體內容卻並未得到統一，常常在國際貿易中引起爭議。為此，國際法協會於 1928 年在波蘭華沙召開會議，制定了有關 CIF 貿易術語的 22 條國際統一規則。後經 1930 年的紐約會議、1931 年的巴黎會議以及 1932 年的牛津會議，最終形成擁有 21 條規則的《1932 年華沙——牛津規則》，並沿用至今。這一慣例對 CIF 術語做出了詳細規定，第一次明確了

貿易術語的含義、性質、特點及買賣雙方的權利義務等，開創了制定貿易術語慣例的先河，具有積極的歷史意義。然而，這一慣例僅僅規範了一種貿易術語，顯然並不能完全滿足國際貿易的實際需要。

二、《1990 年美國對外貿易定義修訂本》

《1990 年美國對外貿易定義修訂本》（*Revised American Foreign Trade Definitions* 1990）是由美國商業團體制定的專門解釋幾種常用貿易術語的規則文件。其最早版本產生於 1919 年的紐約，原名《美國出口報價及其縮寫條例》，1941 年經美國第 27 屆全國對外貿易會議修訂，形成《1941 年美國對外貿易定義修訂本》。這項慣例整理並規範了六種主要貿易術語，分別是 EXW（產地交貨）、FOB（在運輸工具上交貨）、FAS（在運輸工具旁邊交貨）、CFR（成本加運費）、CIF（成本加保險費、運費）及 DEQ（目的港碼頭交貨），為國際貿易相關人員的工作提供了幫助。最新的修訂版本是《1990 年美國對外貿易定義修訂本》，並主要應用於各國同美洲國家開展的國際貿易當中。需要注意的是，在這項慣例中，FOB 與 FAS 術語具有一定的特殊性，相應規則並不等同於被世界各國所廣泛採用的《國際貿易術語解釋通則》，因而在與美洲國家進行國際貿易時要尤其注意。為此，近年來圍繞這一慣例中術語差異的爭論也越發強烈起來，是否會對其進一步更新值得關注。

三、《2010 年國際貿易術語解釋通則》

《2010 年國際貿易術語解釋通則》（*The Incoterms rules or International Commercial Terms* 2010）簡稱 Incoterms 2010 或 2010 年版《通則》，是由國際商會制定的專門解釋各種貿易術語的慣例文件。這一慣例在國際貿易中的應用最為廣泛、影響最為深刻、作用最為明顯，是規範和解釋貿易術語的最權威文件。回顧歷史，早在 1921 年，國際商會就開始著手準備發布一本準確的貿易術語解釋出版物，讓不同國家或地區的進出口商、船公司、銀行、保險公司及其代理人能夠使用一致的貿易語言。1936 年《通則》正式出版，之後又經過 1953 年、1967 年、1976 年、1980 年、1990 年、2000 年和 2010 年共計七次修改和補充，最終形成了今天在全球實施的《2010 年國際貿易術語解釋通則》。

相比於之前的版本，2010 年版《通則》更加適應了國際貿易的最新發展趨勢，考慮到了世界上免稅區的增加、新型貨物運輸方式的出現以及無紙化信息通信和電子商務的發展。例如，對貿易術語的種類進行了刪減，將之前的 13 種貿易術語修改為 11 種；對貿易術語的規則進行了補充，將其使用範圍由國際貿易合同擴大至國內貿易合同；對使用中的不足進行了完善，更加準確地標明了買賣方承擔貨物運輸風險和費用的責任條款，避免出現類似集裝箱碼頭裝卸作業費（Terminal Handling Charge）方面的糾紛。除此之外，2010 年版《通則》還增加了大量有關國際貿易的指導性解釋和圖示，以及適合於電子商務的參考交易方式。

2010 年版《通則》一共列出了 11 種貿易術語，並按照適用的運輸方式不同將其劃分為兩類。第一類為適合任何運輸方式的貿易術語，有 7 種；第二類為適合海運及內河運輸方式的貿易術語，有 4 種。

第一類，適合任何運輸方式的貿易術語。
EXW（Ex Works） 工廠交貨
FCA（Free Carrier） 貨交承運人
CPT（Carriage Paid to） 運費付至指定目的地
CIP（Carriage and Insurance Paid to） 運費、保險費付至指定目的地
DAT（Delivered at Terminal） 運輸終端交貨

DAP（Delivered at Place）目的地交貨
DDP（Delivered Duty Paid）完稅後交貨
第二類，僅適合水上運輸方式的貿易術語。
FAS（Free Alongside Ship）裝運港船邊交貨
FOB（Free on Board）裝運港船上交貨
CFR（Cost and Freight）成本加運費
CIF（Cost Insurance and Freight）成本、保險費加運費

除此之外，貿易術語也可以按照開頭字母的不同分為 E、F、C、D 四個組。E 組術語只有 1 個，為 EXW，屬於「啓運」合同性質的貿易術語；F 組術語有 3 個，為 FOB、FCA、FAS，屬於「主運費未付」合同性質的貿易術語；C 組術語有 4 個，為 CIF、CFR、CIP、CPT，屬於「主運費已付」合同性質的貿易術語；D 組術語有 3 個，為 DAT、DAP、DDP，屬於「達到」合同性質的貿易術語。值得注意的是，從 E 組到 D 組，在各個貿易術語下的合同中，出口商所承擔的責任、風險與費用從小到大，進口商所承擔的責任、風險與費用則從大到小。

第三節　國際貿易術語解釋

一、常用貿易術語

（一）FOB

1. 含義

FOB（Free on Board）是國際貿易中常用的貿易術語之一，含義為裝運港船上交貨，因而也被稱為「離岸價」或「船上交貨價」。FOB 的價格構成主要為商品本身的價格，交貨條件為裝運港船上。當使用 FOB 進行交易時，買方負責派出船只接運貨物，賣方應在合同規定的裝運港和裝運期內將貨物裝上買方指定的船只及取得相應的裝船證明，並及時通知買方。此時，風險與責任轉移給買方，賣方完成交貨。

FOB 僅適合於海洋運輸和內河運輸，如果買賣雙方無意於船上交貨，則可選擇 FCA 術語在其他地點貨交承運人。在合同的具體表述中，在 FOB 之後加上一個港口的名稱，並且這一港口一般為出口商所在地的裝運港，例如 FOB 上海，表示貨物將從上海港啓運。

2. 責任劃分

賣方責任：

（1）在合同規定的時間和裝運港口，將合同規定的貨物交到買方指派的船上，並及時通知買方；

（2）承擔貨物在裝運港上船之前的一切風險和費用；

（3）自負風險和費用，取得出口許可證或其他官方批准文件，並且辦理貨物出口所需的一切海關手續；

（4）提交商業發票和自費提供證明賣方已經按照合同交貨的清潔單據，或相應的電子信息。

買方責任：

（1）訂立從指定裝運港口運輸貨物的合同，支付運費，並將與運輸有關的船名、泊位及時間等及時通知賣方；

（2）按照合同的要求及時受領貨物及代表貨物的單據，支付貨款；

（3）承擔貨物在裝運港交接之後的一切風險和費用；

（4）自負風險和費用，取得進口許可證或其他官方批准文件，並且辦理貨物進口所需的一切海關手續。

3. 需要注意的問題

（1）風險劃分的界限。

2010年版《通則》規定，FOB術語下買賣雙方的風險劃分以「裝運港船上」為界，即當貨物在裝運港裝上船，取得已裝船的清潔提單時，風險由賣方轉移給買方，賣方完成交貨。需要注意的是，在之前的2000年版《通則》中，買賣雙方劃分風險的界限表述為「船舷為界」，即當貨物在裝運港「越過船舷」時，風險發生轉移。然而，隨著國際貿易運輸的發展，特別是以集裝箱為代表的多式聯運的普及，由起重機使用吊鉤來完成裝卸的情況逐漸減少，所以國際商會修改了這一風險界限，使之更為合理。

（2）船貨銜接問題。

在FOB術語下，由於國際運輸環節是由買方來負責完成的，因而賣方只負責將貨物運至裝運港，並辦理好出口海關的相關手續。於是，買方所派船只與賣方所備貨物之間就存在一個船貨銜接的問題。通常會出現兩種情況，一種是「貨等船」，另一種是「船等貨」。前者的原因是買方未能按時派船，則一切違約責任由買方承擔，此時，賣方有權拒絕交貨並要求買方承擔滯期費、倉儲費及空倉費等各種額外費用；後者的原因是賣方未能及時備貨，則一切違約責任由賣方承擔，此時，買方有權拒付貨款或者提出賠償、降價等要求。需要注意的是，這一責任劃分方法和FOB術語的基本原理有所不同，這是由造成損失的特殊責任方和具體原因所決定的。因此，買賣雙方一定要在貿易過程中密切配合、及時溝通，避免出現銜接問題。

（3）及時相互通知。

買賣雙方及時發出信息通知是完成FOB術語合同的關鍵步驟。其中又包含兩個方面的具體含義。其一，買方應將租船訂艙的具體信息通知賣方，以便賣方及時備貨與交貨。由於是買方負責國際運輸，買方一旦完成租船訂艙，需將船名艙號、到達日期、停泊地點等關鍵信息告知賣方。如果因為通知不及時而產生船貨銜接問題，責任由買方自行承擔。其二，賣方應將裝船完畢後的具體信息通知買方，以便買方及時辦理運輸保險和付款贖單。雖然FOB術語並未規定保險義務由誰承擔，但是按照國際貿易習慣，買方往往會根據自身需求購買國際運輸保險。各項信息需賣方提供，特別是貨物啓運的具體時間，這對於確定投保保險的期限非常關鍵。如果因為通知不及時而產生保險失效的問題，責任由賣方來承擔。

（4）術語的變形。

FOB術語還存在一些貨物裝卸方面的差異。如果採用班輪運輸方式，一般不存在另外計算裝卸費、平倉費和理艙費的問題，但是如果採用租船運輸方式，買賣雙方則需另行協商相關費用的分擔問題，從而產生了在術語之後再加上一些單詞或字母的變形術語。這一用法多見於大宗商品的國際貿易中。

第一，FOB Liner Terms（FOB班輪條件），指與班輪運輸一致，額外的裝卸費用由買方負責。

第二，FOB Under Tackle（FOB吊鉤下交貨），指賣方只負責將貨物置於輪船的吊鉤之下，之後的裝卸費用由買方負責。

第三，FOB Stowed（FOB理艙費在內），指賣方需將貨物裝入船艙之內，並負責包括理艙費在內的裝卸費用。

第四，FOB Trimmed（FOB平艙費在內），指賣方需將貨物裝入船艙之內，並負責包括平艙費在內的裝卸費用。

第五，FOB Stowed and Trimmed（FOB 理艙費和平艙費在內），指賣方需將貨物裝入船艙之內，並負責包括平艙費和理艙費在內的裝卸費用。

需要注意的是，FOB 術語的變形僅僅表明了裝卸費用的劃分情況，並不改變術語的合同性質和基本原理。賣方雙方仍然按照裝運港船上來劃分主要的責任、風險及費用。

（5）來自不同慣例的解釋。

在國際貿易實務中，一定要注意外國商人所用術語的慣例來源。FOB 術語除了被 2010 年版《通則》解釋，還被《1990 年美國對外貿易定義修訂本》解釋，而兩者的解釋並不相同。《1990 年美國對外貿易定義修訂本》規定了 6 種 FOB 術語，大部分適用於陸上運輸方式，僅有一種與 2010 年版《通則》的規定相似，並且必須在 FOB 之後加上 Vessel（船舶）字樣才適用於海上運輸和內河運輸方式。因此，當和美國、加拿大等美洲國家進行國際貿易時，貿易商要特別注意 FOB 術語的解釋慣例，避免因理解上的差異而造成經濟損失。

（二）CFR

1. 含義

CFR（Cost and Freight），其含義為成本加運費。這一術語的價格構成為商品本身的價格加上國際運輸的費用，交貨條件為裝運港船上。使用 CFR 進行交易時，賣方只要將貨物在裝運港按時裝上船只，即完成交貨，但是賣方需要支付將貨物運至指定目的港的國際貨物運輸費用。

風險的劃分界限仍然在裝運港船上，買方需要承擔賣方交貨之後的一切風險和費用。

CFR 僅適合於海洋運輸和內河運輸，如果買賣雙方無意於船上交貨，則可選擇 CPT 術語在其他地點貨交承運人。在合同的具體表述中，在 CFR 之後加上一個港口的名稱，並且這一港口一般為進口商所在地的目的港，例如 FOB 紐約，表示貨物將被運至紐約港。

2. 責任劃分

賣方責任：

（1）簽訂從指定裝運港承運貨物的合同，在合同規定的時間和港口，將合同規定的貨物裝上船只並支付運費，裝船後及時通知買方；

（2）承擔貨物在裝運港裝上船之前的一切風險和費用；

（3）自負風險和費用，取得出口許可證或其他官方批准文件，並且辦理貨物出口所需的一切海關手續；

（4）提交商業發票和自費提供證明賣方已經按照合同交貨的清潔單據，或相應的電子信息。

買方責任：

（1）按照合同的要求及時受領貨物及代表貨物的單據，並支付貨款；

（2）承擔貨物在裝運港裝上船之後的一切風險和除了正常運費之外的其他費用；

（3）自負風險和費用，取得進口許可證或其他官方批准文件，並且辦理貨物進口所需的一切海關手續。

3. 需要注意的問題

（1）通知問題。

在 CFR 術語下，國際貨物運輸環節由賣方負責完成，國際貨物保險環節則由買方負責完成。雖然不再像 FOB 術語那樣存在船貨銜接的問題，但是依然存在保險與運輸相銜接的問題。類似的，雖然 CFR 術語並未規定保險義務由誰承擔，但是按照國際貿易習慣，買方往往會根據自身需求購買國際運輸保險。如果貨物已經啟運，而保險尚未購買，那麼此時貨物發生損失則得不到賠償。因此，賣方在貨物裝運完成後務必要及時將相關信息通知買方，以便買方按時投保。因為沒有及時通知而產生的損失，買方有權讓賣方承擔。

（2）與 FOB 的聯繫與區別。

CFR 術語與 FOB 術語具有很多相似之處。其一，兩者劃分責任的交貨條件是一致的，都是以「裝運港船上」為界來確定賣方是否完成交貨。其二，兩者都是適用於海上運輸和內河運輸方式的貿易術語。其三，兩者都是由賣方負責辦理出口海關手續，買方負責辦理進口海關手續。但是兩者也有明顯的不同之處。其一，兩者的價格構成不同，FOB 術語不包含運費，而 CFR 術語包含了運費。其二，兩者的使用格式不同，FOB 術語後面連接裝運港名稱，而 CFR 術語後面連接目的港名稱。可見，是否由賣方來辦理國際運輸業務，是兩個術語的最大區別。需要注意的是，在不違背合同的前提下，賣方只需要按照最通常的條件、最習慣的做法和最經濟的考量來安排運輸，即完成履行運輸義務。

（3）術語的變形。

與 FOB 術語類似，CFR 也存在一些貨物裝卸方面的差異。當貨物到達目的港之後，卸貨的費用由誰承擔，需要進一步明確。由於與裝卸相關的費用不屬於主運費的範疇，所以買賣雙方還需另行協商。具體做法也是在術語之後再加上一些單詞或字母，形成變形術語。

第一，CFR Liner Terms（CFR 班輪條件），指與班輪運輸一致，卸貨費由賣方負責。

第二，CFR Landed（CFR 卸至碼頭），指卸貨費由賣方負責，並且包含可能涉及的駁船費等。

第三，CFR Ex Tackle（CFR 吊鉤下交貨），指賣方負責將貨物從船艙吊起並卸至吊鉤下的費用，買方負責之後的費用。如果船舶不能靠岸，駁船費也由買方負責。

第四，CFR Ex Ship's Hold（CFR 艙底交貨），指貨物到達目的港後，卸貨的費用由買方負責。

需要注意的是，CFR 術語的變形僅僅表明了卸貨費用的劃分情況，並不改變術語的合同性質和基本原理。賣方雙方仍然按照裝運港船上來劃分主要的責任、風險及費用。

（三）CIF

1. 含義

CIF（Cost Insurance and Freight），含義為成本、保險費加運費。

這一術語的價格構成為商品本身的價格加上國際保險和國際運輸的費用，交貨條件為裝運港船上。使用 CIF 進行交易時，賣方只要將貨物在裝運港按時裝上船只，即完成交貨，但是賣方需要支付將貨物運至指定目的港的國際貨物運輸費用，並辦理防止貨物在運輸過程中滅失或損壞的海運保險。風險的劃分界限在裝運港船上，賣方僅僅額外負責保險和運輸，買方仍然需要承擔賣方交貨之後的其他一切風險和費用。

CIF 僅適合於海洋運輸和內河運輸，如果買賣雙方無意於船上交貨，則可選擇 CIP 術語在其他地點貨交承運人。在合同的具體表述中，在 CIF 之後加上一個港口的名稱，並且這一港口一般為進口商所在地的目的港，例如 CIF 倫敦，表示貨物將被運至倫敦港。

2. 責任劃分

賣方責任：

（1）簽訂從指定裝運港承運貨物的合同，在合同規定的時間和港口，將合同規定的貨物裝上船只並支付運費，裝船後及時通知買方；

（2）按照合同的規定，自負費用辦理國際貨物運輸保險；

（3）承擔貨物在裝運港裝上船之前的一切風險和費用；

（4）自負風險和費用，取得出口許可證或其他官方批准文件，並且辦理貨物出口所需的一切海關手續；

（5）提交商業發票和自費提供證明賣方已經按照合同交貨的清潔單據，或相應的電子信息。

買方責任:
(1) 按照合同的要求及時受領貨物及代表貨物的單據,並支付貨款;
(2) 承擔貨物在裝運港裝上船之後的一切風險和除了正常的保險費、運費之外的其他費用;
(3) 自負風險和費用,取得進口許可證或其他官方批准文件,並且辦理貨物進口所需的一切海關手續。

3. 需要注意的問題
(1) 租船訂艙問題。
在 CIF 術語下,賣方負責辦理國際貨物運輸環節的租船訂艙等手續。當買賣雙方沒有在合同中明確規定國際運輸的詳細要求時,賣方可以按照最通常的條件、最習慣的做法和最經濟的考量來安排運輸,只要能夠將貨物順利運往目的港,即滿足貿易慣例的要求。這一點也在 2010 年版《通則》中給出了明確的解釋。換言之,賣方可以拒絕買方有關船籍、船型、船齡、船級及船公司等各種在合同之外的運輸要求。只有當這些要求不會影響到 CIF 價格時,賣方才有可能給予通融。

(2) 辦理保險問題。
按照 CIF 術語的要求,賣方還需要辦理貨物在國際運輸途中的海運保險,保險費是包含在總價之中的。與運費類似,如果買賣雙方沒有在合同中明確規定保險的險別、金額及保險公司等具體要求,賣方則可以根據實際情況投保自己認為最為合適的保險產品。按照 2010 年版《通則》的規定,賣方只需投保保費最低的險別即滿足要求。保險金額通常為發票金額的 110%,增加的 10% 被稱為保險加成率,是對貨物在運輸過程中的增值部分的一種預計。如果買方要求投保諸如戰爭險、罷工險等附加險,則需要自行承擔相應保費。

(3) 象徵性交貨問題。
在國際貿易中,存在實質性交貨和象徵性交貨兩種完成方式。實質性交貨(Physical Delivery)是指買賣雙方在規定的時間和地點完成貨物的現場交接,表現為賣方將貨物交給買方或其指定的收貨人。象徵性交貨(Symbolic Delivery)則是指賣方只需在規定的時間和地點完成貨物的裝運並取得以提單為核心的全套運輸單據,即可視為完成交貨。很顯然,在象徵性交貨下,賣方並不承擔貨物運輸的風險。CIF 術語屬於典型的象徵性交貨術語。賣方雖然負責了保險和運輸,但風險卻早已在裝運港船上發生了轉移。於是,會出現這樣兩種情況。第一種,如果貨物在運輸過程中發生了損失,甚至買方將面臨無貨可收的局面,只要賣方提供了符合合同規定的全套合格單據,買方也必須付款贖單。第二種,如果賣方並未取得完全合格的運輸單據,即使貨物保質保量地被安全運至目的港,買方也有權拒付貨款、要求退貨。可見,象徵性交貨的實質是一種風險轉移在前、責任與費用轉移在後的單據買賣。

4. FOB、CFR、CIF 的比較
這三個貿易術語構成了「裝運港船上」交貨的一類術語。它們在交貨地點、風險劃分的界限以及適用的運輸方式三個方面具有相似性。所不同的是構成價格的費用不同。FOB 術語只包含商品本身的價格,CFR 術語包含了商品本身的價格和國際貨物運輸的費用,CIF 術語則包含了商品本身的價格、國際貨物運輸的費用和國際貨運保險的費用。可見,從 FOB 到 CFR 再到 CIF,價格構成逐漸豐富、賣方的責任逐漸增多、買方的責任逐漸減少。

(四) FCA
1. 含義
FCA(Free Carrier),含義為貨交承運人。這一術語的價格構成為商品本身的價格,交貨條件為貨交承運人。使用 FCA 進行交易時,賣方只要將貨物在規定地點和規定的時間交給買方指定的承運人,即完成交貨。風險的劃分界限為「貨交承運人」,買方需要承擔賣方

交貨之後的一切風險和費用。

FCA 適合於各種運輸方式，並主要應用於在陸上地點交貨的國際貿易。在合同的具體表述中，在 CFR 之後加上一個城市的名稱，並且這一地名一般在出口商所在地，例如 FCA 滿洲裡，表示貨物將在滿洲裡交接。

2. 責任劃分

賣方責任：

（1）在合同規定的時間和地點，將合同規定的貨物置於買方指定的承運人控制之下，並及時通知買方；

（2）承擔貨物在交給承運人控制之前的一切風險和費用；

（3）自負風險和費用，取得出口許可證或其他官方批准文件，並且辦理貨物出口所需的一切海關手續；

（4）提交商業發票和自費提供證明賣方已經按照合同交貨的清潔單據，或相應的電子信息。

買方責任：

（1）訂立從指定地點運輸貨物的合同，支付運費，並將與運輸有關承運人信息及時通知賣方；

（2）按照合同的要求及時受領貨物及代表貨物的單據，並支付貨款；

（3）承擔貨物交接之後的一切風險和費用；

（4）自負風險和費用，取得進口許可證或其他官方批准文件，並且辦理貨物進口所需的一切海關手續。

3. 需要注意的問題

（1）承運人問題。

承運人即是國際貿易中的運輸方，通常為船公司、航空公司及公路、鐵路運輸方等。承運人也是一個具有廣泛含義的概念，既可以是直接從事國際貨物運輸的實際承運人，也可以是從事相關業務的代理人或其他人。有時候，買方甚至可以委託賣方代為完成運輸業務，即賣方本身也可以在 FCA 術語下充當承運人。只是在這種情況下，買賣雙方屬於委託代理關係，並不改變 FCA 術語的合同性質與具體含義，買方仍然需要承擔貨交承運人之後的一切風險和費用。

（2）交貨地點問題。

在 FCA 術語下，指定的交貨地點十分關鍵，2010 年版《通則》對此做出瞭解釋。其一，如果指定的交貨地點在賣方境內，則賣方需要負責將貨物裝上買方指定的承運人或其代理人的運輸工具，此時完成交貨。其二，如果指定的交貨地點是其他任何地點，則賣方只需要在自己提供的運輸工具上將貨物交給買方指定的承運人或其代理人，在不需要裝卸的情況下完成交貨。其三，如果買賣雙方未約定明確的交貨地點或存在多個可交貨地點，則賣方可以選擇最為方便和恰當的地點進行交貨。

（3）與 FOB 的關係。

FCA 術語與 FOB 術語有很多相似之處。兩者都是賣方不負責國際貨運保險和國際運輸的一類傳統 F 組貿易術語，在買賣雙方的相互通知、貨物銜接及進出口手續等方面有相同的需要注意的問題。當然，FCA 術語與 FOB 術語的區別也很明確。兩者在風險劃分的界限、交貨條件及適用的運輸方式等方面各不相同，在使用中一定要注意區別。例如，FCA 適用於多式聯運，這更加有利於地處內陸地區的貿易商在車站、機場或內河沿岸地區交接貿易商品，從而擁有了更加靈活和廣泛的使用空間。

(五) CPT

1. 含義

CPT（Carriage Paid to），含義為運費付至指定目的地。這一術語的價格構成為商品本身的價格加上國際運輸的費用，交貨條件為貨交承運人。使用 CPT 進行交易時，賣方只要將貨物在規定地點和規定的時間交給自己指定的承運人或第一承運人，即完成交貨，但是賣方需要支付將貨物運至指定目的地的國際貨物運輸費用。風險的劃分界限為「貨交承運人」，買方需要承擔賣方交貨之後的一切風險和除正常運費之外的費用。

CPT 適合於各種運輸方式，並主要應用於在陸上地點交貨的國際貿易。在合同的具體表述中，在 CPT 之後加上一個城市的名稱，並且這一地名一般在進口商所在地，例如 CPT 金邊，表示貨物將被運至柬埔寨的金邊。

2. 責任劃分

賣方責任：

（1）簽訂從指定地點承運貨物的合同，在合同規定的時間和地點，將合同規定的貨物置於承運人控制之下並支付運費，交接後及時通知買方；

（2）承擔貨物在交給承運人控制之前的一切風險和費用；

（3）自負風險和費用，取得出口許可證或其他官方批准文件，並且辦理貨物出口所需的一切海關手續；

（4）提交商業發票和自費提供證明賣方已經按照合同交貨的清潔單據，或相應的電子信息。

買方責任：

（1）按照合同的要求及時受領貨物及代表貨物的單據，並支付貨款；

（2）承擔貨物在交接之後的一切風險和除了正常運費之外的其他費用；

（3）自負風險和費用，取得進口許可證或其他官方批准文件，並且辦理貨物進口所需的一切海關手續。

3. 需要注意的問題

（1）風險劃分界限。

CPT 術語與 FCA 術語的主要區別是增加了由賣方來負責國際貨物運輸這項義務，交貨條件仍然是「貨交承運人」。所以，在 CPT 術語下，特別是在多式聯運中，貨物運輸可能會經歷多種運輸方式，賣方只需承擔貨交第一承運人之前的風險和主要運輸費用，買方則需要承擔貨物交接之後的一切風險和額外費用。可見，習慣上被稱為「到岸價」或「到達價」的傳統 C 組貿易術語，並非真正意義上的「達到」合同性質。這顯然也是一種風險轉移在前、責任與費用轉移在後的象徵性交貨術語。

（2）目的地問題。

在 CPT 術語下，賣方需要將貨物運送至目的地。這一目的地並非慣例規定的劃分風險的交貨的地點，而是完成運輸合同的最終目的地。買賣雙方應在合同中合理約定運輸目的地的具體位置，買方如果對相應運輸方式、運輸費用等有額外要求應提前說明，否則賣方將按照最通常的條件、最習慣的做法和最經濟的考量來安排運輸。

（3）通知問題。

與 CFR 類似，賣方向買方及時發出通知也十分重要。由於國際貨物運輸和國際貨運保險分別由賣方和買方負責，因而賣方需要在貨交承運人後立即將相關信息通知買方，以便買方能夠及時辦理保險並做好辦理進口報關手續的準備。如果因為賣方未履行通知責任而造成貨物損失，買方有權拒付貨款或要求賣方賠償。

(六) CIP

1. 含義

CIP（Carriage and Insurance Paid to），含義為運費、保險費付至指定目的地。這一術語的價格構成為商品本身的價格加上國際貨運保險和國際運輸的費用，交貨條件為貨交承運人。使用 CIP 進行交易時，賣方只要將貨物在規定地點和規定時間交給自己指定的承運人或第一承運人，即完成交貨，但是賣方需要支付將貨物運至指定目的地的國際貨物運輸費用，並辦理防止貨物在運輸過程中滅失或損壞的運輸保險。風險的劃分界限為「貨交承運人」，賣方僅僅額外負責保險和運輸，買方仍然需要承擔賣方交貨之後的其他一切風險和費用。

CIP 適合於各種運輸方式，並主要應用於在陸上地點交貨的國際貿易。在合同的具體表述中，在 CIP 之後加上一個城市的名稱，並且這一地名一般在進口商所在地，例如 CIP 阿拉木圖，表示貨物將被運至阿拉木圖。

2. 責任劃分

賣方責任：

（1）簽訂從指定地點承運貨物的合同，在合同規定的時間和地點，將合同規定的貨物置於承運人控制之下並支付運費，交接後及時通知買方；

（2）按照合同的規定，自負費用辦理國際貨物運輸保險；

（3）承擔貨物在交給承運人控制之前的一切風險和費用；

（4）自負風險和費用，取得出口許可證或其他官方批准文件，並且辦理貨物出口所需的一切海關手續；

（5）提交商業發票和自費提供證明賣方已經按照合同交貨的清潔單據，或相應的電子信息。

買方責任：

（1）按照合同的要求及時受領貨物及代表貨物的單據，並支付貨款；

（2）承擔貨物在交接之後的一切風險和除了正常的保險費、運費之外的其他費用；

（3）自負風險和費用，取得進口許可證或其他官方批准文件，並且辦理貨物進口所需的一切海關手續。

3. 需要注意的問題

（1）國際運輸問題。

在 CIP 術語下，賣方負責辦理國際貨物運輸環節的相關手續並支付運費。當買賣雙方沒有在合同中明確規定國際運輸的詳細要求時，賣方可以按照最通常的條件、最習慣的做法和最經濟的考量來安排運輸，並受到不可抗力條款的免責保護。由於運費被包含在總價之中，賣方的此類做法也是出於節約成本、簡化手續等考慮。如果買方對於運輸有特殊的要求，應提前與賣方溝通協商。

（2）辦理保險問題。

按照 CIP 術語的要求，賣方還需要辦理貨物在國際運輸途中的保險，保險費也是包含在總價之中的。事實上，保險業務只是賣方提供的「額外的附加服務」或「代辦業務」，並不改變這一貿易術語對於風險的劃分原則，僅僅反應為購買保險的費用是由賣方支付的。與運費類似，如果買方沒有提出關於保險險別、金額及保險公司等方面的具體要求，賣方亦可自行決定如何投保。

（3）與 CIF 的關係。

實際上，CIP 術語與 CIF 術語十分相似。第一，兩者擁有相同的價格構成，即都包含了成本、保險費和運費。第二，兩者都屬於進行單據買賣的象徵性交貨，即風險轉移在前，責任與費用轉移在後。當然兩者也有一些區別。第一，兩者的交貨條件不同，CIF 術語為「裝

運港船上」交貨，而 CIP 術語為「貨交承運人」。第二，兩者適用的運輸方式不同。CIF 術語僅僅適用於水運方式，而 CIP 術語適用於任何運輸方式。

4. FCA、CPT、CIP 的比較

與 FOB、CFR 和 CIF 構成一類術語相類似，FCA、CPT 和 CIP 這三個貿易術語也構成了「貨交承運人」的一類術語。它們也在交貨地點、風險劃分的界限及適用的運輸方式三個方面具有相似性。所不同的還是構成價格的費用不同。FCA 術語只包含商品本身的價格，CPT 術語包含了商品本身的價格和國際貨物運輸的費用，CIP 術語則包含了商品本身的價格、國際貨物運輸的費用和國際貨運保險的費用。可見，從 FCA 到 CPT 再到 CIP，價格構成逐漸豐富，賣方的責任逐漸增多、買方的責任逐漸減少。

二、其他貿易術語

（一） EXW

1. 含義

EXW（Ex Works），含義為工廠交貨。這一貿易術語規定賣方在其所在地或其他指定的地點，如工廠、工場及倉庫等，將貨物置於買方或其代理人的控制下，即完成交貨。賣方不需要辦理任何出口清關手續或將貨物裝上運輸工具，絕大部分的進出口手續都由買方來辦理。

EXW 術語適用於各種運輸方式，但主要應用於公路、鐵路等運輸方式。這是唯一一種由買方來辦理出口和進口海關手續的貿易術語，也是賣方責任最輕、買方責任最重的貿易術語。

在合同的具體表述中，在 EXW 之後加上一個地名，並且這一地點為出口商所在地，例如 EXW 桂林，表示貨物將從中國桂林啟運。

2. 責任劃分

賣方責任：

（1）在合同規定的時間和地點，將合同規定的貨物置於買方控制之下；

（2）承擔貨物在交給買方之前的一切風險和費用；

（3）提交商業發票或相應的電子信息。

買方責任：

（1）在合同規定的時間和地點，受領貨物和代表貨物的單據，並及時支付貨款；

（2）承擔受領貨物之後的一切風險和費用；

（3）自負風險和費用，取得出口和進口許可證或其他官方批准文件，並且辦理貨物出口和進口所需的一切海關手續。

3. 需要注意的問題

EXW 術語是 11 種貿易術語中價格最低的術語，儘管需要買方承擔並完成進出口貿易的絕大部分工作，但仍然具有明顯的價格吸引力，多應用於路途不遠的邊境貿易或國內貿易環節。一方面，使用 EXW 術語，一定要注意貨物的交接環節。特別是作為買方，需要將貨物從國外運回國內，而影響這一過程的因素十分複雜，一定要充分考慮國際貨物運輸、保險及通關手續的實際情況，切勿只管成交、不顧交貨，從而產生時間上、經濟上及精力上的不必要損耗。另一方面，使用 EXW 術語，還要注意裝貨費用的分擔情況。按照貿易慣例，賣方一般是不負買方上門提貨的裝貨費的，這就需要買方提前做好準備或委託賣方代為裝貨。

（二） FAS

1. 含義

FAS（Free Alongside Ship），含義為裝運港船邊交貨。這一術語規定當賣方將貨物交到

買方指定的船邊，通常為置於碼頭或駁船上時，即完成交貨。買方須承擔自貨物到達船邊時起的一切風險和費用。FAS 術語僅適合於海洋運輸和內河運輸。在合同的具體表述中，在 FAS 之後加上一個港口，並且這一港口為出口商所在地的裝運港，例如 FAS 泉州，表示貨物將從中國泉州啓運。

2. 責任劃分

賣方責任：

（1）在合同規定的時間和地點，將合同規定的貨物交到買方所指派船只的旁邊，並及時通知買方；

（2）承擔貨物在交至裝運港船邊之前的一切風險和費用；

（3）自負風險和費用，取得出口許可證或其他官方批准文件，並且辦理貨物出口所需的一切海關手續；

（4）提交商業發票、交貨憑證或相應的電子信息。

買方責任：

（1）訂立從指定裝運港口運輸貨物的合同，支付運費，並將與運輸有關的船名、泊位及時間等及時通知賣方；

（2）在合同規定的時間和地點，受領貨物和代表貨物的單據，並及時支付貨款；

（3）承擔受領貨物之後的一切風險和費用；

（4）自負風險和費用，取得進口許可證或其他官方批准文件，並且辦理貨物進口所需的一切海關手續。

3. 需要注意的問題

FAS 術語與 FOB 術語具有一定的相似性。在使用過程中，它們有一些類似的注意問題。其一，要注意 FAS 術語下的船貨銜接與相互通知問題。由於買賣雙方關於風險的劃分界限是「裝運港船邊」，買賣雙方需要相互溝通並密切配合才能在裝運港完成貨物的順利交接，否則就會出現「貨等船」或「船等貨」的違約現象。同時，為了便於接貨和購買保險等工作，買賣雙方也應及時發出相應通知，在相互配合中完成與貿易有關的其他環節。其二，要注意 FAS 術語在不同貿易慣例中的差異。例如，在《1990 年美國對外貿易定義修訂本》中，只有當 FAS 術語加上 Vessel（船舶）字樣後，才和 2010 年版《通則》中的 FAS 術語類似。因此，在同美國、加拿大等美洲國家進行國際貿易時一定要注意區別。

（三）DAT

1. 含義

DAT（Delivered at Terminal），含義為運輸終端交貨。這一術語規定賣方需要將貨物運至指定港口或目的地的集散站，並將貨物從運輸工具上卸下，交給買方，即完成交貨。賣方在整個國際貿易過程中，需要承擔除了進口費用之外的一切風險和費用，是一種賣方責任較大的「到達合同」性質的貿易術語。

DAT 術語適合於各種運輸方式。在合同的具體表述中，一般要在 DAT 之後加上一個港口或地名，並且這一地點通常為進口商所在地，例如 DAT 河內，表示貨物將被運到越南的河內。

2. 責任劃分

賣方責任：

（1）提供符合合同要求的貨物、商業發票、物權憑證以及其他重要單據；

（2）自負風險和費用，取得出口許可證或其他官方批准文件，並且辦理貨物出口所需的一切海關手續；

（3）自付費用簽訂運輸合同，將貨物運輸到合同規定的目的地的指定運輸終端；

（4）在規定的時間內，在指定運輸終端將貨物從運輸工具卸下，置於買方或其代理人的控制之下，並及時通知買方；

（5）承擔貨物在交給買方之前的一切風險和費用。

買方責任：

（1）按照合同的要求及時受領貨物及代表貨物的單據，並支付貨款；

（2）自負風險和費用，取得進口許可證或其他官方批准文件，並且辦理貨物進口所需的一切海關手續；

（3）承擔受領貨物之後的一切風險和費用。

3. 需要注意的問題

DAT 術語是傳統意義上的 D 組術語，使用過程中也有一些需要注意的問題。其一，要明確運輸終端的含義。這裡的運輸終端在理論上包含了任何運輸地點，常見的有碼頭、倉庫、集裝箱貨場、汽車站、火車站及航空樞紐等。不同的運輸終端對應著不同的價格與流程，買賣雙方需要提前協商並做好交接安排。其二，要注意買賣雙方各自在目的地的責任。賣方在 DAT 術語下需要承擔卸貨費。這意味著賣方將貨物運至目的地後還要負責卸貨環節，這也是賣方完成交貨的前提之一。買方在 DAT 術語下需要自行辦理進口海關手續。這意味著買方要處理國際貿易的最後環節，支付關稅及其他相關費用。需要特別注意的是，DAT 術語並未要求賣方一定要購買貨物運輸保險，但由於賣方承擔了貨物到達目的地之前的一切風險，所以其往往會為了自身的經濟利益而主動投保相關保險。

（四）DAP

1. 含義

DAP（Delivered at Place），含義為目的地交貨。這一術語規定賣方需要將貨物運至指定港口或目的地的集散站，交給買方，不需要將貨物從運輸工具上卸下，即完成交貨。賣方在整個國際貿易過程中，需要承擔除了進口費用和卸貨費用之外的一切風險和費用，也是一種賣方責任較大的「到達合同」性質的貿易術語。

DAP 術語適合於各種運輸方式。在合同的具體表述中，在 DAP 之後加上一個港口或地名，並且這一地點通常為進口商所在地，例如 DAP 曼谷，表示貨物將被運到泰國的曼谷。

2. 責任劃分

賣方責任：

（1）提供符合合同要求的貨物、商業發票、物權憑證及其他重要單據；

（2）自負風險和費用，取得出口許可證或其他官方批准文件，並且辦理貨物出口所需的一切海關手續；

（3）自付費用簽訂運輸合同，將貨物運輸到合同規定的目的地的指定場所；

（4）在規定的時間內，在指定場所將仍然處於運輸工具上的貨物，交由買方或其代理人的處置，並及時通知買方；

（5）承擔貨物在交給買方之前的一切風險和費用。

買方責任：

（1）按照合同的要求及時受領貨物及代表貨物的單據，並支付貨款；

（2）自負風險和費用，取得進口許可證或其他官方批准文件，並且辦理貨物進口所需的一切海關手續；

（3）承擔受領貨物之後的一切風險和費用。

3. 需要注意的問題

DAP 術語是 2010 年版《通則》中的新增貿易術語，用來替代 2000 年版《通則》中的 DAF（邊境交貨）、DES（目的港船上交貨）及 DDU（未完稅交貨）三種術語。這意味著，

DAP 術語的交貨地點可以有三種，即兩國邊境、目的港船上和進口國國內某一地點。另外，使用 DAP 術語時還要注意，賣方並不負責在目的港的卸貨費，這意味著買方需要自行卸貨並辦理進口清關手續。這也是 DAP 術語區別於 DAT 術語主要特點。同時，與 DAT 術語類似，DAP 術語下的賣方也沒有購買國際貨運保險的義務，但在國際貿易實務中，賣方常常會為了自身利益而選擇投保。在某些特殊情況下，賣方也會向買方提供相關信息並委託買方自行投保，但這種做法並不改變 DAP 術語「到達合同」的性質，風險仍然主要由賣方來承擔。

（五）DDP

1. 含義

DDP（Delivered Duty Paid），含義為完稅後交貨。這一術語規定賣方需要將貨物運至指定港口或目的地的集散站，交給買方，不需要將貨物從運輸工具上卸下，即完成交貨。賣方需要承擔包括進口海關手續及費用在內的絕大部分國際貿易責任、風險和費用，也是唯一一種由賣方來辦理出口和進口海關手續的貿易術語，因而是所有貿易術語中，賣方責任最大、買方責任最小的貿易術語。DDP 術語亦屬於「到達合同」性質。

DDP 術語適合於各種運輸方式。在合同的具體表述中，在 DDP 之後加上一個港口或地名，並且這一地點通常為進口商所在地，例如 DDP 卡拉奇，表示貨物將被運到巴基斯坦的卡拉奇。

2. 責任劃分

賣方責任：

（1）提供符合合同要求的貨物、商業發票、物權憑證及其他重要單據；

（2）自負風險和費用，取得出口和進口許可證或其他官方批准文件，並且辦理貨物出口和進口所需的一切海關手續；

（3）自付費用簽訂運輸合同，將貨物運輸到合同規定的目的地的指定場所；

（4）在規定的時間內，在指定場所將仍然處於運輸工具上的貨物，交由買方或其代理人的處置，並及時通知買方；

（5）承擔貨物在交給買方之前的一切風險和費用。

買方責任：

（1）按照合同的要求及時受領貨物及代表貨物的單據，並支付貨款；

（2）承擔受領貨物之後的一切風險和費用。

3. 需要注意的問題

DDP 術語是賣方責任和風險最大的一種貿易術語，保險相當於「送貨上門」。在通常情況下，這一貿易術語的報價最高，服務也最全，因而對買賣雙方都有一定的吸引力。需要注意的問題仍然是保險問題。賣方為了預防運輸過程中的自然災害和意外事故，常常會主動購買保險。在購買保險時，賣方既要考慮運輸方式、貨物的特性以及運輸路線等影響風險的因素，也要考慮保險費用在 DDP 術語報價中的比重，從而選擇最為合適的保險產品。

本章小結

本章主要講述了三個方面的內容。

第一，國際貿易術語概述。貿易術語是指以簡單的幾個英文字母縮寫來表示價格構成和交貨條件的專門術語，主要作用在於方便了國際貿易合同的訂立，明確了國際貿易價格的組成，加速了國際貿易爭端的解決及加強了國際貿易各方的合作。

第二，國際貿易術語慣例。國際貿易慣例是從長期的國際貿易實踐中累積和總結出來的普遍性貿易規則，具有習慣性、經驗性和廣泛性特徵。《1932年華沙——牛津規則》《1990年美國對外貿易定義修訂本》和《2010年國際貿易術語解釋通則》是與貿易術語最為相關的三項慣例性質的文件。其中，2010年版《通則》在國際貿易中的應用最為廣泛、影響最為深刻、作用最為明顯，是規範和解釋貿易術語的最權威文件。

第三，國際貿易術語解釋。2010年版《通則》一共列出了11種貿易術語，並按照適用的運輸方式不同劃分為兩類。第一類為適合任何運輸方式的貿易術語，有7種，分別是EXW、FCA、CPT、CIP、DAT、DAP、DDP；第二類為適合海運及內河運輸方式的貿易術語，有4種，分別是FAS、FOB、CFR、CIF。不同的貿易術語具有不同的含義與責任劃分方式，在實際使用過程中也有一些需要注意的問題。相關人員應注意正確辨析不同貿易術語的異同，並在國際貿易實務操作中恰當地進行使用（表9-1）。

思考題

1. 請簡述國際貿易術語的含義、特點與作用，並結合一定案例展開分析。
2. 請比較FOB、CFR、CIF三種貿易術語和FCA、CPT、CIP三種貿易術語的相同點與不同點。
3. 試論述實質性交貨與象徵性交貨的含義與區別。
4. 試論述裝運合同性質貿易術語與到達合同性質的貿易術語有何區別，並舉例說明。
5. 試論述在使用國際貿易術語的過程中，買賣雙方的通知義務有何意義。

表 9-1 《2010 年國際貿易術語解釋通則》11 種貿易術語一覽表

貿易術語分組	貿易術語（英文）	貿易術語（中文）	交貨地點	風險劃分界限	運費	保險費	出口報關	進口報關	運輸方式
E 組	EXW (Ex Works)	工廠交貨	商品產地	貨交買方	買方	買方	買方	買方	任何方式
F 組	FCA (Free Carrier)	貨交承運人	港口或城市	貨交承運人	買方	買方	賣方	買方	任何方式
	FAS (Free Alongside Ship)	裝運港船邊交貨	港口	貨交船邊	買方	買方	賣方	買方	水上運輸
	FOB (Free on Board)	裝運港船上交貨	港口	裝運港船上	買方	買方	賣方	買方	水上運輸
C 組	CFR (Cost and Freight)	成本加運費	港口	裝運港船上	賣方	買方	賣方	買方	水上運輸
	CIF (Cost Insurance and Freight)	成本、保險費加運費	港口	裝運港船上	賣方	賣方	賣方	買方	水上運輸
	CPT (Carriage Paid to)	運費付至指定目的地	港口或城市	貨交承運人	賣方	買方	賣方	買方	任何方式
	CIP (Carriage and Insurance Paid to)	運費、保險費付至指定目的地	港口或城市	貨交承運人	賣方	賣方	賣方	買方	任何方式
D 組	DAT (Delivered at Terminal)	運輸終端交貨	港口或城市	貨交買方	賣方	賣方	賣方	買方	任何方式
	DAP (Delivered at Place)	目的地交貨	港口或城市	貨交買方	賣方	賣方	賣方	買方	任何方式
	DDP (Delivered Duty Paid)	完稅後交貨	港口或城市	貨交買方	賣方	賣方	賣方	賣方	任何方式

資料來源：編者整理。

第十章

國際貿易商品

學習目標

熟悉商品品名的含義、意義及命名方法，掌握商品品質的含義、意義及規定方法，掌握商品數量的含義、意義及計量方法，掌握商品包裝的含義、意義及主要類型，能夠擬定國際貿易合同中有關標的物的各項條款。

學習重點

商品名稱的命名方法；品名條款的規定方法；商品品質的描述方法；品質條款的規定方法；商品數量的計量方法；數量條款的規定方法；運輸包裝；銷售包裝。

第一節　商品的品名

一、商品名稱的含義與意義

（一）含義

商品名稱（Name of a Commodity）也被稱為品名，是指一種商品區別於其他商品的固定稱呼。商品名稱通常能夠反應一種商品的自然屬性、功能用途及性能特徵。加工程度較低的商品的名稱往往反應了該商品的自然屬性，例如鐵礦石、礦泉水等；加工程度較高的商品的名稱則常常體現了該商品的性能特徵，例如計算機、越野車等。大部分商品的名稱都能或多或少地展示一部分功能用途，例如保溫杯、自行車等。

(二) 意義

對於商品名稱的準確把握具有十分重要的現實意義。由於國際貿易的買賣雙方往往相距遙遠，看貨交易十分困難，商品的名稱就成為雙方確定交易、達成一致的主要依據。為此，商品名稱在國際貿易合同中被列入品名條款，並出現在合同的開篇部分。品名條款的作用在於明確責任、消除爭議，因而也是貿易合同的關鍵內容之一。

需要注意的是，商品名稱並不等同於商標，二者有著明顯的區別。

第一，商品名稱是人人都可使用的大眾性稱呼，而商標是只有某個企業可以使用的專用性名稱。

第二，商品的名稱主要用於區分不同用途、材質及特性的商品，而商標的用途是區分不同廠家的生產者或銷售者。

第三，只有當商品的名稱具有特殊性或顯著性時，才能直接用於註冊商標，否則會引起壟斷或造成商業市場上的混亂。

第四，商品的名稱來源於生產生活，系自然形成或習慣產生，也不直接受到法律保護，而商標需要經過官方機構的核准才能生效，常為註冊商標，是受到法律保護的無形資產。

為了方便國際貿易的開展，1983年6月海關合作理事會（現名世界海關組織）主持制定了一部供海關、統計、進出口管理及與國際貿易有關各方共同使用的商品分類編碼體系，即《商品名稱及編碼協調制度的國際公約》（*International Convention for Harmonized Commodity Description and Coding System*），簡稱《協調制度》（*Harmonized System*，HS）。這一制度採用六位編碼構建起一套科學、系統的國際貿易商品分類體系，包括絕大多數商品的名稱，並已成為一種標準語言被廣泛應用在世界各國的貿易當中。中國於1992年1月開始使用HS制度。

二、商品名稱的命名方法

（一）按照用途命名

反應用途是商品命名的主要方向，這類名稱能夠體現商品的使用價值，使消費者能夠按照需求進行購買。例如，縫紉機、發電機、吸塵器、按摩椅、垃圾桶、空氣淨化器及運動服等。

（二）按照材料命名

在商品的名稱中突出製作材料能夠反應商品的質量或性能，「真材實料」的營銷策略能夠吸引更多的消費者。例如，羊絨衫、蠶絲被、水晶杯、實木櫃、LED燈、塑料盆及不銹鋼鍋等。

（三）按照成分命名

商品名稱展示出主要成分，不僅有利於消費者明確商品的內涵、瞭解商品的功效，而且也有利於廠商展示商品的價值、提高商品的檔次。例如，五糧液、蛋白粉、人參含片、燕窩阿膠糕、六味地黃丸、果粒橙及珍珠奶茶等。

（四）按照外觀命名

商品的名稱也可以通過描述其外觀特徵來命名，這有利於消費者僅僅通過文字描述就能掌握商品的基本情況。例如，三開門冰箱、平板電腦、獨輪車、繡花枕頭及隱形眼鏡等。

（五）按照工藝命名

按照工藝來命名商品可以突出商品的製作水準、特殊技藝及悠久歷史，有利於商品擴大銷路並提高價格。例如，物理壓榨菜籽油、植物萃取髮水及純天然釀造醬油等。

（六）按照人名、地名、褒義詞等其他方式命名

還有一些商品以著名的人物、地域或寓意美好的詞彙來命名，使商品名稱更加容易被記

憶與傳播，有利於增加商品的知名度。例如，名人方面有張飛牛肉、地名方面有瀘州老窖、郫縣豆瓣、北京烤鴨等，褒義詞方面有百事可樂、娃哈哈等。

三、品名條款的規定方法

在國際貨物買賣合同中，品名條款一般比較簡單，並且無固定格式和具體要求。買賣雙方在協商一致的情況下可酌情商定品名條款的具體內容。對於一般商品，只要不引起誤解或不存在歧義，品名條款僅需要列明商品的名稱。而對於一些特徵鮮明、區別度較高的商品，則應將品名條款和品質條款結合使用，在商品名稱之後詳細列出其品種、商標、型號、等級及生產工藝等要求，以便明確這一標的物的具體特徵。在擬定合同中的品名條款時，也有一些需要注意的問題。

第一，商品名稱應該具體明確。切忌使用表意不明、模棱兩可的詞彙來命名商品，特別是限定商品特質的詞彙不能省去。比如產地要求、工藝要求、具體顏色、材質要求等。

第二，商品名稱應該客觀真實。不要使用誇大其詞、無法滿足或違背實事求是原則的詞彙來命名商品，以免在後續交貨環節發生爭議。比如慎用優質、特效、高級等難以準確定義或定量的籠統詞彙。

第三，商品名稱應符合國際慣例。比如要盡量使用國際公認的專有名稱，翻譯國內外名稱要盡可能統一規範，以及用詞要符合目標國市場的社會文化習俗等。

第二節　商品的品質

一、商品品質的含義與意義

（一）含義

商品品質（Commodity Quality）也稱為商品質量，是衡量商品使用價值的具體尺度。從現代商品學的角度看，商品品質是一個綜合性很強的概念，涉及商品本身及其流通過程中的諸多因素，並包括狹義的內在質量和外觀質量，以及廣義的社會質量和經濟質量等方面。

首先，商品的內在質量是指商品本身所具備的固有特性，包括實用性、可靠性、穩定性和安全性等，是商品質量的實質性內容。內在質量一般由商品的物理性能、化學成分和生物特徵所決定，並受到生產商品的技術和工藝影響，反應了商品從原材料到製造加工的各種信息。

其次，商品的外觀質量是指商品所展示的外在特徵，包括大小、長短、輕重、質地、色彩、構造、氣味及軟硬等，是商品質量的直觀表現。外觀質量更容易給消費者留下深刻的印象，常常成為影響商品市場競爭力的重要因素。

然後，商品的社會質量是指商品滿足社會整體利益的具體程度，包括是否符合社會道德規範、是否造成自然環境污染、是否浪費資源與能源及是否適應消費需求的變化等，是商品質量的外部性表現。商品的社會質量受到人們的綠色消費觀念和可持續發展理念的影響，並表現在產品、企業及產業的生命週期當中。這就使得人們對於商品品質的評價時刻處於動態變化之中，即不可能存在永遠優質的產品。

最後，商品的經濟質量是指商品貨幣化的使用價值與生產成本的比值。這一比值越大，說明商品的性價比越高，質量也越好，反之則質量較差。一般而言，經濟質量好的商品被視為物美價廉的商品，更容易受到消費者的歡迎。

總之，商品的內在質量和外觀質量多來源於商品本身的自然屬性，而商品的社會質量和

經濟質量則更多依賴於商品的社會效益。對於國際貿易中的商品而言，買賣雙方在重視商品的社會效益的同時，更要注重對商品的自然屬性的把握。因為在貿易合同的品質條款中，將直接表述商品的具體自然屬性，並以此作為買賣雙方完成交貨的條件與解決爭議的依據。

(二) 意義

一方面，商品品質是國際貿易標的物的重要屬性。它不僅代表了商品的使用價值，而且決定了商品的交換價值，即商品的價格。品質與價格的辯證關係還會進一步影響商品的市場份額、企業的商業信譽及國家的對外形象，以至於逐漸成為一種贏得市場競爭的常用手段，並越來越受到世界各國及貿易商的重視。例如，中國就曾提出「以質取勝」的外貿戰略，引導並促進了對外貿易的跨越式發展。

另一方面，商品品質問題是最常見的國際貿易糾紛類型之一。在國際貿易實務中，常常發生因為品質條款存在漏洞、歧義或錯誤而引起貿易爭議或經濟損失的案例，在很大程度上阻礙了國際貿易的順利開展。更為嚴重的是，有的國家甚至通過提高品質要求來實施獎出限入的保護貿易政策，人為設置質量標準類型的非關稅壁壘。這些現象充分說明，商品品質已成為國際貿易中的一項難點。外貿企業必須通過不斷的技術革新與管理改革，才能持續提升產品的質量並適應國際競爭。

因此，企業在擬定貿易合同的品質條款時，一定要科學、明確地界定商品品質，從而保障國際貿易的順利進行。

二、商品品質的描述方法

(一) 以實物表示

1. 以看貨成交

以看貨成交又被稱為看貨買賣（Sale by Actual Quality），是指買賣雙方按照買方看到的實際品質作為履行合同的品質標準。通常由買方或其代理人驗看商品，一旦確認成交，買方便不得再提出品質異議。需要注意的是，由於處在國際貿易中的買賣雙方往往距離遙遠，所以看貨成交的條件相對困難，需要慎重選擇。這一描述品質的方法多適用於寄售、拍賣和展賣等貿易方式。對於一些諸如古玩、字畫、珠寶等藝術品類特殊商品，買賣雙方也可採用看貨成交的方式來確定品質要求。

2. 以樣品成交

以樣品成交也被稱為樣品買賣（Sale by Sample），是指買賣雙方按照約定的樣品作為履行合同的品質標準。樣品一旦確定，便在法律上對買賣雙方產生約束力，任何一方都不得擅自變更品質標準。賣方所交貨物的質量應與樣品一致，否則買方有權要求退貨甚至拒付貨款。以樣品成交又分為三種類型，分別是賣方樣品、買方樣品和對等樣品。

首先，賣方樣品（Seller's Sample）由賣方提供，賣方是品質標準的主要制定者。國際市場上的大部分賣方會根據自身的產品生產情況和貨源情況來確定樣品。在貿易合同中應註明「品質以賣方樣品為準」。賣方所交整批貨物都應與賣方樣品質量一致。

其次，買方樣品（Buyer's Sample）由買方提供，買方是品質標準的主要制定者。國際市場上也存在由買方定制生產或自選購買商品的情況，即買方提供樣品，賣方按樣承制。在貿易合同中應註明「品質以買方樣品為準」。賣方所交整批貨物都應與買方樣品質量一致。

最後，對等樣品（Counter Sample）由買賣雙方協商確定。比如，賣方對買方樣品不能完全接受，可以在經過修改之後返回一個類似的樣品，如果買方同意則按照新的樣品來確定品質標準。這種樣品也被稱為確認樣品或回樣。賣方所交整批貨物都應與對等樣品質量一致。對等樣品將賣方樣品與賣方樣品相結合，具有較好的靈活性，因而在國際市場上廣受歡迎。

為避免貿易糾紛，應當慎重選擇以樣品成交。

其一，應明確樣品在貿易中的作用。樣品是對商品品質的直觀反應，買賣雙方在寄送樣品前應當告知此項樣品是標準樣品還是參考樣品。標準樣品又被稱為原樣，代表了所交貨物的平均質量，對成交與否具有約束性，因此要慎重使用。參考樣品又被稱為推銷樣品，主要用於對外介紹、展示商品的性能、外觀等，質量水準往往高於所交貨物的平均質量，並不具備法律約束力，因而要在包裝上註明「僅供參考」字樣。

其二，應留存復樣作為參考。賣方為了防止買方故意挑剔商品品質，需要對賣方樣品進行留存；買方為了防止賣方不按樣品生產加工商品，也需要對買方樣品進行留存。留存的樣品就是復樣，將被作為在買賣雙方產生爭議時，用來對比、觀察及核實品質變化的重要依據。有時，為保證復樣的有效性，買賣雙方還需通過商檢部門等第三方機構對樣品進行公證、備案及封存，這一程序被稱為封樣。可見，留存樣品也是樣品買賣的一項重要環節。

其三，不易濫用樣品買賣。以樣品成交僅適用於部分國際貿易方式與商品，並且容易在貿易過程中產生糾紛，因而在很多情況下，不宜採用以樣品成交。例如，凡是能夠以文字說明方式明確闡述質量標準的商品，都不宜採用以樣品成交；已經在貿易合同中以其他方式約定商品品質的，不宜再重複使用以樣品成交；對於一些質量變化較快的、生鮮易腐類的、時間性要求高的商品，也不宜採用以樣品成交。

其四，樣品買賣應具有一定的靈活性。在貿易合同的品質條款中，買賣雙方可以補充一些具有靈活性的規定，從而避免因交貨質量與樣品質量存在差異而引起的爭議。例如，在合同中註明「交貨品質與樣品類似」或「交貨品質與樣品大致相同」等詞句，或規定「若交貨品質稍次於樣品，買方仍須付款……但價格可協商降低」等，從而達到限制賣方損失的效果。

(二) 以文字表示

1. 以規格表示

商品規格是指反應商品品質的一些具體指標，例如性能、容量、尺寸、含量及化學成分等。商品的品質可以憑規格買賣（Sales by Specification），即通過定義同一種商品的不同質量規格來確定具體的國際貿易標的物。憑規格買賣的方法，不僅簡單直觀、可操作性強，更有利於買賣雙方靈活調整交易商品的質量要求，因而被廣泛地應用於各種商品的國際貿易中。例如，液晶顯示器的規格按照尺寸的大小來劃分；大米的規格按照加工精度、碎米粒、不完善粒及雜質量的高低來劃分；棉布的規格按照支數、密度、幅寬及克重等的不同來劃分等。

【例 10-1】花生果的規格

手揀不分級花生果，水分≤10%；雜質≤0.5%；不完善果≤5.5%。

2. 以等級表示

商品的等級也是區分質量的重要手段。商品等級以商品的形狀、體積、尺寸、重量、性能及成分等為標準，按照質量高低劃分層次，如大號、中號、小號、特級、一級、二級等。憑等級買賣（Sale by Grade）是指買賣雙方在合同中約定以商品的等級作為表示商品質量的依據。憑等級買賣不僅明確了交易商品的規格，而且對不同的規格進行了排序。這使得買賣雙方對於商品質量的感受更加直觀，有利於簡化交易磋商的程序、促成國際貿易的合作。例如，白酒的等級分為優級、一級、二級；綠茶的等級分為珍眉一級、珍眉二級、珍眉三級；鮮雞蛋的等級分為特級、超級、大級等。

【例 10-2】花生仁的等級

國際市場按粒實大小分級花生仁，即每英兩（28.35g）花生仁的粒數，分為：

小粒級：每英兩 60~80 粒；

中粒級：每英兩 40~60 粒；

大粒級：每英兩 30~40 粒；
特大粒級：每英兩 20~30 粒。

【例 10-3】新疆灰棗的等級

一般按照大小尺寸和重量來分級新疆灰棗，分為：

三級（三星級）：長 3cm 以下，寬 2cm 以下，單果重 4 克以下。

二級（四星級）：長 3.1~3.3cm，寬 2.1~2.3cm，單果重 4.1~4.9 克。

一級（五星級）：長 3.4~3.6cm，寬 2.3~2.5cm，單果重 5~6.4 克，肉質肥厚。

特級（六星級）：長 3.7cm 以上，寬 2.6cm 以上，單果重 6.5 克以上，肉質肥厚。

3. 以標準表示

商品標準（Standard of Goods）是對有關商品質量的各方面內容所做的統一技術規定，亦是對商品質量的規格與等級的一種固定化、規範化和普及化。一般而言，標準化的質量規範來源於國際標準化組織、國內政府機關及民間行業協會等，是各國評定、監督及維護商品質量的準則和依據。按照是否具有強制性，質量標準可分為強制標準和非強制標準兩個類型。前者多為法規性標準，在法律上具有很強的約束力，常常被用作限制進口的保護貿易措施；後者則多為參考標準，是鼓勵企業盡力實現的自願性推薦標準。按照影響範圍的大小和來源的不同，質量標準又可分為國際標準、國家標準和企業標準。國際標準是由國際權威機構制定的標準，例如國際標準化組織（International Organization for Standardization, ISO）所制定的各項標準；國家標準是由一國政府制定的標準，例如中國國務院制定的中華人民共和國國家標準（GB）；企業標準是由企業制定的標準。憑標準買賣（Sale by Standard）是指買賣雙方選擇一種質量標準來確定貿易中的商品品質。

4. 以說明書和圖樣表示

以說明書和圖樣買賣（Sale by Descriptions and Illustration）是指以說明書及圖樣，或其他具有說明書作用的圖紙、照片、操作指南等資料，來說明商品的具體性能及使用方法，進而作為表示商品品質的一種方法。說明書和圖樣多用於有關機器設備、交通工具、儀表儀器及各類電器等技術密集型商品的國際貿易中。這些商品往往構造複雜、不易操作，必須按照詳細的文字說明或圖片示範，才能投入使用並驗證其質量。有的大型成套設備甚至需要對操作人員進行培訓。在國際貿易中，商品說明書還可以和商品的宣傳資料結合使用。有的貿易商就將說明書和圖樣做成商品銷售目錄或宣傳冊，以文字和圖片的形式向外國客戶介紹商品的外觀、功能、包裝、價格及服務等，達到推銷商品的目的。若顧客從這類目錄中選購商品，即為「憑商品目錄買賣」，這也是約定商品質量的一種方式。目前，選擇以說明書和圖樣買賣已在工業品貿易中得到了廣泛應用，這一方式能夠在一定程度上簡化交易的程序，加速商品的銷售並規範商品的質量。另外，為了進一步保證出口商品的性能指標，買賣雙方還可在合同中增加賣方品質保證條款和技術服務條款。

5. 以商標或品牌表示

在商品學中，商標（Trade Mark）是用以識別某種商品、服務或與其相關的企業的一種受法律保護的顯著標誌。商標通常由經過藝術設計的單詞、字母、數字、文字或圖案構成，是一種具有顯著性、獨占性、競爭性、價值性及可視性等特徵的無形資產。品牌（Brand）則是一種比商標的含義更為廣泛的商業形象。品牌在商標的基礎之上衍生出價值理念、客戶關係、服務精神及品質承諾等內涵，既可以被用於企業的某一商品，也可以被用於企業的全部商品。隨著國際貿易的發展，依託一定商標或品牌的市場競爭在各國企業間激烈展開，除了買方提出無牌包裝等特殊要求外，沒有商標或品牌的商品正在逐漸減少。一些企業擁有知名商標或國際品牌，在國際市場擁有極高的商業信譽和影響力。為了維護這種競爭優勢，這些企業又進一步嚴格控制產品質量，並不斷提高服務水準。可以說，在商標或品牌的背後，

其實是企業對商品質量的承諾與保證。因此，對質量要求較高的貿易商往往會採用憑商標或品牌買賣（Sale by Trade Mark or Brand）的方式，即買賣雙方以商品的商標或品牌來確定商品的質量。需要注意的是，世界各國的商標與品牌可謂種類繁多、質量參差不齊，貿易商需在簽訂合同之前充分調研，慎重選擇知名度不高、誕生時間不長及存在不良記錄的外國品牌商品。

6. 以產地表示

對於商品質量的表示，還可以採用憑產地名稱買賣（Sale by Name of Origin），即對商品的原產地名稱做出要求，用產地特徵來限定商品的品質。在國際貿易中，有很多商品擁有優質的傳統原產地，並且產地漸漸成為代表其品質的重要標籤，進而在國際市場或國內市場上形成了較強的號召力和競爭力。例如，泰國大米、南非鑽石、荷蘭鬱金香、涪陵榨菜、山西汾酒及郫縣豆瓣等。

三、品質條款的規定方法

（一）允許一定的機動幅度

為避免買賣雙方因品質異議而發生違約或損失，可以在貿易合同中約定品質的機動幅度，通常的做法包括約定品質公差、約定波動範圍及約定相似性表述等。

首先，買賣雙方可以在合同的品質條款中引入品質公差的概念。品質公差（Quality Tolerance）是國際上公認的商品品質誤差。眾所周知，誤差是不可消除的偏差，交貨品質不可能百分之百完全符合合同中對品質的要求，或多或少都會存在差別。為了保證國際貿易的公平性和可行性，買賣雙方可經協商一致，規定雙方都可接受的品質公差。凡在品質公差範圍之內，買方不得拒付貨款、拒收貨物或提出賠償要求；一旦超出品質公差的範圍，則可視為賣方違約。品質公差一般可以規定一個範圍。例如，布匹的尺碼允許存在「±2%~5%的品質公差」。也可以規定一個極限值，例如農產品的單個重量允許有「±8%的品質公差」。還可以規定一個標準。如果誤差不能用數字來量化表述，則可不在品質條款中列出具體的公差範圍，僅僅籠統地表述為「質地允許有合理差異」「顏色差異屬正常現象」等，只是這種表示方法容易產生爭議，需慎重選擇。總之，品質公差具有較高的普遍性和認可度，可以保證合同的順利履行。

第二，買賣雙方也可以在合同的品質條款中約定一定的波動範圍或機動幅度。機動幅度（Quality Latitude）與公差類似，也是對商品品質規定的一定誤差範圍。所不同的是，公差具有公認性，而機動幅度完全由買賣雙方協商確定。波動範圍或機動幅度增加了商品品質的靈活性和可操作性，特別適用於限定農副產品等初級產品的質量。通常有兩種規定方法，其一，規定一定的波動範圍。例如，波士頓龍蝦，單個重量半磅左右，允許±5%的重量差異。其二，設置一個不能超過的極限值。例如，日本糯米，碎米粒不超過20%，水分不超過10%，雜質含量不超過1%。

第三，買賣雙方還可以在合同的品質條款中約定相似性表述。這種方法多用於樣品買賣中。目前，樣品在國際貿易中的使用比較普遍，出口商為了推廣商品並盡快達成交易，使用的樣品質量往往要高於實際商品的質量。為了避免產生爭議，買賣雙方可以使用「交貨品質與樣品大體相似」等表述，從而給交貨質量留出足夠的浮動空間。當然，此種方法依然存在不可量化的缺陷，在具體貿易過程中需要慎重使用。

另外，商品品質的機動幅度與實際成交價格也有一定聯繫，即按質論價原則。在貿易合同中，買賣雙方可以針對商品的核心品質指標約定「品質增減價條款」，對優質商品給予加價，對低質商品給予降價，從而發揮貿易合同的獎懲作用。

（二）正確選擇表示品質的方法

表示商品品質的方法有很多，買賣雙方究竟選擇哪一種來訂立貿易合同的品質條款，這

取決於商品本身的特性。對於能夠量化質量標準的商品，買賣雙方應當首選憑規格、憑等級或憑標準買賣；對於具有公認的優質產地或知名生產廠商的商品，買賣雙方應當優先選擇憑原產地名稱、憑商標或品牌買賣；對於技術含量較高、操作使用較為複雜的商品，買賣雙方則應該盡量選擇憑說明書或圖樣買賣；當以上方法都不合適時，買賣雙方可以考慮看貨買賣或憑樣品買賣。一般而言，買賣雙方在品質條款中最好只使用一種品質表示方法，避免多種方法下的混淆、矛盾和難以同時滿足。總之，買賣雙方應當在充分協商的前提下，靈活、科學地運用表示品質的方法。

(三) 注意品質條件的合理性

品質是商品的主要競爭因素，對於國際貿易中的商品品質條件的規定應當符合科學性、合理性和可操作性。

首先，規定品質條件應當實事求是。從商品生產到商品銷售，質量是貫穿始終的價值載體。從賣方的角度講，有時候貿易商為了營銷商品而誇大其質量，形成外國進口商的期望質量與實際質量之間存在較大差別。這不但不利於國際貿易的開展，更有可能傷害企業信譽、流失海外客戶。因此，對外貿易簽約應當以商品的實際生產質量為準，實事求是、誠信表述。例如，曾經在合同中出現過類似「100%純羊絨」「100%純天然」及「不含任何雜質」等品質表述，顯然就是難以做到的不實際表述。買方如果以此為由提出索賠，賣方則會陷入被動的局面。從買方的角度講，當提出品質條件時，也應充分考察賣方的生產能力或貨源情況，避免因要求過高而使對方無法正常交貨。更何況，對質量要求越高，商品的價格也會越高。買方也應密切關注市場，避免出現因商品價格太高而使消費者無法承受的問題。

第二，規定品質條件應當科學合理。評價商品品質的指標有很多，買賣雙方應當在品質條款中按照一定的邏輯關係合理地列出。一般按照影響商品價格或功能的主次輕重不同來選擇。關鍵性的指標內容一定要詳細、完整。例如，按照用途不同，食用鹽和工業用鹽在理化指標、感官指標等方面就有很大差別；飼料用大豆和榨油用大豆，則在含油量、蛋白質含量及雜質等指標上也各不相同。在國際貿易實踐中，買賣雙方可有針對性地增加或刪減質量指標，並將購銷意圖反應在品質條款之中。另外，對於同一商品質量的各項評價指標還應當相互配合協調。買賣雙方對於商品質量的把握要通盤考慮、整體衡量，避免出現因個別指標不合理而導致整批商品質量不合格的嚴重後果。例如，在出口棉花的貿易中，在其他指標基本合適的情況下，約定回潮率為6%。顯然，這一指標定得過高，出口商很難辦到。

第三，規定品質條件應當明確具體。買賣雙方在約定合同中的品質條款時，還應注意文字表述的清晰明了。慎重使用「大約」「左右」「相當於」或「近似於」等籠統、含糊的詞彙，避免在交貨過程中產生歧義、誤解甚至爭議。對於憑規格、憑等級和憑標準買賣，這些規格、等級和標準的出處是什麼，買賣雙方以哪個國家的哪種指標來簽訂合同，也需要提前予以明確並協商一致。當然，這些可能出現的問題也是品質條款的難點所在，因為買賣雙方既要做到科學、實際地量化質量指標，又要使相應條款具有靈活性，的確不容易。因此，這就要求買賣雙方對於質量的把握應當具有充分的整體性和前瞻性。

(四) 其他需要注意的問題

隨著世界貿易的不斷發展，國際法體系與各國的國內法體系不斷完善，貨物貿易需要考慮的法律因素也在不斷增加。例如，當買賣雙方使用憑商標或品牌買賣時，貿易商還應注意相關商標或品牌在國內外市場上的合法性問題；當買賣雙方使用憑原產地買賣時，應當注意相關國家對原產地市場的法律限制；當貿易商品的成分中含有某些禁止使用或禁止進口的原材料時，也應當提前瞭解相關市場的貿易法規。總之，買賣雙方不能忽視法律法規對商品品質的影響，避免商品因違反商標法、知識產權保護法及自然環境保護法等而遭到罰款、扣留及銷毀。

第三節　商品的數量

一、商品數量的含義與意義

商品數量是指對商品的個數、重量、長度、面積、容積及體積等的計量，通常表現為數字與計量單位的組合。商品數量是國際貿易合同的重要條件之一，關係買賣雙方的切身利益。買賣雙方會在合同的數量條款中約定商品的具體數量、計量單位和計量方法。如果賣方所交貨物的數量與合同數量不符，無論是少交還是多交，賣方均存在一定程度的違約責任，而買方將占據爭議處理過程中的主動地位。例如，《聯合國貨物銷售合同公約》（簡稱《公約》）規定，如果賣方所交貨物數量少於合同數量，則賣方應在規定時間內補交並承擔相應費用與損失；如果賣方所交貨物數量多於合同數量，則買方可以拒收多交部分，也可以收取多交部分，但多交部分需另付貨款。可見，《公約》既體現了約定商品數量的嚴肅性，也體現了交接商品數量的靈活性。可以說，正確掌握成交商品的數量，對於促成貿易、避免爭議具有重要的意義。

二、商品數量的計量方法

（一）計量單位

1. 數量（Number）單位

數量單位適用於大多數工業品，如製成品、消費品及包裝後的農產品等。常用單位有件（Piece）、套（Set）、箱（Case）、捆（Bundle）、袋（Bag）、包（Bale）、卷（Roll）、羅（Gross）、令（Ream）、打（Dozen）、雙（Pair）、部（Unit）、頭（Head）等。

2. 重量（Weight）單位

重量單位適用於各種散裝貨，如農產品、礦產品、鋼材、石油等。常用單位有公噸（Metric Ton）、長噸（Long Ton）、短噸（Short Ton）、千克/公斤（Kilogram）、克（Gram）、盎司（Ounce）、克拉（Carat）等。

3. 長度（Length）單位

長度單位適用於部分工業品，如布匹、絲綢、金屬線、繩索等。常用單位有米（Meter）、英尺（Foot）、碼（Yard）、英吋（Inch）等。

4. 面積（Area）單位

面積單位適用於部分工業品，如玻璃板、塑料板、皮革、紡織品等。常用單位有平方米（Square Meter）、平方英尺（Square Foot）、平方英吋（Square Inch）、平方碼（Square Yard）等。

5. 體積（Volume）單位

體積單位適用於石料、木材、天然氣和其他化學氣體等。常用單位有立方米（Cubic Metre）、立方英尺（Cubic Foot）、立方碼（Cubic Yard）等。

6. 容積（Volume）單位

容積單位適用於液體或流體類商品，如酒類、穀物及油類等。常用單位有公升（Liter/Litre）、品脫（Pint）、加侖（Gallon）、蒲式耳（Bushel）等。

（二）計量方法

世界各國的度量衡制度並未完全統一，尚且存在公制（The Metric System）、英制（The British System）、美制（The American System）和國際單位制（The International System of

Units）等各種計量方法。

公制亦稱米制，由法國於 1795 年創立，至 1875 年形成擁有 17 個國家參與的米制公約。公制的原則有兩項：其一是採用十進制計算方法，從而降低了換算難度、簡化了換算過程；其二是建立各個單位間的邏輯聯繫，比如面積單位是長度單位的平方，而體積單位是長度單位的立方等，從而使公制更容易被理解和使用。常見的公製單位有米、秒、千克等。公制於 19 世紀傳入中國，對中國的度量衡制度產生過重要影響。

英制起源於英國，其歷史可追溯至古羅馬時期。大多與農業生產有關聯。例如，1 英吋等於 25.4 毫米，大約是三顆大麥的總長度。由於英製單位沒有使用十進制計算方法，各個單位間的換算十分複雜，因而僅在英國、美國等英語國家（地區）和一些習慣領域使用。例如，電視機屏幕的大小，就仍然使用英吋來度量。英制的常用單位有長度單位英尺、重量單位磅、容積單位加侖、溫度單位華氏度等。

美制與英制略有區別，單位名稱與英制類似，但大小不同。例如，英制的噸為長噸，而美制的噸為短噸。企業在同英美等國的貿易商開展國際貿易時，要特別注意在度量衡上的細微差別，避免因錯用計量單位而造成經濟損失。

國際單位制是在公制基礎上發展並形成的國際標準計量方法，形成於 20 世紀 70 年代。它主要定義了七個基本單位，分別是長度（米）、質量（千克）、時間（秒）、電流（安培）、熱力學溫度（開爾文）、物質的量（摩爾）和發光強度（坎德拉）。根據《中華人民共和國計量法》的規定，中國採用國際單位制並將其規定的單位作為國家的法定計量單位。在中國的進出口貿易中，除了少數領域還在使用約定俗成的英制、美制外，絕大多數合同都必須使用國際單位制。

儘管國際單位制的使用範圍正在逐漸擴大，國際貿易中的計量方法日趨標準化和無差異化，但是對貿易商而言，仍然需要高度重視並充分認知制度差異所引起的問題。因為在貿易實踐當中，度量衡差異常常引起貿易爭議並產生經濟損失。例如，在重量方面，公制的公噸是 1,000 千克，英制的長噸是 1,016 千克，美制的短噸是 907 千克。如果買賣雙方在合同中僅僅約定重量單位為「噸」，則極有可能在交貨環節發生是長噸還是短噸的爭議，從而產生較大的價格差異。另外，貿易商還要注意某些國家（地區）所採用的習慣重量或習慣包裝差異。例如，古巴的白糖習慣按照每袋 133 千克包裝，而巴西的白糖則常常按照每袋 60 千克來包裝，所以，在同這些國家（地區）的貿易商以單位「袋」進行國際貿易時，一定要計算清楚商品的總量究竟是多少，以免發生經濟損失。

(三) 重量的計算方法

在國際貿易實務中，重量是最為常用的計量單位之一。習慣上有毛重、淨重、公量、理論重量、法定重量和實物淨重等計算方法。

1. 毛重

毛重（Gross Weight）是指商品本身的重量與包裝的重量之和，適用於飼料、肥料、糧食等價值較低的大宗商品。

2. 淨重

淨重（Net Weight）與毛重相對，是指去掉包裝之後商品本身的重量。包裝的重量被稱為皮重，因此淨重等於毛重減去皮重。但如何計算皮重，國際上有不同的做法。第一種方法是按實際皮重（Actual Tare）計算。使用這種方法需要稱量全部包裝的實際重量，操作相對繁瑣，但計算淨重的結果較為準確。第二種方法是按平均皮重（Average Tare）計算。這種方法適用於標準化統一包裝的商品。由於每件商品的包裝相同，因而可只稱取一件包裝的重量，再乘以商品的件數，就可大致計算全部包裝的重量。對於大部分工業製成品，都可採用這種標準皮重（Standard Tare）計算方法。第三種方法是按習慣皮重（Customary Tare）計

算。這種方法適用於長期使用固定規格包裝的商品。對於有些商品的包裝，國際市場存在約定俗成的習慣做法，其重量標準已得到市場公認，就可以按照習慣重量乘以數量的方式，估算其皮重。第四種方法是按約定皮重（Computed Tare）計算。這種方法由買賣雙方協商約定，也是一種不需要逐件稱重的皮重計算方法。以上四種方法各有優劣，並適合於不同的貿易情況。買賣雙方應當正確選擇並在貿易合同的數量條款中予以明確規定。另外，對於包裝價值與商品價值差別不大的商品，國際上還常常採用「以毛作淨」的計量方法，並不單獨計算皮重。

3. 公量

公量（Conditioned Weight）即商品的公定重量。有一些商品具有一定的吸濕性，其重量會因受到水分含量的影響而極不穩定。例如棉花、羊毛、生絲等，會因所處的環境條件不同而重量不同。為了便於在國際貿易中準確計算這類商品的重量，企業就會用到公量的概念。公量等於商品的乾淨重加上公認比率的水分重量，具體計算見公式 10-1 和公式 10-2。

公式 10-1：公量 = 商品乾淨重 × (1 + 公定回潮率)

公式 10-2：公量 = 商品淨重 × $\dfrac{1 + 公定回潮率}{1 + 實際回潮率}$

4. 理論重量

理論重量（Theoretical Weight）是一種標準化的平均重量，主要適用於規格固定、包裝一致的商品，例如鋼材、鐵皮等。這些商品一般按規格買賣，同一規格的單位重量相同，只需乘以數量便可計算總量。需要注意的是，這種計算方法的結果相對比較粗略，一般多用於估算或參考，對於單位重量價值較高的商品並不適用。

5. 法定淨重與實物淨重

法定淨重（Legal Weight）等於商品本身的重量加上直接接觸商品的包裝重量。而實物淨重（Net Weight）是不包含直接接觸商品的包裝重量的商品重量，也被稱為淨淨重（Net Net Weight）。這類計算方法適用於不宜分割包裝的商品，例如飲料、罐頭等，也可用於計算一些貴重金屬、化工原料的重量。需要注意的是，有些國家（地區）的海關所徵收的從量稅就是以法定淨重作為計算稅額的依據的。

三、數量條款的規定方法

（一）基本內容應該完整、具體

貿易合同中的數量條款一般包含了成交數量、計量單位和計量方法等內容。為避免發生數量方面的貿易糾紛，相應條款應做到明確、具體及完整。例如，山東大棗 100 公噸，塑料袋包裝，以毛作淨。有時，成交數量還可採用大小寫相結合的方式，計量單位和計量方法也要清晰表述是英制、美制或國際單位制。若允許數量有一定機動幅度，則還可增加溢短裝條款。需要特別注意的是，在數量條款中要慎用「約」「大約」「左右」等模棱兩可的詞彙，因為各國對這類模糊表述的解釋並不完全一致。例如，按照《跟單信用證統一慣例（2007年修訂本）》第 600 號出版物（UCP600）的規定，「約」「大約」用於信用證所規定的數量或單價時，最大波動幅度為 10%，而有的國家對此的理解很可能低於或高於 10%。總之，由於國際貿易商品的種類繁多，訂立數量條款一定要結合商品特性、運輸條件及市場行情等綜合因素，並恰當考慮機動幅度，從而防止發生爭議。

（二）合理把握成交數量

正確把握成交數量是指買賣雙方應該明確數量條款的重要意義，在國際貿易合同的磋商、簽訂及履行過程中能夠整體把握商品數量的動態變化，做到心中有數、未雨綢繆。可以說，成交數量不僅僅是一個單純的數字，而且是貿易商是否具備國際貿易競爭能力和能否貫

徹國際貿易經營意圖的直接表現。

一方面，如果是出口貿易合同，出口商應當注意三個方面的問題。

第一，密切關注國外市場的供需情況。供求關係會影響商品的價格。當國外市場供大於求時，商品價格勢必走低。此時，為避免利潤下降或後續生產銷路不暢等問題，出口方應適當擴大成交數量，盡量消化庫存。當國外市場供不應求時，商品價格必然走高。此時，為避免貨源不足或價格突然波動等風險，出口方應慎重約定出口數量，切忌盲目擴大出口數量。國際貿易作為商品價值鏈的一個部分，出口商品不能只顧成交，而不考慮產品的生產與銷售。滿足供給的生產與滿足需求的銷售，任何一個環節出現問題，都會使約定的貿易數量無法完成。因此，只有充分調查掌握了國外市場的供求狀況並密切關注市場價格的變動趨勢，才能合理預計最佳的出口數量。

第二，充分掌握貨源情況。貨源是簽訂出口合同的前提。如果進行的是一般貿易，即商品由國內廠商生產製造，則出口商應清楚瞭解相關廠商的實際生產能力，適宜採用「以產定銷」的原則來確定出口數量，而不可隨意擴大成交數量。如果進行的是轉口貿易，即商品由國外廠商生產製造，進口之後再轉銷國外，則出口商更應提前掌握外國廠商的供貨能力，先落實貨源，再對外簽約，避免出現無貨可交的違約情況。如果進行的是加工貿易，即商品的原材料或零部件從國外進口，加工生產為成品後再轉銷外國，則出口商還需同時掌握原材料的貨源和成品的貨源，對成交數量做到全面把握。

第三，提前瞭解國外進口商的履約能力。國際貿易中的商品數量往往較大，這要求買賣雙方都必須具備一定的經濟實力，具體表現為企業的資信情況和經營能力。出口商在簽約之前，應預先瞭解出口商的經營歷史、業務關係、資金狀況及不良記錄等，對其進行評估後再來確定合理的成交數量。例如，對於資信情況不佳或經營規模較小的進口商，不宜簽訂較大數量的合同，以免遭遇信用風險或商業風險；對於資信情況良好或規模較大的進口商，則可適當擴大成交數量，從而促成雙方的長期合作關係。同時，對於新客戶與老客戶，成交數量也應有所區別。

另一方面，如果是進口貿易合同，進口商也應當注意兩個方面的問題。

第一，提前打探市場銷路。進口商在簽訂貿易合同之前，應當調查瞭解國內銷售市場或轉口銷售市場對於商品的需求情況。既要關注數量上的變化趨勢，也要預判價格上的波動方向。如果進口數量太多，則會出現供大於求的現象，進而產生滯銷、積壓及虧本等；如果進口數量太少，則又會出供不應求的狀況，進而發生無貨可銷與無利可圖的情況。因此，進口商應密切關注市場行情的動態變化，並且將探明銷路作為確定進口數量的重要前提。

第二，做好支付的充分準備。如果說出口商關注於貨源，那麼進口商則應重視資金來源。在確定成交數量時，進口商應明確自身的外匯支付能力，務必保證能夠按時付款贖單。如果自身資金不足，則應借助銀行貸款、融資租賃等金融工具，避免發生付款方面的違約情況。在賒銷、易貨貿易、轉口貿易等方式中，進口商更要注意自身的履約能力，維護好自身在國際市場上的良好信譽。

（三）允許一定的機動幅度

在國際貿易中，諸如糧食、礦產、木材及鋼鐵等大宗商品的實際成交數量很難被準確把握。為兼顧國際貿易合同的原則性和靈活性，買賣雙方需要在合同中約定一個合理的機動幅度，即數量增減條款或溢短裝條款。在這一幅度內，賣方完成交貨，買方不得提出異議；超出這一幅度，才可視為賣方違約，買方可以拒收或索賠。關於機動幅度，也有三個需要注意的問題。

第一，機動幅度的大小要合理。一般而言，買賣雙方會在合同中以百分比的方式約定機動幅度。常見的約定方法有兩種，一種是約定全部貨物的機動幅度，而對每一批次或每一種

類的機動幅度不做嚴格要求。例如，進口大豆 5,000 公噸，機動幅度為 5%，分兩批裝運。只要前後兩批的總量變化不超出 5% 的幅度，都算賣方交貨。另一種方法是在規定總體數量機動幅度的基礎上，進一步限定每批貨物或每一規格的機動幅度。顯然，這種方法的數量限制更為嚴格。例如，出口自行車 1,000 輛，分為紅、橙、黃、綠四種顏色，總量和各規格數量的機動幅度都是 10%。

第二，機動幅度的計價要公平。多裝貨物或少裝貨物都會對成交價格產生影響。國際貿易的習慣做法是對機動幅度內的貨物按照合同價格計價。然而，如果商品價格看漲，則賣方有可能會故意少裝；如果商品價格看跌，賣方又有可能會故意多裝。為避免由國際市場價格波動所引起的人為溢短裝，買賣雙方最好在數量條款的溢短裝內容中約定，機動幅度內的增減數量一律按照交貨時的市場價格來結算，而不再參考合同價格。這一約定將有助於買賣雙方誠信履約，也體現了國際貿易的公平性原則。

第三，機動幅度的考慮要周全。一般而言，在買賣雙方之中，由誰來確定交貨數量的機動幅度需要考慮兩個原則，其一是賣方優先原則，其二是結合運輸原則。一方面，由於國際貿易的出口方需要負責備貨與裝運，其與承運人的聯繫較多，因而由出口方來負責溢短裝條款相對合理。另一方面，如果貿易中使用了 FOB、EXW 等由進口方負責運輸的貿易術語，則經買賣雙方協商一致，也可由進口方負責確定溢短裝條款的機動幅度。除此之外，為確保周全，還可根據具體承運人的實際情況，合理確定機動幅度，確保按時、按量地完成國際貿易合同。

第四節　商品的包裝

一、商品包裝的含義與意義

商品包裝（Commodity Packaging）是指廠商採用一定的技術、方法、材料和容器對流通中的商品所進行的繼續加工，從而達到保證質量、方便儲存和促進銷售等目標。包裝既是一個名詞，代表商品的附屬構造，也是一個動詞，代表了廠商的一項生產環節。由此也產生了包裝的從屬性和商品性兩種特性。國際貿易商品按照不同的種類、狀態及特徵，對包裝的要求也各不相同。除了對少數農產品、礦產品等不容易包裝或不需要包裝的商品採用裸裝（Nude Pack）或散裝（In Bulk）方式外，對於其他大多數工業品、消費品等商品都有各自適用的包裝方式。

商品包裝是一項綜合概念，按照程度、作用、形態、材料和技術的不同，分為不同類型。

第一，按照程度的不同，貿易商品分為裸裝貨、散裝貨和包裝貨三類。裸裝貨多見於自然成件、不易包裝的商品，如汽車、鋼材、大型設備等。散裝貨大多為價值不高、無須包裝的商品，如小麥、煤炭、礦石等。包裝貨則是必須經過包裝才能運輸或銷售的商品，如飲料、食品、家電等。

第二，按照作用的不同，商品包裝分為運輸包裝和銷售包裝兩類。運輸包裝適合於國際長途運輸，突出對商品質量和數量的保護作用。銷售包裝主要針對消費群體，強調視覺吸引力和廣告宣傳力。

第三，按照形態的不同，商品包裝分為小包裝、中包裝和大包裝。小包裝是直接包裝商品的出廠包裝，通常要印製商標、介紹及圖案等信息，具有保護商品、方便銷售、指導消費的作用。中包裝又被稱為內包裝，屬於商品的銷售包裝，通常是對一定數量小包裝的二次包

裝，具有抗壓、防撞、保質、保鮮等作用。大包裝也被稱為外包裝，屬於商品的運輸包裝，其作用主要是方便運輸和保證安全。

第四，按照材質的不同，商品包裝分為紙質包裝、金屬包裝、木質包裝、塑料包裝、玻璃包裝、陶瓷包裝、織物包裝、複合材料包裝以及其他材料包裝等。不同材質的包裝適合於不同特性的商品。

第五，按照技術或方法的不同，商品包裝分為貼體包裝、透明包裝、托盤包裝、開窗包裝、收縮包裝、提袋包裝、易開包裝、噴霧包裝、真空包裝及充氣包裝等。近年來，許多新技術、新方法、新概念被應用於商品包裝，對於一些質量不穩定的商品，包裝在防潮、防銹、防震、防霉、防蟲及無菌等方面的作用也得到了明顯的提高。

近年來，隨著國際市場競爭的日趨激烈，商品包裝已成為影響各國企業競爭能力的重要因素。高質量的商品包裝不僅可以保護商品、方便運輸，而且還可以美化商品、擴大宣傳，進而使商品在國際市場上銷量更大、利潤更高。更有觀點指出，商品包裝還體現了一國的科技實力、藝術水準和文化影響力，是促進國際貿易的特殊工具。

包裝是國際貿易實務中的一項重要工作。買賣雙方需在合同的包裝條款中明確約定包裝的形式、材質、標誌及費用等內容，並將包裝條款作為一項主要的合同責任。

二、運輸包裝

(一) 含義

運輸包裝（Transport Package）是一種為保護商品數量、品質和便於運輸、儲存而進行的外層包裝。運輸包裝一般由若干數量的小包裝集合而成，大部分情況下不與商品直接接觸，如食品、服裝、化妝品等。也有一少部分運輸包裝直接包裝商品，如糧食、化肥等。運輸包裝的主要作用是適應遠距離的物流和倉儲，因而需要具備一系列條件。其一，包裝應當具有較高的強度、剛度與穩定性；其二，包裝能滿足防水、防潮、防蟲、防腐、防盜等防護需要；其三，包裝應當使用經濟性、安全性和環保性材料；其四，包裝的重量、尺寸、標誌等需滿足國際慣例的要求，能適應標準化的運輸操作。目前，國際貿易運輸包裝正朝著標準化、集裝化、專業化和生態化的方向不斷發展。

(二) 種類

按照不同的標準，運輸包裝可以分為不同的類型。

1. 按照包裝方式不同

按照包裝方式不同，運輸包裝可以分為單件運輸包裝和集合運輸包裝。

單件運輸包裝是指在運輸過程中可以作為一個計件單位的獨立包裝。常見的單件運輸包裝形式有箱（Case/Carton/Box）、袋（Bag）、包（Bale）、桶（Barrel）、瓶（Bottle）、卷（Roll）、簍（Basket）、捆（Bundle）等。具體而言，「箱」適合於價值較高、容易受損的商品，如菸、酒、茶葉和玩具等。這種商品一般內襯防潮材料、外附膠帶密封，有木箱、紙箱及金屬箱等類型。「袋」適合於粉狀、顆粒狀或塊狀商品，如麵粉、水泥、飼料等。有棉布袋、麻袋、紙袋及纖維袋等類型。「包」適合於體積可壓縮的商品，如棉花、羊毛、羽絨、蠶絲、化學纖維等商品。這種商品一般由打包設備壓實，再用棉布棉條等材料打包。「桶」適合於流體、半流體、粉狀、顆粒狀的商品，如啤酒、蜂蜜、奶粉、麥片等。這種商品有木桶、鐵桶、紙板桶與塑料桶等類型。其他形式的單件運輸包裝分別適合於不同特性的商品，這裡不再一一展開。

集合運輸包裝又被稱為組合運輸包裝，是指將若干數量的單件運輸包裝組合為一件大包裝的方式。集合運輸包裝能夠提高裝卸和運輸效率，對降低物流成本也有積極作用。常見的集合運輸包裝有集裝包或集裝袋（Flexible Container）、托盤（Pallet）、集裝箱

（Container）等。

集裝包或集裝袋是一種使用塑料纖維等複合材料編製而成的圓形大包，裝載量一般為1～4公噸，適合包裝散裝貨物，如麵粉、食糖、水泥等。集裝袋同樣可以提高裝卸效率，在各國碼頭或貨場均有廣泛使用。

托盤是一種用於集裝、堆放、搬運和運輸貨物的水準平臺裝置。托盤的優點是可以實現物品包裝的單元化、規範化和標準化，並被認為是發展現代物流的重要包裝方式之一。托盤的類型比較豐富，按照不同材質，有木質托盤、塑料托盤、金屬托盤等；按照不同特點，有膠合板免熏蒸托盤、四向進叉托盤、雙面托盤等。托盤的載重量是1至2公噸，而在運輸中使用托盤同樣具有提高作業效率、保障商品安全、降低物流成本等作用。

集裝箱是一種標準化的國際通用運輸工具，被視為一種特殊的運輸包裝。集裝箱的型號有很多種，但國際上主要使用的型號有兩種，一種是外尺寸為20×8×8英尺，簡稱20尺貨櫃（內徑：5,898×2,352×2,390mm），另一種是40×8×8英尺，簡稱40尺貨櫃（內徑：12,024×2,352×2,390mm）。為便於海關統計，國際上以20英尺長的集裝箱為標準箱，也稱國際標準箱單位（Twenty-foot Equivalent Unit, TEU）。20尺貨櫃等於1個標箱，配貨毛重17.5公噸，容積24～26立方米。集裝箱是一種現代化的運輸包裝，現已廣泛應用於海洋運輸、鐵路運輸、公路運輸及多式聯運方式。

2. 按照包裝程度不同

按照包裝程度不同，運輸包裝可以分為全部包裝（Full Packed）和局部包裝（Parted Packed）。全部包裝要對整個商品進行包裝，貿易中的絕大多數商品的包裝都屬於全部包裝。局部包裝又被稱為不完全包裝，是一種主要包裝商品的重要部位或關鍵結構的特殊包裝方式。

3. 按照包裝的材料和質地不同

一方面，按照使用的包裝材料不同，運輸包裝可以分為金屬包裝、木質包裝、紙質包裝、塑料包裝、玻璃包裝、陶瓷包裝和紡織品包裝等類型。另一方面，按照包裝的質地不同，運輸包裝可分為軟性包裝、硬性包裝和半硬性包裝等類型。總之，不同的包裝材料或質地類型對應了商品的不同特性及國際運輸的實際需求，買賣雙方需在包裝條款中達成一致並明確規定。

（三）標誌

在運輸包裝的表面會印製一系列表明信息的標誌，以便商品能夠在運輸、倉儲、通關、商檢等過程中被準確識別和妥善保管。按照用途不同，這些習慣標誌可以分為運輸標誌、指示性標誌和警告性標誌三種類型。

1. 運輸標誌

運輸標誌又被稱為嘜頭（Shipping Mark），一般由簡單的幾何圖形和一些英文字母、數字號碼及文字語句等組成。運輸標誌的作用在於方便承運人在裝卸、運輸及存儲商品時，準確識別包裝內商品的運輸信息，以免發生錯裝、錯運、錯轉、錯交和無法交付等情況。運輸標誌在國際貿易中有著重要作用，特別是在憑單付款方式中，發票、提單、保險單等重要的貿易單據上必須顯示運輸標誌。

運輸標誌的主要內容包括：①目的地的名稱或代號；②發貨人的名稱或代號；③收貨人的名稱或代號；④件號、批次號及貨號。運輸標誌有時也可列明原產地信息、合同編號、許可證號及重量等，具有一定的靈活性。運輸標誌產生於長期的國際貿易實踐，各國貿易商所設計的運輸標誌五花八門、繁簡不一，這在一定程度上不利於現代國際貿易的快速發展。為此，聯合國歐洲經濟委員會簡化國際貿易程序工作組在國際標準化組織和國際貨物裝卸協調協會的支持下，於1979年制定並推廣了一套「國際貿易標準運輸標誌」，從而為各國商

人提供了設計運輸標誌的參考模板。其具體內容包括：①收貨人或買方名稱的英文縮寫字母或簡稱；②參考號，如運單號、訂單號、合同號及發票號等；③目的地，運輸貨物的最終目的地或目的港名稱；④件號，如包裝貨物的順序號和總件數號等。

在貿易合同的包裝條款中，買賣雙方應明確約定由哪一方來設計和製作運輸標誌。運輸標誌通常由賣方提供，如果由買方提供，則買方須提前將設計完成的運輸標誌通知賣方，以便賣方及時完成備貨與裝貨工作。

【例 10-4】嘜頭

ABCCo. Ltd.
654321
Shanghai
NO. 6/120

2. 指示性標誌

指示性標誌（Indicative Mark）也被稱為操作性標誌或提示性標誌，是根據商品本身的特殊性而表明的注意事項或特殊要求。指示性標誌通常被印製在商品包裝外側，由簡單而醒目的圖形或文字組成，其作用在於提示裝卸、搬運或儲存商品的人員進行規範化操作，保障商品的質量不會受到影響。目前，諸如國際標準化組織、國際航空運輸協會及國際鐵路貨運協會等國際組織也在致力於規範和統一各國的指示性標誌，各國也基本建立了各自的規範標準。中國制定了指示性標誌的國家標準《包裝儲運圖示標誌》（GB/T 191-2008），常見標誌有「易碎物品」「禁用手鉤」「怕曬」「怕雨」等（圖 10-1）。

圖 10-1 常用指示性標誌

3. 警告性標誌

警告性標誌（Warning Mark）又被稱為危險品標誌，是警示包裝內物品具有高度危險性的文字或圖形說明。當商品屬於爆炸物、易燃物、有毒有害物，或具有較強的腐蝕性、放射性、氧化性的特性時，必須在運輸包裝上印製醒目的警告性標誌，以便從事貨物裝卸、運輸及儲存的人員及靠近貨物的人員能夠高度警惕並做好防護措施，避免發生安全事故。國際上對危險品的運輸有著嚴格的規定，各國也在不斷加強管控。中國於 2009 年頒布了《危險貨物包裝標誌》（GB 190-2009）國家標準，對警告性標誌的分類圖形、尺寸、顏色及使用方法等做出了明確規定。常用標誌有「爆炸品」「易燃氣體」「氧化劑」「有毒氣體」「放射性物品」「腐蝕品」等（圖 10-2）。警告性標誌通常以黃色或紅色為底色，圖案文字十分醒目，並且具有強制性要求。另外，聯合國政府間海事協商組織也制定了一套《國際海運危險品標誌》，並得到很多國家（地區）的採用。

圖 10-2　常見警告性標誌

三、銷售包裝

（一）含義

銷售包裝（Sales Package）是一種直接接觸商品並隨商品進入消費市場的包裝。由於消費包裝將直接與消費者或用戶見面，因而除了要具備保護質量的功能外，還應當具有廣告宣傳、陳列展示、吸引買主、美化商品及方便攜帶等作用。銷售包裝一般應根據商品的大小、形狀、特性及價值等因素專門設計製作，包含一定的造型、裝飾及圖案，並附有詳細的文字說明、商標及條碼等。銷售包裝也被視為市場營銷的重要手段，如「包裝延續廣告」的營銷策略。當銷售包裝與廣告宣傳高度一致、相互呼應時，更能夠引起消費者的聯想和共鳴，從而有益於提高商品的銷售數量。隨著市場競爭的日趨激烈，銷售包裝不斷創新，並逐漸進入了多元化、個性化、科技化的發展階段。

為適應國際貿易的要求，設計和製作商品的銷售包裝應注意以下幾個問題。

第一，能夠保護商品的質量。銷售包裝是保證商品不變質、不污損、不損壞的最後屏障，應起到延長商品使用壽命的作用。例如，對食品類商品可進行真空包裝，對易揮發類商品需進行密封包裝，對易破碎商品應進行防護包裝等。

第二，能夠方便消費者的攜帶和使用。銷售包裝的大小、輕重及提拿方式等應適合消費者攜帶。如果是密封類的商品，還應當適合消費者開啓和使用。例如，罐頭類、紅酒類商品應配備開啓工具，飲料類商品可使用易拉罐等。

第三，能夠識別商品的屬性。銷售包裝應該具有介紹商品的功能，即通過印製商品名稱、原料成分、製作工藝、生產日期及廠商名址等信息，讓消費者能夠充分瞭解商品的相關信息。同時，消費者通過包裝上的圖案、品牌等，還可方便地識別商品。

第四，具有藝術吸引力。精美的銷售包裝具有陳列展售、推廣宣傳的作用，其藝術美感越強，越有助於銷售。有的廠商還會在銷售包裝上印製較為知名的形象代言人，這更能起到吸引消費者、擴大銷售量的作用。更有一些經典的銷售包裝，數十年傳承不變，成為兼具藝術性和價值性的一種無形的競爭力。例如，茅臺酒瓶、可口可樂瓶等。

第五，符合經濟環保的要求。銷售包裝的成本不宜過高，應根據商品的實際價值合理計算成本。過度包裝不僅容易造成浪費、引起反感，其實際效果往往也是事倍功半、並不理想。同時，在包裝材料的選擇上，還應注意環保、衛生及健康，倡導使用可回收、可再生的材料。

第六，符合目標市場的法律法規和文化習俗。出口商品的銷售包裝還應注意進口國對銷售包裝的法律要求，對於使用外語、內容、格式等要求應當充分瞭解。同時，包裝設計還要

尊重外國的文化、宗教以及習俗等，充分瞭解相關禁忌，避免引起跨文化衝突。

(二) 種類

銷售包裝具有多樣性特徵，常見的種類有以下幾種。

1. 掛式包裝

這是一種可以將商品懸掛在貨架上展銷的包裝，一般具有懸掛結構，如吊鉤、吊帶、掛孔等裝置，常見於一些中低價值的輕工業產品或部分食品、藥品、服裝等。例如，插線板包裝、電子產品包裝、襪子包裝等。

2. 堆疊式包裝

這是一種將包裝的頂部和底部設計成吻合關係的包裝，一般具有上下咬合裝置。這類包裝穩定性強，適合於大量堆疊，能夠節約運輸和倉儲空間，常見於一些工業零部件、食品、藥品等的包裝。如整箱裝的食品罐頭、瓶裝飲料等。

3. 便攜式包裝

這是一種以方便消費者攜帶商品為目的的包裝，一般具有提手、背帶等便攜工具，並在尺寸、重量及形狀方面也有所考慮。這類包裝適合於商品零售，多用於對一些日常消費品的包裝。如造型仿造手提袋的食品包裝、帶有提手或孔洞的紙箱包裝等。

4. 易開包裝

這是一種方便消費者快速開啟密封容器類包裝的特殊裝置。易開包裝通常是一次性的，有的雖然可以反覆使用，但密封性已不可恢復。這類包裝既保證了商品質量的安全性和穩定性，又增加了商品在消費和使用過程中的便利性。消費者在不使用特殊工具的情況下就能開啟並使用商品。其常見於對食品、飲料及日用消費品的包裝，如裝有拉環、拉片、按鈕等機關的易拉罐、採用拉環式、扭斷式、撕開式等方式的易開瓶、設計有切開成虛線狀的啟開口的易開盒等。

5. 噴霧包裝

這是一種內充壓力、外裝閥門的密封性包裝。這類包裝的特點是使商品易於保存、方便取用，缺點是成本較高、容易損壞，常用於對醫藥衛生用品、化妝品、家用清潔保養用品等商品的包裝。如香水包裝、清潔劑包裝、殺蟲劑包裝等。

6. 其他包裝

銷售包裝具有很強的靈活性和變通性。若干商品需要組合銷售時，可以使用配套包裝，如茶葉和茶具組合包裝、化妝品套裝、餐具套裝等。商品包裝需要增加禮節性功能時，還可以使用禮盒包裝，多見於節日或慶典活動期間的商品或特殊的禮節性商品，如中秋月餅禮盒、生日蛋糕包裝、高級滋補品包裝等。

(三) 內容

銷售包裝的內容由三部分組成，分別是裝潢圖案、文字說明和條形碼。

1. 裝潢圖案

銷售包裝一般應附有圖像或畫面，並適當裝飾。包裝的整體效果美觀大方，令人賞心悅目。所用圖案或形象既能反應商品的特點，又具有一定的藝術美感。消費者能夠通過包裝上的裝潢圖案迅速聯想到商品的質量、功能及生產工藝，並產生嘗試和購買的主觀意願。

2. 文字說明

銷售包裝必須印製必要的文字說明。文字說明的內容主要包括商品的名稱、商標、品牌、重量、規格、成分、用途、產地、注意事項及使用方法等。文字說明應明確、具體、客觀、真實，並且與裝潢圖案相互關聯、互為補充，盡量突出商品的優點和價值。為適應外國市場的需求，文字說明可使用外語或雙語，並注意符合外國政府的強制性法規。例如，加拿大政府規定，銷往該國的商品，必須使用英語和法語兩種語言的文字說明。

3. 條形碼

條形碼（Bar Code）是一種由若干粗細不等的黑白平行線和數字號碼組成的特殊圖形標示符。按照一定的編碼規則，不同形態的條形碼代表著不同的商品信息，通過掃碼儀器可以快速讀出商品的名稱、價格、原產地、生產日期、流通過程等多種信息。條形碼還是一種經濟實用的自動信息識別技術，主要優點包括準確可靠、快捷高效、經濟便宜、自由靈活、設備簡單以及容易製作等。可以說，條形碼是現代商品學中的重要的標準語言，並在商品買賣、檔案管理、郵政快遞及銀行金融等多個領域得到了廣泛的使用。

回顧歷史，條形碼誕生於 20 世紀 40 年代，由美國工程師喬·伍德蘭德（Joe Wood Land）和伯尼·西爾沃（Berny Silver）發明。這在當時是一項基於計算機與信息技術的集編碼、印刷、識別、數據採集和處理於一身的新型技術。20 世紀 70 年代，條形碼逐漸成為一種商業潮流並開始在世界各國得到應用。今天，條形碼已將國際價值鏈中的生產製造商、出口商、批發商、零售商和消費者有機地聯繫在了一起，並形成了一條動態的信息鏈。在國際貿易中，條形碼更被視作任何商品進入國際市場的「身分證號碼」，沒有條形碼的商品將很難適應現代化的國際貿易流程。

目前，國際上的通用條形碼有兩種，第一種由美國、加拿大組織的統一編碼委員會（Universal Code Council，UCC）制定，即 UPC 碼（Universal Product Code）。第二種由國際物品編碼協會（International Article Numbering Association）制定，即 EAN 碼（European Article Number）。為適應國家貿易的發展，中國於 1988 年成立了中國物品編碼中心，負責統一組織、協調、管理中國的商品條碼。1991 年中國加入國際物品編碼協會（GS1）。中國的國別號為 690、691 及 692。只要商品的條形碼中標有這三個數字，就表示這是中國生產的商品。

四、中性包裝和定牌包裝

（一）中性包裝

中性包裝（Neutral Packing）是指在商品的包裝上，既不標明商品的生產國別、產地及廠商，也不標明商品的品牌或商標。這類包裝並不反應商品的任何來源信息，所以被稱為中性。其目的主要是適應國外市場的特殊要求，不得已而隱去商品的出處。例如，美國對日本照相機實施反傾銷措施，禁止原產於日本的照相機出口到美國。這時，越南商人可以通過對日本照相機進行中性包裝，再轉口銷售到美國市場，從而突破了美國海關的貿易壁壘。中性包裝主要分為無牌中性包裝和定牌中性包裝兩類。前者既沒有產地、廠名，又沒有品牌、商標，幾乎隱去了商品的全部來源信息；後者僅有品牌、商標，而沒有產地、廠名，但需注意，此時的品牌是進口方所指定的固定品牌。中性包裝主要應用於從事轉口貿易的國家或地區，有時甚至成為這些國家或地區的習慣做法。從鼓勵外貿的角度看，中性包裝也的確是擴大出口、對外競爭的一種重要手段。

（二）定牌包裝

定牌包裝（Packing Of Nominated Brand）是指賣方按照買方的要求，在出售商品的包裝上標明買方指定的商標或牌號。眾所周知，商品和品牌是企業的無形資產和核心競爭力。在國際貿易中，很多知名企業、大型廠商都要在商品及其包裝上使用自己的標記，以達到提高商品價值、增強廣告效果的作用。擁有一定品牌往往比沒有品牌更容易銷售，所以很多出口廠商也願意接受定牌生產和定牌包裝，從而為自己的產品擴大銷路、增加利潤。在中國，定牌包裝的通常做法有三種。其一，只使用指定商標或品牌，而不標註生產國別或廠商，就是定牌中性包裝。其二，使用指定商標或品牌，但同時註明「中國製造」，明確了商品的產地是中國。其三，使用指定商標或品牌，並註明外國工廠名稱，這種方式也被稱為定牌生產地。

五、包裝條款的規定方法

買賣雙方應在貿易合同的包裝條款中約定有關包裝的各項內容，比如包裝的材料、方式、規格、標誌、品牌及費用等。訂立包裝條款也存在一些需要注意的問題。

第一，商品包裝應充分考慮商品本身的特性。不同類型的商品適合於不同材質、不同方式及不同規格的包裝。例如，季節性商品或鮮活易腐類商品，其包裝工作就顯得十分重要。

第二，商品包裝要注意結合國際運輸的實際。商品的運輸包裝需滿足國際長途運輸的要求，買賣雙方應結合具體的運輸方式、運輸工具、運輸距離及運輸風險等綜合考慮如何包裝。例如，需要長途運輸的商品，包裝的牢固性、穩定性就顯得十分重要。

第三，商品包裝要符合相關國家（地區）的法律法規。國際貿易的中間環節眾多，商品包裝也被視為附屬於商品的特殊商品。與包裝相關的材質材料、處理程序、規格要求等是否符合相關國家（地區）海關的要求，買賣雙方需充分掌握。例如，使用木質包裝的商品，是否按照外國海關的強制要求進行了熏蒸處理，這將影響其進口手續的辦理進程。另外，還要正確使用中性包裝和定牌包裝方式，避免引起貿易糾紛。

第四，商品包裝應滿足經濟節約的要求。包裝的使用價值往往是一次性的，包裝成本亦是商品成本的重要部分，對其進行成本控制將有利於保證商品的利潤水準。因此，在制定包裝條款時，買賣雙方應兼顧包裝的可靠性和經濟性。在條件允許的情況下，盡量做到環保與節約。

第五，商品包裝應明確費用的承擔者。買賣雙方應在包裝條款中明確約定因包裝而產生的費用由誰承擔，以及包裝費用是計入商品價格還是另行支付等問題。

第六，商品包裝應結合消費市場的具體情況。出口商品的包裝要符合目標國市場的經濟水準、文化習俗、審美觀念及消費習慣等，避免因考慮不周而影響商品銷售。

總之，包裝條款是國際貿易合同的重要條款之一，擬定這一條款需要買賣雙方的高度重視和充分溝通。

本章小結

本章主要講述了四個方面的內容。

第一，商品的品名。商品的品名是指一種商品區別於其他商品的固定稱呼。商品名稱通常能夠反應一種商品的自然屬性、功能用途及性能特徵。商品名稱的命名方法主要有按照用途命名、按照材料命名、按照成分命名、按照外觀命名、按照工藝命名等。規定品名條款時，相關人員要注意商品名稱應該具體明確、商品名稱應該客觀真實、商品名稱應符合國際慣例。

第二，商品的品質。商品品質是衡量商品使用價值的具體尺度。商品品質的描述方法主要有以實物表示、以文字表示兩種類型，具體包括以看貨成交、以樣品成交、以規格表示、以等級表示、以標準表示、以說明書和圖樣表示、以商標或品牌表示、以產地表示等。規定品質條款時，相關人員要注意允許一定的機動幅度、正確選擇表示品質的方法及品質條件的合理性等。

第三，商品的數量。商品數量是指對商品的個數、重量、長度、面積、容積及體積等的計量，通常表現為數字與計量單位的組合。重量的計算方法涉及了毛重、淨重、公量、理論重量、法定淨重與實物淨重等概念。規定數量條款時，基本內容應該完整、具體，買賣雙方應合理把握成交數量並允許一定的機動幅度。

第四，商品的包裝。商品包裝是指廠商採用一定的技術、方法、材料和容器對流通中的商品所進行的繼續加工，從而達到保證質量、方便儲存和促進銷售等目標。運輸包裝是一種為保護商品數量、品質和便於運輸、儲存而進行的外層包裝。銷售包裝是一種直接接觸商品並隨商品進入消費市場的包裝。中性包裝是指在商品的包裝上，既不標明商品的生產國別、產地及廠商，也不標明商品的品牌或商標。規定包裝條款時，相關人員應綜合考慮商品特性、運輸條件、法律法規及成本費用等各項因素。

思考題

1. 請簡述商品品質的主要描述方法。
2. 請簡述商品數量的主要計量方法。
3. 請簡述中性包裝的概念、類型與作用。
4. 試論述擬定國際貿易合同的數量條款應當注意的問題。
5. 試論述運輸包裝與銷售包裝的區別。

第十一章

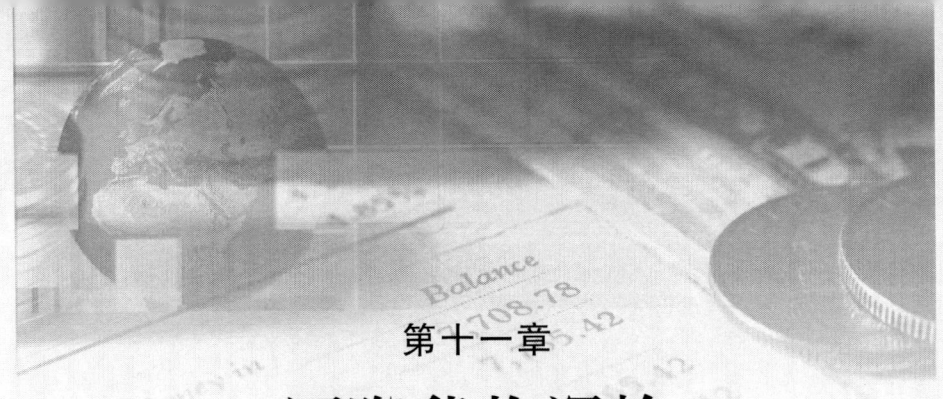

國際貨物運輸

學習目標

熟悉各種國際貨物運輸方式的特點與適用範圍,掌握海運提單、海運單、鐵路運輸單據等國際貨物運輸單據的概念、特點與作用,能夠正確擬定國際貿易合同中的裝運條款。

學習重點

海洋運輸的特點,班輪運輸與租船運輸的區別,鐵路運輸、航空運輸、集裝箱運輸等運輸方式的優勢與劣勢,海運提單的概念、性質、作用、內容及分類,倒簽提單與預借提單,運單與提單的異同,國際貿易合同裝運條款的主要內容。

第一節 國際貨物運輸方式

一、海洋運輸

(一) 概述

海洋運輸是國際貨物運輸的主要方式,這是一種以船舶、港口及航線為要素的國際物流形態。目前,海洋運輸承載著世界貨物貿易量的 80% 以上,極大地促進了世界經濟與貿易的發展。近年來,隨著世界航運中心的逐漸東移,太平洋將取代大西洋成為世界海運最繁榮的區域。中國的海運事業也取得了巨大成就,並已成為世界海洋運輸量最大的國家。2018年的世界十大港口城市是上海、新加坡、深圳、寧波、香港、釜山、廣州、青島、迪拜和天

津，中國就占據其中七個。

一方面，海洋運輸是一種古老而傳統的運輸方式，相比於其他運輸方式具有十分明顯的優勢。

其一，貨物運載量最大。海運船舶的滿載排水量一般在數千噸以上，歷史上最大的超大型原油運輸船諾克·耐維斯號（Knock Nevis）的滿載排水量高達 825,344 噸。一艘普通的萬噸級貨船的運載量就相當於 1,000~1,500 輛普通卡車。

其二，航道由自然形成。海運航線探索於天然的海域，一般無須專門建設，並且世界上的海洋相互連接、四通八達，海運船舶如果遇到自然災害或意外事件，可隨時改變航線、調整港口，因而具有一定的靈活性。

其三，運費及成本低廉。除了航道為天然形成外，海運港口一般依託於城市，由政府建設，海運船舶的運載量較大、使用壽命也較長。因此，海洋運輸的單位成本較低、運輸費用不高，適合於時間性要求不強的遠距離低值大宗商品的國際運輸。

另一方面，海洋運輸也存在著一些不足，並不能滿足現代物流的全部要求。

其一，船舶的航速較慢。海洋運輸是一種速度較慢、耗時較長的運輸方式。一般而言，船舶的海上航行速度為 13~17 節（1 節=1.852 千米）。世界上最快的集裝箱輪的航速也只有 27 節，遠遠低於航空、鐵路等運輸方式的速度。

其二，發生風險的概率較大。由於海洋運輸的距離較遠、時間較長，所以受到外部環境因素的影響也更大。海洋運輸既有可能遭遇颱風、暴雨、雷擊等自然災害，也有可能發生擱淺、觸礁、傾覆、沉沒等意外事故，還有可能遭遇海盜、罷工、戰爭等外來風險。這些不確定因素都增加了海洋運輸的風險，相比於其他運輸方式，海洋運輸中的船舶、貨物及人員遭受損失的概率將更大。

其三，運輸過程並不完整。海洋運輸常常只是整個國際貨物運輸流程中的一個環節。隨著以集裝箱為載體的國際多式聯運的興起，海洋運輸需要在裝運港和目的港與其他運輸方式配合銜接，並不能獨立完成對貨物的全程運輸。

另外，海洋運輸除了具備一定的優勢和劣勢之外，還有一項明顯的特徵，即國際性很強。海洋將世界各國相連通，歷史上的國際貿易正是在海上貿易的基礎上發展而來的。海上運輸涉及不同的國家或地區，買賣雙方及其他業務關係人受不同法律、規範、語言、習慣及文化的約束，因而需相互協調才能順利完成運輸活動。

（二）班輪運輸

1. 班輪運輸的概念

班輪運輸（Liner Transport）又被稱為定期船運輸，是指托運人將一定數量的貨物委託給承運人，承運人按照事先公布的船期表、運費表、航線圖及船舶信息等來經營運輸。班輪運輸最早出現於 19 世紀的美國，即歷史上的「紐約—利物浦」定期航線。後經英國、日本、德國、法國等輪船公司的推廣使用，班輪運輸逐漸發展為國際海洋運輸的主要形式。中華人民共和國成立以來，中國的班輪運輸走過了從無到有、從弱到強的發展歷程。1961 年 4 月，中國遠洋運輸總公司成立。1967 年 5 月，中遠廣州分公司的敦煌輪從黃埔起航，駛往西歐，標誌著新中國第一條國際班輪航線的開通。1978 年 9 月，中國第一艘集裝箱班輪，中遠上海分公司的平鄉城輪從上海港啟航，駛往澳大利亞悉尼港，標誌著中國自主經營國際集裝箱運輸業務的正式開始。截至 2018 年年底，在全球 20 大班輪公司中，中國就占據了 7 家。中國遠洋運輸（集團）公司（COSCO）、馬士基集團（Maersk）、地中海航運公司（MSC）等都是世界著名航運公司。

2. 班輪運輸的特點

（1）「四固定」特點。班輪運輸具有固定航線、固定港口、固定船期和相對固定的費

率。這是班輪運輸的基本特點。

（2）承運人負責貨物的裝卸。班輪運費包含了基本裝卸費。承運人負責配載裝卸，承托雙方不計滯期費和速遣費，也不規定裝卸時間。

（3）承運人負責貨物的時間是從貨物裝上船開始，到貨物卸下船結束，即符合「船舷至船舷」（Rail to Rail）或「鉤至鉤」（Tackle to tackle）條款。

（4）承運人和托運人雙方的權利義務和責任豁免以簽發的提單為依據，並受國際公約的約束。

（5）承運人可運輸的貨物種類多樣、數量靈活，班輪運輸尤其適合於數量不大、價值較高的貨物。

3. 班輪運輸的優勢

（1）靈活性較高。班輪運輸並不要求貨物要裝滿整船，並且不論貨物是直運或轉運、整批或分批都能運輸，特別適合於中小企業間開展的數量不大、頻率較高、航程多樣的一般雜貨貿易或小額貿易。

（2）運輸條件明確。班輪運輸具有「四固定」特徵，其運費、航線、船期和船舶等信息均提前發布，從事國際貿易的買賣雙方更容易明確運輸條件，從而減少達成運輸條款的時間並提高交易磋商的效率，有利於國際貿易的順利開展。

（3）運輸服務專業。班輪運輸通常由規模較大、聲譽較好的大中型承運人來經營。這類企業擁有經驗豐富的的工作人員和技術先進的船舶設備，運輸過程的可靠性、及時性、安全性及經濟性有一定保證，能夠提供專業化的優質航運服務。

（4）手續相對簡單。班輪運輸一般由承運人負責貨物的裝卸、理倉及運輸，托運人只需交付貨物並支付運費便可獲得代表物權的海運提單。相比於自行租船運輸，班輪運輸的海運手續快捷簡便，更加省力省心。

4. 班輪運輸的運費

班輪運費是托運人向承運人，即班輪公司支出的運輸貨物的費用。班輪運費由基本運費和附加運費兩項費用組成。

（1）基本運費。

基本運費是班輪運費的主要部分，對任何商品都要收取，具有一般性特徵。基本運費按照班輪運價表的規定來計算，具體標準如下。

第一，按貨物的毛重計算。以重量噸（Weight Ton）為計算單位計收運費。例如，1公噸即為1重量噸。通常在班輪運價表中用「W」字樣表示。

第二，按貨物尺碼或體積（Measurement）計算。以尺碼噸（Measurement Ton）為計算單位計收運費。例如，1立方米即為一個尺碼噸或容積噸。通常在班輪運價表中用「M」字樣表示。

第三，按毛重或尺碼計算。由船公司對商品的毛重和體積進行比較，選擇收費金額較高者計收運費。一般使用積載系數來判斷商品是重貨還是輕貨。通常在班輪運價表中用「W/M」字樣表示，見例題11-1。

第四，按商品價格計算。這種方式一般以商品的FOB價格為參照，按照一定比例收取，因而又被稱為從價運費，一般適用於價值較高的商品。通常在班輪運價表中用「AV」或「Ad Val」字樣表示。

第五，按重量、體積或價值中的最高者計算。由船公司對商品的重量、體積和價值進行比較，選擇收費金額最高的一種計收運費。通常在班輪運價表中用「W/M or Ad Val」字樣表示。

第六，按重量或體積的較高者，再加上從價運費計算。通常在班輪運價表中用「W/M

plus Ad Val」字樣表示。

第七，按貨物件數計算。船公司對每一件貨物收取運費，例如，牲畜按照「每頭」（Per Head）來收費，車輛按照「每輛」（Per Unit）來計費，機器設備按照「每臺」（Per U-nit）來計算等。通常在班輪運價表中用「Per…」字樣表示。

第八，臨時議定價格。班輪運費也可以由承運人與托運人臨時議定。多用於糧食、礦產等大宗低值商品的運輸，運費水準一般較低。通常在班輪運價表中用「Open Rate」字樣表示。

(2) 附加運費。

附加運費是班輪運費的增加部分，針對運輸中的特殊貨物或特殊情況，具有一定的特殊性。附加運費既保持了班輪基本運費的固定性，又在彌補班輪公司的運輸成本上體現了靈活性。具體做法一般是在基本運費之外再加上一定百分比或絕對值的額外費用。常見的附加運費有以下幾種類型。

第一，超重附加費（Heavy Lift Additional）。當單件貨物超過班輪公司所規定的重量限度時，將被收取超重附加費。

第二，超長附加費（Long Length Additional）。當單件貨物超過班輪公司所規定的尺碼限度時，將被收取超長附加費。

第三，直航附加費（Direct Additional）。當托運人要求承運人將貨物直接運達非基本港口時，將被收取直航附加費。

第四，轉船附加費（Transshipment Surcharge）。當貨物需要轉船運輸時，會增加額外的手續和費用，將被收取轉船附加費。

第五，港口附加費（Port Surcharge）。由於各國間港口在裝卸效率、費用水準及設備設施等方面存在差異，貨物在某些條件較差的港口裝卸時，將被收取港口附加費。

第六，繞航附加費（Deviation Surcharge）。當正常航線遭遇干擾不能通行時，改道或繞道運輸會產生額外的費用，貨物將被收取繞航附加費。

第七，燃油附加費（Bunker Surcharge）。當燃油價格發生較大幅度的上漲時，貨物將被收取燃油附加費。

第八，貨幣貶值附加費（Currency Adjustment Factor）。當運費表中規定的外匯發生較大幅度的貶值時，貨物將被收取貨幣貶值附加費。

(3) 計算。

班輪運費的計算過程如下：

第一，選擇船公司的運價表。運價表由各運輸公司公開發布。

第二，查閱貨物等級。在貨物分級表中查出運輸貨物的運費計算標準和等級。

第三，查看基本運費。根據運輸貨物的航線、起運地和目的地，查看具體的基本運費價格。

第四，查看附加運費。根據貨物的具體情況，查看並選擇需要額外付費的附加運費項目。

第五，計算總運費。其計算如公式 11-1 所示。

公式 11-1：總運費 = 單位運費 × 數量

【例題 11-1】中國的 A 公司與印度的 B 公司簽訂某商品的出口合同。商品總重 20 公噸，共計 600 箱，每箱 33.3 千克，體積為 30cm×30cm×30cm，單價為 FOB 上海每箱 30 美元。採用班輪運輸，計費方式為 W/M，基本運費為每噸 50 美元，另有附加運費三項，分別是燃油附加費 12%，港口附加費 8%，直航附加費 20%。請計算班輪運費的總金額。

解：積載係數 = 毛重 / 體積 = 20/(0.3 × 0.3 × 0.3 × 600) = 20/16.2

積載系數大於 1，該批貨物屬於重貨，按重量計費。

班輪運費 = 50 × (1 + 0.12 + 0.08 + 0.2) × 20 = 1,400(美元)

(三) 租船運輸

1. 租船運輸的概念

租船運輸（Tramp Shipping）又被稱為不定期船運輸，是指租船人與船舶所有人簽訂協議，在一定期限內租用整艘船舶來從事貨物運輸。這種運輸方式與班輪運輸截然不同，運輸的時間、地點、航線、費用等完全由租賃雙方協商決定，因而具有更大的靈活性。租船運輸被廣泛應用於國際大宗貨物的運輸業務中。租船運輸又分為定程租船、定期租船、光船租船及航次期租等方式。

2. 租船運輸的特點

（1）運輸條件由合同約定。租船合同是確定雙方權利與義務的重要依據，並且在長期的國際運輸實務中形成了具有固定格式和規範的合同形式。租船運輸的航行時間、航行線路、停泊的港口及計價的方法等內容均由托運人和承運人協商確定，並在租船合同中予以明確約定。

（2）運輸費用由市場決定。租船運輸的運費價格也可由托運人與承運人商定，但這一價格以市場價格為基礎，會隨著航運市場的變化而上下調整。有關運輸的裝卸費、理倉費及其他附加費用也需雙方在合同中明確約定，以免產生費用爭議。

（3）適合大宗貨物運輸業務。租船運輸方式能夠滿足相對個性化的客戶需求，特別適合於運量較大、航線特殊及時間性要求較高的運輸業務。托運方既可以獨自租用整艘船舶，也可以和幾個托運方合租一艘船舶。對於大宗貨物，這樣既可以降低運輸成本，也可以提高運輸效率。

3. 租船運輸的方式

（1）定程租船。

定程租船（Voyage Charter）又被稱為程租船，是指租船人向船東按照航程要求進行租船的運輸方式。運輸航程由雙方協商確定，並以此為基礎計算運費。航程既可以是兩個港口之間的一次性運輸，也可以是多個航次的運輸總和。一般包括四種方式，分別是單程租船、來回航次、連續航次和包運合同。關於裝卸費的負擔情況，船方通常並不負責。如果租船人要求船方負責，則有四種具體方式，分別是按照班輪條件（Liner Terms）、船方不負責卸貨（Free Out）、船方管卸不管裝（Free In）、船方裝卸均不管（Free In and Out）。

（2）定期租船。

定期租船（Time Charter）又被稱為期租船，是指租船人與船東按照一定的時間來租賃船舶。在約定的時間內，租船人取得整艘船舶的使用權，並用其完成貨物運輸。租船合同中確定時間的方法既可以約定一段具體的起止時間，也可以按照完成運輸的航程時間來確定。如果是按照航程時間約定，這種形式也被稱為航次期租（Time Charter on Trip Basis）。租船人在租期內按照合同約定使用船舶，並支付租金。關於在船舶使用過程中的各項費用，船東負責船員的工資、伙食、船舶的維修、保養、折舊、保險及其他供應物資等費用，租船人負責燃油費、港口費以及日常管理費等費用。

（3）光船租船。

光船租船（Bare Boat Charter）又被稱為船殼租船、淨船期租船或光租，是指船東將空船租給租船人在一段時間內使用。租船人在取得船舶的使用權後，還需自行安排船長、大副及所有船員，並負責船舶在運輸過程中的一切費用和風險。光船租船實際上是一種財產租賃業務，並不完全屬於運輸服務業務，在今天的國際海洋運輸中已很少使用。

二、鐵路運輸

（一）鐵路運輸概述

1. 鐵路運輸的概念

鐵路運輸是使用鐵路列車運送貨物的一種運輸方式。從 1829 年英國人喬治‧斯蒂芬森（George Stephenson）製造第一臺蒸汽機車「火箭號」開始，鐵路運輸走過了三次工業革命，逐漸發展為影響世界的重要運輸方式。鐵路運輸是現代陸路運輸兩大主要方式之一，其優勢是不易受自然和氣候因素的影響，運輸總量和單車裝載量較大，單位運輸成本相對較低。加之鐵路運載車皮的類型多樣、便於組合，所以幾乎適合於任何形態、大小及特性的商品運輸。當然，鐵路運輸也存在一定缺陷，如建設週期較長，投資金額較高，施工難度較大，需要公路銜接「最後三公里」，以及有些地理條件惡劣的地區難以修建鐵路等。

中國鐵路建設始於清朝末年，京張鐵路是中國人自行設計和施工的第一條鐵路干線。至 2018 年年底，中國鐵路營業總里程已達 13.1 萬千米，位居世界第二位。其中，高速鐵路超過 3 萬千米，位居世界第一位。鐵路亦是發展國際貿易的運輸紐帶，濱洲線、沈丹線、長圖線、昆河線、湘桂線、北疆線、南疆線等鐵路是中國通往鄰國的鐵路干線，在雙邊及多邊貿易中發揮了積極作用。

2. 鐵路運輸的優勢與劣勢

一方面，鐵路運輸具有明顯的優勢。

（1）運輸能力比較強。一列火車通常由 30~50 節車廂組成，按照每節車廂載重 60 公噸計算，一列火車的載重量為 1,800 至 3,000 公噸，是運載能力最大的陸路運輸方式。

（2）運輸速度比較快。普通貨運列車的速度一般在 80~100 千米/小時，採用最新技術的動車或高鐵速度則高達 250~350 千米/小時。這一速度在長途運輸業務中具有明顯的優勢。

（3）運輸成本比較低。由於鐵路運輸的單車運載量較大，運輸距離較長，單位貨物的運輸成本也相對較低。

（4）運輸時間有保障。鐵路運輸一般按照時刻表定時定點開行，運輸線路明確，因而貨物運輸的準點率較高、連貫性較強。

（5）貨物通用性較好。鐵路運輸的車廂種類十分豐富，可以適應各種貨物的運輸。常見的貨運車廂有平車、敞車、冷藏車、棚車、漏門車、罐車及大物車等。近年來，為適應以集裝箱為代表的多式聯運，運載集裝箱的貨櫃車也開始得到大量使用。

（6）運輸風險性不高。鐵路運輸一般不受氣象因素影響，並且運輸時間不是很長，運輸過程中發生意外事故的概率也相對較低，因而具有較高的安全性。

另一方面，鐵路運輸也存在一定的劣勢。

（1）建設週期比較長。鐵路建設從規劃、勘測到施工，往往需要數年甚至更長的時間。例如，成昆鐵路的建設用了 12 年；青藏鐵路的一期建設耗時 26 年，二期建設也用時 5 年。

（2）投資規模比較大。鐵路建設需要大量資金投入，普通鐵路的每千米造價也在數百萬元人民幣左右。很多鐵路線路的建設都被列為國家規劃項目，常常需要政府的財政支持才能完成。

（3）施工難度比較大。鐵路運輸常常要跨越崇山峻嶺、大江大河，需要進行大量的隧道建設和橋樑建設，在施工過程中需要克服各種地質困難。

（4）全程運輸有困難。鐵路運輸起止於火車站，貨物需要在火車站進行週轉。運輸環節的「最後三公里」還需通過公路運輸進行補充。

(二) 國際鐵路貨物聯運

國際鐵路貨物聯運是指在兩個或兩個以上國家的鐵路運輸中，只使用一份統一的國際聯運單據。當一國鐵路向另一國鐵路移交貨物時，不需要發貨人和收貨人參與，鐵路當局對全程運輸負連帶責任。回顧歷史，國際鐵路貨物聯運開始於19世紀中葉的歐洲，1886年國際鐵路協會在歐洲成立；1890年，歐洲各國在瑞士制定了《國際鐵路貨物運送規則》，即後來的《伯爾尼貨運公約》，簡稱《國際貨約》；1951年，蘇聯和東歐國家又簽訂了《國際鐵路貨物聯運協定》，簡稱《國際貨協》。中國於1954年加入了這一協定。以兩大協議為基礎的國際鐵路貨物聯運不僅使跨國運輸的手續更為簡化，有利於國際貿易的買賣雙方盡早結匯，而且能夠促進鐵路沿線的涉外經濟持續發展，有利於發揮鐵路運輸對國際貿易的拉動作用。

(三) 國內鐵路運輸

國內鐵路貨物運輸是指在一個國家或地區範圍內辦理的鐵路貨物運輸。在國際貿易中，內地的進出口貨需經鐵路運輸連接沿海港口或內陸機場，這段運輸旅程就屬於國內鐵路運輸的範疇。另外，中國內地與香港、澳門地區間的鐵路運輸也是國內鐵路貨物運輸。以內地向香港地區供應物資為例，香港鐵路運輸分為內地段鐵路運輸和香港段鐵路運輸兩個部分。這是一種特殊的租車式兩票運輸。具體程序為：

第一步，由發貨地貨運代理向鐵路貨運部門辦理從發貨地至深圳北站的國內鐵路運輸手續，填寫國內鐵路運單。

第二步，出口公司或運輸代理委託中國對外貿易運輸公司深圳分公司辦理租車、接貨、報關、查驗及原車過軌等手續。

第三步，中國對外貿易運輸公司深圳分公司與鐵路部門進行票據交接，並向鐵路部門報送過軌計劃。

第四步，由香港鐵路貨運代理向香港海關報關，列車到達九龍站後，向香港收貨人交貨。

另外，內地與澳門之間沒有直接的鐵路運輸，向澳門供應的物資一般由鐵路運輸至廣州或珠海，再轉海洋運輸或公路運輸方式送至澳門。

三、航空運輸

(一) 航空運輸概述

1. 航空運輸的概念

航空輸運（Air Transportation）是使用飛行器來運輸人員、貨物及郵件的一種現代化運輸方式。航空運輸是各種傳統運輸方式中起步較晚、發展最快的一種，並憑藉其獨特的優勢在國際貿易中發揮著重要的作用。回顧歷史，1903年，美國人萊特兄弟製造並試飛了世界上第一架動力飛機。從1909年開始，法國、美國、德國、英國等相繼開辦商業性航空運輸業務，開啓了民用航空運輸的歷史。第二次世界大戰結束後，隨著航空技術的突飛猛進，世界航空運輸網絡開始形成並不斷擴大，與貿易有關的航空公約、法律、法規等也不斷完善。改革開放以來，中國的航空運輸也取得了長足發展，在機場建設、航線開發、飛機製造等方面成績斐然。另外，國際民用航空組織（International Civil Aviation Organization）、國際航空運輸協會（International Air Transport Association）是與國際航空運輸最為相關的國際組織，發揮著重要的管理職能。

國際航空運輸的主要方式有班機運輸、包機運輸、集中托運、陸空聯運和航空快遞等。航空運輸的速度快、質量高、時效性好，主要適用於運輸鮮活易腐商品、精密貴重商品及搶險救災物品等。

2. 航空運輸的優勢與劣勢

一方面，航空運輸具有明顯的優勢。

（1）運輸速度快。

飛機的飛行速度通常在 700~1,000 千米/小時，相比於公路、鐵路及水運等其他運輸方式，航空運輸的速度是目前最快的。在競爭激烈、瞬息萬變的國際市場上，時間與效率的重要性不言而喻。航空運輸的高效特性能夠滿足應急商品、救災物資等的快速運輸。

（2）保鮮能力強。

有一部分國際貿易商品對時間性要求比較高，運輸或儲存的時間過長會影響商品的價值。例如，海鮮、水果、蔬菜、鮮花、冷凍商品及醫藥用品等。有的商品對運輸條件也有苛刻的要求，例如對溫度、濕度及平穩性的要求等。航空運輸則能最大限度滿足商品的保鮮要求。

（3）準點率較高。

航空運輸擁有完善的管理制度，不論是國際航空還是國內航空都有明確的飛行時刻表。在正常情況下，航班的準點率是可以預測的，部分成熟航線的準點率是有保障的。相比於其他運輸方式，即使航班因天氣原因延誤或取消，所耽誤的時間也是可控的、可以彌補的。

（4）總體費用低。

雖然航空運輸的單價比較昂貴，但是運輸時間很短。這使得圍繞貨物的整體運輸程序相應簡化，從而大大降低了總體費用水準。例如，航空運輸一般為直飛直達，從而減少了倉儲、物流等中間環節的費用；航空運輸對運輸包裝要求不高，從而簡化了商品的包裝材料，並節約了相關費用；航空運輸安全高效，從而降低了商品在運輸過程當中發生損失的概率，也減少了保險費用。

另一方面，航空運輸也存在一定劣勢。

（1）貨物種類有限制。

相比於輪船、火車，飛機的載重量十分有限。世界上最大的貨運飛機安－225 運輸機的最大載重量也僅有 250 公噸，普通貨運飛機的運載量則只有數十噸，並且對貨物的大小、尺寸等也有一定限制。

（2）天氣因素影響大。

飛機的起降會受到天氣因素的影響。在暴風、雷電等惡劣氣象條件下，航空運輸無法正常進行。

（3）全程運輸有困難。

機場是航空運輸的樞紐。然而，各地機場的數量有限，地理位置往往處於城市的郊區。為完成國際貨物運輸，往往需要公路運輸與航空運輸相銜接，才能解決「最後十公里」的運輸困難。

（二）航空運輸的方式

1. 班機運輸

班機運輸（Scheduled Airline）是指具有固定的開航時間、航線和停靠站點的航空運輸，這是一種重要的民航形式。班機一般分為客運班機、貨運班機和客貨混合班機。使用數量較多的是客貨混合班機。由於貨艙的容量有限，運價也較貴，因而只適合於運輸少量鮮活的或急需的貨物。與海洋運輸中的班輪類似，班機運輸也有顯著的特點。

第一，「四固定」特點。班機運輸也有四項固定，即固定的時間、航線、機場和價格，這有利於托運人明確運輸條件、核算運輸成本。

第二，運輸手續簡便。班機運輸為貨主提供了「一站式」優質服務，服務項目與相應價格明確具體。貨物在交給航空公司後，貨主還可全程查詢運輸狀況，這尤其適合對貴重物

品的國際運輸。

第三，對運輸貨物有一定限制。班機運輸並不適合所有類型的貨物。貨物的重量、體積及形狀等需滿足航空運輸的要求。托運人需提前瞭解飛機的機艙結構、艙門大小及裝運時間等。考慮到班機運輸的價格較高，一些價值不高或並不急需的商品則不宜選擇班機運輸。

2. 包機運輸

包機運輸（Chartered Carrier Transport）是指航空公司按照事先約定的條件和費率，將整架飛機租給一個或幾個包機人來從事人員或貨物運輸的方式。包機運輸通常也要商定具體的航線和機場，對包機時間或航次也有明確規定。包機運輸適合於高價值的大宗貨物運輸，並且在價格上略低於班機運輸，在航線上可以有更多的靈活性要求。

包機運輸主要分為整機包機和部分包機兩種類型。

第一，整機包機即是由貨主包租整架飛機。這一方式的優點是可以指定直達航線，能夠降低貨損概率，可以彌補艙位不足等。缺點是總體費用較高，並且只有當需要運輸的貨物量接近飛機的最佳運載量時才最劃算。

第二，部分包機即是由多個貨主組合包租一架飛機。部分包機既可以由貨主發起，也可以由航空公司安排。這一方式的優點是貨主可根據實際貨運量的大小靈活選擇包機艙位，費用價格也相對便宜。缺點是飛行時間不能保證，包機常常會因各種原因而不能按時起飛。另外，部分包機還有可能受到一些國家或地區的航空管制。

3. 集中托運

集中托運（Centralized Consignment）是指航空貨運代理人將若干批單獨發運的貨物組合成一批，採用化零為整、積少成多的方式向航空公司辦理托運。整批貨物只有一份航空運單，當達到共同的目的地後，再分撥給各個實際收貨人。集中托運是航空運輸的重要方式，這一方式既為貨主和承運人創造了便利，又使貨運代理人從中賺取了價差和利潤，因而漸漸發展為了航空貨運代理的主要業務之一。

4. 航空快遞

航空快遞（Air Express）又被稱為快件業務、速遞業務，是指航空快遞企業利用航空運輸方式，將小批量貨物或單件貨物以最快的速度運輸至收件人所在地的運輸方式。航空快遞依託高效率的物流網絡及信息渠道，向客戶提供了物流、倉儲、信息查詢等綜合服務。常見的模式有「門至門」「桌至桌」等。一般適合於對公文、票據、樣品等的運輸。

四、集裝箱運輸

（一）集裝箱運輸的概念

集裝箱運輸（Container Freight Transport）又被稱為貨櫃運輸，是指以標準化的定制集裝箱為載體，將零散貨物進行組合運輸的現代化運輸方式。完成集裝箱運輸需要相應的運輸工具和大型設備，是一整套複雜的運輸集成、信息集成和資本集成。集裝箱運輸還是一種高效率的快捷運輸，能夠較好地實現「門至門」「倉至倉」等一體化運輸要求，適合於海洋運輸、鐵路運輸、公路運輸及多式聯運等各種運輸方式。

回顧歷史，集裝箱最早起源於19世紀的英國，在20世紀60至80年代得到普及。進入21世紀以來，伴隨著世界海運量的快速增長和內陸運輸條件的不斷改善，集裝箱運輸的優勢進一步凸顯，並逐漸成為改變世界貨物運輸格局的新興方式。

國際標準化組織（ISO）、《集裝箱海關公約》（CCC）、《國際集裝箱安全公約》（CSC）等都對集裝箱做出了明確定義。普遍將集裝箱定義為一種兼具包裝功能的特殊運輸設備，並提出了具體要求。

（1）全部或部分封閉，能夠形成一個裝運貨物的艙室。

(2) 具有較好的強度和耐久性,整體堅固、不易損壞並可反復使用。

(3) 具有通用性設計,能夠適合多種運輸方式,且在不同交通工具間進行轉換時無須更換集裝箱。

(4) 具有便於裝卸和搬運的裝置,能夠滿足專業化設備的操作。

(5) 內部容積和結構應滿足貨物運輸對經濟性、便利性及安全性等的要求。

(二) 集裝箱運輸的優勢與劣勢

一方面,集裝箱運輸具有明顯的優勢。

(1) 提高了運輸效率。集裝箱是一種標準化的運輸單位,在運輸過程中並不需要頻繁地將貨物裝上卸下。特別是在現代化的集裝箱碼頭、設備及運輸工具的配合下,貨物運輸可以最大限度地實現自動化和信息化。因此,集裝箱運輸是目前運輸效率最高的運輸方式之一。

(2) 適合各種運輸方式。集裝箱是一種全球通用的運輸工具,能夠在海洋運輸、鐵路運輸、公路運輸等各種運輸方式間自由轉換。同時,集裝箱還促進了多式聯運的發展,實現了貫穿海陸的「門至門」連貫性運輸。

(3) 降低了運輸風險。集裝箱是一種特殊的運輸包裝,能夠起到一定的防盜、防災作用,從而進一步保護貨物免受損失。集裝箱在減少貨損、貨差,加強運輸過程中的安全性的同時,還能降低貨運保險的賠付率,從而降低保險費率,節約國際貿易成本。

(4) 簡化了運輸手續。集裝箱運輸依託互聯網信息技術實現了電子化與無紙化管理,手續簡便、流程清晰。托運人只需一張提單便可辦理各項運輸、商檢及海關手續。另外,在許多國家或地區,集裝箱運輸還享有在停泊、裝卸及通關方面的優惠。

另一方面,集裝箱運輸也存在一定劣勢。

(1) 耗費運力。集裝箱本身具有一定重量,需要占用一定的運輸成本。當集裝箱的空置率太高時,開展集裝箱運輸是不劃算的。另外,集裝箱的堆放重心需要隨時調整,這也增加了運輸和管理集裝箱的難度。

(2) 保養成本。集裝箱通常為金屬材質,在反復使用後容易出現破損、鏽蝕等現象。集裝箱具有一定的使用壽命,並且維護和保養集裝箱也是一筆不小的開支。

(3) 需要配合。集裝箱運輸需要得到相應的港口碼頭、車輛設備及控制系統的配合支持,是一項複雜的系統工程。集裝箱運輸屬於資本密集型和技術密集型行業,資金投入較大,建設週期較長,對相關從業人員的知識技能要求也較高。

(三) 集裝箱運輸的裝箱方式

(1) 整箱 (Full Container Load, FCL)。

整箱是指發貨人在海關的監督下,自行將貨物裝滿整箱集裝箱並加鎖、加鉛封,以箱為單位托運貨物。這種方式對托運貨物的數量有一定要求,當數量不足一箱時則不適用。

(2) 拼箱 (Less than Container Load, LCL)。

拼箱是指當托運貨物不足一整箱時,承運人可根據貨物性質和運輸目的地對相關貨物進行分類組合,並拼裝成整箱。拼箱貨物的分類、整理、集中、裝箱、拆箱及交貨等工作均由承運人負責辦理。這種方式適合於對小批量貨物的運輸。

(四) 交接地點與方式

集裝箱的交接地點由運輸合同確定,是劃分風險、責任和費用的關鍵運輸條件,主要地點包括船邊或吊鉤 (Ship's Rail or Hook/Tackle)、集裝箱堆場 (Container Yard, CY)、集裝箱貨運站 (Container Freight Station, CFS) 以及門 (Door) 等。常用的交接方式有9種。

(1) 門到門 (Door to Door)。

由托運人將貨物裝入集裝箱,並在其倉庫或工廠交給承運人驗收。承運人負責全程運

輸,並將集裝箱運至收貨人的倉庫或工廠。

(2) 門到場 (Door to CY)。

承運人負責將集裝箱從發貨人的貨倉或工廠運輸至目的地或卸箱港的集裝箱堆場。

(3) 門到站 (Door to CFS)。

承運人負責將集裝箱從發貨人的貨倉或工廠運輸至目的地或卸箱港的集裝箱貨運站。

(4) 場到門 (Door to CFS)

承運人負責將集裝箱從起運地或裝箱港的集裝箱堆場運輸至收貨人的貨倉或工廠。

(5) 場到場 (CY to CY)。

承運人負責將集裝箱從起運地或裝箱港的集裝箱堆場運輸至目的地或卸箱港的集裝箱堆場。

(6) 場到站 (CY to CFS)。

承運人負責將集裝箱從起運地或裝箱港的集裝箱堆場運輸至目的地或卸箱港的集裝箱貨運站。

(7) 站到門 (CFS to Door)。

承運人負責將集裝箱從起運地或裝箱港的集裝箱貨運站運輸至收貨人的貨倉或工廠。

(8) 站到場 (CFS to CY)。

承運人負責將集裝箱從起運地或裝箱港的集裝箱貨運站運輸至目的地或卸箱港的集裝箱堆場。

(9) 站到站 (CFS to CFS)。

承運人負責將集裝箱從起運地或裝箱港的集裝箱貨運站運輸至目的地或卸箱港的集裝箱貨運站。

(五) 集裝箱運輸的費用

集裝箱運費的構成相對比較複雜,除了常規的海運運費、內陸運費,還包括拼箱費、堆場費、集裝箱及相關設備使用費等。

拼箱運費一般按照重量來計算,以運費噸為計算單位,並包含了基本運費和附加運費。

整箱運費則一般按照包箱費率來計算,以一個集裝箱為計算單位。習慣上有三種計算包箱費率的方法。

(1) FAK 包箱費率 (Freight for All Kinds)。

這種計費方法並不區分貨物種類,也不計算貨物重量,而是按照統一的價格對每一箱貨物收費。

(2) FCS 包箱費率 (Freight for Class)。

這種計費方法將貨物進行分類,比如劃分不同的等級並對應不同的價格,從而有針對性地制定包箱費率。

(3) FCB 包箱費率 (Freight for Class & Basis)。

這種計費方法既按不同貨物的等級或貨類,又按計算標準來制定包箱費率。例如,即使是同一等級的貨物,按照重量標準或體積標準,計算出的費用也可能會不同。

(六) 國際多式聯運

以集裝箱運輸為基礎,國際多式聯運這一綜合性的連貫運輸方式得以產生和發展。國際多式聯運 (International Combined Transport) 是指將海、陸、空等運輸方式相互銜接,使整個運輸過程具備單一運輸方式的特徵。《聯合國國際貨物多式聯運公約》將其定義為:按照國際多式聯運合同,以至少兩種不同的運輸方式,由多式聯運經營人把貨物從一國境內接管地點運至另一國境內指定交付地點的貨物運輸。國際多式聯運還應具備五項條件。第一,只有一份多式聯運合同;第二,只有一份覆蓋全程的多式聯運單據;第三,包含兩種以上的運

輸方式；第四，只有一個負責全程運輸的跨國聯運經營人；第五，全程採用單一的運費費率。

國際多式聯運為實現「門到門」的運輸創造了便利，它簡化了運輸手續、減少了中間環節、縮短了運輸時間、降低了運輸成本，並在一定程度上實現了運輸過程的專業化與合理化。

五、其他運輸方式

(一) 公路運輸

公路運輸（Highway Transportation）是以公路為運輸線路，汽車為運輸工具的旅客和貨物運輸方式。公路運輸系統是現代交通運輸的重要組成部分，尤其在鐵路、水運及航空難以到達的地勢崎嶇、位置偏遠、人煙稀少區域發揮著不可替代的重要作用。公路運輸的主要優勢十分明顯。其一，適應性強。汽車行駛幾乎不受地理條件的限制，靈活性與機動性超過其他任何運輸方式。其二，快捷方便。公路網絡遍布各地，汽車運輸能夠輕鬆做到「門到門」的直達運輸，並且運輸程序簡便，短途運輸速度較快。其三，資金投入少。公路運輸的投入成本可控，主要支出在於購買和養護汽車。相比而言，購置汽車的費用遠低於購置輪船或飛機。若資金週轉正常，便能較快收回成本，實現獲利。當然，公路運輸也有一定不足。其一，連續性不強。在各種運輸方式中，公路運輸的平均距離是最短的，並不適合連續大量的跨國長途運輸。其二，單位運載量較小。公路運輸的總量較大，但每輛汽車的運載量卻較小。若考慮到每輛汽車的耗油情況、司機的工資及道路通行費用等，公路運輸的單位成本相對較高。其三，安全性不足。公路運輸的風險概率較高，並且容易受到意外事故、自然災害等因素的影響。目前，在國際貿易中，公路運輸作為一種重要的陸上貨物運輸方式，彌補了其他運輸方式的不足，尤其在邊境貿易等短途跨境貿易中發揮了重要作用。

(二) 內河運輸

內河運輸（Inland Water Transportation）是以江、河、湖泊及人工水道為線路、以船舶為運輸工具的旅客和貨物運輸方式。內河運輸是水上運輸的重要組成部分，它將內陸地區與沿海地區相連接，在現代運輸行業中扮演著重要的輔助作用。世界著名的內河運輸航道有歐洲的萊茵河、多瑙河；非洲的尼羅河；北美洲的密西西比河；亞洲的湄公河；中國的長江、珠江、京杭大運河等。內河運輸具有投資少、運量大、成本低等特點，在同特定國家或地區開展國際貿易時具有傳統優勢。

(三) 管道運輸

管道運輸（Pipeline Transport）是一種利用管道來運輸特殊商品的方式。管道運輸通常適用於運輸液體或氣體物資，例如石油、天然氣及化工原料等。近年來，隨著技術的進步，煤炭、礦石等固體物資也可通過高壓管道進行運輸。管道運輸具有眾多優點，例如，運輸量大、占地面積小、建設週期短、運輸費用低、安全性較高、連續性較強等。但管道運輸的缺點也不少，例如，專用性較強、靈活性較弱、固定投資較大等。目前，在國際運輸領域，中俄、中蒙、中土等油氣管線的建設將為區域內各國的發展創造機遇。在國內運輸領域，中國已建成大慶至秦皇島、勝利油田至南京等多條原油管道運輸線，並在西氣東輸、北油南運等戰略中發揮了重要作用。

(四) 大陸橋運輸

大陸橋運輸（Land Bridge Transport）是一種利用橫貫大陸的鐵路或公路，將大陸兩端的海洋接起來的集裝箱連貫運輸方式。一般為「海—陸—海」多式聯運，陸路運輸扮演著中間橋樑的特殊作用。大陸橋運輸避免了遠距離的海上繞行，從而能夠縮短運輸時間、降低運輸成本。目前，世界著名大陸橋線路包括西伯利亞大陸橋、新歐亞大陸橋和北美大陸橋。

1. 西伯利亞大陸橋

這條運輸線路以俄羅斯西伯利亞鐵路為陸路橋樑，連接起太平洋遠東地區與波羅的海、黑海及大西洋東岸地區。

2. 新歐亞大陸橋

這條運輸線路以從中國山東省的日照市、江蘇省的連雲港市到荷蘭鹿特丹港的國際化鐵路為陸路橋樑，連接起太平洋西岸與大西洋東岸。中國國內的鐵路干線為隴海鐵路和蘭新鐵路。

3. 北美大陸橋

這條運輸線路以美國和墨西哥的鐵路和公路系統為陸路橋樑，連接起大西洋西岸與太平洋東岸。需要注意的是，使用北美大陸橋運輸時，合同中會規定 OCP 條款（Overland Common Points），這是一種區別於多式聯運的特殊運輸方式。

閱讀資料 11-1：中國貨物運輸概況

2018 年全年貨物運輸總量 515 億噸，比上年增長 7.1%。貨物運輸週轉量 205,452 億噸公里，增長 4.1%。全年規模以上港口完成貨物吞吐量 133 億噸，比上年增長 2.7%，其中外貿貨物吞吐量 42 億噸，增長 2.0%。規模以上港口集裝箱吞吐量 24,955 萬標準箱，增長 5.2%。各種運輸方式完成貨物運輸量及其增長速度見表 11-1。

表 11-1 2018 年各種運輸方式完成貨物運輸量及其增長速度

指標	單位	絕對數	比上年增長（%）
貨物運輸總量	億噸	514.6	7.1
鐵路	億噸	40.3	9.2
公路	億噸	395.9	7.4
水運	億噸	69.9	4.7
民航	萬噸	738.5	4.6
管道	億噸	8.5	5.4
貨物運輸週轉量	億噸公里	205,451.6	4.1
鐵路	億噸公里	28,821	6.9
公路	億噸公里	71,202.5	6.6
水運	億噸公里	99,303.6	0.7
民航	億噸公里	262.4	7.7
管道	億噸公里	5,862	22.5

數據來源：國家統計局《2018 年國民經濟和社會發展統計公報》。

從 2009 年到 2018 年的十年裡，中國的貨物運輸量保持了快速增長的趨勢，相應統計指標見表 11-2、圖 11-1。

表 11-2 2009—2018 年中國貨物運輸情況

年份	貨物運輸總量（億噸）	貨物運輸週轉量（億噸公里）	規模以上港口完成貨物吞吐量（億噸）	外貿貨物吞吐量（億噸）	規模以上港口集裝箱吞吐量（萬標準箱）
2009 年	279	121,211	69.1	21.4	12,082

表11-2(續)

年份	貨物運輸總量（億噸）	貨物運輸週轉量（億噸公里）	規模以上港口完成貨物吞吐量（億噸）	外貿貨物吞吐量（億噸）	規模以上港口集裝箱吞吐量（萬標準箱）
2010年	320	137,329	80.2	24.6	14,500
2011年	369	159,014	90.7	27.5	16,231
2012年	412	173,145	97.4	30.1	17,651
2013年	451	186,478	106.1	33.1	18,878
2014年	439	184,619	111.6	35.2	20,093
2015年	417	177,401	114.3	35.9	20,959
2016年	440	185,295	118.3	37.6	21,798
2017年	479	196,130	126.0	40.0	23,680
2018年	515	205,452	133.0	42.0	24,955

數據來源：根據國家統計局歷年統計公報整理。

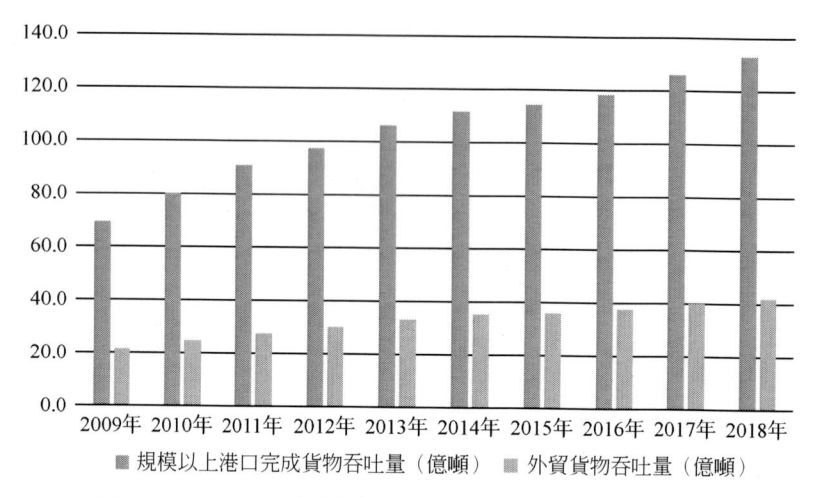

圖11-1　2009—2018年中國規模以上港口完成貨物吞吐量增長情況

——資料引用自國家統計局歷年統計公報

(五) 郵包運輸

郵包運輸（Parcel Post Transport）是一種利用郵局來辦理貨物運輸的方式。這種方式適合於運輸重量較輕、體積較小的商品，具有手續簡便、費用低廉等優勢。近年來，隨著快遞業務的興起和發展，郵包運輸的承運人也由郵局轉變為了各類快遞公司。在國際貿易中，諸如樣品、圖紙、說明書等物品，以及精密儀器、貴重商品等都可以選擇快遞運輸。另外，郵包運輸還是跨境電子商務的主要運輸方式。

第二節　國際貨物運輸單據

一、海運提單

(一) 海運提單的概念

海運提單（Ocean Bill of Lading，B/L），簡稱提單，是承運人或其代理人向托運人簽發的一種證明文件，表示承運人已收到貨物並保證完成運輸。《中華人民共和國海商法》將提單定義為用以證明海上貨物運輸合同和貨物已經由承運人接收或者裝船，以及承運人保證據以交付貨物的單證。提單既是貨物收據、運輸合同，也是代表貨物所有權的物權憑證。提單持有人可據以提取貨物，也可憑此向銀行押匯，還可在載貨船舶到達目的港之前進行轉讓。總之，提單是國際貿易中的基本單據，並在貨物運輸、貨款收付、保險理賠及爭議解決等方面具有重要作用。

(二) 海運提單的性質與作用

1. 物權憑證

海運提單的根本性質是代表貨物的物權憑證。提單的合法持有人對提單所載明的貨物不僅擁有提貨權，還擁有收益權、轉讓權、索賠權等。

2. 貨物收據

海運提單由承運人或其代理人簽發，簽發提單的前提是貨物已經裝船或處於承運人的控制之下。承運人會按照貨物的具體情況，在提單上列出明細，對貨物的外部狀況還會進行批註說明，以此來證明收到貨物的具體情況。

3. 運輸合同

海運提單是對承運人與托運人之間運輸合同的一種證明。在租船運輸方式下，運輸合同的簽訂在前，而提單的簽發在後，所以提單只是運輸合同的證明，而不是合同本身。但是，在班輪運輸方式下，往往沒有專門簽訂的運輸合同，此時，提單就是運輸合同的一種特殊形式。

4. 其他作用

海運提單還具有一些其他作用。在信用證等各種結算方式中，提單是順利收付貨款的重要單據。當貨物在運輸過程中發生損失時，提單是索賠與理賠的重要憑據。當需要辦理海關手續或進行日常業務聯繫時，提單也是一種常用的文件。

(三) 海運提單的內容

海運提單一般由各國船公司自己制定，雖然在格式上有所差別，但是在內容上卻大同小異。一般都包括正面內容和背面內容。

1. 正面內容

按照《中華人民共和國海商法》第七十三條的規定，海運提單的主要內容有11項，分別是：

（1）貨物的品名、標誌、包數或者件數、重量或者體積，以及運輸危險貨物時對危險性質的說明；

（2）承運人的名稱和主營業所；

（3）船舶名稱；

（4）托運人的名稱；

（5）收貨人的名稱；

（6）裝貨港和在裝貨港接收貨物的日期；

（7）卸貨港；

（8）多式聯運提單增列接收貨物地點和交付貨物地點；

（9）提單的簽發日期、地點和份數；

（10）運費的支付；

（11）承運人或者其代表的簽字。

除此之外，提單正面還可註明船長的姓名，運費支付的時間、地點、幣種、匯率、到貨港的被通知方，到貨港的船務代理人名址，有關貨物數量的爭議解決辦法等。

2. 背面內容

提單背面主要規定了承運人、托運人、收貨人、提單持有人等的責權利關係。為統一在提單背面解釋各方當事人的權利與義務，國際上先後有過三個國際公約：1924年簽署的《關於統一提單的若干法律規制的國際公約》，即《海牙規則》；1968年簽署的《布魯塞爾議定書》，即《維斯比規則》；1978年簽署的《聯合國海上貨物運輸公約》，即《漢堡規則》。

在提單背面，通常印有定義條款、首要條款、承運人責任和豁免、責任期間、包裝和標誌、運費和其他費用、自由轉船條款、托運人責任、承運人賠償責任限額、冰凍條款、艙面貨條款、冷藏條款、駁船費條款、裝貨、卸貨、交貨條款、留置權條款、共同海損條款、地區條款或美國條款、戰爭條款、罷工條款、互有過失碰撞條款、危險品和違禁品條款、索賠通知和訴訟時效條款、熏蒸條款等。

（四）海運提單的分類

1. 按照貨物是否裝船

（1）已裝船提單。

已裝船提單（On Board B/L、Shipped B/L）是指承運人已將貨物裝上指定的船舶後所簽發的提單。提單需印有「已裝船（On Board）」字樣，並註明具體的裝船日期、船名及船長簽字等。按照《跟單信用證統一慣例》的規定，在使用信用證收款時，出口方向銀行提交的提單應該是已裝船提單。按照《國際貿易術語解釋通則》的規定，在使用CIF、CFR等術語時，出口方也需要提供已裝船提單來證明完成了交貨。

（2）備運提單。

備運提單（Received for Shipment B/L）又被稱為待裝提單、收貨待運提單，是指承運人在已收到貨物但尚未裝船時，應托運人的要求所簽發的提單。備運提單沒有註明裝船日期，只能證明貨物已經處於承運人的控制之下，但何時裝船、何時運輸還不確定。由於存在一定的風險，進口方及銀行一般不願意接受備運提單，但是隨著集裝箱運輸在內陸地區的普及，承運人有時只能簽發備運提單，因而備運提單也成了一種常用提單。

2. 按照收貨人抬頭不同

（1）記名提單。

記名提單（Straight B/L）又被稱為收貨人抬頭提單，是指在提單的收貨人一欄中明確填寫了收貨人名稱的提單。使用這種提單時，承運人只能將貨物交給特定的收貨人，而提單的持有人也不能通過背書的方式將提單轉讓。有時，提單的持有人可以通過類似財產買賣的方式轉讓貨物，其他人也可以通過擔保方式提貨，但這些特殊的轉讓方式會損害提單的物權性質，進而影響銀行及托運人的經濟利益。由於記名提單缺乏足夠的流動性，因而在國際貿易中已很少使用。

（2）不記名提單。

不記名提單（Bearer B/L、Open B/L、Blank B/L）又被稱為空白抬頭提單，是指在提單

的收貨人一欄中不寫任何具體的收貨人，而是註明「提單持有人（Bearer）」字樣或留作空白的提單。使用這種提單時，任何持有提單者，均可提取貨物，轉讓貨物也不需要背書，十分簡便。然而，不記名提單常常在承運人放貨之後產生糾紛，屬於一類風險較大、漏洞較多的提單，因而在國際貿易中也很少使用。

（3）指示提單。

指示提單（Order B/L）是指在提單的收貨人一欄中註明「憑指示（To order）」或「憑某人指示（Order of…）」字樣的提單。使用這種提單時，可以通過背書的方式進行轉讓，具體的背書方式又分為「空白背書」和「記名背書」。空白背書的做法是由轉讓人（背書人）在提單的背面簽名，而無須寫明提單的受讓人（被背書人）是誰。記名背書的做法則是由轉讓人（背書人）不僅要在提單的背面簽名，而且還要寫出提單的具體受讓人（被背書人）的名稱。記名提單可以通過背書方式多次轉讓，因而在國際貿易中很受歡迎。實際上，轉讓提單是對提單的物權憑證性質的具體應用，因為在轉讓提單的同時，提單所載明的貨物物權也同時被轉讓。提單轉讓衍生出了單據買賣，從而促進了國際貿易的發展。

3. 按照有無批註

（1）清潔提單。

清潔提單（Clean B/L）是指貨物在裝船時外表狀況良好，承運人據此開出的提單沒有批註諸如貨物殘損、包裝破裂、數量短缺等文字說明。清潔提單具有重要的實踐意義，例如，銀行在付款時一般只接受清潔提單，可轉讓提單一般也要求是清潔提單。對於承運人而言，更要慎重開出清潔提單，因為清潔提單意味著貨物的任何損失都發生在運輸過程當中，這將使承運人難以在發生爭議時免責。

（2）不清潔提單。

不清潔提單（Unclean B/L）是指貨物在裝船時外表存在包裝不牢、破殘、滲漏、玷污、標誌不清等瑕疵，承運人據此在提單上加以批註。由於銀行及收貨人通常並不接受不清潔提單，因此，當貨物瑕疵將影響交貨或結匯時，承運人會通知托運人及時換貨、補貨或採取補救措施。另外，對承運人而言，如實簽發不清潔提單也是對自身利益的一種保護。

4. 按照運輸方式不同

（1）直達提單。

直達提單（Direct B/L）又被稱為直運提單，是指承運人將貨物裝船後，中途不經轉船或停留，直接運輸至目的港交貨的提單。在直達提單上不得標註「轉船」或「在某港轉船」的字樣或內容。凡在信用證或合同中規定不得轉船時，必須使用直達提單。在國際貿易中，直達提單具有費用較低、風險較小、時間較短等特點，因而是最受歡迎的一類提單。

（2）轉船提單。

轉船提單（Transhipment B/L）又被稱為轉運提單，是指承運人將貨物裝船後，並不直接駛往目的地，而是需要在中途港口換裝其他船舶。轉船提單需註明「轉運」或在「某港轉船」的字樣或內容，一般由開始第一程運輸的承運人簽發。在一些特殊情況下，比如船源緊張，貨物又急需運輸時，買賣雙方也會同意使用轉船運輸，此時需在合同中明確規定轉船提單的相應內容，避免在後續交易中發生爭議。

（3）聯運提單。

聯運提單（Combined Transport B/L）是指貨物運輸過程包含了兩種或兩種以上的運輸方式的提單。常見的聯運提單有海陸聯運提單、海空聯運提單等。聯運提單屬於聯合運輸性質，當貨物在不同運輸方式間轉換時，一般由上一程的承運人向下一程的承運人交接辦理。

（4）多式聯運提單。

多式聯運提單（MultimodaL Transport B/L，Intermodal Transport B/L）也是一類貨物運

輸過程包含了兩種或兩種以上的運輸方式的提單,但是這種提單一般包含了海洋運輸方式,且主要適用於集裝箱運輸。與聯運提單不同,多式聯運提單並非是聯合運輸性質,而是將幾段運輸組合為一種運輸。承運人只需簽發一張提單,收取一次運費,即可負責將貨物運輸至指定目的地的整個過程。

5. 按照簽發時間不同

(1) 過期提單。

過期提單(Stale B/L)有兩種情況:一種是出口商向銀行交單的時間超出了銀行規定的最遲交單日期;另一種是提單到達進口方的時間晚於貨物到達目的港的時間。銀行一般不接受過期提單,但是有一種特殊的例外情況,即近洋運輸。在開展近洋運輸的貿易合同中,通常會專門規定「可以接受過期提單」的條款。

(2) 倒簽提單。

倒簽提單(Anti-dated B/L)指承運人或其代理人應托運人的要求,在貨物裝船完畢之後,以早於貨物實際裝船日期為簽發日期所簽發的提單。簽發這種提單的最初動機是為了避免銀行拒付貨款,因為實際裝船日期已經晚於信用證所規定的最遲裝運時間。然而,倒簽提單的本質還是托運人與承運人的一種合謀,屬於篡改、偽造單據或詐欺行為。簽發這種提單很容易引起嚴重的法律後果。對於承運人而言,簽發倒簽提單將增加風險,尤其是當倒簽時間較長時,很容易被銀行或進口方發現,並被追究運輸延遲的違約責任。對於托運人而言,有時候倒簽提單不但不能使其按時結匯,還有可能在貨價下跌時被作為進口方拒付貨款、拒收貨物的正當理由。因此,在國際貿易實務中,承運人對於簽發倒簽提單十分慎重,一般也只會在有銀行保函等少數情況下簽發。

(3) 預借提單。

預借提單(Advanced B/L)是指貨物在尚未裝船或尚未裝船完畢的情況下,信用證規定的結匯期即將屆滿,托運人為了能夠及時結匯,要求承運人或其代理人提前簽發的已裝船清潔提單。這一提單的本質是托運人為了向銀行收款而向承運人借用的提單,至於何時完成裝船或有無貨物裝船尚且未知。一般而言,簽發預借提單有幾種原因。其一,托運人未能及時備貨;其二,船舶延誤,不能按時到港裝貨;其三,估計裝船完畢的時間已超過信用證規定的最後時間。不論是哪一種情況,不能按時結匯是根本原因。相比於倒簽提單,預借提單同樣屬於篡改時間、偽造單據、合謀詐欺,更為嚴重的是,預借提單的風險將更大。如果托運人與承運人惡意合謀,通過簽發沒有真實貨物的預借提單來詐騙善意第三方,則可能引發更為嚴重的經濟損失和法律後果。因此,在國際貿易實務中,承運人不能輕易簽發預借提單,如果簽發,承運人將承擔全部的貨物損失責任、連帶賠償責任並喪失享受責任限制和援引免責條款的權利,從而將運輸合同由有限責任擴大為了無限責任。在從事國際貿易業務時,進口方也應提高警惕,對提單信息要有所調查瞭解,避免遭遇預借提單。

(4) 順簽提單。

順簽提單(Post-date B/L)是指當貨物裝船完畢後,承運人或其代理人應托運人的要求,以晚於貨物實際裝船日期為簽發日期所簽發的提單。由於提單所表明的裝船日期被故意順延,因此被稱為順簽提單。順簽提單的簽發動機是使出口方的交貨時間能夠符合合同的規定,但是這一做法卻掩蓋或篡改了貨物運輸的真實情況。如果貨物在提單載明的日期前發生損失,承運人完全可以拒絕承擔賠償責任,從而擴大了托運人的風險和責任。

6. 其他類型的提單

海運提單還有一些其他分類方法。例如,按照收費方式的不同,海運提單可以分為運費預付提單、運費到付提單和最低運費提單;按照使用中的有效性不同,海運提單可以分為正本提單和副本提單;按照格式的繁簡不同,海運提單可以分為全式提單和簡式提單;按照

船舶的經營方式不同，海運提單可以分為班輪提單和租船提單等。其他的提單類型還有合併提單、並裝提單、分提單、艙面提單、船東單、貨代單等。

二、海運單

(一) 海運單的概念

海運單（Sea Waybill）簡稱運單，是一種表明承運人已經收到貨物或已將貨物裝船的具有海上運輸合同性質的單據。海運單的正面內容與提單類似，但一般會印刷「不可轉讓」字樣。海運單的背面內容主要包括承運人責任、義務與免責條款、裝貨、卸貨與交貨條款、運費及其他費用條款、留置權條款、共同海損條款等。需要注意的是，海運單不是物權憑證，也不具有可轉讓性。

(二) 海運單的作用與優勢

海運單的主要作用有兩項。其一，作為證明承運人已接管貨物的收據；其二，作為證明承運人與托運人已訂立貨物運輸合同的證明。

海運單的優勢體現為三點。其一，程序簡單。海運單只有三方當事人，即承運人、托運人與收貨人，法律關係簡單，單據信息明確，易於簽發和傳遞。其二，安全可靠。海運單不可轉讓，沒有流動性，也不具有物權憑證性質，可以避免因遺失單據和偽造單據所產生的不良後果。其三，用途廣泛。隨著無紙化貿易的興起，海運單在電子單據領域得到了廣泛應用。

(三) 海運單與提單的區別

第一，運單與提單都是承運人開出的貨物收據和運輸合同的證明，但提單是物權憑證，而運單不是。

第二，提單可以通過背書轉讓，具有流動性和價值性，而運單不可轉讓，沒有流動性和價值性。

第三，提單持有人可憑提單收貨，而運單持有人不能僅憑運單提貨，還要出示適當的身分證明及提貨通知等資料。

第四，提單有全式提單和簡式提單之分，而運單多為簡式，其背面內容一般沒有全部印刷。

三、鐵路運輸單據

鐵路運輸單據主要是鐵路運單（Railway Bill）。在國際鐵路貨物運輸中，鐵路承運人會在發運站簽發帶有運輸日期印章的鐵路運單，以此作為貨物收據和運輸合同的證明。鐵路運單的收貨人為記名抬頭，一式兩份。正本隨貨物運往目的地，並作為交給收貨人的提貨通知；副本交托運人保管，並作為證明其交貨的憑據。需要注意的是，鐵路運單不是物權憑證，也不可轉讓，但是仍然屬於信用證和托收方式中的一種重要單據。

四、航空運單

航空運單（Air Waybill）由航空公司簽發，是一種承運人與托運人之間的運輸契約。與其他類型的運單類似，航空運單既不可以背書轉讓，也不是物權憑證，只是一種表明承運人已收到貨物的收據。所不同的是，航空運單不僅要求承運人或其代理人簽字，還要求托運人也要簽字。航空運單通常一式三份，其中兩份由托運人與承運人留存，另一份隨貨物運輸後交收貨人。航空運單一般又分為主運單和分運單。其一，航空主運單（Master Air Waybill）是指由航空公司簽發的運單。主運單就是航空公司與托運人簽訂的運輸合同，每一批航空運輸貨物對應著一份主運單。其二，航空分運單（House Air Waybill）是指由集中托運人簽發

的運單。在集中托運業務中，除了航空公司簽發的主運單，集中托運人還需向各個零散貨物的托運人分別簽發運單，這便是分運單。

五、多式聯運單據

多式聯運單據（Multimodal Transport Document）是一種證明多式聯運合同和承運人已接管貨物並保證運輸的運輸單據。多式聯運單據由承運人及其代理人簽發，可以按照托運人的要求，設定為可轉讓單據或不可轉讓單據。多式聯運單據的內容應載明貨物的品類，識別貨物所必需的主要標誌，貨物的數量，貨物外表狀況，多式聯運經營人的名稱和主要營業所，發貨人名稱，收貨人的名稱，多式聯運經營人接管貨物的地點和日期，交貨地點，在交付地點交貨的日期或期間，可轉讓或不可轉讓的聲明，多式聯運單據的簽發地點和日期，多式聯運經營人或經其授權的人的簽字，每種運輸方式的運費，預期經過的路線、運輸方式和轉運地點等。

六、電子提單

電子提單是一種利用電子數據交換（Electronic Data Interchange）技術生成的海上貨物運輸合同證明文件。電子提單不同於傳統紙質提單，其傳遞過程依託於一定的數據信息、電腦程序和密碼規則，不但傳輸速度較快，而且安全係數很高。一度被視為國際貿易無紙化發展的里程碑。從 incoterms 1990 到 incoterms 2010，電子提單得到了充分認可和大力推廣。除此之外，1990 年，國際海事委員會通過了《國際海事委員會電子提單規則》（Committee Maritime International Rules for Electronic Bills of Lading），1996 年，聯合國國際貿易法委員會又通過了《聯合國國際貿易法委員會電子商務示範法》（The United Nations Commission on International Trade Law Model Law on Electronic Commerce）。這些國際法規都為電子提單的使用和解釋提供了依據。

第三節　國際貿易合同裝運條款

一、裝運時間

裝運時間（Time of Shipment）又被稱為裝運期，是指賣方將貨物裝上運輸工具或交給承運人的期限，這是買賣合同的關鍵條件之一。對於裝運時間的規定，合同表述必須明確、具體且具有可操作性。需要注意的是，裝運期並不一定是交貨期，這和合同所約定的貿易術語有關。例如，在使用 FOB、CIF、CFR 等裝運合同性質的術語時，裝運期就是交貨期。但是，在使用 DAT、DAP、DDP 等到達性質的術語時，裝運期早於交貨期，二者不是一個概念。裝運期的規定方法有三種。

第一種，具體規定某一時間段為裝運期。為了便於賣方備貨，並給予其一定的靈活性，買賣雙方可以約定在一段時間內裝運或最遲日期前裝運。例如，若規定 8 月裝運，則賣方可在 8 月 1 日至 31 日之間的任意時間完成裝運；若規定 9 月 30 日前裝運，則賣方最遲的裝運日期是 9 月 30 日。

第二種，根據某一重要事件來確定裝運期。國際貿易程序複雜，過於具體的裝運期有時並不可行。為了督促賣方按時開來信用證，並方便賣方及時結匯收款，買賣雙方常常在合同中約定以賣方收到信用證後若干天為裝運期。例如，賣方應當於收到信用證後 30 天內裝運完畢。類似的，賣方還可以以收到信匯、電匯或票匯後若干天為裝運期。例如，收到電匯貨

款後 15 天內完成裝運。

第三種，大致規定於近期裝運。買賣雙方可根據國際運輸市場的行情、貨物銷售的變化趨勢以及雙方長期合作的基礎，對裝運期進行較為籠統的規定，以便雙方都能隨機應變。例如，使用立即裝運、盡快裝運、近期裝運等表述。然而，這種方法容易產生爭議，需謹慎使用。

總之，規定裝運期時應充分考慮貨源、船源、商品特性及貿易流程，並注意與信用證日期的合理銜接，切勿因盲目約定而造成損失。

二、裝運港（地）和目的港（地）

裝運港和目的港是確定貨物運輸起止地點的重要信息。在國際貿易實務中，裝運港一般由賣方提出，而目的港一般由買方提出，經雙方協商一致後，在合同中確定。約定裝運港和目的港一般有三種方法。

第一種，只規定一個裝運港和一個目的港。這種方法適用於線路單一、貨物集中的國際貿易運輸。例如，裝運港為中國上海港，目的港為美國紐約港。

第二種，同時規定兩個或兩個以上的裝運港和目的港。這種方法適用於貨源地較多、銷售地分散的國際貿易運輸。例如，裝運港為中國的連雲港、威海港和菸臺港，目的港為澳大利亞的悉尼、墨爾本。

第三種，按照航區來規定裝運港和目的港。這種方法適用於裝運港和目的港待定的情況。例如，裝運港口為歐洲主要港口，目的港為中國主要港口。然而，這種方法過於籠統，容易在國際貿易中產生爭議，一般很少採用。

買賣雙方在約定裝運港和目的港時，還需注意幾個問題。

第一，約定的港口必須符合進出口雙方的法律許可，不要選擇無外交關係國家的港口或不具備通商條件的港口。

第二，要注意相關港口的具體條件，特別是採用集裝箱運輸時，對相應港口的運輸條件、裝卸設備、泊位狀況及業務繁忙情況等都要有所瞭解。切忌選擇位置偏遠、設備落後的小港、舊港，以免上當受騙。

第三，合理規定選擇港。當國外中間商不能確定最終目的港時，可以約定選擇港。但是選擇港的數量不宜超過三個，且必須在同一航區、同一航線之上。

第四，注意港口名稱的完整、準確。一般應明確表述裝運港與目的港的國別、地名及名稱，避免因名稱類似而發生錯裝、錯運的情況。

三、分批和轉運

分批裝運（Partial Shipment）是指將同一合同中的貨物分為多個批次運輸。分批裝運多見於對大宗商品的國際運輸，是否被允許，取決於買賣雙方對成交數量、運輸條件和市場行情的綜合考慮。一般而言，分批裝運有三種規定方法。第一種，只規定「允許分批裝運」，對具體分批方案等其他條件不做要求。第二種，規定分為多少批裝運，但對每一批次的數量不做要求。第三種，規定每批裝運貨物的數量、時間，這也被稱為定期定量分批裝運。

轉運又被稱為轉船（Transshipment），是指在貨物的運輸過程中存在轉換船舶等運輸工具的現象。轉運是國際貨物運輸中的正常現象，轉運的原因也有很多，比如兩地之間沒有直達運輸航線，或轉運能夠縮短運輸時間、避開熱門航線等。是否允許轉船由買賣雙方在合同中約定，如果需要轉運則要訂立允許轉船條款。

四、滯期和速遣

在租船運輸方式下，為保證船公司的利益，貿易合同還要規定裝卸時間、裝卸率、滯期和速遣等內容。滯期是指在規定的裝卸期內，租船人未能完成全部裝卸工作，致使船舶不能按時起航。按照合同中的滯期條款，租船人將為此承擔帶有罰款性質的滯期費。速遣則與滯期相反，是指租船人在規定的裝卸期內，提前完成了全部裝運工作，使得船舶可以提前起航。此時，船方將給予租船人一筆帶有獎勵性質的速遣費。一般而言，單日的滯期費是速遣費的兩倍。關於裝卸時間，通常有三種約定方法。第一種，按照日或連續日計算。例如，6月1日至10日，即為10個工作日。第二種，按照累計24小時的好天氣為一個工作日。例如，在天氣良好的前提下，某港口每天作業8小時，則每三天為一個工作日。第三種，按照連續24小時好天氣為一個工作日。例如，在8月10日至11日的兩天中，有12個小時的壞天氣，則計為1.5個工作日。這種方法適合於晝夜連續作業的港口，是國際上普遍採用的一種方法。中國對於裝運時間也採用此種規定。

五、裝運通知

裝運通知（Shipment Advice）也被稱為裝船通知，是指買賣雙方在使用特定貿易術語時，為保證船舶、貨物、貨款、單據及保險等要素的相互銜接，而各自承擔的相互通知義務。例如，FOB術語中的派船通知，CFR術語中的購買保險通知等。裝運通知應及時、準確。具體內容一般包括合同號、商品名稱、商品數量、發票金額、船名、航次、裝運港、目的港、裝運日期及開航日期等。若買賣雙方中的一方未履行通知義務，它將賠償由此所產生的經濟損失。

本章小結

本章主要講述了三個方面的內容。

第一，國際貨物運輸方式。主要運輸方式包括海洋運輸、鐵路運輸、航空運輸、集裝箱運輸、公路運輸、內河運輸、管道運輸、大陸橋運輸及郵包運輸等。其中，海洋運輸包括班輪運輸與租船運輸兩種方式，航空運輸包括班機運輸與包機運輸兩種方式，集裝箱運輸包括整箱運輸和拼箱運輸兩種方式。

第二，國際貨物運輸單據。海運提單是承運人或其代理人向托運人簽發的一種證明文件，表示承運人已收到貨物並保證完成運輸。提單具有物權憑證、貨物收據、運輸合同等作用，並在貨物運輸、貨款收付、保險理賠及爭議解決等方面具有重要意義。海運單是一種表明承運人已經收到貨物或已將貨物裝船的具有海上運輸合同性質的單據。運單不是物權憑證，也不可轉讓。

第三，國際貿易合同裝運條款。合同中的裝運條款應包括裝運時間、裝運港和目的港、分批和轉運規定、滯期和速遣規定、裝運通知等主要內容，國際貿易中的買賣雙方應在簽訂合同時予以明確規定。

思考題

1. 請簡述海洋運輸、鐵路運輸、航空運輸各自的優勢與劣勢。
2. 請簡述班輪運輸的主要特點和適用的貿易類型。
3. 請比較海運提單與海運單的相同點和不同點。
4. 試論述集裝箱運輸對國際貿易發展的積極影響。
5. 試論述簽發倒簽提單和預借提單含義、動因及風險。

第十二章

國際貿易保險

學習目標

熟悉風險的主要類型，掌握海上損失的具體分類，掌握中國海運保險、陸運保險、空運保險與郵包運輸保險的基本險別，並且能夠在國際貿易實務中正確運用、靈活運用相關保險知識。

學習重點

風險的分類，海上損失的分類，中國海上貨物運輸保險中的平安險、水漬險和一切險，海洋運輸保險實務中的險別選擇、保險金額、保險費、保險單據、保險索賠、保險條款、保險期限及除外責任，陸運、空運貨物與郵包運輸保險的基本險別。

第一節 海洋運輸保險的責任範圍

一、風險

（一）海上風險

海上風險（Perils of the Sea）又被稱為海難，是指船舶及貨物在海上航行過程中所遭遇的風險，一般包括自然災害和意外事故。

1. 自然災害

自然災害（Natural Calamities），也被稱為天災，是指因自然力量而引起的災害。自然規

律並不以人的意志為轉移，常常難以預測且破壞力巨大。需要注意的是，海上運輸保險所承保的自然災害並非一切由自然因素所帶來的損失，僅僅包括惡劣氣候、雷電、洪水、海嘯、地震、火山爆發及其他嚴重災害等。一般的降雨、刮風、冰雹等不屬於保險意義上的自然災害。

2. 意外事故

意外事故（Fortuitous Accidents），也被稱為人禍，是指船舶等海上運輸工具因人為原因或意外原因所造成的事故。發生意外事故的原因十分複雜，多數屬於人為的過錯、失誤，具有較強的偶然性和突發性。類似的，海上運輸保險所負責的意外事故也有一定範圍，僅僅包括船舶的擱淺、觸礁、沉沒、失蹤、碰撞、傾覆、失火及爆炸等災難事故。一般的貨物損失並不屬於保險意義上的意外事故。

（二）外來風險

外來風險（Extraneous Risks）是指船舶及貨物所遭受的自然災害和意外事故之外的由其他外來原因所引起的風險。外來風險具有不可預測性，一般又可分為一般外來風險和特殊外來風險。

1. 一般外來風險

一般外來風險（General Extraneous Risks）來源於一般的外來原因。常見的風險有偷竊、提貨不著、淡水雨淋、短量、混雜、玷污、滲漏、碰損、破碎、串味、受熱、受潮、包裝破裂、鉤損及銹損等。

2. 特殊外來風險

特殊外來風險（Special Extraneous Risks）來源於特殊的外來原因，主要涉及軍事、政治及國家的政策法律等因素。常見的風險有戰爭、罷工、提高關稅、貨物被沒收、船舶被扣押等。

二、海上損失

海上損失（Average，Marine Loss），簡稱海損，是指船舶及貨物在海上航行過程中因遭遇自然災害或意外事故而引起的損壞、滅失及額外支出。按照損失的類型，海上損失可以分為物質損失和費用損失。按照損失的程度，海上損失又可分為全部損失和部分損失。

（一）全部損失

全部損失（Total Loss），簡稱全損，是指在海上運輸過程中，被保險的整批貨物或一批不可分割的貨物發生全部滅失或等同於全部滅失的情況。全部損失又分為實際全損與推定全損兩種類型。

1. 實際全損

實際全損（Actual Total Loss）是指海上運輸的貨物完全滅失、完全變質、完全失去使用價值，或完全被海盜劫走、完全被政府沒收、完全失蹤、完全喪失所有權等。例如，運載貨物的船舶在海上沉沒且無法打撈，即構成實際全損。當貨物發生實際全損時，被保險人最高可獲得全部損失的賠償。

2. 推定全損

推定全損（Constructive Total Loss）也被稱為商業全損，是指海上運輸的貨物雖然沒有實際全損，但是實際全損已不可避免，或施救、修復及繼續運輸的費用將超過貨物本身的價值。例如，鮮活易腐類商品在運輸過程中開始變質，雖然並未完全變質，但全部變質已不可避免，此時，再將其運輸至目的港已無太大商業價值，因而可以認定為推定全損。在保險實務中，當貨物發生推定全損時，既可以按照部分損失向保險公司索賠，也可以委付（Abandonment）方式將物權轉讓給保險公司，並按照全部損失理賠。

(二) 部分損失

部分損失（Partial Loss）是指在海上運輸過程中，貨物的一部分發生了損毀或滅失。此時，貨物並未達到全部損失的嚴重程度。部分損失又分為單獨海損和共同海損兩種類型。

1. 單獨海損

單獨海損（Particular Average）是指由承保風險直接造成的貨物或船舶的部分損失。單獨海損的受害方往往是單一的，損失通常由某一具體的利益方承擔，如某一貨主，相關後果並不涉及其他貨主和船方。例如，幾袋食品在運輸過程中受潮、一箱工藝品在裝運港被盜等，都屬於單獨海損。

2. 共同海損

共同海損（General Average）是指當船舶在航行途中遭遇到自然災害或意外事故，並威脅到船方和貨方的共同安全時，船長為了維護共同安全和保障繼續運輸不得已而主動採取了合理的救難措施，因此而產生的損失和費用。共同海損與單獨海損不同，具有多個受損的利益方，屬於一種特殊情況下的特別犧牲。需要注意的是，構成共同海損也需要一定條件。其一，遭遇的海上風險必須真實存在，並危及船貨的共同安全；其二，採取的救難措施必須是主動的、合理的；其三，產生的損失和費用必須與救難措施直接相關，並具有額外性質；其四，產生的損失和費用必須對船貨獲救有用。另外，按照國際貿易慣例，共同海損應由船方與貨方等所有受益方按比例共同分擔，分擔的相應方法涉及共同海損分攤（General Average Contribution）問題。

三、海上費用

海上費用主要是指保險承保範圍內的因海上風險而產生的海上運輸費用。在海上貨物運輸保險的理賠範圍中，保險公司除了按照一般財產保險的原理向被保險人補償貨物損失外，還要負責賠償相關的額外支出費用。常見的海上費用主要包括施救費用和救助費用。

施救費用（Sue and Labor Expenses）是指當保險標的在遭遇保險責任範圍內的風險事故時，被保險人或其代理人為挽救商品價值或防止損失擴大而採取各種搶救或防護措施所產生的額外費用。按照國際保險慣例和各國保險企業的實際操作經驗，保險公司應當賠償施救費用，但施救費用的總額不能超過保險金額。需要注意的是，不論搶救措施是否有效，施救費用都應得到賠付，這既有利於激發被保險人與承運人的主觀保護意識，也有利於保險人控制損失程度、減少賠付金額。

救助費用（Salvage Charge）是指當保險標的在遭遇保險責任範圍內的風險事故時，由保險人和被保險人之外的第三人來施救所產生的額外費用。救助費用通常為支付給救助方的經濟報酬，可以列入共同海損的支出範圍。在海上保險實務中，一般要求救助措施應當有效，對於成功施救所產生的費用，保險公司應當賠付。

第二節　中國海運保險險別

在國際貿易合同中，買賣雙方需訂立保險條款。同時，保險人的承保責任範圍也是由保險條款來規定的。國際上，許多國家或地區的保險組織都制定有各自的保險條款，其中，影響力最大、應用範圍最廣的是英國倫敦保險協會制定的《協會貨物條款》（Institute Cargo Clause，ICC）。中國的外貿保險業務最常使用的是《中國保險條款》（China Insurance Clause，CIC），其中包括海洋、陸路、航空及郵包運輸等各種運輸方式的保險條款。在海上運輸領域，中國人民保險公司（The People's Insurance Company of China，PICC）制定的《海

洋運輸貨物保險條款》（*Ocean Marine Cargo Clauses*） 為中國的進出口商擬定保險條款提供了具體參考。中國海上貨物運輸保險主要包括基本險和附加險兩個類別（表12-1）。

一、基本險

中國人民保險公司將基本險規定為三種，分別是平安險（Free from Particular Average, FPA）、水漬險（With Particular Average, WPA）和一切險（All Risks, AR）。

（一）平安險

平安險的名稱來源於長期的保險實踐，是一種約定俗成的習慣表達。平安險的實際含義是指該種保險不負責賠償單獨海損，與貨物是否平安並沒有直接聯繫。早期的單獨海損就是部分損失，因而平安險只負責賠償全部損失。後來，隨著相關保險條款的不斷修訂和補充，平安險的承保範圍也不斷擴大。今天的單獨海損只是部分損失中的一種類型，因此平安險除了負責賠償全部損失之外，還要負責賠償部分損失中的共同海損。具體而言，平安險的責任範圍主要包括以下內容。

第一，保險標的物在運輸過程中因遭遇惡劣氣候、雷電、海嘯等自然災害而產生的全部損失，包括實際全損和推定全損。

第二，保險標的物因船舶等運輸工具發生擱淺、觸礁、沉沒、碰撞、失火、爆炸等意外事故而遭受的全部或部分損失。

第三，船舶等運輸工具已遭遇擱淺、觸礁等意外事故，保險標的物在此前後又因遭遇惡劣氣候、雷電、海嘯等自然災害而產生的部分損失。

第四，保險標的物在裝卸或轉船過程中，發生一件或數件貨物落海而產生的全部或部分損失。

第五，當保險標的物遭遇保險責任範圍內的風險時，為解除危險或減輕損害，被保險人對貨物採取施救措施時所支付的合理費用，但費用總額不應超過保險金額。

第六，船舶等運輸工具在遭遇自然災害或意外事故後，保險標的物在避難港進行裝卸操作時所發生的全部或部分損失，以及在避難港產生的倉儲物流等額外費用。

第七，在自然災害或意外事故中發生的共同海損，包括犧牲、分攤及救助費用等。

第八，按照運輸合同中的船舶互撞責任條款，貨方應當承擔的損失費用。

（二）水漬險

水漬險的名稱同樣來源於長期的保險實踐，也是一種約定俗成的習慣表達。水漬險的實際含義為該種保險負責賠償單獨海損，與貨物有無水漬、是否發生水災並無直接關聯。因此，水漬險除了包含平安險的全部保險責任外，還要負責賠償保險標的物在運輸過程中因遭遇惡劣氣候、雷電、海嘯等自然災害而產生的部分損失。可見，水漬險承保了自然災害下的全部損失和部分損失，其責任範圍大於平安險，相應的保險費率也更高。也可將其表述為，水漬險等於平安險加上單獨海損。

（三）一切險

一切險又被稱為綜合險，其責任範圍是在水漬險的基礎上，再加上保險標的物在運輸過程中因一般外來風險而遭受的全部或部分損失。常見的一般外來風險包括偷竊、提貨不著、淡水雨淋、短量等，但不包括戰爭、罷工、拒收等特殊的外來風險。因此，一切險也是三種基本險中責任範圍最大、保險費率最高的一種。我們也可將其表述為，一切險等於水漬險加上11種一般附加險。

二、附加險

國際貿易的買賣雙方可以單獨投保三種基本險中的任何一種，而對於附加險卻不能單

獨投保。尤其是當基本險因失效、解約或滿期等原因而效力終止或中止時，附加險效力也隨之終止或中止。投保附加險需要在投保基本險之後另行加保。基本險主要負責承保貨物在運輸過程中可能遭遇的自然災害或意外事故，即海上風險。而附加險主要負責賠償貨物在運輸過程中所遇到的外來風險，從而補充並完善了海上保險的作用與效果。按照中國人民保險公司的《海洋運輸貨物保險條款》，附加險又分為一般附加險和特殊附加險兩類。

（一）一般附加險

一般附加險（General Additional Risk）也被稱為普通附加險，主要承保由一般外來原因所造成的全部或部分損失。一般附加險全部包含在一切險中，若投保的是平安險或水漬險，則需按照實際需要酌情加保若干項目。一般附加險一共有 11 種。

1. 偷竊、提貨不著險

偷竊、提貨不著險（Theft, Pilferage and Non-delivery Risk，TPND）是指保險人負責賠償貨物因被偷盜或無法交貨而產生的損失。需要注意的是，對於偷盜情況的賠償，被保險人必須在提貨後 10 日內向保險公司申請；對於提貨不著情況，應為整件貨物未交，並且被保險人也必須按時向保險公司提交證明材料。

2. 淡水雨淋險

淡水雨淋險（Fresh Water and Rain Damage Risk，FWRD）是指保險人負責賠償貨物因遭遇雨水、淡水或雪水所產生的損失，比如大雨對貨物包裝的破壞，船舶的淡水管線破裂漏水對貨物的浸泡等。類似的，被保險人也必須在損失發生後的 10 天內向保險公司申請賠償，並提供相應的證明材料。

3. 滲漏險

滲漏險（Leakage Risk）是指保險人負責賠償液體類貨物因包裝容器破損而發生的滲漏損失，或其他與滲漏有關的變質損失等。這一險別常用於對油類商品的運輸過程中。

4. 短量險

短量險（Shortage Risk）是指保險人負責賠償貨物因運輸包裝破損而發生數量損失或重量短缺的情況。這一險別常用於對只有簡單包裝或沒有包裝的散裝貨物的運輸過程中。需要注意的是，短量險並不負責因貨物的物理化學特性而發生的自然損耗。

5. 混雜、玷污險

混雜、玷污險（Inter-mixture and Contamination Risk）是指保險人負責賠償貨物因混入雜質或被其他物質玷污而產生的質量損失。這一險別常用於對食品、布匹、服裝、紙張等易污損商品的運輸過程中。

6. 碰損、破碎險

碰損、破碎險（Clash and Breakage Risk）是指保險人負責賠償貨物因震動、顛簸、碰撞、擠壓而造成的損失。這一險別常用於對易變形、易損壞類商品的運輸。由於個別國家或地區的運輸企業存在野蠻裝卸的情況，在一些重要商品的長途運輸中也會加保碰損、破碎險。

7. 串味險

串味險（Taint of Odour Risk）是指保險人負責賠償貨物因受到其他貨物的影響而產生的損失。這一險別常用於對食品、糧食、茶葉、藥材、香料、化妝品、香水等商品的運輸過程中，因為這些商品在與其他商品一同運輸時，很容易與其他商品串味而喪失使用價值。

8. 受潮受熱險

受潮受熱險（Sweat and Heating Risk）是指保險人負責賠償貨物因氣候炎熱或環境潮濕而發生的變質損失。貨物在海上運輸過程中，很有可能途經熱帶地區或遭遇高溫天氣，若船舶的通風設備故障或運輸條件不佳，貨物則容易發生損失。這一險別常用於對皮草、糧食、

紡織品等商品的運輸過程中。

9. 鈎損險

鈎損險（Hook Damage Risk）是指保險人負責賠償貨物因使用手鈎、吊鈎裝卸貨物而導致包裝破裂及貨物損壞的損失和費用。這一險別常用於對糧食、水泥、工業原料等袋裝、箱裝或捆裝貨物的運輸過程中。例如，吊鈎造成糧食包裝破損，產生糧食外漏的損失和重新包裝的費用。

10. 包裝破裂險

包裝破裂險（Breakage of Packing Risk）是指保險人負責賠償貨物因包裝破裂而產生的損失。包裝破裂通常由裝卸、搬運作業不慎造成，除了對貨物本身造成損失外，還會增加重新包裝的額外費用。

11. 銹損險

銹損險（Rust Risk）是指保險人負責賠償貨物因生鏽而產生的損失。這一險別常用於對金屬貨物或具有金屬包裝的貨物的運輸過程中。需要注意的是，生鏽必須發生在保險期限內，對於裝運前的生鏽或生鏽隱患，保險公司一般不負責賠償。

（二）特殊附加險

特殊附加險（Special Additional Risk）主要承保由特殊外來原因所造成的全部或部分損失。特殊外來風險主要來自國家政府層面，相應損失一般由政治、軍事、國家政策法律、行政措施等方面的原因造成。常用的特殊附加險一共有 8 中，分別是戰爭險（War Risk）、罷工險（Strikes Risk）、艙面險（On Deck Risk）、進口關稅險（Import Duty Risk）、拒收險（Rejection Risk）、黃曲霉素險（Aflatoxin Risk）、交貨不到險（Failure to Deliver Risk）、貨物出口到香港（包括九龍）或澳門存倉火險責任擴展條款（Fire Risk Extension Clause For Storage of Cargo at Destination HongKong, Including Kowloon, or Macao，FREC）等。需要注意的是，在平安險、水漬險及一切險等基本險中都不包括特殊附加險，國際貿易中的買賣雙方需根據實際情況另行加保。

表 12-1　中國海運保險的險別與承保範圍一覽表

風險與損失			基本險			附加險	
			平安險	水漬險	一切險	一般附加險	特殊附加險
海上風險	海上損失	全部損失	實際全損	√	√	√		
			推定全損	√	√	√		
		部分損失	共同海損	√	√	√		
			單獨海損		√	√		
外來風險	一般外來損失					√	√	
	特殊外來損失							√

資料來源：編者整理。

第三節　海洋運輸保險實務

一、險別選擇

投保海上貨物運輸保險時，應綜合考慮各項因素。

第一，選擇險別應結合貨物本身的特性。不同種類的貨物具有不同的性質和特點，投保人尤其需要在投保平安險或水漬險並加保附加險時注意。例如，農產品害怕受熱受潮，並且容易發霉變質，投保人投保海上保險時應加保受熱、受潮險；紡織品容易被燃料、汽油等其他商品污染，投保海上保險時應加保混雜、污損險；羊毛、棉花等商品容易受到濕度變化的影響，並且包裝比較簡易，投保海上保險時應加保短量險和鉤損險。

第二，選擇險別應考慮貨物的包裝情況。運輸包裝是貨物抵禦各類風險的最後屏障，包裝破損也是造成貨物損失的常見原因。在投保保險時，不同類型和材質的包裝，保護商品的效果也不相同。若僅僅投保平安險或水漬險，則對於採用麻袋、捆繩、紙箱等簡單包裝的貨物應加保包裝破裂險。需要注意的是，如果造成損失的原因是包裝不良或包裝不滿足運輸要求，則屬於發貨人的責任，保險是不負責賠償的。

第三，選擇險別應考慮運輸的具體過程。國際貨物運輸通常為距離較遠的跨國運輸，涉及不同的運輸方式、複雜的自然地理環境及眾多的不確定因素。在投保保險時，投保人應結合運輸季節的氣候和天氣狀況、運輸船舶的人員和設備條件、運輸港口的政局和政策態勢及運輸路途的安全狀況等，綜合選擇最適當、最經濟的險別組合。例如，班輪運輸和租船運輸在船舶、航線及港口等方面就存在一定差異，發生風險的概率也各不相同。如果運輸線路途經國際敏感地理區域，還應加保戰爭險、罷工險等特殊附加險。

第四，選擇險別應結合國際貿易慣例。按照不同的貿易術語慣例，投保保險的責任將分別由買方或賣方負責。例如，在 FOB、CFR 術語下，由買方根據自身需要自願投保；在 CIF 術語下，則由賣方負責投保。當由賣方投保時，賣方往往按照習慣做法選擇承保範圍最小、費率最低、手續最簡單的險別，並且一般投保附加險的類別十分有限。若買方對此另有要求，則需提前在合同中予以約定或委託賣方代為投保。除了在貿易術語方面的差異外，相關人員選擇保險險別還要注意各國貿易商的其他習慣做法，對當地的保險實務也應有所瞭解。

總之，對於保險險別的選擇也不是越多越好、越貴越好，而是應在實用性和經濟性之間找到最優的組合。

二、保險金額

保險金額（Insurance Amount）也被稱為投保金額，是保險學中的一個重要概念。它是指保險人按照保險合同的約定應當承擔賠償或給付保險金責任的最高限額。由於海上貨物運輸保險屬於財產保險的範疇，因而其保險金額具有補償性特徵，並不能過分超過保險標的物的價值。保險金額是保險公司收取保費的計算基礎，保險金額乘以保險費率即等於保險費。按照一般保險原理，在足額投保的情況下，保險金額等於保險標的物的價值；在部分投保的情況下，保險金額等於按投保比例計算的實際投保金額。

在國際貨物運輸保險實務中，保險金額並不完全等於承保貨物的基本價值，而是一項包括保險費、運費及預期利潤等的綜合價值。這樣一來，運輸保險既補償了貿易貨物的損失，也考慮到了運輸和保險環節的費用支出。這種計算方法是在國際貿易的長期實踐中逐漸形成的習慣做法，並被世界各國普遍採用。具體而言，保險標的物的綜合價值通常以貿易商品

的 CIF 或 CIP 術語價格為基礎，再按比例加上一項保險加成率，其具體計算如公式 12-1 所示。

公式 12-1：綜合價值 = 保險金額 = CIF 價格 × (1 + 保險加成率)

需要說明的是，保險加成率一般為 10%，當國際貿易的預期利潤較高時，保險加成率也可適當提高。另外，當國際貿易沒有按照 CIF 或 CIP 術語成交時，需要將其他貿易術語換算為 CIF 或 CIP 術語，具體換算如公式 12-2 和公式 12-3 所示。

公式 12-2：

$$CIF 價格 = \frac{FOB 價格 + 運費}{1 - 保險費率 \times (1 + 保險加成率)} = \frac{CFR 價格}{1 - 保險費率 \times (1 + 保險加成率)}$$

公式 12-3：

$$CIP 價格 = \frac{FCA 價格 + 運費}{1 - 保險費率 \times (1 + 保險加成率)} = \frac{CPT 價格}{1 - 保險費率 \times (1 + 保險加成率)}$$

三、保險費

保險費（Insurance Premium）是指被保險人或投保人按照保險公司的保險費率交付的投保費用。保險費也是購買保險產品的價格，當保險標的物遭遇保險責任範圍內的風險損害時，保險公司將給予賠償。一方面，按照保險原理，保險費具有必須性和保障性。必須性是指被保險人只有支付了保險費，保險才能發揮作用；保障性則是指保險費的作用是預防風險和損失，如果風險或損失沒有發生，保險費也並不退還。另一方面，保險費的金額大小受到多種因素的影響，通常與保險金額的大小、保險類別的多少、保險費率的高低及保險期限的長短等成正比關係。保險費的基本計算見公式 12-4。

公式 12-4：保險費 = 保險金額 × 保險費率

由於在國際貿易及國際運輸業務中，保險金額多為商品的 CIF 或 CIP 術語價格，相應保險費的計算公式也有所變化，具體見公式 12-5。

公式 12-5：保險費 = CIF 或 CIP 價格 × (1 + 保險加成率) × 保險費率

【例題 12-1】中國某公司以每箱 30 歐元 CIF 鹿特丹出口某商品共一萬箱，貨物出口前，由我公司向中國人民保險公司某分公司投保了水漬險、串味險及淡水雨淋險，其保險費率分別為 0.7%、0.3% 和 0.2%，按發票金額 110% 投保。試計算該批貨物的保險金額和保險費。

解：在本案中，保險金額 = CIF 價格 × (1 + 保險加成率) × 10,000 箱 = 30 × (1+10%) × 10,000 = 330,000 歐元；

保險費 = 保險金額 × 保險費率 = 330,000 × (0.7%+0.3%+0.2%) = 3,960 歐元。

四、保險單據

保險單據（Insurance Document）也被稱為保險證券，是指投保人或被保險人與保險人達成保險合同並交付保險費後，所取得的一系列帶有證明性質的單據。保險單據的主要內容為保險合同當事雙方的權利、義務和責任，其作用是保險合同的證明、損害賠償的憑據及處理爭議的依據等。保險單據也具有價值性和流通性，可通過背書方式對相關權益進行轉讓。常用的背書方式包括空白背書、記名背書和記名指示背書等。在信用證收付款方式下，相關業務人員一定要注意保險單據內容與信用證要求的一致性，特別是保險單的開具日期不應遲於貨物的裝運期。在保險實務中，保險單據的主要類型包括保險單、保險憑證、聯合憑證、預約保單及批單等。

（一）保險單

保險單（Insurance Policy）也被稱為大保單、保單，是一種較為正式的保險合同。海上

貨物運輸保險的保險單的內容主要包括：

第一，被保險人或投保人的名稱，保險人的名稱與地址，以及雙方確立保險合同的文字表述與簽章。

第二，保險標的物的情況，即被保險貨物的名稱、品牌、數量或重量、包裝等。

第三，貨物運輸的情況，即載貨船舶的船籍、船名、起運地、目的地、船期等。

第四，保險產品的內容，即保險險別、保險金額、保險費率、保險期限等，以及理賠地點和保險人的免責申明等。

第五，規定保險人與被保險人、受讓人之間的權利與義務關係的依據。這部分內容一般印製在保險單的背面。

由於保險單的內容全面、條款詳細、格式完整，因而是國際貿易運輸中最為常用的一種保險單據。

(二) 保險憑證

保險憑證（Insurance Certificate）也被稱為小保單，是一種簡化形式的保險合同。保險憑證一般不再列出完整的保險合同條款，但是仍然需要載明被保險人的情況、保險標的物的情況、貨物運輸的情況及保險產品的情況。其法律效力與保險單相同，對保險人和被保險人均有法律約束力。

(三) 聯合憑證

聯合憑證（Combined Certificate）也被稱為承保證明，是一種比保險憑證還要簡化的保險單據。聯合憑證的形式較為特殊，保險公司通常將被保險人投保的具體險別、保險金額、保險費率及保險業務編號以加註的形式印製在貨物的商業發票上，並加蓋印戳。一切保險信息以發票為準，而不再單獨開立保險單據。目前，此類憑證多應用於出口到中國香港、中國澳門地區的貨物運輸業務中，其他國家或地區已很少使用。

(四) 預約保單

預約保單（Open Policy）也被稱為開口保單及預約保險合同，是一種由被保險人與保險人訂立的運輸保險總合同。與其他保險單據類似，預約保單也應載明保險標的物情況、運輸情形、承保險別、保險費率、保險金額等內容。預約保單多應用於進口貿易業務，保險人承諾在一定期限內，貨物一旦起運，按照預約保單規定的保險產品將自動生效。需要注意的是，被保險人必須在貨物裝運時將相關信息以書面形式通知保險人，這是預約保單發揮作用的前提。這一書面通知也被稱為保險聲明（Insurance Declaration），並且是銀行付款的一種單據，具體包含了該批貨物的名稱、數量或重量、保險金額、船名、起訖港口、航次、開航日期等內容。總之，預約保單解決了貨物運輸期限與保險期限的差異問題，使貨物運輸與運輸保險緊密銜接，從而簡化了保險手續、保障了貨物安全。

(五) 批單

批單（Endorsement）是一種關於保險合同內容的補充憑證，並不是一種獨立的保險單據。在保險實務中，被保險人常常因為某種原因需要對保險合同的原有內容進行補充或修改，此時，被保險人可向保險人提出申請，相應變更在獲得同意後生效。批單即是保險人開出的新的保險憑證，一般粘貼在原保險單之上，並加蓋騎縫章，從而與原保單組成一套新的完整的保險合同。批單對保險人和被保險人同樣具有法律約束力。

五、保險索賠

保險索賠（Insurance Claim）是指當保險標的物因遭遇保險承保範圍內的風險而發生損失時，被保險人、投保人或受益人向保險人提出的賠償要求。保險索賠應以保險單據為依據，保險人也只負責賠付其責任範圍內的損失和費用。在保險實務中，被保險人進行保險索

賠時，應注意一些具體問題。

第一，及時向保險人報案。當貨物在運輸過程中發生損失時，被保險人應立即瞭解相關情況並盡快通知保險公司。《中華人民共和國保險法》（簡稱《保險法》）第二十一條規定：「投保人、被保險人或者受益人知道保險事故發生後，應當及時通知保險人。」通知方式一般為書面形式的損失通知，有時因情況緊急，被保險人也可先發出口頭通知，再發出書面通知。對於「及時」的解釋，各國法律略有不同，被保險人需留意保險理賠的時效性問題。

第二，及時向承運人核實。由於貨物損失發生在運輸途中，因而承運人是相關事件的直接當事人。當貨物發生損失後，被保險人應立即向承運人核實情況並索取貨損貨差證明。貨損貨差證明將被作為向保險人受理索賠的重要證明。

第三，積極施救並保護現場。保險標的物受損後，被保險人應立即開展或督促承運人開展施救措施，對受損貨物進行清理、打撈或搶救，盡量挽回損失並防止損失擴大。若保險人對施救措施有明確要求，則應優先按要求辦理。與此同時，被保險人還應負起保護事故現場的責任，注意保留證據、等待定損。保險人一般會安排專人查勘現場，並以此判定賠付標準和賠償金額。

第四，備妥索賠單證。當保險人完成定損工作後，被保險人應在規定時間內向保險人提交全套索賠資料。索賠資料主要包括五類單證。第一類是保險合同，具體包括保險單、批單等保險單據；第二類是運輸合同，具體包括提單、運單、裝箱單、重量單等；第三類是貿易單據，具體包括商業發票、合同副本等；第四類是損失證明，具體包括貨損貨差證明、出險原因調查報告、損失程度技術鑒定等；第五類是其他證明材料，具體包括海事報告摘錄、索賠清單等。單據是否齊全往往會影響保險人理賠的進度與程度，缺少關鍵單證甚至會導致保險人拒賠，因此需要引起被保險人的充分重視。

六、保險條款

在國際貿易買賣合同中，一般要為國際貨物運輸環節訂立專門的保險條款。保險條款的內容主要包括保險險別、保險金額、保險費、保險單證等。由於保險條款與運輸條款、價格條款密切相關，所以在不同條件下其訂立方法也不盡相同。例如，當貿易合同所約定的價格術語為 EXW、FAS、FOB、FCA、CFR、CPT 時，買方承擔貨物在運輸過程中的一切風險，合同的保險條款可以明確規定運輸保險由買方自行投保。當貿易合同所約定的價格術語為 DAT、DAP、DDP 時，賣方承擔貨物在運輸過程中的一切風險，合同的保險條款可以明確規定運輸保險由賣方自行投保。當貿易合同所約定的價格術語為 CIF、CIP 時，賣方負責投保運輸保險，買方需要承擔運輸中的其他風險，買賣雙方則應在合同中協商擬定保險條款，使之能夠兼顧買賣雙方的利益。另外，保險條款還應明確投保的具體險別、確定保險金額的方法及保險的適用條款等。常用保險條款舉例如下：

第一，保險由買方辦理（Insurance is to be covered by the buyers）。

第二，保險由賣方辦理（Insurance is to be covered by the sellers）。

第三，由賣方按照發票金額的 110% 投保水漬險和戰爭險、罷工險、進口關稅險，按中國人民保險公司海洋運輸貨物保險條款投保（Insurance is to be covered by the sellers for 110% of the invoice value against WPA, war risk, strikes risk and import duty risk as per ocean marine cargo clauses of the People's Insurance Company of China）。

七、保險期限

保險期限（Insurance Period）也被稱為保險期間，是指保險發揮保障作用的具體時間段。保險期限一般有三種確定方法。第一種是按時間段計算。例如，火災保險、車輛保險等

普通財產保險都是以一段具體的時間來確定保險期限，通常為三個月、半年、一年等。第二種是按工程進度計算。一般以某段具體的施工期限來確定保險期限，常用於建築工程保險、安裝工程保險等。第三種是按航程計算。一般以完成某段具體航行路程的時間作為保險期限，主要應用於國際貿易運輸中的貨物保險。

根據中國海洋貨物運輸保險條款的規定，保險期限按照「倉至倉」條款（Warehouse to Warehouse Clause）這一國際慣例來確定。所謂「倉至倉」條款，是指保險人的保險責任從貨物離開起運地的發貨人倉庫開始，包括全部運輸過程，至貨物到達目的地的收貨人倉庫為止。這是一個將空間概念與時間概念相結合的綜合期限，滿足了運輸保險標的物的流動性特徵。需要注意的是，「倉至倉」條款並不意味著保險期限可以被無限延長，一般最長期限為卸離海輪後 60 天。在以下四種情況下，「倉至倉」條款的保險期限結束。

第一，貨物運達保險單所載明的目的港（地）收貨人倉庫。

第二，貨物運達保險單所載明的目的港（地）或中途其他倉庫，這些倉庫被用作正常運輸以外的貨物儲存、分配、分派或分散轉運使用。

第三，貨物若未抵達上述倉庫或儲存場所，則以被保險貨物在最後卸貨港全部卸離海輪後滿 60 天為止。

第四，若在上述 60 天內，被保險貨物被轉運至非保險單載明的其他目的地時，保險責任自開始轉運時終止。

除此之外，中國海洋貨物運輸保險條款也對非正常運輸情況下的保險期限做出了規定。如果在運輸途中發生了被保險人無法控制的運輸延遲、被迫卸貨、航程變更等意外情況，被保險人可以通過向保險人發送通知、加付保費等方式，變更或延長保險期限。

八、除外責任

除外責任也被稱為保險責任的免除（Exemption of Insurance Liability）。事實上，運輸保險並不能避免運輸過程中的全部風險，除外責任就是在被保險人投保保險後，保險人仍然不予賠償的責任範圍。除外責任通常是一些非意外的、非偶然的特殊風險責任。主要包括以下情形。

第一，由被保險人的故意行為或過失行為所導致的貨物損失。例如，被保險人故意使用不合格的運輸包裝或不按合同印製嘜頭，導致貨物發霉變質或被錯裝、錯卸的損失。

第二，由發貨人的責任所導致的貨物損失或費用開支。例如，發貨人未及時辦理出口海關手續所引起的運輸延遲，進而產生額外的倉儲費用等。

第三，在保險責任開始之前，被保險貨物已經存在的品質不良或數量短缺等問題。例如，因貨物本身質量低劣，運達目的地後被發現與樣品品質不符，保險公司將不會賠償。

第四，由被保險貨物的自然損耗、本質缺陷、特性及市價低落、運輸延遲所導致的損失或費用。例如，貨物的價格在運輸過程中出現明顯下跌，進口方並不能以此為由要求保險公司補償損失；船舶在航行過程中為了盡量多地招攬貨源而隨意增加停靠港口，造成的運輸時間延遲也不屬於保險的賠償責任。

第五，由戰爭險條款和罷工險條款所規定的責任範圍。例如，對於發生戰爭、武裝衝突等不可抗力引起的損失和費用，保險公司也不會賠償。

不難看出，產生上述損失或費用的原因均不屬於自然災害或意外事故，雖有部分外來風險，但要麼屬於不可抗力，要麼能找到具體的責任主體，所以都不屬於保險應該負責的範圍。

第四節 陸運保險、空運保險與郵包運輸保險

一、陸上運輸貨物保險

陸上運輸貨物保險是指承保鐵路、公路等陸上運輸方式中的貨物損失的一類保險。按照中國人民保險公司制定的《陸上運輸貨物保險條款》，中國的陸上運輸貨物保險主要有陸運險和陸運一切險兩類基本險，另有專門的陸上運輸冷藏貨物險及相應附加險等。

（一）陸運險

陸運險的承保責任範圍與海洋運輸保險中的水漬險類似，主要負責貨物在運輸途中因遭受暴風、雷電、地震、洪水等自然災害，以及由運輸工具發生碰撞、翻車、出軌、拋錨、塌方、失火、爆炸等意外事故所造成的貨物全部或部分損失。另外，保險人也負責賠償被保險人因採取施救措施而產生的合理的額外費用，但費用總額不超過保險金額。為防範外來風險，被保險人還可加保若干附加險。

（二）陸運一切險

陸運一切險的承保責任範圍與海洋運輸貨物保險中的一切險類似，其責任範圍不僅包括陸運險的全部內容，還要負責賠償貨物在運輸過程中因遭受一般外來風險而產生的全部和部分損失。陸運險與陸運一切險均適用於鐵路和公路運輸方式，保險人的除外責任與海洋運輸保險的除外責任基本相同。

（三）陸上運輸冷藏貨物險

陸上運輸冷藏貨物險是針對冷藏貨物運輸的專門險別，其承保的責任範圍是因陸上運輸工具的冷藏設備遭遇自然災害、意外事故而導致的貨物損失或費用支出。這一險別既可以在陸運險的基礎上附加投保，也可以單獨投保。索賠時效為被保險貨物在最後目的地被全部卸下運輸工具後的兩年之內。

（四）保險期限

陸上運輸貨物保險的保險期限與海洋運輸保險的「倉至倉」條款類似，保險責任從貨物運離起運地的發貨人倉庫開始，至貨物運達目的地的收貨人倉庫為止。若貨物並未抵達保險單所載明的最後倉庫，則以貨物運抵最後卸載車站滿60天為止。需要注意的是，當加保戰爭險時，保險期限與「倉至倉」條款略有區別，是以貨物置於運輸工具為限，即以被保險貨物裝上運輸工具時開始，至卸下運輸工具時為止。

另外，被保險人在向保險人索賠時，必須提供全套單證，主要有保險單正本、提單、發票、裝箱單、磅碼單、貨損貨差證明、檢驗報告及索賠清單等。若涉及第三者責任，被保險人還須提供向責任方追償的有關文件。

二、航空運輸貨物保險

航空運輸貨物保險是指承保航空運輸方式中的貨物損失的一類保險。按照中國人民保險公司制定的《航空運輸貨物保險條款》，中國的航空運輸貨物保險主要分為航空運輸險和航空運輸一切險兩類基本險，以及相應的附加險。

（一）航空運輸險

航空運輸險的承保責任範圍與海洋運輸保險中的水漬險類似，主要包括貨物損失和費用支出兩項內容。其一，被保險貨物在運輸過程中所遭受的雷電、火災、爆炸等自然災害，或飛機在遭受惡劣氣候等危難事故時對貨物的拋棄，或因飛機遭遇碰撞、墜落、傾覆或失蹤

等意外事故而產生的損失，各種損失均包括全部損失和部分損失。其二，被保險人在貨物遭遇風險時因採取各種搶救措施而產生的合理費用，並且費用總額不超過保險金額。

（二）航空運輸一切險

航空運輸一切險的承保責任範圍與海洋運輸保險中的一切險相似，其責任範圍除了包括航空運輸險的全部內容之外，還要負責賠償貨物在運輸過程中因遭受一般外來風險而產生的全部和部分損失。航空運輸險與航空運輸一切險的除外責任與海洋運輸保險的除外責任基本相同，諸如因被保險人的故意或過失行為、被保險貨物的自然損耗、本質缺陷、運輸延遲等原因所造成的損失，保險人將不負責賠償。

（三）保險期限

航空運輸貨物保險的兩種基本險按照「倉至倉」條款來確定保險期限，但航空運輸的「倉至倉」條款並非海洋運輸保險的「倉至倉」條款。主要區別表現在兩個方面，其一，若貨物運達保險單所載明的目的地而未運達收貨人倉庫，則以被保險貨物在最後卸離飛機後滿 30 天為止。若在上述 30 天內貨物被轉送到非保險單所載明的目的地，則以開始轉送時終止。其二，由於被保險人無法控制的運輸延遲、被迫卸貨、轉運等情況所造成的運輸目的地變更，若被保險人及時通知保險人並加付保險費，原保險單可以繼續有效，相應的最後時間均以 30 天為限。

三、郵包運輸貨物保險

郵包運輸保險是指承保郵包在海、陸、空等多種運輸方式中遭遇風險及損失的一類保險。按照中國人民保險公司制定的《郵包保險條款》，中國的郵包運輸貨物保險主要包括郵包險和郵包一切險兩類基本險。

（一）郵包險

郵包險（Parcel Post Risks）的承保責任範圍與海洋運輸保險中的水漬險類似，主要負責賠償被保險郵包在運輸過程中因惡劣氣候、雷電、海嘯、地震、洪水等自然災害或運輸工具遭受擱淺、觸礁、沉沒、碰撞、傾覆、出軌、墜落、失蹤、失火、爆炸等意外事故所導致的全部或部分損失，以及被保險人因採取施救措施而支付的合理費用。相關損失和費用均不得超過保險金額。

（二）郵包一切險

郵包一切險（Parcel Post All Risks）的承保責任範圍與海洋運輸保險中的一切險類似，其責任範圍除了包括郵包險的全部內容之外，還要負責賠償貨物在運輸過程中因遭受一般外來風險而產生的全部和部分損失。類似的，郵包險與郵包一切險的除外責任也與海洋運輸保險的除外責任基本相同，諸如因為發貨人的責任、保險責任開始前的損失、貨物市價跌落等原因所造成的損失，保險人將不負責賠償。

（三）保險期限

由於郵包運輸通常涉及多種運輸方式，因而發生風險的概率相對較高。在郵包運輸實務中，承運人通常採用「門到門」方式開展運輸，保險期限的確定方法也比較特殊。一般而言，保險責任自被保險郵包在保險單所載明的起運地由寄件人向郵局交貨時開始，至郵包運達保險單所載明的目的地，收貨人從郵局簽收時結束。若收貨人未按時收取郵包，則保險期限以郵局發出收貨通知書後 15 天為限，收貨人一旦簽收，保險期限也隨即結束。

（四）保價

在郵包運輸實務中，還要注意保險與保價的區別。保險的賠償責任人為保險公司，而保價的賠償責任人一般為郵局等承運人。所謂保價，是指托運人可向郵局額外支付一筆費用，並且這一費用與托運人對郵遞貨物的估價有關，並可在郵包發生遺失或損壞時，獲得郵局一

定金額的賠付。例如，郵包估價為 10,000 元，保價費按照千分之五收取，即為 50 元，當貨物遺失時，寄件人可獲得最高 10,000 元的賠償。保價是一種被廣泛應用於郵政運輸業務的加價保障服務，多用於對貴重物品、易損包裹的郵遞運輸。然而，在有的國家或地區，保價金額受到嚴格限制，往往低於郵包的實際價值，此時，托運人必須投保保險才能有效防範國際運輸過程中的各類風險。有時，托運人也可同時採用保價和保險兩種做法。例如，按照中國人民保險公司的規定，凡進行保價的郵包，還可享受保險費減半的優惠措施。

本章小結

本章主要講述了四個方面的內容。

第一，海洋運輸保險的責任範圍。海上風險是指船舶及貨物在海上航行過程中所遭遇的風險，一般包括自然災害和意外事故。外來風險是指船舶及貨物所遭受的自然災害和意外事故之外的由其他外來原因所引起的風險。海上損失是指船舶及貨物在海上航行過程中因遭遇自然災害或意外事故而引起的損壞、滅失及額外支出，一般分為全部損失和部分損失。

第二，中國海運保險險別。中國海上貨物運輸保險主要包括基本險和附加險兩個類別。基本險包括平安險、水漬險和一切險；附加險包括一般附加險和特殊附加險。

第三，海洋運輸保險實務。險別選擇應當結合貨物本身的特性，考慮貨物的包裝情況，考慮運輸的具體過程並結合國際貿易慣例。保險金額是指保險人按照保險合同的約定應當承擔賠償責任的最高限額。保險費是指被保險人或投保人按照保險公司的保險費率交付的投保費用。保險單據是指投保人或被保險人與保險人達成保險合同並交付保險費後，所取得的一系列帶有證明性質的單據。「倉至倉」條款是中國海洋貨物運輸保險確定保險期限的主要方式。

第四，陸運保險、空運保險與郵包運輸保險。陸上運輸貨物保險是承保鐵路、公路等陸上運輸方式中的貨物損失的一類保險。航空運輸貨物保險是承保航空運輸方式中的貨物損失的一類保險。郵包運輸保險是承保郵包在海、陸、空等多種運輸方式中遭遇風險及損失的一類保險。

思考題

1. 請簡述海上風險的主要內容。
2. 請簡述保險單據的主要形式。
3. 請簡述平安險、水漬險和一切險的承保範圍，並闡述這些保險險別與海上損失的關係。
4. 試論述選擇海洋運輸保險險別需要注意的問題及其原因。
5. 試論述以「倉至倉」條款來規定國際貨物運輸保險期限的原因與意義。

第十三章
國際貿易商品價格

學習目標

熟悉國際貿易商品價格的含義與影響因素，掌握國際貿易商品價格的作價原則與方法，能夠正確擬定國際貿易合同中的價格條款。熟悉佣金與折扣的計算方法，掌握出口商品價格核算的各種方法。

學習重點

價格的含義與影響因素，作價原則與作價方法，佣金與折扣的規定方法，出口商品的價格構成，貿易術語間的價格換算，出口盈虧率、出口換匯成本、出口創匯率、進口商品盈虧率及進口賠賺額的計算方法。

第一節　作價的原則與方法

一、價格的含義

價格（Price）是指買賣雙方進行交易時，買方需要付出的代價或價款。按照經濟學原理，商品價格是商品價值的貨幣表現，反應了市場上對商品數量的供需情況。對於國際貿易商品，價格直接關係到買賣雙方的經濟利益，是國際貿易合同的關鍵內容之一。

在國際貿易合同的價格條款中，買賣雙方需明確規定商品的價格，具體包含了單價和總價兩項基本內容。一方面，進出口商品的單價又包含了四項內容，分別是貨幣名稱、單價金

額、計量單位和貿易術語。例如，每公噸 500 美元 CFR 新加坡（USD500 per Metric Ton CFR Singapore），其中，貨幣名稱為美元，單價金額為 500，計量單位為公噸，貿易術語為 CFR。另一方面，進出口商品的總價為單價與合同數量的乘積。依前例，若成交數量為 1,000 公噸，則總價＝單價×數量＝500×1,000＝500,000 美元。除此之外，價格條款還可對佣金與折扣進行規定。需要注意的是，商品價格並非一項單純的數字概念，而是一種重要的市場競爭手段。掌握並用好商品的作價方法，有利於在企業層面進一步實現購銷意圖，在產業層面進一步增強競爭優勢，在國家層面進一步發展對外貿易。

二、價格的影響因素

對於外貿商品，影響商品價格的因素不僅來自商品本身，還包括運輸、外匯等外部因素。

（一）商品質量

商品本身的品質或質量是決定商品價格的重要因素。按質論價是國際市場上的基本作價原則。一般而言，商品的質量既包括商品的等級、規格、成分及性能等內在品質，也包括商品的品牌、包裝、配套及服務等外在品質。相應質量越高，商品的價格也越高，反之則越低。

（二）成交數量

成交數量不僅與商品總價密切相關，在一定條件下也能影響商品單價的高低。按照國際市場慣例，合同中的成交數量越大，商品的單價越低；合同的成交數量越小，商品的單價越高。這是因為較大的成交數量往往可以獲得更優惠的交易條件，例如，更高的折扣、更低的運輸成本等。出口商為了鼓勵進口商擴大進口數量，常常會將價格與數量相聯繫，而沒有數量差別的統一作價方法是不恰當的。

（三）運輸條件

進出口商品價格與國際運輸也存在較強的關聯。運輸環節的影響因素主要包括運輸距離、運輸方式與交貨地點。第一，運輸距離與商品價格成正比。運輸距離越長，相應的運費、保險費也越高，較高的運輸成本將最終反應在商品的價格當中。第二，運輸方式與商品價格直接相關。對於相同的貨物運輸距離，運輸成本會因採用的運輸方式不同而不同。一般而言，對於單位貨運週轉量的運費，航空運輸成本最高，鐵路、公路運輸成本其次，海洋運輸成本最低。第三，交貨地點也會影響商品價格。例如，按照不同的貿易術語，FOB、CFR、CIF 等裝運合同性質的術語在裝運港船上交貨，DAT、DAP、DDP 等到達合同性質的術語則在目的地交貨。由於運輸過程中的風險分別由進口方和出口方負責，因而商品的價格也應有所區別。

（四）季節因素

國際貿易中的商品往往具有明顯的時令性和季節性特徵，存在銷售商品的旺季和淡季。在旺季時，商品銷售供不應求，此時的作價原則是適當漲價，以便擴大利潤、累積資本；在淡季時，商品銷售供大於求，此時的作價原則是適當降價，以便收回成本、消化庫存。進出口商應充分瞭解相關商品的季節性需求變化，並利用這一季節性價格差異，實現企業的最優外貿策略。

（五）支付條件

進出口商品的價格還會受到支付條件的影響。具體而言，支付條件包括貨款的結算貨幣和結算方式。一方面，價格與計價貨幣的選擇有關，因為匯率的波動會對商品的實際成交價格產生明顯的影響。例如，以趨於貶值的外匯作價時，價格會偏高；以趨於升值的外匯作價時，價格會偏低。另一方面，不同結算方式下的價格也不相同。例如，賒銷的價格往往偏

·193·

高,預付款的價格往往偏低。類似的,遠期付款與即期付款的價格不同,托收、匯付與信用證付款的價格也有所不同。總之,貿易商在作價時應充分考慮外匯匯率與收付款方式對價格的影響,盡量防範風險、保證利潤。

(六) 其他因素

另外,影響商品價格的其他因素還有很多,需要在作價時綜合考慮。例如,應充分瞭解商品銷售的目標國情況。世界各國在歷史、文化、民族、風俗等方面存在多元化差異,同類商品在不同國家或地區應差別定價,從而滿足不同地域消費者的效用偏好。除此之外,對於長期合作的國外客戶和第一次合作的新客戶,商品價格也應有所區別,從而體現出不同的營銷策略與優惠意圖。對於國際市場價格的動態變化也應密切關注,特別是諸如原油、貴金屬等大宗商品,還應注意其在期貨市場與現貨市場上的價格差異,避免在簽訂貿易合同後因價格劇烈波動而產生經濟損失。

總之,進出口商品的定價是一項複雜且重要的工作,需要買賣雙方通盤考慮、充分溝通,並在合同的價格條款中予以明確表述。

三、基本作價原則

(一) 以國際價格為基準

國際價格 (International Price) 也被稱為國際市場價格,是一定時期內某種商品或服務的國際價值的貨幣表現。進出口商品的價格應以國際市場價格為基準,因為國際市場價格是對國際市場供求關係的直接反應。國際市場價格具有客觀性、代表性和普遍性特徵,若商品定價過分偏離這一公認價格,不論是過高還是過低,都會影響商品銷售。同時,國際市場價格的波動具有一定的週期和規律,正確掌握國際市場價格的變動趨勢將有利於貿易商從貿易中獲益。

(二) 以地域差異為依據

地域差異 (Regional Differences) 本是一個地理學概念,是指世界上的不同國家或地區在自然、經濟、人文、社會等諸多方面所呈現出的不同特徵。在國際貿易中,貿易商對進出口商品作價時不能忽略不同目標國市場的地域差異,既要結合一國的對外貿易政策和與目標國的經貿關係,還要考慮目標國的經濟發展水準、購買力條件及社會文化特徵等因素,並對不同的目標國市場進行差別作價。

(三) 以國際營銷為目標

國際營銷 (International Marketing) 是指企業通過一系列諸如計劃、作價、促銷和互動等環節,將產品或服務提供給外國客戶或消費者並從中獲利的貿易活動。進出口商品的作價應當以國際營銷為目的,充分反應貿易企業的購銷意圖與經營策略。例如,商品作價可以使用國際營銷學中的降價策略與提價策略。當需要開拓外國新市場時,作價應略低,以便通過價格優勢迅速獲得當地消費者的認可。當需要提高利潤水準時,作價應略高,從而在短期內迅速實現資金回籠和產品升級。

四、作價方法

(一) 固定價格

固定價格是指買賣雙方在協商一致的情況下所確定的、任何一方不得擅自變更的商品價格。按照《聯合國國際貨物銷售合同公約》的規定,合同中關於固定價格的規定應明確、具體,雙方一旦確定價格,就必須嚴格執行。在國際貿易實踐中,固定價格歷史悠久、應用廣泛,其明確性、不變性特點不僅有利於國際貿易的成本與利潤核算,更能夠防止爭議、避免誤解。然而,固定價格也存在一定不足。例如,當國際市場上的價格或匯率發生劇烈波動

時，提前約定的固定價格往往難以變通，不能調整，這有可能導致在貿易中受損的一方借機尋找借口，故意拖延對合同的執行，甚至出現刻意違約的情況。因此，鑒於國際市場瞬息萬變，貿易商在使用固定價格這一作價方法時，不但要慎重選擇貿易夥伴，而且要做好相關調查分析，並預設一定的補救措施。

(二) 非固定價格

為降低價格風險、匯率風險，並增加合同價格的可操作性，國際貿易的買賣雙方還可使用非固定價格進行作價。

1. 待定價格

待定價格是指買賣雙方在合同中只規定未來確定交易價格的方法和依據，而不用列出具體的價格數字的一種定價方法。待定價格通常可分為兩種具體方法。其一，明確規定定價方法和定價時間。例如，「裝船前 30 天，以當地市場價格為參考，經買賣雙方協商確定正式價格」「以簽發提單當日的國際市場價格為正式價格」等。其二，只規定作價時間，不規定具體方法。例如，「正式價格由買賣雙方於 2020 年 3 月 1 日協商確定」等。需要注意的是，由於第二種方法對作價依據並沒有做出明確規定，這很容易在貿易過程中引發誤解或爭議，因而只適用於長期合作的貿易商按照習慣價格進行交易的情況。

2. 暫定價格

暫定價格是指買賣雙方在合同中只規定一個初步的參考價格，並以此作為開立信用證和初步付款的依據，待雙方確定最後的正式價格以後再進行多退少補的結算。例如，「單價暫定 200 英鎊/箱，CIP 倫敦，以倫敦交易所未來 3 個月期貨價格計算正式價格，買方按照此暫定價格開立信用證」。這一定價方法，既明確了成交價格的大體水準，也預留了一定的價格調整空間，因而在國際貿易中也得到了廣泛應用。

3. 部分固定、部分非固定價格

部分固定、部分非固定價格結合了固定價格與非固定價格兩種作價方法，兼顧了價格的明確性和機動性。這一定價方法多用於國際貿易中的分批交貨情況，即對近期交貨的商品按照固定價格方法作價，對於遠期交貨的商品則按照非固定價格方法作價。顯然，部分固定、部分非固定價格具有諸多好處。其一，有助於貿易談判的進行。買賣雙方若因價格而產生分歧，可以暫時放下爭議，先就其他貿易條件達成一致。其二，有助於貿易合同的簽訂。由於遠期價格待定，價格風險可控，因而買賣雙方可以簽訂長期的貿易合同。

(三) 滑動價格

滑動價格（Sliding Price）是一種較為複雜的作價方法。一般而言，貿易合同從簽訂到履行，需要經過一段較長的時間。在這一期間，與產品生產有關的原材料、勞動力、能源、管理等價格或費用都有可能出現上漲情況。為了避免此類生產、流通環節的價格風險，買賣雙方可以在合同中約定一個基礎價格（Basic Price），同時規定，最終的正式價格將根據原材料價格和工資等的變動情況來計算。價格條款中有關滑動價格的內容也被稱為價格調整條款（Price Adjustment Clause），基本計算見公式 13-1。

公式 13-1：$P_1 = P_0 \times (A + B \times \dfrac{M_1}{M_0} + C \times \dfrac{W_1}{W_0})$

P_1：商品交貨時的最終價格；

P_0：簽訂合同時的基礎價格；

M_1：計算最終價格時的物價指數；

M_0：簽訂合同時的物價指數；

W_1：計算最終價格時的工資指數；

W_0：簽訂合同時的工資指數；
A：管理費及利潤在價格中的比例；
B：原材料在價格中的比例；
C：工資在價格中的比例。

另外，A、B、C 三項比例之和為 100%，並且已在簽訂合同時確定不變。

（四）計價貨幣的選擇

計價貨幣（Money of Account）是開展國際貿易的買賣雙方在合同中約定的用來計算價格的貨幣。一般而言，計價貨幣就是最後的支付貨幣（Money of Payment），但是當貿易合同另有約定時，支付貨幣也可採用計價貨幣之外的其他貨幣。買賣雙方既可以約定以其中一方所在國的貨幣為計價貨幣，也可以預定以第三國貨幣為計價貨幣。目前，國際上通用的貨幣主要有美元、歐元、英鎊、日元、港元等，這些貨幣都是可自由兌換的國際貨幣。

選擇計價貨幣時，如果貿易雙方所在國政府已經簽訂了貿易協定，則應使用貿易協定所規定的貨幣作為計價貨幣；如果貿易雙方所在國政府沒有簽訂貿易協定，則可由買賣雙方協商確定計價貨幣。除了盡量選擇國際通用貨幣外，確定計價貨幣還有幾點注意事項。

第一，出口貿易首選「硬幣」，進口貿易首選「軟幣」。習慣上，匯率穩定或趨於升值的貨幣被稱為「硬幣」，幣值波動或趨於貶值的貨幣被稱為「軟幣」。這裡的「硬」和「軟」並非簡單的優與劣，而是各有各的作用與好處。當開展出口貿易時，為保證預期利潤不會因貨幣貶值而減少，應選擇「硬幣」作為計價貨幣；當開展進口貿易時，為了盡量減少未來支付貨幣的本幣價值，應選擇「軟幣」作為計價貨幣。然而，賣方希望選擇「硬幣」，買方卻希望選擇「軟幣」。若這一相互矛盾的目標無法在合同中實現，則買賣雙方還可以通過適當降低或提高商品價格來防範匯率變動的潛在風險。

第二，「硬幣」與「軟幣」結合使用。貿易雙方還可以在合同中約定使用不止一種貨幣作為計價貨幣及支付貨幣。例如，可以設置一個貨幣計價比例，即部分貨款用「硬幣」作為計價貨幣，部分貨款又用「軟幣」作為計價貨幣，從而既兼顧了買賣雙方的利益，又沖抵了不同貨幣間匯率波動的風險。

第三，訂立外匯保值條款，預防匯率波動風險。外匯保值條款能夠運用匯率策略來保障買賣雙方的經濟利益，通常有三種具體應用方式。其一，當計價貨幣與支付貨幣都是「軟幣」時，在合同中規定此「軟幣」價格可按照某種「硬幣」的匯率進行折算，一旦將來發生「軟幣」貶值的情況，則按當時的「硬幣」匯率支付「軟幣」。其二，當計價貨幣為「軟幣」，支付貨幣為「硬幣」時，一旦將來發生「軟幣」貶值的情況，則可將合同簽訂時的商品價值折算成「硬幣」，並最終按照此「硬幣」價格進行支付。其三，採用「一攬子貨幣保值」（Package Money Value-preservasion）策略。選擇若干種貨幣並設置固定權重，組成一攬子保值貨幣組合。當匯率發生波動時，各種貨幣可以相互抵消貶值風險（例題 13-1）。

【例題 13-1】假設計價貨幣與支付貨幣均為歐元，當時每公噸棉花的價格為 100 歐元，人民幣的權數為 1/4，簽訂合同時的匯率為 1 歐元＝8 人民幣，而支付貨款時 1 歐元＝5 人民幣。請問採用這「一攬子貨幣保值」策略可和減少多少匯率損失？

解：

簽訂合同時，人民幣的權重為：100 歐元×1/4＝25 歐元；25 歐元×8＝200 元人民幣。

支付貨款時，人民幣的權重為：200 元人民幣÷5＝40 歐元。

歐元貶值前後，人民幣的權重發生的變化為：40 歐元－25 歐元＝15 歐元。

最後的支付貨幣由 100 歐元增加為了 115 歐元。

因此，採用「一攬子貨幣保值」策略減少了 15 歐元的匯率風險。

五、約定價格條款的注意事項

(一) 注意合同條款的一致性

價格條款應與合同中的其他條款保持一致，避免出現相互矛盾的情況。一方面，買賣雙方在約定價格條款時，所使用的計量單位應與數量條款中的計量單位一致，避免產生單位換算的問題。例如，數量條款中規定的單位是長噸，那麼價格條款中的單價也應按照長噸表示，而不宜使用短噸等其他重量單位，否則總價的計算將變得十分複雜。另一方面，買賣雙方若在合同的品質條款、數量條款中規定了機動幅度，則應規定對相應變化情況的作價方法，以便在合同的履行過程中保持充分的可操作性。

(二) 注意價格條款的明確性

價格是國際貿易合同的關鍵內容之一，買賣雙方須在交易磋商中協商一致，並在貿易合同中明確規定。單價中的貨幣名稱、單價金額、計量單位、貿易術語及佣金、折扣等，也應完整、明確。例如，對於具體金額，為防止誤解或篡改，除使用阿拉伯數字表示外，其還應使用中文大寫或英文字句進行準確表述。

(三) 注意計價貨幣的合理性

計價貨幣是影響價格高低及其未來變化趨勢的重要因素，關係到買賣雙方的切實經濟利益。一般而言，買賣雙方在協商價格條款時都應慎重選擇計價貨幣，買方力爭選擇「軟幣」，而賣方力爭選擇「硬幣」。當買賣雙方不能選擇對自己有利的計價貨幣時，則應充分利用保值條款或定價策略來預防匯率風險。

(四) 注意對市場行情的充分調研

商品的價格主要受國際市場的供求關係影響，價格條款中的商品價格是否合理，將最終由市場來檢驗。在定價之前，買賣雙方需要對商品在國際市場上的歷史價格、當前價格和未來價格進行調查分析，並結合自身的營銷策略或購銷意圖，確保合同中的價格能夠做到最優化，切忌盲目定價、憑經驗定價及單方面定價。

第二節　佣金與折扣

佣金與折扣是國際貿易合同中價格條款的常見內容，當商品價格包含折扣時，被稱為含折扣價；當商品價格包含佣金時，則被稱為含佣價；當商品價格不含有折扣和佣金時，被稱為淨價（Net Price）。

一、佣金

(一) 含義

佣金（Commission）是指國際貿易中的代理人或經紀人向委託人收取的業務報酬。眾所周知，國際貿易中的買賣雙方往往相距遙遠且分散各國，這一障礙為國際貿易中間商提供了業務空間。中間商以代理人身分在國際市場上介紹生意、代買代賣，不僅促進了國際貿易的開展，也形成了一套擁有龐大業務量的中間人市場。中間商在買賣雙方之間搭建起信息、資金、管理及服務的橋樑，其佣金便是進出口商向其支付的勞動報酬。

按照佣金是否在價格條款中被明確表述，佣金可以分為明佣和暗佣兩種類型。前者是指買賣雙方須在合同的價格條款中明確規定付給中間商的佣金費用或佣金率，並將其作為商品價格的組成部分。後者則是以口頭方式或習慣做法暗中約定佣金費用或佣金率，而並不在合同或價格中直接反應出來。佣金既可以向買賣雙方中的一方收取，也可以向雙方收取，向

買賣雙方收取的佣金被稱為雙頭傭。

佣金對商品價格會產生直接的影響，正確合理地使用佣金不但不會削弱商品價格的競爭優勢，反而能夠起到加速成交、擴大交易等積極作用。

（二）規定方法

1. 佣金率

佣金率是一種用百分比來表示佣金的常用方法，通常以商品含傭價的一定比例作為應當支付的佣金額度，一般可以在價格條款中完整表述或縮寫表述。例如，當採用完整表述時，可規定「每公噸50加元 CFR 魁北克包括3%佣金（C $ 50 per Metric ton CFR Quebec including 3% commission）」。當採用縮寫表述時，可規定「每公噸50加元 CFR C2% 魁北克（C $ 50 per Metric ton CFR Quebec including 2% commission）」，即用字母 C 表示佣金。

2. 佣金額

佣金額是一種用絕對數來表示佣金的方法，通常以某一固定的費用作為應當支付的佣金額度，一般在價格條款中直接表述。例如，「每公噸支付佣金30港元（A Commission of HK $ 30 per Metric ton）」。需要特別注意的是，按照中國人民銀行1996年制定的《結匯、售匯及付匯管理規定》，其中第十三條第六點和第十五條第二點規定，出口項下不超過合同總金額2%的暗傭（暗扣）和5%的明傭（明扣），或者雖超過上述比例但未超過等值1萬美元的佣金，持出口合同或者佣金協議、結匯水單或收帳通知從其外匯帳戶中支付或到外匯指定銀行兌付；對於超過上述規定比例和金額的佣金，則由外匯局審核其真實性後，從其外匯帳戶中支付或者到外匯指定銀行兌付。可見，買賣雙方對於佣金的約定應科學合理，過高的佣金不僅不利於商品的銷售，也可能受到外匯審核等政策法規的限制。

（三）佣金的計算

計算佣金的常用方法有兩種，一種是按照貿易合同的金額乘以一定的佣金率來計算，另一種是按照貿易合同的數量乘以單位數量的佣金額來計算。包含佣金的商品價格稱為含傭價，不包含佣金的商品價格則稱為淨價。

當按照佣金率計算時，佣金的計算見公式 13-2、13-3。

公式 13-2：佣金 = 含傭價 × 佣金率

公式 13-3：淨價 = 含傭價 − 佣金

以上公式還可變形為公式 13-4 和 13-5。

公式 13-4：淨價 = 含傭價 × (1 − 佣金率)

公式 13-5：含傭價 = 淨價 ÷ (1 − 佣金率)

當按照佣金額計算時，佣金的計算見公式 13-6。

公式 13-6：佣金 = 單位商品佣金額 × 成交數量

在國際貿易實務中，佣金的計算基數一般是貿易商品的發票金額。需要注意的是，按照不同的貿易術語，佣金的計算基數也有所不同。按照商業習慣，以 FOB 或 FCA 術語價格作為計算基數是比較常見的，因為這類價格代表了出口商的實際銷售收入，以此計算佣金簡便且合理。當貿易合同按 CIF、CFR 等其他術語成交時，需將相應術語換算為 FOB 或 FCA，然後再計算出相應的佣金。常用換算方法見公式 13-7、13-8。

公式 13-7：FOB 價 = CIF 價 − 運費 − 保險費 = CFR 價 − 運費

公式 13-8：FCA 價 = CIP 價 − 運費 − 保險費 = CPT 價 − 運費

【例題 13-2】某貨物的賣方報價為「每公噸200美元 FOB C2% 舟山港」，請計算含傭價和佣金。

解：

含傭價 = 淨價 ÷ (1−佣金率)

FOBC2% = 200÷（1-2%）= 204.08（美元）

佣金 = 含佣價×佣金率

佣金 = 204.08×2% = 4.08（美元）

（四）佣金的支付

佣金一般有兩種支付方式：一種是直接由中間商在貨款中扣除佣金；另一種是在出口商收到貨款後，再按照與中間商的協議另外支付佣金。在計算和支付佣金時，貿易商應注意避免發生錯付、漏付等情況。

二、折扣

（一）含義

折扣（Discount）俗稱打折，是指國際貿易中的賣方給予買方的一種價格優惠，表現為一定百分比的讓利、減價或退款。事實上，折扣並不完全等同於降價，而是一種需要記帳核算的名義金額。在長期的國際貿易實踐中，折扣的種類逐漸豐富，除了最常見的普通價格折扣外，還有以擴大銷售數量為目的的數量折扣（Quantity Discount）、以實施某種商業策略為目標的特別折扣（Special Discount）、以刺激淡季消費或消化庫存為目的的季節折扣（Seasonal Discount）、以催促買方盡快付清貨款為目的的現金折扣（Cash Discount），以及以鼓勵和穩定經銷商為目的的年終回扣（Turnover Bonus）等。

按照折扣是否在價格條款中被明確表述，其可以分為「明扣」和「暗扣」兩種類型。前者是指買賣雙方需在合同的價格條款中明確規定付給進口商的折扣額或折扣率，並將其作為商品價格中的優惠部分。後者則是以口頭方式或習慣做法暗中約定折扣額或折扣率，而並不在合同或價格中直接反應出來。

折扣與商品的價格密切相關，折扣率越高，商品的實際成交價格越低，這有利於增強商品在國際市場上的價格優勢與調動進口商對商品的購買積極性，從而起到擴大銷路、加速成交的良好效果。因此，折扣是國際貿易中一種重要的價格工具，正確應用折扣將有利於國際貿易業務的順利開展。

（二）規定方法

1. 折扣率

折扣率是一種用百分比來表示折扣的常用方法，通常以合同中商品價格的一定比例作為應當減讓的折扣額度。類似於佣金，折扣率一般也可以在價格條款中完整表述或縮寫表述。例如，當採用完整表述時，可規定「每公噸 300 歐元 CIF 阿姆斯特丹，減讓1%折扣（EUR300 per Metric ton CIF Amsterdam including 1% discount）」。當採用縮寫表述時，可規定「每公噸 300 歐元 CIF D1%阿姆斯特丹（EUR300 per Metric ton CIF D1% Amsterdam）」，即用字母 D 表示折扣。若折扣屬於回扣（Rebate）形式，則用字母 R 表示。

2. 折扣額

折扣額是指用一項絕對數來表示每單位數量商品的折扣金額。一般在價格條款中以文字形式直接表述。例如，「每公噸的折扣為 10 港元（A discount of HK $ 10 per Metric ton）」。

當買賣雙方以「明扣」方式規定折扣時，相應的價格條件較為明確，不易發生爭議。當買賣雙方以「暗扣」方式約定折扣時，相應的價格條件則沒有書面協議，容易在交易過程中引起誤解、造成損失。隨著國際貿易環節的日趨規範化，「暗扣」已經屬於不正當的競爭手段，有時甚至涉嫌腐敗或詐欺，因而不宜再在國際貿易中繼續使用。

（三）折扣的計算

計算折扣的方法一般是用國際貿易合同的總成交金額乘以一定百分比的折扣率來得出。合同的總成交金額通常就是發票金額，這一價格也被稱為原價或含折扣總價。扣除折扣額後

的價格是淨價。具體計算見公式 13-9、13-10。

公式 13-9：折扣額 ＝ 含折扣總價 × 折扣率

公式 13-10：淨價 ＝ 含折扣總價 － 折扣額

以上公式也可變形為公式 13-11 和 13-12。

公式 13-11：淨價 ＝ 含折扣總價 ×（1 － 折扣率）

公式 13-12：含折扣總價 ＝ 淨價 /（1 － 折扣率）

【例題 13-3】某貨物的賣方報價為「每箱 1,000 英鎊 CIF D5% 利物浦港」，請計算折扣額和淨價。

解：

折扣額＝含折扣總價×折扣率

　　　＝1,000×5%

　　　＝50（英鎊）

淨價＝含折扣總價-折扣額

　　＝1,000-50

　　＝950（英鎊）

（四）折扣的支付

折扣一般也有兩種支付方式，一種是直接由進口商在支付貨款時預先扣除折扣，這種方式多用於「明扣」；另一種是在進口商支付貨款後，出口商再按照事先預定的折扣額度另外向進口方支付，這種方式多用於「暗扣」。在計算和減讓折扣時，貿易商也需要注意避免發生錯扣、漏扣等情況。

第三節　出口商品的價格核算

一、出口商品的價格構成

出口商品的價格構成包括三個部分，分別是成本、費用和利潤，即公式 13-13。

公式 13-13：出口商品價格 ＝ 成本 ＋ 費用 ＋ 利潤

（一）成本

成本（Cost）是商品價值的重要基礎，是生產商品所耗費資源的貨幣衡量。對於國際貿易中的出口商品而言，可將成本按照來源的不同分為生產成本、購貨成本和加工成本三種類型。其一，生產成本（Production Cost）也被稱為製造成本，是企業為生產產品而產生的成本。對擁有進出口經營權的製造企業而言，生產成本就是出口商品成本。其二，購貨成本（Purchase Cost）也被稱為進貨成本，是指貿易商向生產商或中間商購進商品的價格。當購貨成本中已含有增值稅時，核算實際成本時應扣除出口退稅額。對沒有生產能力的外貿企業而言，購貨成本就是出口商品成本。其三，加工成本（Processing Cost）是指企業在加工產品的過程中所產生的除原材料成本以外的其他成本，具體包括成品的加工成本、半成品加工成本、車間加工成本及代工成本等。對從事加工貿易的企業而言，加工成本加上原材料、零部件等的購貨成本就是出口商品成本。

（二）費用

費用（Expenses）是指商品在流通過程中所產生的中間環節支出。中間環節越多、越複雜，所產生的費用也越多，因而費用亦是影響商品價格的重要因素。按照產生費用的環節不同，與商品出口有關的費用主要包括運輸費、倉儲費、保險費、包裝費、商檢費、關稅、通

信費、管理費及其他雜費等。有時，為便於成本核算，出口商品的費用可以劃分為國外費用和國內費用兩類。

(三) 利潤

利潤（Profit）是企業開展生產經營活動的直接目標，亦是商品價格的重要組成部分。在價格一定的情況下，利潤不僅會受到成本與費用的影響，還會受到市場供需情況的左右。因此，出口商品的利潤具有較強的預期性和不確定性，完成一份國際貿易合同最終能否盈利，需要經過具體核算才能得出結論。一般而言，其表現在商品價格中的利潤多為預期利潤。

需要注意的是，在對出口商品進行成本核算時，出口總成本既包含了全部成本，也包含了一切費用，只是不包含預期的利潤。

二、貿易術語與價格構成

(一) 貿易術語的價格構成

按照《國際貿易術語解釋通則 2010》（Incoterms 2010）的規定，貿易術語一共有 11 種。在每一種貿易術語下，買賣雙方各自承擔著不同的風險、責任和費用。每一種貿易術語的價格構成也有所不同。具體情況如下：

1. FOB、CFR 和 CIF

FOB 價 = 購貨成本（含增值稅）- 出口退稅額 + 國內費用 + 預期利潤
　　　 = 實際成本（不含增值稅）+ 國內費用 + 預期利潤

CFR 價 = 實際成本（不含增值稅）+ 國內費用 + 預期利潤 + 國際運費

CIF 價 = 實際成本（不含增值稅）+ 國內費用 + 預期利潤 + 國際運費 + 國際保險費

2. FCA、CPT 和 CIP

FCA 價 = 購貨成本（含增值稅）- 出口退稅額 + 國內費用 + 預期利潤
　　　 = 實際成本（不含增值稅）+ 國內費用 + 預期利潤

CPT 價 = 實際成本（不含增值稅）+ 國內費用 + 預期利潤 + 國際運費

CIP 價 = 實際成本（不含增值稅）+ 國內費用 + 預期利潤 + 國際運費 + 國際保險費

3. EXW、FAS、DAT、DAP 及 DDP

EXW 價 = 實際成本（不含增值稅）+ 預期利潤

FAS 價 = 實際成本（不含增值稅）+ 國內費用 + 預期利潤

DAT 價 = 實際成本（不含增值稅）+ 國內費用 + 預期利潤 + 大部分國外費用

DAP 價 = 實際成本（不含增值稅）+ 國內費用 + 預期利潤 + 大部分國外費用

DDP 價 = 實際成本（不含增值稅）+ 國內費用 + 預期利潤 + 全部國外費用

(二) 貿易術語間的價格換算

在國際貿易實務中，進出口雙方常常會對同一批商品按照不同貿易術語進行報價，這就涉及不同貿易術語之間的價格換算問題。最常見的是在 FOB、CFR 和 CIF 之間，以及在 FCA、CPT 和 CIP 之間進行換算。具體換算公式如下。

1. FOB、CFR 和 CIF 之間的換算

（1）FOB 與 CFR。

CFR 價 = FOB 價 + 主運費

FOB 價 = CFR 價 - 主運費

（2）FOB 與 CIF。

CIF 價 = FOB 價 + 主運費 + 保險費

FOB 價 = CIF 價 - 主運費 - 保險費

（3）CFR 與 CIF。

CIF 價＝CFR 價＋保險費

CFR 價＝CIF 價－保險費

（4）擴展變形。

需要注意的是，由於保險費＝CIF 價×（1+保險加成率）×保險費率，因此，以上公式中的後兩組還可進一步擴展為：

CIF 價＝（FOB 價＋主運費）／［1－（1+保險加成率）×保險費率］

FOB 價＝CIF 價×［1－（1+保險加成率）×保險費率］－主運費

CIF 價＝CFR 價／［1－（1+保險加成率）×保險費率］

CFR 價＝CIF 價×［1－（1+保險加成率）×保險費率］

【例題 13-4】中國一外貿公司銷售兒童玩具的對外報價為 15 美元/套，按 CIF 價格的 110%投保一切險，保險費率為 0.8%，後來外國商人要求改為 CFR 價格，請問我方應如何報價？

解：

CFR 價＝CIF 價×［1－（1+保險加成率）×保險費率］

　　　＝15×［1－110%×0.8%］

　　　＝14.868（美元）

答：我方的 CFR 術語報價為 14.87 美元/套。

2. FCA、CPT 和 CIP 之間的換算

（1）FCA 與 CPT。

CPT 價＝FCA 價＋主運費

FCA 價＝CPT 價－主運費

（2）FCA 與 CIP。

CIP 價＝FCA 價＋主運費＋保險費

FCA 價＝CIP 價－主運費－保險費

（3）CPT 與 CIP。

CIP 價＝CPT 價＋保險費

CPT 價＝CIP 價－保險費

（4）擴展變形。

需要注意的是，由於保險費＝CIP 價×（1+保險加成率）×保險費率，因此，以上公式中的後兩組還可進一步擴展為：

CIP 價＝（FCA 價＋主運費）／［1－（1+保險加成率）×保險費率］

FCA 價＝CIP 價×［1－（1+保險加成率）×保險費率］－主運費

CIP 價＝CPT 價／［1－（1+保險加成率）×保險費率］

CPT 價＝CIP 價×［1－（1+保險加成率）×保險費率］

【例題 13-5】俄羅斯一外貿公司向歐洲出口羊毛的報價為每公噸 200 歐元，按 CIP 價格的 110%投保鐵路運輸一切險，保險費率為 0.6%，國際運輸費用為每公噸 30 歐元，後來歐洲商人要求改為 FCA 價格，請問俄羅斯商人應如何報價？

解：

FCA 價＝CIP 價×［1－（1+保險加成率）×保險費率］－主運費

　　　＝200×［1－1.1×0.006］－30

　　　＝168.68（歐元）

答：俄羅斯商人的 FCA 術語報價為 168.68 歐元/公噸。

三、常用價格核算方法

(一) 出口報價核算

1. 成本核算

在核算出口商品的成本時，對於生產成本與加工成本可按照品種法、分批法、分步法等計算方法來核算，對於購貨成本則應增加對增值稅和出口退稅的考慮，常用公式如下：

公式 13-14：購貨成本（含增值稅）= 進貨價格（不含稅）+增值稅稅額
　　　　　　　　　　　　　　　　= 進貨價格（不含稅）×（1+增值稅稅率）

公式 13-15：進貨價格(不含稅)= 購貨成本(含增值稅)/（1 + 增值稅稅率）

公式 13-16：實際購貨成本 = 購貨成本(含增值稅) − 出口退稅額

公式 13-17：出口退稅額= 進貨價格(不含稅) × 出口退稅率
　　　　　　　　　　　= 購貨成本(含增值稅)/（1 + 增值稅稅率）× 出口退稅率

2. 費用核算

一方面，國內費用核算主要包括下列費用。

（1）包裝費（Packing Charges）：進口商如果對出口貨物的運輸包裝和銷售包裝有一定要求，除基本費用外，還會產生額外的加工費、製作費等。

（2）國內運輸費（Inland Transport Charges）：出口商將出口貨物運輸至沿海港口或邊境口岸等交貨地點的運輸、倉儲費用。

（3）港口費（Port Charges）：出口貨物在裝運港滯留、裝卸等所產生的各項費用。

（4）海關費（Customs Charges）：出口商為商品辦理出口報關手續而支付的費用，以及可能產生的海關倉儲費等。

（5）商檢費（Commodity Inspection Charges）：出口商將商品送至國內商檢機構進行檢驗檢疫所產生的費用。

（6）認證費（Certification Charges）：出口商辦理出口許可證、原產地證書、出口配額及其他手續文件的費用。

（7）關稅等稅款（Tariff and Other Taxes）：出口國對出口商品徵收、代收或退還的各項稅費，如出口關稅、出口退稅、增值稅等。

（8）利息費（Interest Charges）：出口商因墊付資金、貸款購貨等所產生的利息費用。

（9）銀行費（Bank Charges）：出口商委託銀行辦理信用證結算、國際保理、銀行保函等服務而支付的費用。

（10）其他雜費（Other Incidental Expenses）：出口商在辦理各項國際貿易業務時產生的通信費、交通費、差旅費、管理費及國內保險費等。

另一方面，國外費用核算主要包括下列費用。

（1）國際運輸費（International Freight Charges）：將貨物運輸至國外目的港或目的地的費用，如海洋運輸中的租船費、班輪費以及其他運輸方式的運費等。

（2）國際保險費（International Insurance Premium）：為出口貨物投保各種保險所支付的費用，如按照保險費率計算的海上貨物運輸保險的保費。

（3）佣金（Commission）：向國際貿易中的代理人、中間人所支付的佣金。

（4）其他費用（Other Charges）：出口貨物在國際運輸中的週轉地、轉口港及目的地產生的額外費用。

3. 利潤核算

出口商需對出口商品的預期利潤進行估算，並在價格中留有餘地。通常按照公式 13-18 計算。

公式 13-18：預期利潤＝出口報價×預期利潤率

對於預期利潤的核算應結合商品的具體生產過程及成本費用構成，並且充分考慮未來市場行情的變動趨勢，力爭做到合理可控、盈虧平衡。

綜上，成本、費用和利潤三項指標共同構成了出口商品的價格。再結合外匯匯率，出口商品的報價公式為：

公式 13-19：出口報價(外匯)＝（實際成本＋國內外費用＋預期利潤)／外匯的本幣買入價

【例題 13-6】四川省的 ABC 企業擬向波蘭出口 5,000 件電子產品。其中，購貨成本為人民幣 100 元/件，含增值稅 17%，出口包裝費為人民幣 10 元/件，國內運費共計人民幣 8,000 元，出口商檢費人民幣 500 元，海關報關費人民幣 100 元，其他各項國內費用人民幣 2,000 元。另外，出口退稅率為 14%，國際運輸費用 2,000 歐元，保險按發票金額的 110% 投水漬險和若干附加險，保險費率共計 1%，價格中包含 3% 的佣金。預期利潤為 10%，匯率為 1 歐元＝7.942,7 人民幣。請問，ABC 企業應如何報價？試計算 FOB、CFR 及 CIF 報價。

解：

實際成本＝購貨成本－出口退稅＝購貨成本－購貨成本÷（1＋增值稅稅率）×退稅率＝100－100÷（1＋0.17）×0.14＝88.034（元/件）

國內費用＝包裝費＋運費＋商檢費＋報關費＋其他費＝5,000×10＋8,000＋500＋100＋2,000＝60,600（元）

每件商品的平均國內費用＝60,600÷5,000＝12.12（元/件）

每件商品的平均國際運費＝2,000×7.94÷5,000＝3.176（元/件）

另外，保險費＝報價×110%×1%；預期利潤＝報價×10%；佣金＝報價×3%。

（1）計算 FOB C3% 報價。

FOB C3% 報價＝實際成本＋國內費用＋佣金＋預期利潤＝88.034＋12.12＋FOB C3% 報價×3%＋FOB C3% 報價×10%

FOB C3% 報價＝100.154/（1－13%）＝115.12（元/件）

折合歐元為每件 14.49 歐元。

（2）計算 CFR C3% 報價。

CFR C3% 報價＝（實際成本＋國內費用＋佣金＋預期利潤）＋國際運費＝88.034＋12.12＋CFR C3% 報價×3%＋CFR C3% 報價×10%＋3.176

CFR C3% 報價＝103.33/（1－13%）＝118.77（元/件）

折合歐元為每件 14.95 歐元。

（3）計算 CIF C3% 報價。

CIF C3% 報價＝（實際成本＋國內費用＋佣金＋預期利潤）＋國際運費＋保險費＝88.034＋12.12＋CIF C3% 報價×3%＋CIF C3% 報價×10%＋3.176＋CIF C3% 報價×110%×1%

CIF C3% 報價＝103.33/（1－13%－1.1%）＝120.29（元/件）

折合歐元為每件 15.14 歐元。

答：按照三種術語，分別報價為：每件 14.49 歐元,FOB 中國北海，包括 3% 佣金；每件 14.95 歐元,CFR 波蘭羅茲，包括 3% 佣金；每件 15.14 歐元,CIF 波蘭羅茲，包括 3% 佣金。

（二）進出口效益核算

對進出口商品進行經濟效益核算，有利於相關企業控制成本、預測利潤並防止虧損。這既是從事國際貿易業務的必須環節，也是衡量國際貿易績效的重要手段。

1. 出口商品的經濟效益核算

（1）出口盈虧率。

出口盈虧率也被稱為出口商品盈虧率（Profit and Loss Ratio of Export Commodity），是一

種衡量出口商品究竟是盈利還是虧損的判斷指標。具體而言，正的出口盈虧率代表出口商能夠從國際貿易中獲利，負的出口盈虧率則代表出口商在國際貿易中虧損，若出口盈虧率為零，實際上還是代表出口商虧損，因為國際貿易中的某些成本並不能用貨幣價值來準確度量。出口盈虧率的基本計算見公式13-20。

公式13-20：出口盈虧率＝(出口銷售人民幣淨收入－出口總成本)/出口總成本×100%

注意，出口銷售淨收入通常為FOB價格或FCA價格，如果合同中使用了其他貿易術語，須將其換算為FOB價格或FCA價格。

【例題13-7】中國一外貿企業購買某商品的購貨價格為RMB30,000，出口後外匯淨收入為USD4,500。此時，匯率為1美元＝7.166,6人民幣。請計算該商品的出口盈虧率。

解：
出口商品盈虧率＝（出口銷售人民幣淨收入－出口總成本）/出口總成本×100%
　　　　　　　＝（4,500×7.17－30,000）/30,000×100%
　　　　　　　＝7.55%

答：該商品的出口盈虧率7.55%，盈利水準良好。

【例題13-8】中國一外貿公司以每公噸2,000美元CIF紐約的價格出口某種商品，已知該筆業務每公噸需要支付國際運輸費用300美元，保險加成率為10%，保險費率為0.8%，國內商品購貨成本為10,000元人民幣，其他雜費為800元人民幣，匯率為1美元＝7.166,6人民幣。請計算該筆業務的出口盈虧率。

解：
出口總成本＝10,000＋800＝10,800（元）
出口銷售淨收入（FOB美元價）＝CIF價－運費－保險費
　　　　　　　　　　　　　　＝2,000－300－2,000×110%×0.8%＝1,682.4（美元）
出口銷售淨收入（FOB人民幣價）＝1,682.4×7.17＝12,062.81（元人民幣）
出口盈虧率＝（出口銷售人民幣淨收入－出口總成本）/出口總成本×100%
　　　　　＝（12,062.81－10,800）/10,800×100%＝11.69%

答：該商品的出口盈虧率11.69%，盈利水準良好。

（2）出口換匯成本。

出口商品的換匯成本（Export Exchange Cost）是指某種商品的本幣出口成本與外匯出口收益的比值。這一指標衡量了在一筆國際貿易業務當中，每換回一個單位的外幣，花費了多少單位的本幣。若這一比值高於銀行的外匯牌價，則表示交易虧損；若低於銀行的外匯牌價，則表示交易盈利。出口商品的換匯成本計算公式見公式13-21。

公式13-21：出口換匯成本＝出口總成本(人民幣)/出口外匯淨收入(外幣)

注意，出口外匯淨收入通常為FOB價格或FCA價格，如果合同中使用了其他貿易術語，須將其換算為FOB價格或FCA價格。

【例題13-9】中國一外貿企業出口某商品，購貨成本為每打RMB35，出口價為每打USD5.2FOB青島。此時，匯率為1美元＝7.166,6人民幣。請計算該商品的出口換匯成本。

解：
出口商品換匯成本＝出口總成本（人民幣）/出口外匯淨收入（外幣）
　　　　　　　　＝35/5.2＝6.73

答：在這筆國際貿易中，出口換匯成本為6.73，即每打商品用6.73元人民幣便換回了1美元，而6.26低於銀行的外匯牌價7.17，說明該外貿企業出口略有盈餘。

【例題13-10】中國一外貿公司以每公噸3,000美元CIF舊金山的價格出口某種商品，

已知該筆業務每公噸需要支付國際運輸費用 400 美元,保險加成率為 10%,保險費率為 2%,國內商品購貨成本為 16,000 元人民幣,其他雜費為 1,200 元人民幣,匯率為 1 美元 = 7.166,6 人民幣。請計算該筆業務的出口換匯成本。

解:
出口總成本 = 16,000+1,200 = 17,200(元)
出口銷售淨收入(FOB 美元價)= CIF 價-運費-保險費
$$= 3,000-400-3,000×110\%×2\% = 2,534(美元)$$
出口商品換匯成本 = 出口總成本(人民幣)/出口外匯淨收入(外幣)
$$= 17,200/2,534 = 6.79$$

答:在這筆國際貿易中,出口換匯成本為 6.79,即每公噸商品用 6.79 元人民幣便換回了 1 美元,而 6.79 低於銀行的外匯牌價 7.17,說明該外貿企業出口略有盈餘。

(3) 出口創匯率。

出口創匯率(Forex Expansion Ratio in Export)也被稱為外匯增值率,原本是指在加工貿易中,出口成品的外匯淨收入與進口原材料的外匯成本的比率。後來,這一指標也被擴展應用於一般貿易,用來衡量國際貿易的增值率、創收率等。具體見公式13-22。

公式 13-22:出口創匯率 =(加工成品出口外匯淨收入 - 進口原料外匯總成本)/ 進口原料外匯總成本 × 100%

注意,加工成品出口外匯淨收入與進口原料外匯總成本的差額即出口創匯額,反應了該筆國際貿易的獲利大小。同時,加工成品出口外匯淨收入一般為 FOB 價格或 FCA 價格,進口原料外匯總成本一般為 CIF 價格或 CIP 價格,如果合同中使用了其他貿易術語,須對其進行換算。

【例題 13-11】中國一外貿企業進口羊毛,經過加工制成羊毛衫後出口。已知進口羊毛的費用為 285,000 歐元,加工後復出口的外匯淨收入為 345,000 歐元。請計算該筆國際貿易的出口創匯率。

解:
出口創匯率 =(加工成品出口外匯淨收入-進口原料外匯總成本)/進口原料外匯總成本×100%
$$=(345,000-285,000)/285,000×100\% = 21.05\%$$

答:該筆國際貿易的出口創匯率為 21.05%。這說明每進口 1 美元的原料,經加工後再出口,其成品的商品價值相當於 1.210,5 美元,增值 21.05%。

【例題 13-12】中國一外貿公司進口原材料的 FOB 價格為 1,000 元,經過加工後出口的 CIF 價格為 1,500 元。假設進口和出口的運費均為 100 元,進口和出口的保險費率均為 1%,保險加成率也均為 110%,請計算該筆國際貿易的出口創匯率。(貨幣單位為人民幣元)

解:
進口原料外匯總成本(CIF 價)= FOB 價+運費+保險費 = 1,000+100+CIF 價×110%×1%
進口原料外匯總成本(CIF 價)= 1,100/(1-0.011)= 1,112.23(元)
加工成品出口外匯淨收入(FOB 價)= CIF 價-運費-保險費 = 1,500-100-1,500×110%×1% = 1,383.50(元)
出口創匯率 =(加工成品出口外匯淨收入-進口原料外匯總成本)/進口原料外匯總成本×100%
$$=(1,383.5-1,112.23)/1,112.23×100\% = 24.39\%$$

答:該筆國際貿易的出口創匯率為 24.39%。這說明每進口 1 元人民幣的原料,經加工後再出口,其成品的商品價值相當於 1.243,9 元人民幣,增值 24.39%。

2. 進口商品的經濟效益核算

（1）進口商品盈虧率。

類似於出口商品盈虧率，進口商品也可計算盈虧情況，所不同的是相比較的指標為國內市場銷售收入與進口商品的購貨成本。計算公式見公式 13-23。

公式 13-23：進口盈虧率 =（國內銷售人民幣淨收入 - 進口人民幣總成本）/ 進口人民幣總成本 × 100%

【例題 13-13】中國一外貿企業在國內市場銷售進口服裝 1,000 套，國內銷售收入為 120,000 元人民幣，進口該批服裝的價格為 13,500 美元，匯率為 1 美元 = 7.166,6 人民幣。請計算該批商品的進口盈虧率。

解：

進口盈虧率 =（國內銷售人民幣淨收入-進口人民幣總成本）/ 進口人民幣總成本 ×100%

　　　　　 =（120,000-13,500×7.17）/（13,500×7.17）×100% = 23.97%

答：該批商品的進口盈虧率 23.97%，盈利水準較好。

（2）進口賠賺額。

進口賠賺額是指在國際貿易中，每進口一個單位外幣的商品所能賺取的本幣金額。若這一指標大於零，則表示貿易盈利；若這一指標小於或等於零，則表示貿易虧損。計算公式見公式 13-24。

公式 13-24：進口賠賺額 =（國內銷售人民幣淨收入 - 進口人民幣總成本）/ 進口外幣總成本 × 100%

【例題 13-14】中國一外貿企業在國內市場銷售進口家用電器 2,000 臺，國內銷售收入為 450,000 元人民幣，進口該批家電的價格為 60,000 美元，匯率為 1 美元 = 7.166,6 人民幣。請計算該批商品的進口賠賺額。

解：

進口賠賺額 =（國內銷售人民幣淨收入-進口人民幣總成本）/ 進口外幣總成本

　　　　　 =（450,000-60,000×7.17）/60,000×100% = 0.33（人民幣/美元）

答：該批商品的進口賠賺額 0.33 人民幣/美元，表示每進口 1 美元的商品，可以在國內市場上盈利 0.33 元人民。

本章小結

本章主要講述了三個方面的內容。

第一，作價的原則與方法。價格是買賣雙方進行交易時，買方需要付出的代價或價款。作價方法主要有固定價格、非固定價格及滑動價格。約定價格條款時應當注意合同條款的一致性、價格條款的明確性、計價貨幣的合理性及對市場行情的充分調研。

第二，佣金與折扣。佣金是國際貿易中的代理人或經紀人向委託人收取的業務報酬，分為「明佣」和「暗佣」兩種類型。折扣是國際貿易中的賣方給予買方的一種價格優惠，表現為一定百分比的讓利、減價或退款，分為「明扣」和「暗扣」兩種類型。

第三，出口商品的價格核算。出口商品的價格構成包括三個部分，分別是成本、費用和利潤。按照《國際貿易術語解釋細則 2010》（Incoterms 2010）的規定，貿易術語一共有 11 種。不同貿易術語的價格構成各不相同，應熟練掌握不同貿易術語之間的換算方法。常用的價格核算方法分為出口報價核算和進出口效益核算兩類。通過計算出口盈虧率、出口換匯成

本、出口創匯率、進口商品盈虧率及進口賠賺額等指標，外貿企業可以掌握並評估每筆國際貿易的經濟效益，進而為其改進貿易策略和提高國際競爭力提供依據。

思考題

1. 請簡述國際貿易商品價格的含義及影響因素。
2. 請簡述國際貿易商品價格的作價原則與主要方法。
3. 試論述國際貿易中的買賣雙方應當如何選擇計價貨幣。
4. 中國一外貿企業進口高級塑料，經過加工制成高檔玩具後出口。已知進口塑料的費用為 USD35,200，加工後復出口外匯淨收入為 USD62,800。請計算該商品的出口創匯率。
5. 某公司以每箱25英鎊 CIF 悉尼價出口某商品1,600箱，含5%的佣金，請計算該公司應向中間商支付多少佣金。若該公司出口報價25英鎊包含折扣2%，請計算單位貨物折扣額和賣方實際淨收入。

第十四章
國際貨款的收付

學習目標

熟悉國際結算中主要票據的類型、特點和使用方法,掌握匯付、托收及信用證等收付款方式的基本原理和業務流程,瞭解國際保理、銀行保函及出口信用保險的含義與作用,能夠在國際貿易實踐中正確使用各種收付款方式。

學習重點

匯票、本票、支票的概念、種類及主要當事人,匯付與托收的主要類型與業務流程,信用證的概念、特點、種類、當事人及業務流程,國際保理、銀行保函及出口信用保險的業務流程。

第一節　國際結算的票據

一、票據概述

(一)票據的含義

由於現金交易在國際貿易中並不適用,各類票據(Bill/Receipt)就成了國際貨款收付的常用工具。廣義的票據包括一切商業票據和銀行票據,一般都是可轉讓、可流通的有價證券或權利憑證,如匯票、本票、支票、股票、債券、提單、保險單及發票等。狹義的票據則僅指與資金結算有關的票據,主要包括匯票、本票和支票。2004年修訂的《中華人民共和

國票據法》對這三種票據進行了詳細的解釋和說明。本章所探討的票據僅限於狹義票據。

（二）與票據有關的法律

目前，世界上有關票據的法律可分為大陸法系和英美法系兩類。一方面，大陸法系以《統一匯票本票法公約》（Convention on the Unification of the Law Relating to Bills of Ex-change and Promissory Notes）和《統一支票法公約》（Convention Providing a Uniform Law of Cheques）為基礎。前者也被稱為《1930 年關於統一匯票和本票的日內瓦公約》，於 1930 年 6 月由國際聯盟在日內瓦召集的第一次票據法統一會議上通過，並於 1934 年 1 月生效。後者也被稱為《1931 年關於統一支票法的日內瓦公約》，於 1931 年 3 月由國際聯盟在日內瓦召開的第二次票據法統一會議上制定，也在 1934 年 1 月生效。這兩項國際公約，對匯票、本票和支票進行了法律規範，並形成了被法國、德國、義大利、比利時等歐洲國家廣泛使用的票據法體系。另一方面，英美法系以 1882 年的《英國票據法》為基礎，主要應用於英國、美國、加拿大、澳大利亞及部分英聯邦國家。由於大陸法系和英美法系存在一定差異，因而在國際貿易中貿易商需特別注意相關票據的法律依據來源，避免因錯用票據而產生貿易糾紛或經濟損失。

中國於 1996 年頒布了《中華人民共和國票據法》（簡稱《票據法》），並於 2004 年進行了修訂。開展國際貿易並使用票據應首先符合中國票據法的相關規定。

（三）票據的特點

1. 價值性

在國際貨款的收付環節，開立票據的目的是收付一筆資金，因而對於各個關係人而言，票據的主要關係為財產關係或債權債務關係。在票據的使用過程中，持票人的核心權利是資金權利，並表現為一定的票面金額。例如，按照中國《票據法》的第十條規定，「票據的取得，必須給付對價，即應當給付票據雙方當事人認可的相對應的代價」。第二十一條規定，「匯票的出票人必須與付款人具有真實的委託付款關係，並且具有支付匯票金額的可靠資金來源。不得簽發無對價的匯票用以騙取銀行或者其他票據當事人的資金」。因此，票據具有明確的價值性。

2. 要式性

票據是一種典型的要式證券，必須按照一定的法律格式來製作才能產生法律效力。例如，按照中國《票據法》的第九條規定，「票據上的記載事項必須符合本法的規定」。世界各國也有相應的票據法，對票據應當載明的內容、事項及相關人員的簽章等都有明確規定，從而保證了票據的流通性和安全性。

3. 文義性

文義性是指票據的內容以票面文字為依據，具體又體現在三個方面。其一，票據關係人的全部權利與義務均來自票據所載明的內容。例如，按照中國《票據法》的第四條規定，「票據出票人製作票據，應當按照法定條件在票據上簽章，並按照所記載的事項承擔票據責任」。其二，票據的內容必須正確並一致，例如，按照中國《票據法》的第八條規定，「票據金額以中文大寫和數字同時記載，二者必須一致，二者不一致的，票據無效」。其三，票據一旦開立，當事方不得擅自更改或拒絕執行相關內容。例如，中國《票據法》的第九條還規定，「票據金額、日期、收款人名稱不得更改，更改的票據無效」。

4. 無因性

無因性是指票據的法定有效性並不因其存在缺陷或產生其他方面的問題而受到影響。只要票據的格式和內容合法合規，持票人就能享有票據所載明的各種權利。例如，進口商甲向出口商乙購買商品並開出匯票，即使這批商品出現了品質問題或數量問題，甲不再願意向乙付款，匯票也依然有效，這並不能免除甲對乙的票據責任。

5. 流通性

票據還具有流通性特點。除非票據上已註明「不得轉讓」字樣或其他形式的特別說明，票據權利可以通過背書等方式進行合法轉讓。例如，中國《票據法》的第二十七條規定，「持票人可以將匯票權利轉讓給他人或者將一定的匯票權利授予他人行使。出票人在匯票上記載『不得轉讓』字樣的，匯票不得轉讓。持票人行使第一款規定的權利時，應當背書並交付匯票」。另外，在實際業務中，票據的轉讓並不需要通知簽發票據的債務人，為保護交易中的善意第三人，票據權利一般也不受轉讓前手的影響。因此，票據權利並不因轉讓而變更或削弱，這有利於票據受讓人接受票據並繼續轉讓票據，從而進一步擴大了票據的流通性。

二、匯票

(一) 匯票的概念

匯票是國際結算中使用最廣泛的一種信用工具。按照中國《票據法》的定義，匯票 (Bill of Exchange, Money Order) 是出票人簽發的，委託付款人在見票時或者在指定日期無條件支付確定的金額給收款人或者持票人的票據。《英國票據法》則規定，匯票是一個人向另一個人開出的無條件書面命令，要求對方在見票時或將來某一時間將一定金額的貨幣支付給某人或其指定人或持票人。在國際貿易中，匯票一般由出口方向進口方開出，並要求進口方按時支付貨款。

(二) 匯票的當事人

匯票是一種無條件的支付命令，涉及三個主要當事人，分別為出票人、付款人和收款人。除了主要當事人外，匯票在流通過程中還產生了背書人、被背書人、持票人等其他當事人。匯票的各個當事人既可以是法人，也可以是自然人。

1. 出票人

出票人 (Drawer) 是簽發匯票的人。匯票由出票人開立、簽發並交付流通，因而出票人即為付款命令的發出人。出票人可以是國際貿易中的出口方，即信用證方式下的受益人或托收方式下的委託人，也可以是銀行或其他商業企業。

2. 付款人

付款人 (Payer) 或受票人 (Drawee) 是接受匯票的人。當出票人發出支付一定金額貨幣的命令時，付款人或受票人將作為此項命令的接受者，完成向特定當事人的資金支付。付款人或受票人通常為國際貿易中的特定銀行或進口方，例如，信用證方式下的開證行、托收方式下的進口商。

3. 收款人

收款人 (Payee) 是收取匯票指定款項的人，即匯票的受益人。作為一種收付款工具，匯票的基本作用是保證收款人能夠按時收到相關款項。收款人通常為國際貿易中的出口方或其指定的銀行，例如，信用證方式下的出口方、托收方式下的托收行。

4. 背書人

背書人 (Endorser) 是背書轉讓匯票的人。收款人可在匯票背面以簽章加註的形式將匯票轉讓給第三人，使之成為匯票新的收款人。在多次轉讓匯票的過程中，會形成多個互為前手與後手關係的背書人。背書人通常為國際貿易中的出口方。

5. 被背書人

被背書人 (Endorsee) 是接受背書轉讓匯票的人，即被轉讓人或轉讓後手。被背書人既可以將匯票繼續向其他人背書轉讓，從而成為新的背書人，也可以將匯票用於收回款項，進而成為新的持票人或收款人。被背書人通常為國際貿易中的代理商或中間商。

6. 持票人

持票人（Holder）是合法持有匯票並有權收款的人。按照匯票原理，持票人就是匯票的收款人或被背書人，即國際貿易中的出口商或中間商。

(三) 匯票的內容

世界各國的相關法律對匯票內容都做出了一定要求，但基本內容相差不大，主要包括以下基本內容。

第一，明確表示的「匯票」字樣。一般在匯票正面的中間位置印有匯票的中文或外文字樣，用來表明票據的性質與作用。例如，註明「Bill of Exchange」。

第二，無條件支付的命令。匯票應表明其支付貨幣的功能是沒有條件限制的，即票據的收款能力切實可靠，只要持有票據就能夠兌現全部票據權利。

第三，確定的貨幣金額。匯票屬於能夠獲得一定資金支付的有價證券，必須對具體的貨幣金額進行明確表示，而不能使用「左右」「大約」等模糊性詞語。例如，匯票載明「出票金額為人民幣貳拾萬元整」，並以大小寫兩種方式表述。

第四，付款人名稱。匯票應載明付款人的具體名稱，例如，某外貿公司的全稱、帳號及開戶銀行等信息。

第五，收款人的名稱。匯票也應載明收款人的具體名稱，一般為簽發匯票時的最初收款人。為便於匯票的流通，收款人欄目的填寫方式有三種，分別為記名式抬頭、不記名式抬頭和指示性抬頭。例如，「Pay to order of」就是典型的指示性抬頭，這類匯票可通過背書進行轉讓。

第六，出票日期。匯票的出票日期即簽發匯票的日期，這一時間需在合同規定的特定期限內，並符合國際貨款收付的程序要求。

第七，出票人簽章。匯票必須擁有出票人的簽名或蓋章方能生效。這也是判斷匯票真偽的重要依據之一，能夠有效防範收到偽造匯票的風險。

中國《票據法》第二十二條規定，匯票必須記載上述七項內容，若未記載其中任何一項或幾項，匯票即無效。

除此之外，匯票內容還可涉及付款地點、出票地點及付款時間（到期時間）等。中國《票據法》第二十四條規定，「匯票上可以記載本法規定事項以外的其他出票事項，但是該記載事項不具有匯票上的效力」。第二十三條規定，「匯票上記載付款日期、付款地、出票地等事項的，應當清楚、明確」。例如，付款日期就有四種具體方式，分別是見票即付、定日付款、出票後定期付款及見票後定期付款。

(四) 匯票的票據行為

1. 出票

出票（Issue）是指匯票的出票人填寫並簽發匯票。匯票出票後將交由收款人持有。出票具有明確的法律意義，是形成匯票的債權債務關係的主要票據行為。例如，銀行匯票一旦出票，出票人即承擔保證該匯票承兌和付款的責任。

出票時，收款人欄目有三種寫法。第一種為記名式抬頭，如「僅付某某公司」（Pay XX Co. only）。此類匯票通常不能通過背書方式進行轉讓，只能由抬頭人收款。第二種為不記名式抬頭，也被稱為空白抬頭，如「付給來人」（Pay Bearer）。此類匯票無須背書即可隨意轉讓，相應的資金安全性較差。第三種為指示性抬頭，如「付給某某公司的指定人」（Pay to the order of XX Co.）。此類匯票既可由抬頭人收款，也可背書轉讓。

2. 提示

提示（Presentation）是指匯票的持票人在匯票到期日或之前將匯票提交給付款人並要求其承兌或付款的行為。付款人收到匯票被稱為見票（Sight）。提示可按照匯票的期限不同分

為兩種情況。一種情況為付款提示，即持票人向付款人提交的是即期匯票或臨近到期的遠期匯票，付款人被要求立即支付相應款項。另一種情況為承兌提示，即持票人向付款人提交的是未到期的遠期匯票，付款人被要求辦理承兌手續並承諾到期付款。

3. 承兌

承兌（Acceptance）是針對遠期匯票的特有票據行為，是付款人對遠期匯票做出的到期付款承諾。當持票人向付款人提示遠期匯票時，付款人需在匯票上寫明「承兌」字樣，並註明付款日期、付款人簽章等信息。遠期匯票一旦承兌，相應當事人的法律關係也會有所變化。承兌後，付款人將成為匯票的主債務人，而出票人將退居次債務人地位。

4. 付款

付款（Payment）是指匯票的付款人向持票人支付款項的票據行為。對於即期匯票，當持票人提示匯票時，付款人應立即向其付款；對於遠期匯票，付款人應先承兌匯票，然後在匯票的到期時間內支付款項。匯票一旦經過付款環節，一切與匯票相關的債權債務關係便隨之解除，匯票的作用完成。

5. 背書

背書（Endorsement）是指匯票的持票人向其他人轉讓匯票權利的法定行為。背書的一般做法是由持票人在匯票的背面簽上自己的名字並加註被轉讓人的名字，以及將匯票交由被轉讓人。匯票的背書次數通常沒有限制，但需要注意的是，無論匯票經過了多少次背書轉讓，其前手對後手始終負有擔保匯票必然會被承兌或付款的責任。背書也有三種主要形式。其一，限制性背書（Restrictive Endorsement）。背書人在匯票背面註明「僅付某某人」或「付給某某人，不得轉讓」等類似字句，從而使匯票權利無法被第二次轉讓。其二，指示性背書（Demonstrative Endorsement）。這種背書方式也被稱為記名背書，背書人在匯票背面既要註明自己的簽名，也要註明被轉讓人的名字。指示性背書在允許匯票被連續轉讓並不斷流通的同時，也使匯票擁有清晰的前後手關係，從而具有一定的資金安全保障。其三，空白背書（Blank Endorsement）。這種背書方式也被稱為不記名背書，背書人只需在匯票背面簽名，而不需寫出被轉讓人的名稱。由於空白背書只有第一背書人的簽名，不能反應匯票的真實流通過程，因而存在較大的風險漏洞。為了保證持票的合法權利，尤其是對匯票權利的追索權，很多國家並不承認空白背書的有效性。

6. 拒付

拒付（Dishonor）也被稱為退票，是指持票人向付款人提示匯票之後，沒有得到付款人的承兌或付款，還遭到付款人的拒絕。引起拒付的原因十分複雜，通常包括票據失效、付款人死亡或破產以及付款人拖延等情況。

7. 追索

追索（Recourse）是指當匯票遭到付款人拒付後，持票人有權向匯票的背書人、出票人等前手要求償付資金。有的國家規定，持票人行使追索權的前提條件之一是要出具拒付證書（Protest），這是一種由付款地的法定公證人或相應機構開出的證明拒付事實的文件。

8. 貼現

貼現（Discount）是指匯票的持有人為了提前獲得相應票款，將未到期的遠期匯票提前進行兌現的行為。貼現的一般做法是在匯票的背書轉讓過程中，被背書人按照匯票的票面金額扣除一定的貼現利息，並將剩餘金額支付給背書人，從而取得匯票的票據權利。

（五）匯票的種類

1. 銀行匯票與商業匯票

按照出票人身分的不同，匯票可以分為銀行匯票（Bank Bill）與商業匯票（Commercial Bill）兩種類型。銀行匯票的出票人和付款人均是銀行，簽發匯票的銀行被稱為出票行，最

終承兌和付款的銀行被稱為付款行。在國際貿易中，銀行匯票多由進口商申請開立，用於對外支付貨款。商業匯票的出票人一般為工商企業或個人，付款人既可以是工商企業或個人，也可以是銀行。在國際貿易中，商業匯票多由出口商開立，用於向國外進口商或銀行收取貨款。

2. 銀行承兌匯票與商業承兌匯票

按照承兌人的不同，匯票可以分為銀行承兌匯票（Banker's Acceptance Bill）與商業承兌匯票（Commercial Acceptance Bill）兩種類型。銀行承兌匯票是指由銀行承兌的遠期匯票，相對容易貼現，屬於安全性較高的銀行信用。商業承兌匯票是指由工商企業或個人承兌的遠期匯票，相對不易貼現，屬於安全性較低的商業信用。

3. 即期匯票與遠期匯票

按照付款期限的不同，匯票可以分為即期匯票（Sight Bill）與遠期匯票（Time Bill）兩種類型。即期匯票的付款期限為「見票即付」，即持票人在向付款人提示匯票時，當即獲得支付。遠期匯票的付款期限是出票後的一段時間、提示後的一段時間或將來的某一固定時間，持票人在向付款人提示匯票時，先應獲得付款人的承兌，到期後才能獲得支付。

4. 跟單匯票與光票

按照匯票有無附屬單據，其又可分為跟單匯票（Documentary Bill）和光票（Clean Bill）兩種類型。跟單匯票也被稱為信用匯票或押匯匯票，是一種隨附提單、保險單、商業發票等單據的匯票。在國際貿易中，跟單匯票以隨附物權憑證為付款條件，是一種常用的信用工具和付款憑證。光票則與跟單匯票相反，本意為不附帶任何商業單據的匯票，如一些銀行匯票即是光票。在國際貿易中，光票也可指不附帶象徵物權的提單等關鍵運輸單據的匯票。

三、本票

（一）本票的概念

本票亦是國際結算中的一種常用信用工具。按照中國《票據法》的定義，本票（Promissory Note）是由出票人簽發的，承諾自己在見票時無條件支付確定的金額給收款人或者持票人的一種票據。《英國票據法》則規定，本票是一個人向另一個人簽發的，保證即期或定期或可以確定的將來某個時間，向某人或其指定人或持票人支付一定金額的無條件書面承諾。在國際貿易中，本票一般由進口商或其指定銀行開出，用於向出口商做出保證支付貨款的承諾。

按照出票人的不同，本票可分為商業本票（Commercial Promissory Note）與銀行本票（Bank Promissory Note）兩種類型。商業本票也被稱為一般本票，是由工商企業或個人簽發的一類本票，主要用於清償出票人自身的債務。商業本票的付款期限較為靈活，可以是即期本票，也可以是遠期本票。銀行本票是由銀行簽發的一類本票，只有即期本票，沒有遠期本票。銀行本票一般為不記名本票，可隨意流通，在使用中見票即付，與現金無異，因而需特別注意資金安全、票據真偽等問題。

（二）本票的內容

按照中國《票據法》第七十五條規定，本票必須記載下列六項內容，若未記載其中任何一項或幾項，本票即無效。

第一，明確表示的「本票」字樣。一般在本票正面的中間位置印有本票的中文或外文字樣，用來表明票據的性質與作用。

第二，無條件支付的承諾。本票應表明其獲得支付的功能是沒有條件限制的。出票人需向持票人做出明確承諾，保證於見票之時付款。

第三，確定的貨幣金額。本票也屬於能夠獲得一定資金支付的有價證券，必須對具體的

貨幣金額進行明確表示，不能使用「左右」「大約」等模糊性詞語。

第四，收款人的名稱。本票應載明收款人的具體名稱。本票具有流動性，一般也可以通過背書轉讓，對收款人抬頭的書寫方法與匯票類似。

第五，出票日期。本票的出票日期即簽發本票的日期。需要注意的是，銀行本票自出票日起，付款期限最長不得超過二個月。

第六，出票人簽章。本票必須擁有出票人的簽名或蓋章方能生效，特別是對於流動性較高的銀行本票，相應簽章還具有防偽作用。

除以上六項關鍵內容外，本票內容還可包括付款期限、轉帳或現金、申請人名稱等內容。

（三）本票的當事人與票據行為

一方面，關於本票的當事人，由於本票是一種無條件的支付承諾，因而僅涉及兩方當事人，分別是出票人和收款人，而付款人就是出票人本人。

1. 出票人或付款人

出票人是簽發本票的人。本票由出票人開立、簽發並交付流通。按照中國《票據法》第七十四條規定，「本票的出票人必須具有支付本票金額的可靠資金來源，並保證支付」。可見，本票的出票人以自有資金為擔保，承諾將有能力見票付款，因而出票人就是最後的付款人。按照本票原理，出票人既可以是國際貿易中的進口方，也可以是進口方銀行。但在國際貿易實務中，應用最多的還是以銀行為出票人的本票。

2. 收款人或持票人

收款人是收取本票指定款項的人，既是本票的受益人，也是本票的持票人。作為一種收付款工具，本票的基本作用是承諾收款人能夠按時收到相關款項。因此，收款人或持票人在本票關係中處於債權人地位。例如，中國《票據法》第七十七條規定，「本票的出票人在持票人提示見票時，必須承擔付款的責任」。在國際貿易中，收款人通常為出口方或其指定的銀行。

另外，本票也可背書轉讓，相應的背書人、被背書人與匯票中的相關當事人一致。

另一方面，關於本票的票據行為，按照中國《票據法》第八十條的規定，本票的背書、保證、付款行為和追索權的行使，與匯票一致，對於匯票票據行為的規定同樣適用於本票。在國際結算過程中，本票最主要的票據行為有兩項——即出票和見票付款。

四、支票

（一）支票的概念

按照中國《票據法》第八十一條規定，支票（Cheque，Check）是由出票人簽發的，委託辦理支票存款業務的銀行或者其他金融機構在見票時無條件支付確定的金額給收款人或者持票人的一種票據。《英國票據法》則規定，支票是一種以銀行為付款人的即期匯票。在國際貿易中，支票的使用十分靈活，通常可由進口商向出口商簽發，用以償付國際貿易貨物的價款。在支付佣金、折扣、保險費及運費等項目時，貿易商也可使用支票這一簡便高效的支付工具。

（二）支票的內容

按照中國《票據法》第八十四條規定，支票必須記載下列六項內容，若未記載其中任何一項或幾項，支票即無效。

第一，明確表示的「支票」字樣。一般在支票正面的中間位置印有支票的中文或外文字樣，用來表明票據的性質與作用。

第二，無條件支付的命令。支票是一種特殊的匯票，應表明其支付貨幣的功能是沒有條

· 215 ·

件限制的。中國《票據法》第八十九條規定,「出票人必須按照簽發的支票金額承擔保證向該持票人付款的責任」。

第三,確定的貨幣金額。流通中的支票與現金相似,擁有明確的貨幣金額,不能使用「左右」「大約」等模糊性詞語。

第四,付款人的名稱。支票應載明付款人的具體名稱,即承擔付款義務的銀行的具體名稱。

第五,出票日期。支票的出票日期即簽發支票的日期。需要注意的是,支票的付款日期一般為出票日期後的十天。

第六,出票人簽章。支票必須由出票人簽名或蓋章方能生效,相應簽章需與銀行預先備份的簽章一致。例如,中國《票據法》第八十二條規定,「開立支票存款帳戶,申請人應當預留其本名的簽名式樣和印鑒」。

除以上六項關鍵內容外,支票內容還可包括收款人名稱、出票人帳號、支票用途及借貸科目等內容。

(三) 支票的當事人與票據行為

一方面,支票的當事人包括出票人、持票人和付款人。

1. 出票人

出票人是簽發支票的人。簽發支票的前提條件是必須在銀行擁有足額的存款。中國《票據法》第八十七條規定,「支票的出票人所簽發的支票金額不得超過其付款時在付款人處實有的存款金額」。若支票的票面金額超過了出票人在銀行的存款金額,則被稱為空頭支票(an Empty Promise)。各國均禁止簽發空頭支票。

2. 持票人或收款人

持票人是持有支票的人。支票一經簽發,可被轉讓並進行流通,而支票的最後持票人就是支票的收款人,銀行將向其支付支票的票面金額。中國《票據法》第八十六條規定,「支票上未記載收款人名稱的,經出票人授權,可以補記」。同時,出票人還可以在支票上將自己記載為支票的收款人。

3. 付款人

付款人是向收款人付款的人。支票的付款人只能是銀行。付款人是否付款受到多種因素的影響。例如,付款金額以出票人的存款金額為限,付款時間以出票後的提示時間為限等。付款人一旦付款,支票的債權債務關係隨即宣告終止,除非付款過程存在嚴重問題。例如,中國《票據法》第九十二條規定,「付款人依法支付支票金額的,對出票人不再承擔受委託付款的責任,對持票人不再承擔付款的責任。但是,付款人以惡意或者有重大過失付款的除外」。

另一方面,支票的票據行為主要包括出票和見票即付。按照中國《票據法》第九十三條的規定,支票的背書、付款行為和追索權的行使,與匯票一致,對於支票票據行為的規定同樣適用於支票。

(四) 支票的種類

1. 記名支票和不記名支票

按照支票抬頭的不同,支票可以分為記名支票(Order Check)和不記名支票(Bearer Cheque)兩種類型。記名支票是指在支票的收款人欄目中明確記載了收款人的名稱,付款人只能向指定收款人付款並要求其在支票背面簽章。不記名支票也被稱為來人支票、空白抬頭支票,是指在支票的收款人欄目中並不寫明收款人的具體名稱,只需註明「付來人」(Pay Bearer)即可。這種支票在轉讓和收款時均不需持票人簽章,方便但不安全。

2. 銀行支票和商業支票

按照支票的出票人不同，支票可以分為銀行支票（Bank Cheque）和商業支票（Commercial Cheque）兩種類型。銀行支票是指由一家銀行簽發的，要求另一家銀行見票付款的支票。這類支票的實質就是銀行即期匯票。商業支票是指由工商企業出具的支票，這類支票僅在有些國家或地區使用，在中國使用的支票主要為銀行支票。

3. 保付支票和不保付支票

按照支票是否取得銀行擔保，支票可以分為保付支票（Certified Cheque）和不保付支票（Unguaranteed Cheque）兩種類型。保付支票是指取得銀行保證付款承諾的支票。在國際結算業務中，為了防止因出現空頭支票而被退票的情況發生，持票人或收款人常常會要求在支票上加蓋「保付」戳記，從而確保支票一定能夠得到銀行付款。支票一旦獲得保付，銀行便成為主要債務人，不得拒付。不保付支票即沒有取得銀行付款承諾的一般支票。這類支票仍然存在被退票的可能。相比之下，保付支票的安全性更高、流通性更好，因此更受收款人的歡迎。

4. 現金支票、畫線支票和普通支票

按照支票的用途不同，支票可以分為現金支票（Cash Cheque）、畫線支票（Crossed Cheque）和普通支票（Open Cheque）三種類型。現金支票是只能支取現金的支票。當存款人需要現金時，可隨時簽發現金支票並憑支票向銀行提取現金。畫線支票也被稱為轉帳支票，是只能轉帳不能提現的支票。通常在支票正面的左上角劃兩道平行線，因此得名畫線支票。普通支票被稱為未劃線支票，是一種既可以支取現金，又可以轉帳付款的支票。需要注意的是，三種支票不能混淆，需在票面進行明確說明。例如，中國《票據法》第八十三條規定，「支票可以支取現金，也可以轉帳，用於轉帳時，應當在支票正面註明」。

五、匯票、本票和支票的比較

第一，基本性質不同。由於支票是一種特殊的即期匯票，因而其性質與匯票相同，都是無條件的支付命令。匯票與支票都是由出票人命令付款人支付一定金額的款項，屬於委付證券的範疇。所不同的是，匯票的付款人可以是銀行、工商企業或個人，而絕大多數支票的付款人都是銀行。本票是無條件的支付承諾，出票人承諾自己一定按時完成支付，屬於自付證券的範疇。本票的付款人也可以是銀行、工商企業或個人。

第二，基本當事人不同。匯票和支票都擁有三方基本當事人，即出票人、收款人和付款人。而本票只有兩方基本當事人，即出票人和收款人，其付款人與出票人為同一人。

第三，出票人承擔的責任不同。由於付款時間存在即期與遠期，因此各類票據的責任關係也各不相同。即期匯票與本票、支票的出票人，始終承擔著票據關係中的主債務人責任。而遠期匯票的出票人會因付款人承兌而退居次債務人地位，付款人將成為票據責任的主債務人。

第四，付款期限與票據行為不同。匯票與本票都有即期付款和遠期付款兩種形式，所不同的是遠期匯票需要承兌，而遠期本票沒有承兌這一票據行為。支票的付款期限沒有遠期，只有即期，當持票人向銀行提示支票時，銀行一般會見票即付。

第五，當事人的資金關係不同。匯票的出票人和付款人之間，一般不必事先有資金關係，通常為債權債務關係。本票的出票人與付款人都是自己，不構成自己與自己之間的資金關係。支票的出票人必須與付款人形成資金存儲關係，沒有存款作為保障的支票只能是空頭支票。

第六，出票份數不同。匯票一般為一式兩份或一式多份。為防止寄單延誤、遺失或損壞等情況的出現，匯票往往成套簽發，備份使用。而本票和支票一般只有一份正本。

為進一步理解三種票據的異同，可參看表 14-1。

表 14-1 匯票、本票和支票的比較

比較內容	匯票	本票	支票
性質	委付證券	自付證券	委付證券
當事人	出票人、收款人和付款人	出票人和收款人	出票人、收款人和付款人
出票人責任	即期匯票為主債務人，遠期匯票為次債務人	主債務人	主債務人
付款期限	見票即付和定日付款、出票和見票後定期付款	見票即付和定日付款、出票和見票後定期付款（不超過兩個月）	見票即付（出票後十日內付款）
票據行為	出票、背書、提示、付款、承兌、拒付、追索等	出票、背書、付款、追索等	出票、付款
資金關係	不一定有	不構成	必須有
份數	一式兩份	一份	一份

資料來源：編者整理。

第二節　匯付與托收

一、匯付

（一）匯付的含義

匯付（Remittance）也被稱為匯款，是指付款人通過銀行並使用一定的結算工具，如匯票、本票和支票，主動將款項匯給收款人的一種付款方式。在國際貿易中，匯付主要用於出口方向進口方支付定金、貨款及向中間商支付佣金等，具有程序簡單、方便快捷的特點。匯付屬於商業信用，而且是順匯結算，即資金的流動方向與票據等結算工具的流動方向一致。

（二）匯付的當事人

匯付的基本當事人有四個，一般為國際貿易的賣方、買方及各自所在地的銀行。在匯付流程中，其名稱有所不同。

1. 匯款人

匯款人（Remitter）是匯付流程中的付款人，屬於債權債務關係中的債務人。在國際貿易中，進口方即匯款人，需承擔進口商品後的付款責任。

2. 收款人

收款人（Payee）是匯付流程中的受益人，屬於債權債務關係中的債權人。在國際貿易中，出口方即收款人，享有出口商品後的收款權利。

3. 匯出行

匯出行（Remitting Bank）是匯付流程中的匯款行。匯出行受匯款人的委託，將相關款項匯往國外指定機構。在國際貿易中，進口商所在地銀行即匯出行。

4. 匯入行

匯入行（Receiving Bank）也被稱為解付行（Paying Bank），是匯付流程中的付款行。匯

入行受匯出行的委託，向收款人解付貨款。在國際貿易中，出口商所在地銀行即匯入行。

(三) 匯付的類型及流程

1. 電匯

電匯（Telegraphic Transfer，T/T）是指匯出行按照匯款人的申請或委託，以電報、電傳或環球銀行金融電信協會網絡（SWIFT）等方式委託外國匯入行向指定的收款人支付貨款的一種匯付形式。電匯的優點是信息傳遞速度快、資金結算效率高，缺點是使用某些電訊手段的費用相對昂貴。電匯的具體流程見圖14-1。

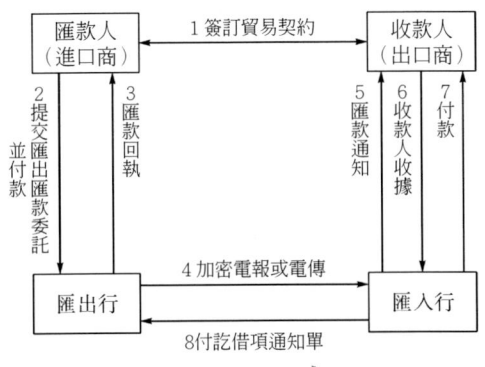

圖 14-1　電匯的流程

2. 信匯

信匯（Mail Transfer，M/T）是指匯出行按照匯款人的申請或委託，將信匯委託書或支付委託書以銀行信件方式寄送外國匯入行，並授權其向指定的收款人支付貨款的一種匯付形式。信匯的優點是費用相對低廉，缺點是信息傳遞速度較慢。另外，由於信匯需要一段時間，因此銀行可以短期佔有信匯資金的使用權，從而使信匯的費用更為便宜。信匯的具體流程見圖14-2。

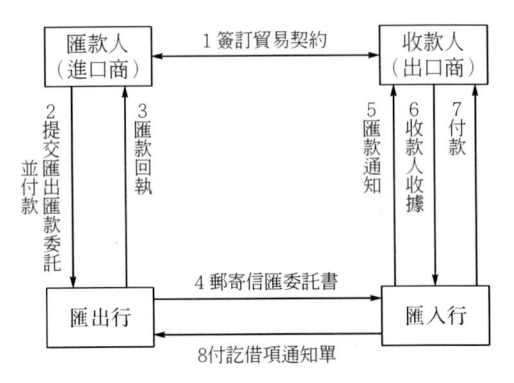

圖 14-2　信匯的流程

3. 票匯

票匯（Demand Draft，D/D）是指先由匯款人向本地匯出行購買一張以外國匯入行為付款人的銀行即期匯票，然後將此匯票寄送外國收款人並由其自行向銀行收款的一種匯付形式。由於使用了匯票工具，因此造成了票匯與電匯、信匯的明顯區別。其一，匯票要求收款人自行憑票收款，省去了匯款人與收款人之間的通知環節，使匯款手續更為簡便。其二，匯票的寄送和取款需要耗費一段不短的時間，這使銀行能夠更為方便和穩定地佔用資金。其三，匯票可以背

書轉讓，使持票人可以將收款的權利進行轉讓，這增加了匯付流程中的複雜性和靈活性。票匯的具體流程見圖14-3。

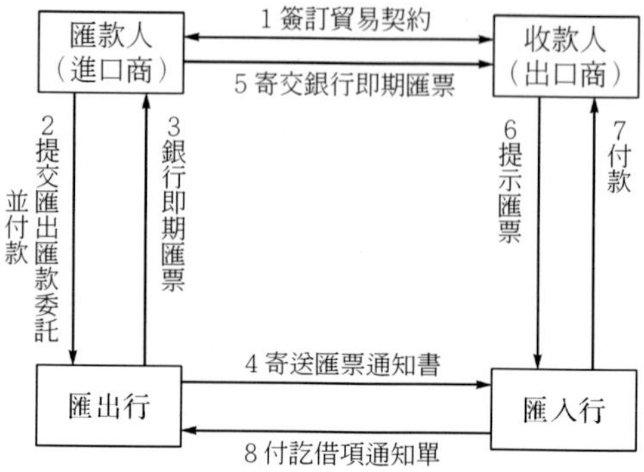

```
       ┌─────────┐   1 簽訂貿易契約   ┌─────────┐
       │  匯款人  │ ─────────────── │  收款人  │
       │ （進口商）│                 │ （出口商）│
       │         │ ←─────────────── │         │
       │         │  5 寄交銀行即期匯票 │         │
       └─────────┘                 └─────────┘
        2 │ ↑ 3                      6 │ ↑ 7
        提│ │ 銀                      提│ │ 付
        交│ │ 行                      示│ │ 款
        匯│ │ 即                      匯│ │
        出│ │ 期                      票│ │
        匯│ │ 匯
        款│ │ 票
        委│ │
        託│ │
        並│ │
        付│ │
        款│ │
          ↓ │                          ↓ │
       ┌─────────┐   4 寄送匯票通知書  ┌─────────┐
       │  匯出行  │ ─────────────── │  匯入行  │
       │         │ ←─────────────── │         │
       └─────────┘  8 付訖借項通知單  └─────────┘
```

圖 14-3　票匯的流程

（四）使用匯付的注意事項

1. 注意業務範圍

匯付是一種單方面的貨款支付方式，主要應用於國際貿易中的預付貨款、賒銷及支付佣金等業務。其一，預付貨款（Advance Payment）也被稱為「前 T/T」，是一種進口商預先支付全部或部分貨款，出口商在收到貨款後的一段時間內交付貨物的結算方式。其二，賒銷（Open Account）也被稱為貨到付款、延遲付款或「後 T/T」，是一種出口商先行發貨，進口商在收到貨物並驗收合格後的一段時間內支付貨款的結算方式。其三，向代理商或中間商支付佣金是國際貿易的慣例。當需要單獨支付佣金時，匯付是一種較為理想的結算方式。

2. 注意風險防控

匯付屬於典型的商業信用，相比銀行信用的風險更大。在國際貿易中，對於預付貨款的進口方和賒銷商品的出口方，一旦付款或發貨，將失去制約對方的實際能力，後續交易的結果也將完全依賴於對方的商業信用。例如，預付貨款就明顯對出口商有利，而對進口商不利，因為出口商往往是在收到貨款後才開始生產備貨，存在較大的交貨風險。因此，對於資信狀況較差或瞭解不深的外國貿易商，應當慎用或不用匯付方式，防止出現錢貨兩虧的不利情況。另外，在國際貿易實務中，為防止匯付風險，貿易商還常常會在匯付過程中同時使用銀行保函或備用信用證，單純的主動匯付已很少使用了。

3. 注意資金壓力

匯付中，進出口雙方的資金負擔並不平衡。一方面，當採用預付貨款時，進口方的壓力較重。特別是在金額較大的國際貿易中，進口方需向出口方提供用於備貨的絕大部分資金。另一方面，當採用貨到付款時，出口方的壓力較重。出口方在未收到足額貨款的情況下，需完成貿易商品的生產、運輸和交貨，因而墊付了絕大部分資金。可見，匯付是一種占用單方面資金的結算方式，進出口商在約定匯付結算前，應做好充分的資金準備和預案措施。

值得一提的是，在長期的貿易實踐中，還產生了「雙匯付」的結算方式，俗稱為「前 T/T+後 T/T」，具體做法包括三步。第一步，進口商向出口商預先支付占總貨款金額 30% 左右的定金，即「前 T/T」；第二步，出口商在收到進口方匯付的定金後，完成備貨與發貨；第三步，進口商在收到出口商發來的貨物並驗收合格後，匯付剩餘的全部貨款，即「後 T/T」。雙匯付使進出口雙方的資金壓力相對平衡，風險也相應減少，因而是一種相對折中的匯付方式。

二、托收

(一) 托收的含義

托收（Collection）即「委託收款」的簡稱，是指出口商開具以進口商為付款人的匯票，委託相關銀行向進口商收取貨款的一種結算方式。托收屬於商業信用，進口商最終能否付款贖單，完全取決於其付款的願望與能力。在托收業務中，銀行雖然收款，但並不承擔保證付款的責任，銀行與出口商之間僅僅是委託代理關係。托收中所使用的匯票，通常為跟單匯票，即出口商在完成發貨之後，需將包括提單在內的全套運輸單據隨附匯票。進口商一旦付款，將擁有貨物的所有權。與匯付不同，托收是逆匯結算，即資金的流動方向與票據等結算工具的流動方向相反。

(二) 托收的當事人

托收的基本當事人也有四個，一般為國際貿易中的賣方、買方及各自所在地的銀行。在托收流程中，其名稱又有所不同。除此之外，托收還可能涉及提示行、代理人等其他當事人。

1. 委託人

委託人（Principal）是托收流程中的收款人、受益人，屬於債權債務關係中的債權人。在國際貿易中，出口方既是委託人，還是匯票的出票人。一般由出口商開出匯票並委託銀行對外代收貨款。

2. 托收行

托收行（Remitting Bank）也被稱為寄單行，是托收流程中的最初接受收款人委託的本地銀行。在國際貿易中，出口商所在地銀行即托收行。

3. 代收行

代收行（Collecting Bank）也被稱為收款行，是接受託收行委託向付款人收款的外地銀行。在國際貿易中，進口商所在地銀行即代收行。

4. 付款人

付款人（Drawee）是托收流程中的匯票付款人，屬於債權債務關係中的債務人。在國際貿易中，進口方即付款人，需在銀行向其提示匯票後，付款贖單。

5. 提示行

提示行（Presenting Bank）是托收流程中向付款人提示匯票和相關單據的銀行。提示行既可以是代收行本身，也可以是其他與付款人有經常性業務聯繫的受委託銀行。

6. 代理人

代理人（Agent）是由出口商指定的國外經紀人。在托收方式中，設置代理人是為了防止因付款人拒付貨款而造成貨物無人管理的情況。代理人將負責辦理貨物在國外的倉儲、轉運及轉售等業務。

(三) 托收的類型與流程

1. 光票托收

光票托收（Clean Collection）是指出口商僅憑光票匯票來辦理的托收。光票匯票是不隨附商業票據和運輸單據的匯票。這種托收方式多用於國際貿易中的尾款催收、佣金催付和樣品費用清算等金額較小的從屬費用結算。

2. 跟單托收

跟單托收（Documentary Collection）是指出口商憑藉跟單匯票來辦理的托收。跟單匯票是隨附商業票據和運輸單據的匯票。這種托收方式主要用於國際貿易中主要貨款的結算，具有明顯的單據買賣特徵。按照交單條件的不同，跟單托收又可分為兩種類型。

(1) 付款交單。

付款交單（Documents Against Payment，D/P）是指出口商委託銀行要求進口商必須付清貨款才能取得全套單據，即先付款、後交單。按照匯票期限或付款時間的不同，付款交單又可進一步細分為兩種類型。第一種為即期付款交單（D/P at sight），即出口商開具即期匯票，進口商見票即付，並立即取得商業單據。第二種為遠期付款交單（D/P after sight），即出口商開具遠期匯票，銀行向進口商提示匯票後，進口商承兌，並於匯票到期日付清貨款和領取商業單據。需要注意的是，在遠期付款交單中，進口商即使承兌匯票也不能領取商業單據，出口商仍然保留了對貨物的控制權。若進口商資信狀況良好，並且匯票規定的最後付款日期晚於貨物的實際到達日期，則出口商也可同意進口商變通操作。例如，進口商可以通過提前付款的方式節省一部分利息費用，也可以通過出具信託收據先行借單提貨，待貨物出售後再付清貨款。

(2) 承兌交單。

承兌交單（Document Against Acceptance，D/A）是指代收行向付款人提示遠期匯票後，付款人只要承兌匯票即可取得全套單據，即先交單，後付款。付款人對遠期匯票進行承兌後，便可領取商業發票、提單、保險單等各種單據，從而獲得提取貨物的權利。可見，承兌交單有利於進口商在資金不足的情況下開展國際貿易。進口商完全可以先出售貨物，再支付貨款，從而將全部風險轉嫁給出口商。因此，承兌交單是一種對出口商風險較大的托收方式，使用前需對進口商的資信狀況、經營作風及業務現狀等進行全面調查和瞭解，確保錢貨的安全。

托收的基本流程見圖 14-4。

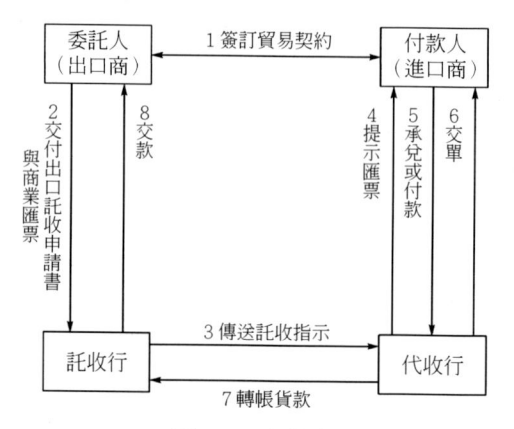

圖 14-4　托收的流程

(四) 使用托收的注意事項

1. 調查進口商

出口商應當慎用托收方式。在不得已使用托收的情況下，出口商應注意對進口商的調查瞭解。調查的內容包括市場背景、資信狀況、經營作風、不良記錄、業務現狀等，尤其對於初次合作的貿易夥伴，更加不能忽略調查瞭解的環節。另外，當需要快速成交而無法調查時，托收的金額不宜過大，以免超過進口商的支付能力。

2. 注意外匯管制

在托收方式下，出口商往往是先發貨，後收款。若進口商來自進口管制或外匯管制措施比較嚴格的國家或地區，則應注意相關政策是否會影響托收，避免出現貨到之後無法收款的

情況。

3. 注意外貿習慣

在不同的國家或地區，托收的習慣方式各不相同，特別是在習慣採用遠期付款交單或承兌交單的國家或地區，還要防範因進口商在實際付款前提前取得貨物的所有權而產生的更大的付款風險。

4. 注意貿易術語

在托收方式下，出口商應盡量選擇按照 CIF 或 CIP 術語成交，而不宜使用 FOB、FCA 等術語。為防止進口商與承運人相互勾結，實施詐騙，出口商應自行租船訂艙並投保保險，從而確保貨物能夠安全順利地運抵目的地。同時，為防止因進口商不購買保險並拒絕付款而導致貨物損失無法追索的情況，出口商也應自行投保並掌握保險憑據。

5. 注意保障措施

對於出口商，托收是一種風險較大的結算方式。在國際貿易實務中，為保障出口商的收款安全，還可綜合運用多種保障措施。常用措施包括投保出口信用保險、辦理出口保理業務，以及合理運用進出口托收押匯措施等。除此之外，出口商還應建立和健全自身的托收業務管理制度，並定期檢查托收業務的進度和狀態，做到既有方案也有預案，一旦發現問題，能夠及時採取有效的補救措施。

第三節 信用證結算

一、信用證概述

(一) 信用證的含義

無論是匯付還是托收，買賣雙方總有一方處於風險較大的不利地位。在長期的國際結算實踐中，人們逐漸探索出一種可以基本實現「一手交錢、一手交貨」的結算方式，即信用證收付款方式。信用證以銀行居中擔保，賣方獲得了付款保證，買方獲得了收貨保證，從而使買賣雙方在交易過程中能夠權利相當、地位平等。

信用證 (Letter of Credit, L/C) 是一種由銀行開立的在一定條件下承諾付款的書面文件。在國際貿易中，信用證由銀行按照進口商的要求和指示開出並交給出口商，出口商在按照信用證的要求完成備貨與發貨後，憑信用證及各類單據向銀行要求付款，最後進口商在銀行處付款贖單，取得貨物的所有權。在這一流程中，銀行的付款條件就是出口商必須提供符合信用證規定的全套單據。只要出口商提供的單據合格，則銀行保證一定付款。因此，與匯付和托收方式的商業信用不同，信用證屬於更為安全的銀行信用。

為調和世界各國當事人因使用信用證的不同產生的爭議，國際商會於 1930 年制定了《跟單信用證統一慣例》(Uniform Customs and Practice for Documentary Credits, UCP)，並建議各國銀行參考使用。目前的最新版本為國際商會第 600 號出版物，即 UCP600，這是有關信用證業務的一項重要國際慣例。

(二) 信用證的特點

第一，信用證是一種自足文件 (Self-Sufficient Instrument)。信用證是獨立於商品買賣合同的另外一份契約，其交易內容與買賣條件並不受買賣雙方已經簽訂的合同的約束。銀行的付款責任僅僅來源於信用證，審核的重點也只在於信用證與相關單據的一致性。

第二，信用證是一種單據買賣 (Pure Documentary Transaction)。信用證方式不僅與買賣合同無關，而且與實際貨物的交接情況也無關。銀行在審核信用證及其單據時，將嚴格按照

「單證一致，單單相符」的原則。可以說，信用證是一種純粹的單據買賣業務。例如，單據買賣存在兩種特例：其一，只要出口商所提供的單據合格，即使貨物發生損失甚至無法達到，銀行也必須履行付款義務；其二，只要出口商所提供的單據不合格，即使貨物安全運達目的地，銀行也完全可以拒付貨款。因此，在信用證方式中，出口商和銀行都會特別重視單據的質量。

第三，信用證的開證銀行將承擔首要付款責任（Primary Liabilities for Payment）。信用證的實質是一種銀行信用保證，其付款人只能是銀行，並且其第一付款責任人是開立信用證的銀行。儘管銀行對於開立信用證有著嚴格的審核程序，但只要開出信用證，即使申請開證的進口商發生破產、倒閉等極端情況，銀行也必須按照承諾進行付款。

（三）信用證的當事人

信用證業務的主要當事人有四個，分別是開證申請人、開證行、通知行及受益人。按照銀行業務進行細分，還可產生議付行、付款行、保兌行、承兌行、償付行等其他當事人。

1. 開證申請人

開證申請人（Applicant）也被稱為開證人（Opener），是向銀行申請開立信用證的人。在國際貿易中，進口商即開證申請人，它將承擔按合同開證，向銀行交付押金，以及按時付款贖單等義務。

2. 開證行

開證行（Issuing Bank）是按照開證申請人要求開立信用證的銀行。開證行是信用證付款的第一責任人，並享有向進出口雙方收取手續費的權利，拒絕向不合格單證付款的權利，以及向相關當事人進行追索的權利等。在國際貿易中，開證行通常為進口商所在地的銀行。

3. 通知行

通知行（Advising Bank）是受開證行的委託，將開立的信用證轉交給出口商的銀行。通知行的主要責任是確保信用證的真實性和有效性，它發揮著傳遞信息、交接信用證的作用。在國際貿易中，通知行通常為出口商所在地的銀行，多為開證行在當地的分行或代理行。

4. 受益人

受益人（Beneficiary）是能夠使用信用證並最終獲得信用證相應款項的人。受益人在收到信用證後，應立即將信用證內容與合同內容進行比對，若存在不同的地方應及時要求開證行改證。受益人在備齊信用證項下的全套單據後，應及時向銀行申請付款，若遭遇銀行拒付，應立即查找原因並及時採取補救措施。在國際貿易中，出口商即信用證的受益人。

5. 議付行

議付行（Negotiating Bank）也被稱為購票行、押匯行、貼現行，是根據開證行的授權買入受益人提交的信用證及全套單據的銀行。議付行需開證行指定，需對於受益人所提供的單證進行嚴格審核，並在審核通過後向受益人支付貨款。需要注意的是，議付行所支付的貨款需要扣除匯票到期日之前的全部利息，僅支付貼現金額。議付行在獲得單證後，將向開證行寄單索匯，若開證行拒付，議付行還可向受益人追索。在國際貿易中，議付行可由通知行兼任，即由出口商所在地的銀行來議付貨款。

6. 付款行

付款行（Paying Bank）是信用證所規定的付款銀行。付款行一般就是開證行，有時也可以是開證行指定的付款代理行。需要注意的是，付款行的付款行為對受益人不具有追索權，若付款出現問題，付款行只能向開證行追索。

7. 保兌行

保兌行（Confirming Bank）是按照開證行的要求對不可撤銷信用證進行保兌的銀行。當開證行無法履行付款義務時，將由保兌行代為付款。保兌行與付款行類似，若付款出現問

題，不能向受益人或議付行追索，只能向開證行追索。

8. 承兌行

承兌行（Accepting Bank）是在遠期信用證業務中承兌遠期匯票的銀行。承兌行既可以是開證行本身，也可以由開證行指定。若承兌匯票最終沒有得到付款，則受益人可要求開證行承擔最終付款的責任。承兌行需要對受益人提供的單證進行審核，對於不合格的單據，有權拒絕承兌。

9. 償付行

償付行（Reimbursing Bank）也被稱為清算行，是受開證行的指示或授權，代其向議付行、付款行、保兌行及承兌行進行付款的銀行。在國際貿易中，償付行通常為進口商與出口商所在地之外的國際銀行，因開證行與其有資金關係而成為清償各類當事人墊付貨款的最終銀行。需要注意的是，償付行的主要責任是結算貨款，而並不審核信用證及相關單據，與受益人也無直接的業務關聯。

（四）信用證的主要內容

第一，信用證是對信用證本身的說明。例如，信用證的種類、性質、編號、金額、開證日期、有效日期，以及到期地點等。

第二，信用證上有對標的物的相關要求。例如，商品的品名、品質、數量、包裝以及價格等。

第三，信用證上有相關當事人的信息。例如，開證申請人、受益人、開證行、通知行、議付行、付款行、保兌行，以及償付行等的名稱和地址。

第四，信用證上有對貨物運輸的要求。例如，運輸方式、運輸工具、裝運期限、裝運地、目的地、運費支付情況等，以及是否允許分批運輸或轉船運輸等。

第五，信用證上有相關單據的要求。例如，單據的種類、名稱、內容、分數以及是否正本等，具體種類涉及提單、運單、保險單、商業發票、海關單據以及其他與貿易有關的單據。

第六，信用證上有相關票據的要求，主要是對出口人提交匯票的要求。例如，匯票的相關當事人名稱、付款期限、金額，以及其他約束條款等。

第七，信用證上有對信用證的特殊要求。每份信用證可根據交易的具體情況，做出一些有針對性的規定。例如，是否要求保兌、限制議付或規定限制性的運輸條件等。

第八，信用證上有銀行的付款承諾。信用證上應載明開證行對受益人或匯票持票人的有條件付款承諾，並註明規範本信用證的相應國際慣例。例如，「本信用證受國際商會《跟單信用證統一慣例》地 600 號出版物的約束」。

第九，其他必要的內容。例如，銀行間的電匯索償條款等。

（五）信用證的優點與缺點

信用證的積極作用主要體現在三個方面。

其一，對於出口商，信用證保證了收款的安全。出口方只要按照信用證的規定，按時、保質、保量地交付貨物並取得全套合格單據，就能保證獲得銀行的付款。由於單據傳遞的速度往往快於貨物的運輸速度，因而出口商不僅能夠提前收回貨款，還能避免因進口國臨時採取限制進口或外匯管制等措施而發生的風險。另外，當出口商收到信用證後，還可憑信用證向出口地銀行打包放款（Packing Finance）或出口押匯（Outward bill），發揮信用證的資金融通作用。

其二，對於進口商，信用證確保了收貨的安全。按照信用證的原理，銀行只有在審核單證無誤後才會對外付款，因而進口商最終從銀行處取得的全套單據一定是滿足進口商要求的單據。換言之，進口商可以通過控制信用證的具體條款，達到控制出口商按時、按質和按

量交貨的效果，從而避免一般結算方式中因付款在前、收貨在後而產生的損失或風險。另外，信用證對於進口商同樣具有資金融通的作用。在申請開立信用證時，進口商一般並不需要向銀行繳納全部貨款，而只需支付部分押金。若申請開立的是遠期信用證，進口商還能擁有更長時間的資金週轉時間，從而有利於促進國際貿易合同的簽訂和履行。

其三，對於銀行，信用證拓展了銀行的業務範圍。銀行在信用證業務中扮演著十分重要的作用。從某角度講，銀行對進出口雙方都做出了一定的承諾與擔保。為此，銀行需完成開立信用證、審核單證、融通資金、承兌付款等各項工作，這不僅擴大了銀行的業務種類和工作量，而且還增加了銀行因收取相關手續費、服務費、押金等而產生的利潤。因此，開展信用證業務，對銀行來言也是有益的。

信用證也有一些不足。

其一，信用證收付款的程序複雜、費用較高。信用證一般適用於國際貿易中相對陌生的進口商與出口商，採用信用證的最主要目的是為了錢貨的安全。而對於擁有長期業務關係的進口商和出口商，相互間的信任度已經較高，在風險較小的情況下，更願意選擇效率較高、成本較低的其他商業信用收付款方式。

其二，信用證收付款方式畢竟是一種純粹的單據買賣。國際貨物貿易的實質還是具體商品的跨國交易。信用證下的單證審核與真實貨物的運輸交接相互分離，為一些國際詐欺行為埋下了隱患。例如，歷史上就曾經出現過虛假出口商勾結承運人等偽造單據向銀行實施信用證詐騙的案例。因此，使用信用證還需正確看待銀行信用，並且不能放鬆對實際貨物的監督與管理。

二、信用證的流程

由於信用證的相關當事人較多，類型也較為豐富，因而每種信用證的操作流程也各不相同，但都要經過申請、開證、通知、議付、付款及贖單等關鍵環節。這裡以信用證主要當事人之間圍繞「證」「款」「貨」的操作流程為例，來解釋信用證的基本業務流程（圖14-5）。

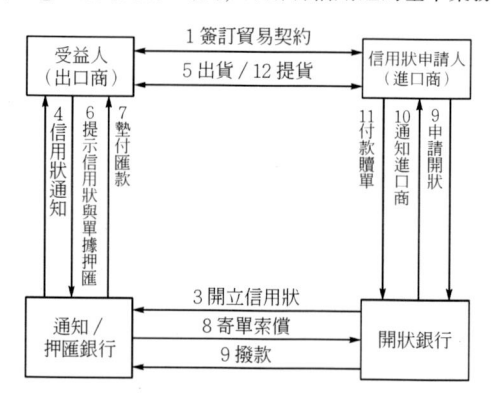

圖 14-5　信用證收付款的流程

第一步，簽訂合同。國際貿易的買賣雙達成貿易合同，並在合同中規定以信用證方式來收付貨款。

第二步，申請開證。進口商向其所在地銀行提交開證申請書和相應比例的押金，申請開立信用證。

第三步，開立信用證。開證行按照申請人的要求，向出口商開出正式的信用證。信用證原件需寄送至出口商所在地銀行。

第四步，通知信用證。通知行在收到開證行寄來的信用證後，經檢驗無誤，通知出口商領取信用證。若需保兌，可由相關銀行保兌信用證。

第五步，裝運貨物。出口商在收到信用證後，將信用證內容與合同內容進行比對。若有問題，須退回信用證並要求開證行改證。若無問題，則應按照信用證的要求裝運貨物，並取得發貨後的全套單據。

第六步，交單。出口商在完成發貨後，備妥信用證及其規定的全套單據，開出匯票，於信用證有效期內向議付行交單並申請議付。

第七步，議付。議付行對出口商所提交的單證按照「單證一致，單單相符」的原則進行審核，審核合格後，按照匯票金額扣除利息和手續費之後，將剩餘款項墊付給出口商。此時，出口商基本完成了交貨與收款。

第八步，寄單索償。議付行將索償證明、信用證及相關單據寄交開證行，並要求開證行償付貨款。

第九步，償付。開證行在收到議付行寄來的單證後，再次按照「單證一致，單單相符」的原則進行審核。若審核無誤，開證行將按照匯票的期限向議付行承兌或付款。

第十步，通知進口商。開證行在完成償付手續後，通知進口商單證已到，並向其提示匯票、要求付款。

第十一步，付款贖單。進口商在審核單證無誤後，向開證行付清貨款，並取得包括提單在內的全套商業單據。

第十二步，提貨。進口商憑提單向承運人提貨，獲得對貨物的實際控制權。此時，進口商完成了付款和收貨。

三、信用證的種類

（一）跟單信用證與光票信用證

按照是否附有運輸單據，信用證可以分為跟單信用證與光票信用證兩種類型。跟單信用證（Documentary L/C）是銀行按照跟單匯票或商業單據進行付款的信用證。這裡的單據主要包括提單、保險單、商業發票等，代表了對貿易貨物的所有權。跟單信用證是國際貿易貨款收付中使用最多的一種信用證形式。光票信用證（Clean L/C）與跟單信用證相反，是銀行僅憑光票即可付款的信用證。這類信用證不需隨附提單等代表貿易貨物所有權的商業單據，在國際貿易中的應用相對較少。

（二）保兌信用證與不保兌信用證

按照有無一家銀行對信用證保證兌付，信用證可以分為保兌信用證與不保兌信用證。保兌信用證（Confirmed L/C）是指在開證行開立信用證之後，指定了另外一家銀行對符合信用證規定的單據履行付款義務。這家額外的銀行即為保兌行。保兌信用證的銀行信用更高，一般更受出口商的歡迎。不保兌信用證（Unconfirmed L/C）與保兌信用證相反，是指沒有其他銀行加保的信用證。在國際貿易中，信用證的通知行可以兼任保兌行，若通知行不願承擔保兌責任，即使開證提出請求，通知行也會在發給受益人的通知中明確說明其不付保兌責任。

（三）即期信用證、遠期信用證與假遠期信用證

按照付款時間的不同，信用證可以分為即期信用證、遠期信用證與假遠期信用證三種類型。

即期信用證（Sight L/C）是指開證行或其指定的付款行在收到符合信用證的跟單匯票和全套單據後，立即履行付款義務的信用證。遠期信用證（Usance L/C）是指開證行或其指定的付款行在收到符合信用證的跟單匯票和全套單據後，並不立即履行付款義務，而是在一

段規定的期限內進行付款的信用證。

遠期信用證又包括兩種具體類型，一種是銀行承兌遠期信用證（Banker's Acceptance L/C），即以開證行或其指定銀行作為信用證下遠期匯票付款人的信用證。這類信用證的付款流程為先承兌，後付款。另一種是延期付款信用證（Deferred Payment L/C），這種信用證也被稱為無匯票遠期信用證，除了不要求受益人開具匯票外，其操作流程與銀行承兌遠期信用證類似。

假遠期信用證（Usance L/C Payable at Sight）是指信用證規定受益人須開立遠期匯票，但付款行可對此遠期匯票進行貼現，從而將名義上的遠期信用證轉變為了實際上的即期信用證。對於貼現所產生的利息和費用，一般由開證申請人承擔，所以對受益人而言，這種遠期貼現匯票等於即期匯票。假遠期信用證對進出口雙方均有好處。對出口商而言，其不僅提前獲得了貨款，還節省了貼現的費用；對進口商而言，其不但利用銀行融通了資金，甚至還可以提前獲得相關單據，擁有提貨的權利。

（四）可轉讓信用證與不可轉讓信用證

按照相關權利是否可以被轉讓，信用證可以分為可轉讓信用證與不可轉讓信用證兩種類型。可轉讓信用證（Transferable L/C）是指信用證的第一受益人可以將信用證的權利全部或部分轉讓給第二受益人的信用證。可轉讓信用證只能被轉讓一次，並且必須註明「可轉讓」（Transferable）字樣。可轉讓信用證多用於中間商貿易或轉口貿易，其原理為：信用證的第一受益人為中間商，在收到進口商申請開來的信用證後，需要將信用證轉讓給真正提供商品的出口商，即該信用證的第二受益人。不可轉讓信用證（Non-Transferable L/C）與可轉讓信用證相對，是指受益人不能將信用證的權利轉讓給其他人的一類信用證。沒有標註「可轉讓」字樣的信用證都屬於不可轉讓信用證。

（五）付款信用證、承兌信用證與議付信用證

按照付款方式的不同，信用證可以分為付款信用證、承兌信用證與議付信用證三種類型。付款信用證（Payment L/C）是指在信用證上明確指定了付款銀行的信用證。付款信用證一般規定出口商只能向某一指定銀行交單，並且這家銀行往往為開證行的外國代理行。承兌信用證（Acceptance L/C）是指在信用證上明確指定了承兌銀行的信用證。承兌銀行將負責在受益人提示遠期匯票時予以承兌，並於匯票到期日履行付款義務。議付信用證（Negotiation L/C）是指在信用證上明確規定了如何選擇議付銀行的信用證。又可進一步細分為自由議付信用證和限制議付信用證。前者是指任何一家銀行都可作為信用證的議付行，後者則限制性規定了只有某一家銀行可以作為信用證的議付行。需要注意的是，付款和議付是不同的概念。一旦支付款項，付款行沒有向受益人追索的權利，而議付行保留了向受益人追索的權利。

（六）其他類型的特殊信用證

按照不同的作用，信用證在實際業務中還發展出了幾種特殊類型，分別是循環信用證、對開信用證、對背信用證、預支信用證及備用信用證等。

循環信用證（Revolving L/C）是一種可以多次使用的信用證。這種信用證的金額在每次使用後會自動恢復至原有金額，並可重新使用，直到達到規定的次數或總金額為止。循環信用證能夠節省開證、等證、審證的時間和相關手續費用，並提高單張信用證的使用效率，特別適合長期開展的、分批交貨的、單一貨品的大宗商品國際貿易。另外，循環信用證還可細分為按時間循環的信用證和按金額循環的信用證。其中按金額循環的具體方法包括自動循環（Automatic Revolving）、非自動循環（Non-Automatic Revolving）及半自動循環（Semi-Automatic Revolving）等。

對開信用證（Reciprocal L/C）是指國際貿易的進出口雙方各自作為開證申請人，並互

以對方為受益人開立的兩張流轉方式相反的信用證。這兩張信用證，金額大致相等，時間大致相同，第一張信用證的開證申請人是第二張信用證的受益人，而第一張信用證的受益人是第二張信用證的開證申請人。這種信用證多用於易貨貿易、加工貿易及補償貿易等。

對背信用證（Back to Back L/C）也被稱為轉開信用證，是指受益人在收到信用證後，以自己為開證申請人重新向另一個受益人開立的信用證。新的信用證以原信用證為基礎，兩者內容相似，但各自獨立，並且金額與時間有所差別。對背信用證多應用於中間商貿易、轉售貿易或溝通貿易等。需要注意的是，在對背信用證業務中，新證的金額應低於原證，以便中間商從中盈利；新證的裝運期應早於原證，從而使中間商能夠提前收到貨物並按時進行第二次裝運。

預支信用證（Anticipatory L/C）是指開證行授權通知行或保兌行在受益人交單之前就可預先取得信用證的全部或部分款項的一種信用證。這種信用證為出口方提供了融資服務，其特徵是付款在前，交單在後。若受益人後續交單合格，開證行將向其支付剩餘款項；若受益人未能順利交單，已墊付款項的通知行或保兌行可向開證行及開證申請人追索。預支信用證多用於國際上緊俏商品的進口貿易，能夠發揮搜尋貨源、週轉資金和促進成交等積極作用。由於傳統預支信用證的部分條款用紅色字體印刷，因而也被稱為紅色條款信用證（Red Clause L/C）。

備用信用證（Standby Credit）也被稱為擔保信用證（Guarantee L/C）、商業票據信用證（Commercial Paper L/C），是指開證行開立的對受益人保證承擔某種付款義務的信用證。這種信用證並不以清償商品交易的貨款為主要目的，而是要發揮貸款融資或擔保債務償還等作用，是一種融合了支付、融資及擔保的綜合型信用證。備用信用證源自美國，由於美國曾經禁止商業銀行辦理擔保業務，所以只能用備用信用證來替代銀行保函。如今，在國際貿易中，若開證行出現違約的情況，備用信用證將發揮擔保向出口商付款的作用。

需要注意的是，備用信用證與跟單信用證有著明顯的區別。其一，若開證申請人履行了約定的付款義務，則備用信用證就成了備而不用的一種文件；其二，跟單信用證一般只適用於貨物貿易，而備用信用證可適用於借款、投標、賒銷、賒購等其他形式的交易；其三，備用信用證的付款依據是受益人開具的說明開證申請人未能履約的證明文件，而不同於跟單信用證所要求的嚴格相符的全套商業單據。

第四節　其他結算方式

一、國際保理

（一）國際保理的含義

國際保理（International Factoring）的全稱為國際保付代理，也被稱為承購應收帳款，是一種由國際保理商來承擔信用風險的出口融資業務。在國際貿易中，特別是在採用記帳賒銷和承兌交單等非信用證結算方式時，出口商在完成交貨後，可以將貿易合同中的應收帳款轉讓給國際保理商，並從保理商處獲得大部分貨款。如果將來發生進口商拒付貨款的情況，則由保理商承擔全部付款責任。除付款融資功能之外，國際保理還可向貿易商提供一系列綜合服務，例如進口商資信評估、銷售帳戶管理、信用風險擔保、應收帳款催收等。國際保理能夠防範國際貿易中的收匯風險，實質上是一種引入第三方擔保的收付款方式。

（二）國際保理的當事人

1. 受益人

國際保理的受益人是需要獲得各項金融服務的人，即保理業務的委託人，債權債務關係

中的債權人。在國際貿易中，出口商就是受益人。

2. 風險人

國際保理的風險人是可能發生信用風險的人，即保理業務的調查對象，債權債務關係中的債務人。在國際貿易中，進口商就是風險人。

3. 保理商

保理商是國際保理業務的受託人，是直接或間接向受益人提供各類服務的國際銀行或其他金融機構。在一般情況下，保理商又可分為出口保理商和進口保理商兩類，兩者相互聯繫並共同組成了保證國際貨款收付的跨國仲介機構。

（三）國際保理的特點

1. 安全性

國際保理的主要作用是風險轉嫁和付款擔保。出口商通過與保理商達成保理協議，將應收帳款賣斷給保理公司，既提前獲得了貨款，也消除了潛在的信用風險，尤其適合於托收、匯付等依託商業信用的收付款方式。

2. 綜合性

國際保理是一種內涵豐富、方法靈活的新興國際結算方式，其業務範圍涉及銷售分戶帳管理（Maintenance of The Sales Ledger）、債款回收（Collection From Debtors）、信用銷售控制（Credit Sales Control）、壞帳擔保（Full Protection Against Bad Debts）、資信狀況評估（Credit Status Assessment）及國際貿易融資（International Trade Financing）等多種類型，能夠滿足進出口商的各種業務需要。

3. 簡便性

相比同樣具有較高安全性的信用證收付款方式，國際保理的手續更加簡便、效率更加快捷。在國際保理方式中，貿易商無須向銀行提供複雜而繁瑣的各類單據，所交單據也不用經過各個銀行的層層審核。出口商一般只需向保理商提供商業發票副本等簡單單據便可獲得付款。

（四）國際保理的種類

1. 單保理和雙保理

按照辦理保理業務的保理商數量不同，國際保理可以分為單保理和雙保理兩種類型。單保理也被稱為單保理機制（Single Factor System），是指僅由一家保理商來完成的國際保理業務。雙保理也被稱為雙保理機制（Two-Factor System），是指涉及出口保理商和進口保理商兩家金融機構的國際保理業務。在國際貿易實踐中，由於各國的商業環境在語言、文化、法律及習慣等方面存在一定差異，大多數出口商更願意採用雙保理形式，通過國內國外兩家金融機構將出口商與進口商有效地聯繫起來，從而使各項業務的開展更加順利。

2. 公開保理和隱蔽保理

按照貨款的收付是否直接由國際保理商經手，國際保理可以分為公開保理和隱蔽保理兩種類型。公開保理（Disclosed Factoring）是指出口商需將辦理保理業務的相關事項以書面形式正式通知進口商，並要求其向國際保理商支付貨款。按照保理合同，保理商已購買出口商的全套單據，成了進口商的新債權人。隱蔽保理（Undisclosed Factoring）則是指出口商不將保理商參與貨款收付的情況通知進口商，貨款仍然由出口商直接收取。在隱蔽保理業務中，進口商既不知情，也不參與，相關費用也只在出口商與保理商之間結算。在當前的國際結算中，大部分保理業務都屬於公開保理業務。

3. 到期保理和預支保理

按照是否具有融資功能，國際保理可以分為到期保理與預支保理兩種類型。到期保理（Maturity Factoring）也被稱為定期保理，是指保理商並不向出口商提供預付款等融資服務，

而是直到債務的到期日才向其支付票據款項的保理方式。預支保理（Financed Factoring）也被稱為融資保理，是指當出口商向保理商提交單據時，保理商可在扣除相應利息與費用後向其預付貨款，從而產生提前融資的作用。預支保理的融資比例通常為貨款總金額的80%，剩餘20%貨款將在進口商付款後另行清算。

4. 有追索權保理和無追索權保理

按照保理商是否對出口商擁有追索權，國際保理可以分為有追索權保理和無追索權保理兩種類型。有追索權保理（Recourse Factoring）是指當出口商向保理商轉讓債權並獲得預付款融資後，若出現進口商拒付貨款或無法付款等情況，保理商將有權向出口商追償貨款，享有追索權。這種保理並不具備信用擔保功能，僅僅具有融資作用，因此並非完整意義上的國際保理。無追索權保理（Non-Recourse Factoring）則與之相反，是一種保理商放棄了向出口商追索的權利，獨自承擔收匯風險的保理形式。需要注意的是，國際保理商會對進口商的信用情況進行評估，保理商只承擔信用額度內的風險，而對於信用額度外的風險則仍然保留了追索權。在國際貿易中，大部分國際保理都屬於無追索權保理，因為無風險保付代理是國際保理的核心功能。

(五) 國際保理的程序

鑒於保理的業務類型比較豐富，這裡以無追索權的公開預支雙保理為例，詳細介紹了這一具有代表性的國際保理業務的具體流程（圖14-6）。

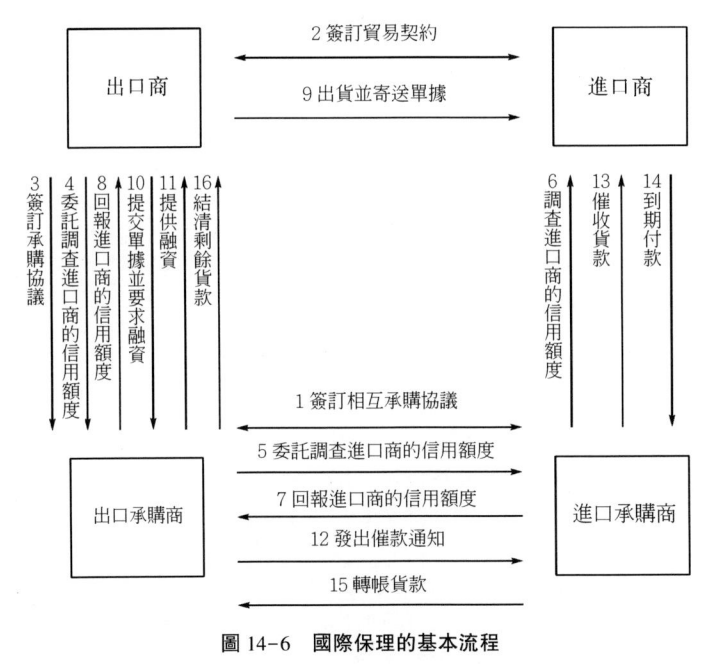

圖 14-6　國際保理的基本流程

第一步，出口保理商與進口保理商達成國際保理合作協議。
第二步，出口商與進口商在貿易合同中規定貨款的收付將使用國際保理業務。
第三步，出口商與出口保理商簽訂國際保理協議。
第四步，出口商將需要調查的進口商信息交給出口保理商，委託其對進口商進行資信狀況調查和信用額度評估。
第五步，出口保理商向進口保理商發出通知，委託其對相關進口商進行調查。
第六步，進口保理商對進口商進行資信調查，核定其信用額度。

第七步，進口保理商向出口保理商反饋對進口商的信用額度評估結果。
第八步，出口保理商向出口商反饋對進口商的信用額度評估結果。
第九步，出口商發貨並將全套商業單據寄交進口商。
第十步，出口商向出口保理商提交商業發票副本並提出融資要求。
第十一步，出口保理商以預付款形式向出口商提供大部分貨款融資。
第十二步，出口保理商向進口保理商發出通知，要求其向進口商按時催收貨款。
第十三步，進口保理商向進口商催收貨款。
第十四步，進口商向進口保理商到期付款。
第十五步，進口保理商將收到的貨款轉帳給出口保理商。
第十六步，出口保理商在扣除手續費後將剩餘貨款支付給出口商，國際保理業務完成。

二、銀行保函

(一) 銀行保函的含義

銀行保函（Bank Guarantee）也被稱為銀行保證書，是一種由商業銀行開出的擔保相關受益人能夠正常履行合同義務的書面證明。當受益人無法履行相關付款義務時，銀行將代替其向相關債權人支付款項，從而保證了相關經濟責任的確定性和安全性。銀行保函由銀行出具，屬於銀行信用；在實際業務中，具有保函作用的證明還可由保險公司、擔保公司等其他機構出具，但這些保函大多屬於商業信用的範疇。在國際貿易中，銀行保函的應用十分廣泛，在匯付或托收方式中，銀行保函能夠將商業信用提升為銀行信用，從而保障相關受益人的經濟權益；在信用證方式中，銀行保函及與之類似的備用信用證又能發揮鞏固銀行信用、加強風險控制的作用，從而進一步保障合同當事人的經濟利益。

2010 年由國際商會修訂的《見索即付保函統一規則》（*The Uniform Rules for Demand Guarantees ICC Publication No. 758. 2010 Edition*），簡稱《URDG758》，是規範和指導保函業務的國際慣例。其最初版本可追溯至 1978 年，之後歷經多次修訂，形成了現行的版本，是國際貿易中應用銀行保函的重要參考文件。

(二) 銀行保函的當事人

銀行保函業務擁有三方基本當事人，分別是申請人、收益人和擔保行。除此之外，還可能涉及反擔保人、通知行及保兌行等其他當事人。

1. 申請人

銀行保函的申請人（Applicant）即向銀行申請開立保函的業務委託人。在國際貿易中，申請人主要是進口商。進口商將憑藉銀行保函增強自身的信用水準，從而更為順利地對外簽訂有關貨物買賣、勞務合作、資金借貸、設備租賃等內容的合同。

2. 受益人

銀行保函的受益人（Beneficiary）是接受保函並有權向相關銀行索取款項的人。在國際貿易中，受益人主要是出口商。當進口商不願或不能履行付款義務時，出口商將向出具保函的擔保銀行提出付款要求。

3. 擔保行

銀行保函的擔保行（Guarantee Bank）是接受申請人委託向受益人出具保函的商業銀行。擔保行是銀行保函業務的關鍵當事人，它將企業間的普通商業信用提升為安全性更高的銀行信用，從而打消了債權人對債務人能否履約的顧慮，促進並保障了一系列交易的開展。

4. 反擔保人

銀行保函的反擔保人（Counter Guarantor）也被稱為指示人（Instructing Party），是按照申請人的要求向擔保行開具書面反擔保函的人。所謂反擔保，是指當申請人因無法履約而造

成擔保行對外付款或賠償後，申請人不能向擔保行進行經濟補償時，相應款項或損失將最終由反擔保人負責承擔的一種擔保方式。簡言之，反擔保人就是擔保申請人能夠補償擔保行的人。

5. 通知行

銀行保函的通知行（Advising Bank）也被稱為轉遞行，是按照擔保行的要求將銀行保函轉交給受益人的銀行。在國際貿易中，擔保行往往是進口商所在地銀行，而通知行一般為出口商所在地銀行。

6. 保兌行

銀行保函的保兌行（Confirming Bank）也被稱為第二擔保行，是按照受益人的要求對銀行保函進行保兌的另一家銀行。保兌行通常是具有雄厚的資金實力和較高的信用水準的大中型銀行。在國際貿易中，只有當原擔保行在信譽、資金及業務等方面相對較差時，其開具的銀行保函才會被要求保兌。

(三) 銀行保函的內容

1. 當事人的名稱和地址

銀行保函應寫明申請人、受益人、擔保行及通知行等各種當事人的完整名稱和詳細地址，同時，規定相關當事人的主要責任與義務。

2. 保函的基本信息

銀行保函應註明編號、開立日期、有效期、具體金額及相應貨幣等基本信息。其中，對於擔保金額的規定應明確具體，並列明金額遞減條款。

3. 開立保函的依據

銀行保函應說明其開立依據、基本用途及適用的國際慣例等。尤其要闡明保函與合同的關係，務必將來源於合同的債權債務關係、權利義務關係等與銀行擔保相聯繫，並註明基礎合同的內容、編號、當事人及簽約日期等基本信息。

4. 保函的性質

銀行保函應明確其性質是從屬性還是獨立性。從屬性是指銀行保函的付款責任依附於交易合同，只有當申請人違約時，銀行才會承擔付款或賠償責任。獨立性是指銀行保函具有獨立的契約特徵，即擁有「見索即付保證」，其擔保責任由保函本身決定，而並不與交易合同等其他契約責任直接關聯。

5. 索款方法

銀行保函應規定受益人向擔保行索償款項的具體方法和業務流程，確保受益人能夠在遭遇付款風險時順利得到擔保銀行的補償。

6. 其他條款

銀行保函還應列明索賠條件、仲裁方式、反擔保措施等其他條款。

(四) 銀行保函的流程

這裡以當事人較多的綜合銀行保函為例，詳細介紹其具體業務流程（圖 14-7）。

第一步，申請人向擔保行提出開立銀行保函的申請。

第二步，申請人應擔保行的要求聯繫反擔保人，辦理反擔保手續。

第三步，反擔保人向擔保行出具反擔保證明，承諾當申請人無法向擔保行支付款項時，相應支付或賠償責任由反擔保人承擔。

第四步，擔保人應受益人要求，聯繫保兌行對保函加保。

第五步，擔保行將銀行保函寄交通知行，要求其辦理通知業務。

第六步，通知行向受益人發出保函通知，將保函轉交受益人。

第七步，當申請人不願或不能履行付款義務時，受益人憑保函向擔保行、保兌行或具有

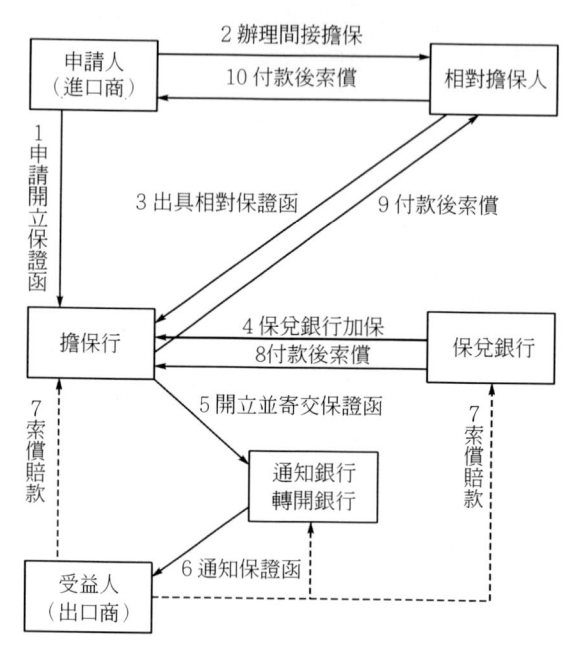

图 14-7　銀行保函的業務流程

付款責任的通知行索償款項。

第八步，保兌行在履行付款或賠償責任後，向擔保行索償款項。

第九步，擔保行在履行付款或賠償責任後，繼續向反擔保人索償款項。

第十步，最終由反擔保人向申請人索償款項。

（五）銀行保函的種類

1. 借款保函

借款保函（Loan Guarantee）是擔保銀行按照借款人的要求向貸款人出具的還款承諾，保證當借款人到期不還款或無力還款時，銀行代替其履行還本付息的義務。由於借款的用途並不確定，因而借款保函是一種風險較大的擔保方式。

2. 融資租賃保函

融資租賃保函（Financial Lease Guarantee）是擔保銀行按照承租人的要求向出租人出具的租金支付承諾，保證當承租人不願或無力向出租人支付租金時，銀行代替其償付租金或賠償損失。融資租賃多用於進口商在資金不足的情況下對大型生產設備或交通運輸工具的進口租賃，在較長時間內承租人能否堅持按時足額支付租金並不確定，因而需要銀行保函進行擔保。

3. 付款保函

付款保函（Payment Guarantee）是擔保銀行按照進口商的要求向出口商出具的國際貿易貨款支付承諾，保證當進口商不願或不能支付貨款時，銀行代替其償付貿易貨款及相關損失。付款保函是國際貿易中比較常用的一種銀行保函。

4. 預付款保函

預付款保函（Advance Guarantee）是擔保銀行按照預付款的收款方的要求向付款方出具的特殊條件下的還款承諾，保證當收款方未能履行相關合同而不退還預付款時，銀行代替其向付款方補償損失。預付款多為國際貿易中的進口商向出口商預付的定金，當出口商違約

時，需雙倍返還定金，因而這類保函也被稱為定金保函或還款保函。

5. 補償貿易保函

補償貿易保函（Compensation Guarantee）是在補償貿易中，擔保銀行按照設備或技術的引進方的要求向設備或技術的提供方出具的補償款項承諾，保證當進口商不能支付補償設備款項、技術轉讓費用及相關利息時，銀行代替其進行償還並賠償損失。補償貿易的償付週期一般較長，為保障技術或設備出口商的收匯安全，一般都會使用銀行保函。

6. 投標保函

投標保函（Bid Guarantee Letter）是擔保銀行按照投標人的要求向招標人出具的付款承諾，保證投標人在開標前不撤標、不改標，在中標後不拒付保證金、不拒簽中標合同等，若投標人違約，銀行將代替其承擔相關的付款責任。如果投標人未能中標，則投標保函提前失效。這類保函有利於維護國際貿易中的招投標規則，對招標人能起到較好的利益保障作用。

7. 履約保函

履約保函（Performance Guarantee）是擔保銀行按照申請人的要求向受益人出具的保證履約的承諾，申請人一旦出現違約情況，銀行將賠償受益人一定金額的經濟損失。在國際貿易中，當進出口雙方中的任何一方存在較大的違約風險時，另一方都可要求其出具銀行保函，從而在一定程度上預防了貨物或貨款的損失。

8. 其他保函

除以上常用的銀行保函外，還有質量保函（Quality Guarantee）、維修保函（Maintenance Guarantee）、留置金保函（Retention Guarantee）、保釋金保函（Bail Guarantee）、關稅保函（Customs Guarantee）等其他幾種類型的保函，需在國際貿易中根據實際需要靈活應用。

三、出口信用保險

（一）出口信用保險的含義

出口信用保險（Export Credit Insurance）也被稱為出口信貸保險，是一種向國際貿易中的出口商承保因進口商不願支付貨款或無力支付貨款而產生的商業風險與經濟損失的信用保險。與國際貨物運輸保險不同，這類保險並不承保國際貿易貨物的風險或損失，而是負責國際貿易貨款的收款安全。具體而言，出口信用保險的主要承保對象是出口企業的應收帳款，承保的主要風險包括商業風險和政治風險。常見的商業風險由兩方面的原因引起，一是進口商資金鏈斷裂或破產等客觀原因，二是進口商有意拖欠貨款或拒絕支付等主觀原因。常見的政治風險主要包括進口商所在國的各類突發性管制措施或政策變動，以及發生戰爭、罷工等屬於不可抗力範疇的特殊風險。顯然，這些特殊風險或損失是普通商業保險所不能承保的。因此，在中國，出口信用保險屬於政策性保險的範疇，是國家推動出口貿易發展和保障企業利益的一種非營利性金融工具。需要注意的是，中國出口信用保險公司是中國唯一承辦出口信用保險業務的政策性保險公司。

（二）出口信用保險的特點

1. 政策性強

出口信用保險不以營利為目的，是一種由政府支持和財政補貼的政策性保險。在國際貿易中，政府參與是出口信用保險的主要經營模式，一般又可分為政府直接辦理、政府間接辦理、政府委託商業保險機構代辦和政府控股商業保險機構辦理四種具體方式。

2. 風險性大

出口信用保險所承保的風險往往出險概率較大、損失程度較高，相應風險與損失也難以預測、難以防控，很多都屬於商業保險不願意或無能力承保的重大風險。

(三) 出口信用保險的作用

1. 促進對外貿易簽約

通過投保出口信用保險，國際貿易的出口商可以更為靈活地選擇國際貨款的收付方式，從而提高自身在國際貿易談判中的競爭力。特別是當進口商不願意採用信用證、保函等依託銀行信用的付款方式時，出口商也完全可以接受賒銷、托收等依靠商業信用的收款方式，從而既替進口商節約了成本與費用，又使自身在風險可控的前提下及時抓住商機，擴大出口貿易量。

2. 創造貿易融資機會

由於出口信用保險能夠確保國際貿易中應收帳款的收匯安全，從而使出口商具備了將應收帳款轉變為可抵押資產的基本條件。因此，出口商完全可以通過將相關債權抵押給銀行來獲得一定金額的貿易融資，發揮保險的金融衍生功能。

3. 防範重大商業風險

出口信用保險以政府政策為背景，具有完整的風險防控體系和損失補償機制。出口企業通過投保出口信用保險，不僅可以防控來自進口商的商業風險與外國政治風險，而且能夠提升企業在國內外市場中的信用評估等級，進一步在打包貸款、托收押匯、國際保理等業務中獲得銀行的金融支持。即使發生損失，出口商也可通過保險獲得一定的經濟補償，因此小微型出口企業不至於因為一次貿易損失而破產倒閉。

(四) 出口信用保險的流程

具體流程見圖14-8。

第一步，出口商委託銀行向保險公司投保出口信用保險。

第二步，出口商向進口商發貨，並取得全套商業單據。

第三步，出口商將應收帳款轉讓給銀行，包括全套商業單及出口信用保險所涉及的權利。

第四步，銀行向出口商提供融資，出口商變相獲得了出口商品的貨款。

第五步，銀行通知進口商付款贖單，但進口商拒絕付款或無力付款。

第六步，銀行向保險公司索賠。

第七步，保險公司向銀行理賠。

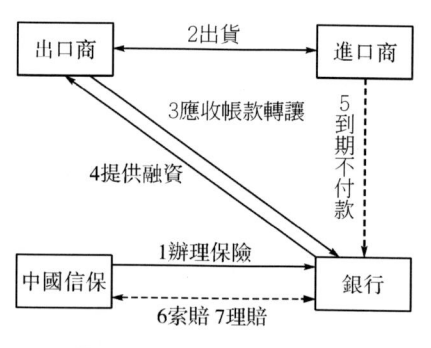

圖14-8　出口信用保險的流程

(五) 出口信用保險的種類

1. 短期出口信用保險

短期出口信用保險是指國際貿易合同中規定的付款期限不超過180天的出口信用保險。在一些特殊情況下，保險人可應投保人的要求，同意其將付款期限延長至360天。這類出口信用保險適用於數量較大、批次較多的國際貿易商品，如廉價的初級產品、工業消費品等。短期出口信用

保險是承保量最大的險種，並擁有標準化的保險單和相對統一的保險費率。

2. 中長期出口信用保險

中長期出口信用保險是指保險期限在兩年或兩年以上的出口信用保險。習慣上的中期為1~5年，長期為6~10年。這類出口信用保險適用於金額巨大、週期較長的大規模國際貿易，如對外大型工程建設、出口船舶製造等。

閱讀資料14-1：中國出口信用保險公司

中國出口信用保險公司（簡稱中國信保，英文Sinosure）是中國唯一承辦出口信用保險業務的政策性保險公司，也是中國四家政策性金融機構之一。其於2001年12月18日正式揭牌營運，公司資本金約300億元，資本來源為出口信用保險風險基金，由國家財政預算安排。

中國信保的業務範圍包括：中長期出口信用保險業務、海外投資保險業務、短期出口信用保險業務，國內信用保險業務，與出口信用保險相關的信用擔保業務和再保險業務，應收帳款管理、商帳追收等出口信用保險服務及信息諮詢業務，進口信用保險業務，保險資金運用業務，經批准的其他業務。中國信保還向市場推出了具有多重服務功能的「信保通」電子商務平臺和中小微企業投保平臺，使更多客戶享受到更加快捷高效的網上服務。

中國信保現有15個職能部門，營業機構包括總公司營業部、18個分公司和6個營業管理部，已形成覆蓋全國的服務網絡，並在英國倫敦設有代表處。

公司的經營宗旨是：「通過為對外貿易和對外投資合作提供保險等服務，促進對外經濟貿易發展，重點支持貨物、技術和服務等出口，特別是高科技、附加值大的機電產品等資本性貨物出口，促進經濟增長、就業與國際收支平衡。」

——資料引用自中國出口信用保險公司網站

本章小結

本章主要講述了四個方面的內容。

第一，國際結算的票據。匯票、本票與支票是國際貿易結算中的常用票據。匯票是出票人簽發的，委託付款人在見票時或者在指定日期無條件支付確定的金額給收款人或者持票人的票據。本票是由出票人簽發的，承諾自己在見票時無條件支付確定的金額給收款人或者持票人的一種票據。支票是由出票人簽發的，委託辦理支票存款業務的銀行或者其他金融機構在見票時無條件支付確定的金額給收款人或者持票人的一種票據。三種票據在基本性質、基本當事人、出票人承擔的責任、付款期限與票據行為等方面存在一定的區別，使用時不能有所混淆。

第二，匯付與托收。匯付是指付款人通過銀行並使用一定的結算工具主動將款項匯給收款人的一種付款方式。匯付主要包括電匯、信匯和票匯三種方式。托收是指出口商開具以進口商為付款人的匯票，委託相關銀行向進口商收取貨款的一種結算方式。主要包括光票托收和跟單托收兩種方式。匯付與托收都屬於商業信用。

第三，信用證結算。信用證是一種由銀行開立的在一定條件下承諾付款的書面文件。信用證是一種自足文件，信用證是一種單據買賣，信用證的實質是一種銀行付款保證，因而屬於更為安全的銀行信用。常用的信用證類型包括跟單信用證、保兌信用證、即期信用證、遠期信用證及可轉讓信用證等，而循環信用證、對開信用證、對背信用證、預支信用證及備用信用證等則是擁有特殊用途的信用證。

第四，其他結算方式，主要包括國際保理、銀行保函和出口信用保險三種。國際保理是一種由國際保理商來承擔信用風險的出口融資業務。銀行保函是一種由商業銀行開出的擔保相關受益人能夠正常履行合同義務的書面證明。出口信用保險是一種向國際貿易中的出口商承保因進口商不願支付貨款或無力支付貨款而產生的商業風險與經濟損失的信用保險。

各種收付款方式對進出口雙方的利弊影響見圖14-9。

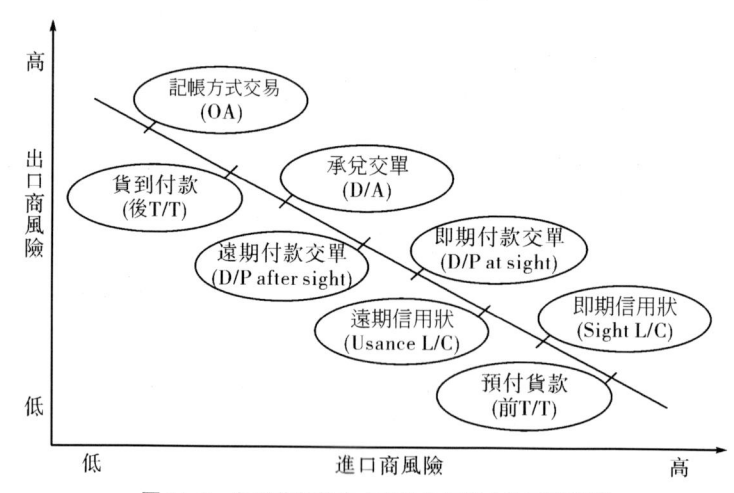

圖14-9　各種收付款方式對進出口雙方的利弊影響

思考題

1. 請簡述托收與匯付的特點，並分析其順匯或逆匯原理。
2. 請簡述信用證的基本業務流程，並作圖說明。
3. 試辨析匯票、本票與支票的區別與聯繫。
4. 試論述國際保理對於國際貿易的主要作用與積極意義。
5. 試論述政策性出口信用保險對於外向型中小微企業發展的促進作用。

第十五章
國際貿易爭議的預防與處理

學習目標

熟悉商品檢驗的含義、內容和機構，掌握商檢條款的擬定要點。理解違約的含義、原因和後果，掌握索賠和理賠的具體方法。掌握不可抗力的含義、條件及處理方式。掌握仲裁等爭端解決方式。

學習重點

商品檢驗的機構、證書、擬定商檢條款的注意事項；違約的原因，索賠和理賠的具體流程；違約金、定金的規定方法；不可抗力的構成條件；擬定不可抗力條款的注意事項；擬定仲裁條款的要點。

第一節　商品檢驗

一、商品檢驗概述

（一）商品檢驗的含義

商品檢驗（Commodity Inspection）簡稱商檢，是指在國際貿易中，商檢機構按照一定的法律、法規和慣例，對進出口商品的品質、數量、包裝、安全及衛生等項目所開展的檢驗和鑒定工作。商品檢驗的目的包括三個方面。其一，進出口商品的相關指標是否符合合同的交貨要求，相應的商檢證書將作為進口商或銀行是否付款的依據。其二，進出口商品的相關屬

性是否符合國家法律法規的要求，品類、規格、數量等指標需滿足海關的具體要求。其三，進出口商品的成分、材料及包裝是否含有危害人體健康或自然生態的病蟲害，衛生檢疫必須合格。可以說，商品檢驗既是保障一國經濟、環境安全的重要業務環節，也是保證進出口企業順利履行國際貿易合同的基本法律程序。

為加強國際貿易商品檢驗，規範並管理好中國的商檢工作，中國於 1989 年 2 月頒布了《中華人民共和國進出口商品檢驗法》（簡稱《商檢法》）。目前，最新版本為 2018 年 12 月通過的修訂版《商檢法》。

另外，《聯合國國際貨物銷售合同公約》的第三十八條也規定，「買方必須在按情況實際可行的最短時間內檢驗貨物或由他人檢驗貨物」。可見，商品檢驗是國際、國內都有明確法律要求的重要的國際貿易環節，從事進出口貿易的各方當事人需對此高度重視並認真辦理。

（二）商品檢驗的內容

1. 品質檢驗

品質檢驗是商品檢驗的重要內容。商檢機構將按照貿易合同和有關商品檢驗標準的規定，並結合申請人的具體要求，對進出口商品的品質進行測試、檢驗和鑒定。品質檢驗的結果是判定商品質量是否符合貿易合同中品質條款的重要依據。它一般又可分為外觀品質檢驗和內在品質檢驗兩種類型。

（1）外觀品質檢驗。

外觀品質檢驗的檢驗內容包括商品的外觀尺寸、造型特徵、結構特徵、款式樣式、材料質地、色彩情況、光澤度、精細度、新鮮度、氣味與口感、製作工藝等。這類檢驗的大多數指標結果可通過直接觀測來獲得。

（2）內在品質檢驗。

內在品質檢驗的檢驗內容包括商品的化學成分、物理性質及生物指標等。例如，重金屬含量、酸鹼度、微生物含量等。這類檢驗指標一般不能直接獲得，需要借助一定的檢驗設備和檢驗方法。

需要注意的是，由於商品的品質與規格密切相關，因而在品質檢驗的同時，通常也會進行規格檢驗。規格檢驗的目的是確定貿易商品的具體品質範圍，例如商品在體積、面積、長度、厚度及成分含量等方面的特徵。相關檢驗一般只用來區分或確定商品的等級，並不直接評價商品質量的優劣。

2. 數量檢驗

數量檢驗亦是商品檢驗的重要內容，具體包括對數量與重量兩項指標的檢驗。在國際貿易中，數量或重量關係國際貿易商品的總價，不僅是合同中的關鍵交易條件，也是一國海關徵收關稅的基本依據，因而是最容易產生貿易糾紛的因素之一。數量檢驗的內容包括商品的個數、件數、長度、面積、體積、容積、重量等。

3. 包裝檢驗

包裝是國際貿易合同的重要內容，貿易商品通常需要進行跨國長途運輸，包裝的質量與完整程度將直接影響商品在最終交貨時的品質與數量。包裝檢驗的目的就是檢查商品包裝的質量，判定商品的包裝是否能夠滿足運輸、儲存和銷售的要求，進而為劃分國際貿易運輸中的貨物損失責任提供依據。包裝檢驗的具體內容包括包裝材料、包裝類型、包裝結構、運輸標誌、完整程度、牢固程度、防護措施以及銷售包裝等。

4. 安全衛生檢驗

安全衛生檢驗屬於出入境檢疫的範疇，涉及出入境貨物、交通工具、商品包裝及相關人員等各個方面。這項檢驗的目的在於確保國際貿易商品符合國家的安全標準與衛生標準，不

得含有危害消費者的生命財產安全、自然環境安全、動植物安全的風險。安全衛生檢驗的項目一般較為複雜，隨著科學技術的進步，相關指標也在不斷變化和改進之中。例如，電器類商品不能存在漏電、自燃等安全隱患，食品類、保健類商品的添加劑成分、農藥殘留量、保質期、重金屬含量等須符合國家的法律標準等。

5. 其他檢驗

除了以上商品檢驗內容外，商檢機構還可按照申請人的要求開展海損鑒定、殘損檢驗、運輸條件鑒定、產地檢驗、價值評估等其他內容的業務，為國際貿易的順利開展發揮積極作用。

二、商品檢驗的機構

商檢機構是負責商品檢驗並出具各類商檢證書的權威專業機構。

（一）外國商檢機構

在國際上，商檢機構的名稱並不統一，常見的有公正行、實驗室、檢驗公司、檢驗局、檢驗署、檢驗所等，可分為官方機構、半官方機構和非官方機構三種類型。

其一，官方商檢機構是由國家政府直接設立的，依法強制檢驗檢疫進出口商品的政府機構。例如，美國食品藥品監督管理局（Food and Drug Administration, FDA）、美國農業部動植物檢疫局（United States Department of Agriculture Animal and Plant Health Inspection Service, USDA APHIS）、美國糧谷檢驗署、法國國家實驗室檢測中心、日本通商產業省貿易局等。

其二，半官方機構是由國家政府授權的、代表政府行使貿易商品檢驗檢疫工作的民間機構。例如，法國國際檢驗局（Bureau Veritas, BV）、美國保險人實驗室（Underwrites Laboratories, UL）等。

其三，非官方商檢機構是由私人創辦的專業從事商品檢驗檢疫服務的民間機構。例如，英國勞合社公正行（Loyd's Surveyor）、瑞士日內瓦通用鑒定公司（SGS）、日本海事鑒定協會（NKKK）、香港天祥公證檢驗行等。

（二）中國商檢機構

1. 國家質檢總局與海關總署

在中國，中華人民共和國國家質量監督檢驗檢疫總局（General Administration of Quality Supervision, Inspection and Quarantine of the People's Republic of China, GAQSIQ），簡稱國家質檢總局，是國務院主管商品檢驗的正部級直屬機構，主管全國質量、計量、出入境商品檢驗、出入境衛生檢疫、出入境動植物檢疫、進出口食品安全和認證認可、標準化等工作並行使行政執法職能。2018年3月，根據新的國務院機構改革方案，國家質檢總局的出入境檢驗檢疫管理職責和隊伍劃了入中華人民共和國海關總署（General Administration of Customs of the People's Republic of China）。海關總署下設衛生檢疫司、動植物檢疫司、進出口食品安全局、商品檢驗司等部門，專門從事與國際貿易有關的商檢工作。

2. 中檢集團

中國檢驗認證集團（China Certification & Inspection Group, CCIC），簡稱中檢集團，是一家於2003年由國務院批准成立的跨國檢驗認證機構。這一機構按照公司化營運，並以「檢驗、鑒定、認證、測試」為主業，正在成為「中國第一，世界知名」的國際化檢驗認證企業集團。目前，中檢集團擁有 CCIC 和 CQC 兩項品牌，設有檢驗公司、中國質量認證中心（CQC）、測試公司等業務平臺。集團業務覆蓋世界上30多個國家或地區的主要口岸和貨物集散地，並已擁有2萬餘名員工和10萬餘家客戶。

三、商品檢驗的證書

(一) 商檢證書的概念

商品檢驗證書（Commodity Inspection Certificate）簡稱商檢證書，是由商檢機構在對國際貿易商品進行檢驗檢疫後，出具的證明商品檢驗合格的書面文件。商檢證書是國際貿易中的重要單證，具有多方面的作用。

第一，商檢證書是報關驗放的有效證件。在通關方面，眾所周知，各國海關都會對外國商品進行依法檢查，並重點查驗商品的品質、數量、包裝、安全及衛生等情況。只有當相關指標符合該國的法律標準時，商品才被允許進口，而相應的商檢合格證書就是確保商品順利通關的證明。在完稅方面，商檢證書是海關計算關稅的重要依據。如果檢驗出的實際數量與合同中的申報數量存在差異，海關會對超出的數量進行加稅或罰款，而對殘損的數量進行退稅。

第二，商檢證書是履行國際貿易合同的基本依據。在履行交貨責任方面，貿易商往往會依據商檢證書所載明的商品品質、數量、重量、包裝及衛生條件來驗證或判斷貿易合同的履行情況。對於出口商而言，商檢證書也是最能夠證明其按時、按質、按量交貨的權威證書。在履行付款責任方面，貿易雙方在最終結算貨款和計算運費時，常常依據的是商檢證書所載明的實際交貨商品的等級、規格、數量、重量等信息。對於進口商而言，商檢證書也是反應商品實際交貨價值的權威說明。

第三，商檢證書還是銀行議付的重要單據。在信用證收付款方式中，出口商在發貨後須持全套商業單據向銀行議付，而出口國的商檢證書就屬於銀行審核的單據之一。商檢證書的相關內容需滿足「單證一致，單單相符」的基本要求。

第四，商檢證書是解決貿易爭端的重要憑證。一方面，在通常情況下，商檢證書有助於劃分國際貿易責任。當商檢結果不符合合同的交易條件時，貿易中的受損方會以商檢證書為證據提出異議並要求相關責任人賠償。另一方面，當發生國際貿易爭議或糾紛時，商檢證書又是客觀反應交貨質量與運輸情況的權威文件。若進口商與出口商不能通過協商或調解方式化解糾紛，而選擇仲裁或司法訴訟時，商檢證書將是原被告向仲裁庭或法院舉證的重要證據。

(二) 商檢證書的種類

商檢證書的種類繁多，有的是帶有強制性的法定證書，有的則是貿易商按照實際需求可自行選擇的證書。商檢證書的形式也比較靈活，有的是具有標準格式的證書，有的是加蓋海關放行章的報關單，有的則是海關簽發的檢驗情況通知單。常用的商檢證書主要包括品質檢驗證書（Inspection Certificate of Quality）、數量檢驗證書（Inspection Certificate of Quantity）、重量檢驗證書（Inspection Certificate of Weight）、價值檢驗證書（Inspection Certificate of Value）、產地檢驗證書（Inspection Certificate of Origin）、包裝檢驗證書（Inspection Certificate of Packing）、衛生檢驗證書（Sanitary Inspection Certificate）、獸醫檢驗證書（Veterinary Inspection Certificate）、消毒檢驗證書（Disinfecting Inspection Certificate）、植物檢驗證書（Phytosanitary Certificate）、驗殘檢驗證書（Inspection Certificate on Damaged Cargo）、熏蒸檢驗證書（Inspection Certificate of Fumigation）等。在國際貿易實務中，出口商與進口商應在合同中明確規定商檢證書的種類和形式，並注意相關國家的法律法規和貿易慣例等。

四、商品檢驗的時間和地點

(一) 在出口國檢驗

1. 產地檢驗

產地檢驗也被稱為工廠檢驗，是指在商品出口之前，由出口國的商檢機構在產地或工廠

對商品進行檢驗並出具商檢證書。出口商將以商檢證書作為完成交貨的憑據，並且不負責商品在從產地或工廠起運後所出現的品質、數量及包裝損失。這種檢驗方法適用於 EXW 等貿易術語，多見於機器設備、運輸工具等需要生產廠商提前調試安裝的商品的國際貿易。

2. 裝運港檢驗

裝運港或裝運地檢驗是指在商品完成出口裝運之前，由出口國的商檢機構在裝運港或裝運地對商品進行檢驗並出具商檢證書。出口商將以商檢證書作為完成交貨的憑據，並且不負責商品在完成裝運後所出現的品質、數量及包裝損失。這種檢驗方法適合於 FOB、FCA 等貿易術語，因而也被習慣性稱為離岸質量、離岸數量或離岸重量等。

以上兩種商檢方法賦予了出口商優先檢驗權，排除了進口商的復驗權，是兩種明顯有利於出口商而不利於進口商的商檢類型。若貿易貨物在運抵目的港或目的地後出現品質差異或數量短缺，除非進口商能夠證明這類損失是由出口商直接造成的，否則將無權提出異議並要求賠償。

(二) 在進口國檢驗

1. 目的港檢驗

目的港或目的地檢驗是指當商品運抵目的地或目的港後，由進口國的商檢機構對商品進行檢驗並出具商檢證書。進口商將以商檢證書作為判定出口商是否完成交貨的憑據，並且要求出口商承擔商品在國際運輸過程中所出現的品質、數量及包裝損失。這種檢驗方法適合於 CIF、CIP 等貿易術語，因而也被習慣性稱為到岸質量、到岸數量或到岸重量等。

2. 營業地檢驗

營業地檢驗是指當商品運抵進口商的營業場所或最終銷售地後，由進口國的商檢機構對商品進行檢驗並出具商檢證書。進口商將以商檢證書作為判定出口商是否完成交貨的憑據，並要求出口商承擔商品在運抵其營業場所前的一切品質、數量及包裝損失。這種檢驗方法適合於 DAP、DDP 等貿易術語，多見於成套設備、機電產品等需要拆卸運輸並在目的地重新調試安裝的商品的國際貿易。

以上兩種商檢方法賦予了進口商優先檢驗權，擴大了出口商的風險和責任，是兩種明顯有利於進口商而不利於出口商的商檢類型。若貿易貨物在運抵目的港或目的地後出現品質差異或數量短缺，進口商有權提出異議並要求出口商賠償。

(三) 出口國檢驗、進口國復驗

這種做法是國際貿易商品先在出口國的裝運港或裝運地進行檢驗，以出口國商檢機構出具的商檢證書作為進出口雙方收付貨款的依據，待商品運抵目的港或目的地後，進口商可對其進行復檢。若進口商在進口國商檢機構復檢後，發現商品存在質量或數量方面的問題，可憑復檢證書向出口商索賠。這種兩次商檢的做法，兼顧了國際貿易買賣雙方的權利，是一種相對公平合理的商檢方式，並得到各國貿易商的普遍採用。

(四) 出口國檢驗數量、進口國檢驗品質

這種做法是國際貿易商品先在出口國的裝運港或裝運地進行檢驗，以出口國商檢機構出具的數量或重量檢驗證書作為出口商交貨數量的依據，待商品運抵目的港或目的地後，再以進口國商檢機構出具的品質檢驗證書作為判斷出口商交貨質量的依據。如果進口商在收貨後發現商品的品質存在問題，可憑商檢證書向出口商索賠；但是如果發現商品的數量或重量出現問題，則不可向出口商索賠。這也是一類兩次商檢的做法，並將數量檢驗權與品質檢驗權分別歸屬於買賣雙方，在一定程度上調和了商品檢驗時間與地點的矛盾，主要應用於大宗商品的國際貿易。

五、擬定商檢條款的注意事項

第一，明確商檢機構。國際貿易中的買賣雙方須在合同的商檢條款中明確約定商檢機構的名稱和地址。除相關法律強制規定的機構外，應優先選擇國際認可度高、專業技術強、地理位置方便的商檢機構。

第二，明確商檢證書。國際貿易中的買賣雙方須在合同的商檢條款中具體約定商檢證書的類別與數量。選擇哪些類型的商檢證書，應根據相關國家的法律要求與商品的具體特性，並且注意準確性、合理性和經濟性。商檢證書的數量須滿足相關部門的要求，例如，向銀行提交的證書份數就應滿足信用證的要求。

第三，明確商檢費用。國際貿易中的買賣雙方須在合同的商檢條款中明確約定商檢費用由誰來支付。商檢費用通常由出口方負責，若進口方要求在進口地商檢、額外復檢或增加商檢項目，則需規定相關費用繼續由出口商負責還是由進口商自行承擔。

第二節　違約與索賠

一、違約

（一）違約的含義

違約（Breach of Contract）也被稱為違約行為，是指合同的一方當事人沒有履行或完全履行合同義務，給其他當事人造成損失的行為。在國際貿易中，進口商或出口商常常會因為市場行情發生變化或自身狀況出現問題等原因，不願意或不能夠繼續履行合同所規定的義務。有的貿易商甚至會製造各種借口或尋找對方的過錯，盡量為自己不履行合同開脫責任，從而構成違約行為。

（二）違約的分類

1. 出口商違約

出口商違約主要包括不交貨、不按時交貨及交貨不符合合同要求等。其中交貨不符又包括兩種情況，一種是所交貨物與合同規定不符，例如，在品質、規格、數量或重量、包裝等方面存在問題。另一種是所交單據與合同規定不符，例如，提單、運單、發票、保險單、商檢證書、完稅證明等種類不齊全、份數不正確、屬性存在差異等。貿易合同中凡是應當由出口商履行的義務而出口商沒有履行的，都構成出口商違約。

2. 進口商違約

進口商違約主要包括不付款、不按時接貨及不履行各項結算手續等。例如，在無正當理由情況下拒收貨物，在 FOB、FCA 等術語條件下不按時組織運輸，在信用證收付款方式下不按時開立信用證或付款贖單等。貿易合同中凡是應當由進口商履行的義務而進口商沒有履行的，都構成進口商違約。

3. 雙方違約

在國際貿易中，還可能存在出口商與進口商同時違約的情況。例如，當出口商與進口商就某項合同條款產生爭議時，雙方的主張各不相同，在達成一致之前，雙方都不會履行合同義務，從而構成雙方均有違約的情況。

(三) 違約的原因

1. 主觀原因

(1) 資信狀況不佳。

某些貿易商的商業信用不高，導致相關貿易合同的履行過程存在較大的不確定性。一旦市場行情出現波動，這類貿易商就會將經濟利益放在契約精神之前，主動採取拒絕開立信用證、拒絕發運貨物等單方面改變或終止合同的違約行為。

(2) 辦事疏忽大意。

國際貿易是一項需要各方當事人密切聯繫並相互配合的跨國交易活動。若一方當事人因辦理業務疏忽大意或存在過錯，也會導致合同違約。例如，在特定貿易術語下延誤裝船通知、忽略信用證有效期而被迫倒簽提單、包裝不嚴而引起貨物串味、受潮等。

(3) 合同條款缺陷。

國際貿易合同是規定相關當事人責任義務的主要依據。若合同內容模棱兩可或簡單空洞，就很容易使出口商與進口商在履約過程中產生誤解、造成分歧和陷入爭議。當這些問題無法協商一致時，違約行為就很難避免。例如，在表述合同的品質條款、數量條款、價格條款等關鍵內容時，使用了表意模糊的「大約」「左右」「習慣」等文字，以及出現對結算銀行、商檢機構、仲裁機構等未做明確指定等問題。

以上三個方面的因素主要由相關當事人主觀形成，因而被歸納為引起違約的主觀原因。

2. 客觀原因

(1) 不可抗力因素。

在國際貿易合同簽訂後，若出現當事人無法控制的不可抗力事件，也會導致合同義務無法履行的違約情況。例如，出口商因地震、洪水等嚴重自然災害而無法按時交貨，進口商因金融、貿易政策的突然變動而導致的無法按時付款等情況，都屬於由不可抗力因素引起的違約。

(2) 法律慣例因素。

由於國際貿易中的當事人來自不同的國家或地區，相應的法律體系與貿易慣例很可能並不一致，有時甚至會出現相互矛盾的情形。這類因素也常常在買賣雙方的履約過程中引起誤解或爭議，從而導致國際貿易的相關當事人被迫違約。

(3) 跨文化因素。

開展國際貿易的進出口商通常具有不同的文化背景，能夠順利開展跨文化溝通是簽訂並履行國際貿易合同的基本前提。如果買賣雙方在文化溝通環節存在嚴重障礙或出現重大誤解，進而使貿易合作困難重重，也會引起相關當事人出現違約。例如，雙方在語言文字、表達方式及對待工作的態度上的差異，會在客觀上影響貿易合同的履行。

以上三個方面的因素不受相關當事人的主觀控制，因而被歸納為引起違約的客觀原因。

(四) 違約的法律後果

1. 《聯合國國際貨物銷售合同公約》的規定

《聯合國國際貨物銷售合同公約》（簡稱《公約》）將違約行為劃分為根本違約（Fundamental Breach of Contract）和非根本違約（Nonfundamental Breach of Contract）兩種類型。《公約》第二十五條規定，「一方當事人違反合同的結果，如使另一方當事人蒙受損害，以至於實際上剝奪了他根據合同規定有權期待得到的東西，即為根本違反合同」。根本違約的構成條件是造成實質性損害，即合同的一方當事人主觀上剝奪了另一方當事人對獲得某項權利的期待，如無法交貨或無法付款等。在實踐中，人們往往以違約後果的嚴重性作為劃分依據，即後果嚴重的為根本違約，而後果較輕的為非根本違約。對於違約的後續處理，《公約》指出，如果是根本違約，受害方可宣告合同無效並要求損害賠償；如果是非根本違約，

則受害人不能解除合同，只能要求損害賠償。

2.《國際商事合同通則》的規定

國際統一私法協會 1994 年編撰、2004 年修訂的《國際商事合同通則》（簡稱《通則》）（Principles of International Commercial Contracts，PICC）將違約定義為「合同的不履行」。《通則》第七章規定，「不履行」是指一方當事人未能根據合同履行其任何義務，包括瑕疵履行和遲延履行。在實踐中，按照違約後果的嚴重程度，不履行可分為根本不履行和一般不履行。當貿易合同的一方當事人根本不履行合同條款時，另一方當事人可以終止合同。而無論是根本不履行，還是一般不履行，國際貿易中的受損方都可以獲得向相關當事人請求損害賠償的權力。

3. 英美等國法律的規定

英國《貨物買賣法》將違約行為劃分為違反要件（Breach of Condition）和違反擔保（Breach of Warranty）兩種類型。違反要件是指違反了合同的主要條款，例如，品質條款、數量或重量條款、包裝條款、價格條款等與商品直接有關的內容。違反擔保是指違反了合同的次要條款，通常為合同中與商品不直接相關的內容。如果發生違反要件性質的違約行為，受損方有權解除合同並要求損害賠償。如果發生違反擔保性質的違約行為，受損方無權解除合同，只能要求損害賠償。然而，在實踐中，違反擔保的具體標準並不明確，常常在處理貿易爭議時帶有一定的隨意性。另外，美國《合同法》將違約行為劃分為重大違約（Major Breach of Contract）和輕微違約（Minor Breach of Contract）兩種類型。相應的法律後果與英國法律類似。

4.《中華人民共和國合同法》的規定

《中華人民共和國合同法》（簡稱《合同法》）第一百零七條規定，「當事人一方不履行合同義務或者履行合同義務不符合約定的，應當承擔繼續履行、採取補救措施或者賠償損失等違約責任」。第九十四條規定，「當事人一方遲延履行債務或者有其他違約行為致使不能實現合同目的，當事人可以解除合同」。可見，中國《合同法》對違約行為及其後果也做出了明確規定。在實踐中，當發生違約情況時，受損方可以根據實際損失的嚴重程度，要求解除合同或採取補救措施。

從以上各類法律對違約行為及其後果的解釋來看，解除合同和損害賠償是最為常用的兩種方式。因此，索賠和理賠就成了發生違約後的重要業務環節。

二、索賠和理賠

（一）索賠和理賠的含義

索賠（Claim）是指受損的一方當事人向違約的一方當事人提出損害賠償的要求。理賠（Settlement of Claim）則是指負有違約責任的一方當事人向提出索賠要求的受損方做出的賠償處理。索賠與理賠共同構成了合同違約的損害賠償互動機制。在國際貿易中，索賠的提出方可以是出口商，也可以是進口商，但鑒於交貨過程比付款過程更加複雜，出口商向進口商理賠的情況更為常見。

（二）異議與索賠條款

異議與索賠條款（Discrepancy and Claim Clauses）的主要內容包括索賠依據、索賠期限、索賠方法及索賠金額等內容。

1. 索賠依據

索賠依據（Claim Foundation）是指索賠證據的形式與來源。例如，買賣雙方應依據何種法律來劃分違約責任，受損方用以證明遭受違約損害的憑據出自何種機構，買賣雙方須承諾索賠依據的真實性和有效性等。

2. 索賠期限

索賠期限（Claim Period）是指受損方向違約方提出損害賠償的有效期限。對於不同特性的貿易商品，買賣雙方須科學合理地規定索賠期限，例如，以交貨後或商檢合格後的一段時間作為索賠期限。需要注意的是，若買賣雙方未在合同中約定索賠期限，則按照法定索賠期限來執行。中國《合同法》第一百五十八條規定，當事人沒有約定檢驗期間的，應在兩年內通知出賣人。《公約》第三十九條也規定，「如果買方不在實際收到貨物之日起兩年內將貨物不符合同情形通知賣方，他就喪失聲稱貨物不符合同的權利」。

3. 索賠方法及索賠金額

索賠方法（Claim Methods）是指處理索賠的具體辦法或流程。買賣雙方需在合同的索賠條款中做出規定，承諾受損方有索賠權，違約方有復驗權等。對於具體的處理流程，一般只做簡單規定，並約定將按照違約行為的實際情況協商處理。索賠金額（Claim Amount）應根據損失的實際大小來確定，直接的貨物損失一般不超過貨物的實際價值，間接損失的大小則需要受損方通過詳細舉證來確定。

(三) 罰金條款

罰金也被稱為違約金（Liquidated Damages），是一種帶有懲罰性質的違約處理措施，表現為一定金額的額外貨幣支出。罰金條款（Penalty Clause）則是指當國際貿易中的一方當事人出現違約行為並給另一方當事人造成損失時，違約方需向受損方支付一定金額的款項，並以此作為經濟補償的合同條款。

罰金條款的主要內容是規定罰金措施的適用條件、罰金金額的計算方法及罰金收付的主要形式等。需要注意的是，罰金是一種有限程度的違約懲罰措施，其設立目的並不是要解除合同或終止合同，而是要督促相關當事方按時、按質、按量地履行合同義務。因此，對於違約方而言，其在支付罰金之後，還須繼續履行合同，直至交易的過程徹底完結。

中國《合同法》第一百一十四條規定，「當事人可以約定一方違約時應當根據違約情況向對方支付一定數額的違約金，也可以約定因違約產生的損失賠償額的計算方法」。可見，設置違約金條款是中國合同法明文規定的懲罰措施。中國《合同法》進一步指出，「約定的違約金低於造成的損失的，當事人可以請求人民法院或者仲裁機構予以增加；約定的違約金過分高於造成的損失的，當事人可以請求人民法院或者仲裁機構予以適當減少」。可見，對於違約金金額的約定，相關法律規定兼顧了原則性和靈活性，合同中的買賣雙方也應注意罰金金額的合理性、科學性。另外，在英美法系國家，只承認事後採取的損害賠償措施，而不承認預先設定的罰金或違約金方式，因而在與這類國家或地區開展國際貿易時，應慎重約定罰金條款。

(四) 定金條款

定金（Bargain Money）是以訂立合同為目的而預先支付的特殊保證金。定金條款則是國際貿易合同中對定金的相關內容做出規定的條文。從法律角度講，定金的實質是一種金錢擔保，其擔保內容是保證合同的訂立、生效及履行。從一方當事人向另一方當事人支付定金時起，就意味著雙方的合同關係在實質上已經達成並開始履行，如果任何一方當事人出現違約行為，將被要求向對方支付等同於定金金額的違約金。例如，中國《合同法》第一百一十五條規定，「當事人可以依照《中華人民共和國擔保法》約定一方向對方給付定金作為債權的擔保。債務人履行債務後，定金應當抵作價款或者收回。給付定金的一方不履行約定的債務的，無權要求返還定金；收受定金的一方不履行約定的債務的，應當雙倍返還定金」。擬定定金條款有幾點注意事項。

第一，應合理約定定金金額。事實上，法律上已明確規定了合同中定金的最高限額。例如，《中華人民共和國擔保法》第九十一條規定，「定金的數額由當事人約定，但不得超過

主合同標的額的百分之二十」。

第二，應正確使用定金字樣。需要注意的是，定金並非訂金，兩者雖在文字上僅有一字之差，但在法律內涵與法律後果方面卻並不相同。訂金的實質是合同履行過程中的一種預付款，而且其約束力是單方面的，即只能約束訂金的交納方，不能約束訂金的收取方。目前，法律界的共識是，除了定金，合同中的其餘諸如留置金、擔保金、保證金、訂約金、押金等不屬於定金性質的資金措施，都不具有雙向的擔保性質。

第三，定金條款與罰金條款不能同時使用。買賣雙方在簽訂國際貿易合同時，不能混用定金條款與罰金條款，二者只能選擇一項。例如，中國《合同法》第一百一十六條規定，「當事人既約定違約金，又約定定金的，一方違約時，對方可以選擇適用違約金或者定金條款」。

第三節 不可抗力

一、不可抗力的含義

不可抗力（Force Majeure）也被稱為人力不可抗拒，是一類不能預見、不能避免並不能克服的客觀影響因素。不可抗力必須發生在合同的履行期間，引起不可抗力的原因不是合同當事人的主觀因素，而是來自外在環境的客觀因素。常見的不可抗力事件包括兩類，一類是自然現象，如洪水、地震、臺風、暴雪等；另一類是社會現象，如戰爭、罷工、政府禁令、政策變動等。由於不可抗力的出現具有偶然性和突發性，並遠遠超出了合同當事人所能掌控的範圍，因而在法律上屬於一種免責條款，即當合同的一方當事人因遭遇不可抗力事故而無法履行合同義務時，可以免除合同責任或延期履行合同責任。例如，《中華人民共和國民法通則》（簡稱《民法通則》）第一百零七條規定，「因不可抗力不能履行合同或者造成他人損害的，不承擔民事責任，法律另有規定的除外」。中國《合同法》第一百一十七條規定，「因不可抗力不能履行合同的，根據不可抗力的影響，部分或者全部免除責任，但法律另有規定的除外」。

二、不可抗力的條件

構成不可抗力須具備四項條件，分別是不能預見性、不能避免性、不能克服性和履行期間性。中國《合同法》第一百一十七條規定，「不可抗力是指不能預見、不能避免並不能克服的客觀情況」。

（一）不能預見性

不能預見性是指任何不可抗力事件的發生是合同當事人在簽訂合同之前所不能預先知曉的。例如，已經被權威部門預報過的暴風雨等惡劣天氣，已經開始實施的新的進出口管制措施，以及大概率出現的責任事故等就不能構成不可抗力。

（二）不能避免性

不能避免性是指當不可抗力事件發生時，雖然相關當事人已經採取了預防措施並可進一步展開施救，但因災難事故過於嚴重而在客觀上不能阻止損失產生的被動處境。在國際貿易中，凡是能夠通過預防和施救而避免發生的災難事故，都不屬於不可抗力的範疇。例如，當船舶在海上遭遇風暴時，因未採取呼叫救援或到臨近港口避險等措施而遭受損失時，相關當事人不能依據不可抗力條款進行免責。

(三) 不能克服性

不能克服性是指合同的當事人對因不可抗力造成的困難或損失不能克服。例如，由於外國政府臨時關閉了合同中原計劃的目的港，但是出口方可將貨物運至相臨近的外國港口卸貨，從而克服因政策變動造成的困難。顯然，這一政策變動就不屬於不可克服的不可抗力事件。

(四) 履行期間性

履行期間性是指不可抗力事件發生的時間必須處於貿易合同的履行期間，即從合同簽訂並生效時起，至合同的各項責任全部履行完成時止。例如，在合同簽訂之前的交易磋商階段所發生的政策變動或重大自然災害，都不能成為一方當事人在合同生效後拒不履行自身義務的不可抗力理由。再比如，中國《合同法》第一百一十七條規定，「當事人遲延履行後發生不可抗力的，不能免除責任」。

綜上所述，這裡可以用一個公式來描述不可抗力的構成條件，即：

公式 15-1：不可抗力 = 合同期間的（不能預見 + 不能避免 + 不能克服）的客觀災難事故

三、不可抗力的處理

不可抗力的法律後果是對其進行後續處理的主要依據。當發生不可抗力事件時，國際貿易合同的當事人有兩種處理方式。第一種是解除合同，即宣告相關當事人之間因合同關係而產生的權利與義務就此終止。第二種是延期履行合同，即等待不可抗力事件徹底結束後再繼續履行合同所規定的各項義務。在國際貿易實踐中，買賣雙方究竟應當如何處理不可抗力事件，還須結合具體的事故原因、損害程度及影響範圍等實際情況。

在發生不可抗力事件後，相關當事人應立即發出通知，以便各方能夠盡快對不可抗力事件展開處理。中國《合同法》第一百一十八條規定，「當事人一方因不可抗力不能履行合同的，應當及時通知對方，以減輕可能給對方造成的損失，並應當在合理期限內提供證明」。需要注意的是，無論是違約行為，還是不可抗力事件，貿易合同的當事人都有保護商品安全、防止損失擴大的責任。中國《合同法》第一百一十九條規定，「當事人一方違約後，對方應當採取適當措施防止損失的擴大；沒有採取適當措施致使損失擴大的，不得就擴大的損失要求賠償」。

四、擬定不可抗力條款的注意事項

(一) 明確不可抗力的範圍

國際貿易合同的不可抗力條款應對不可抗力的含義進行明確說明，並且將不可抗力事件的構成條件、基本類型等關鍵內容在合同中予以明確規定。我們對於不可抗力範圍的界定，通常有定義式概括、案例式枚舉、綜合式表述三種方法。其中，綜合式表述方法是國際貿易合同中規定不可抗力的最常用方法。闡述不可抗力的範圍，不僅有助於避免履行合同過程中的異議與爭端，更能夠預防某些不誠信外商利用不可抗力條款的漏洞或錯誤來推卸責任，因而是擬定不可抗力條款關鍵的第一步。

(二) 注意不可抗力的通知

與發生一般的海上風險類似，當遭遇不可抗力事件後，相關當事人應立即發出通知。在國際貿易中，通常為承運人通知出口商和出口商通知進口商。收到不可抗力通知的一方當事人也應盡快回復通知方，以便就提出異議或就後續處理方式等進行溝通、協商。在合同的不可抗力條款中，應明確規定相關通知的發出期限和具體方式，例如，相應條款可表述為「一方遭受不可抗力事件後，應以電報方式通知對方，並在 15 日內以航空郵件方式提供書面的情況說明等證明文件」。

(三) 規定不可抗力的證明

由於不可抗力條款是一項免責條款，並涉及合同的重大變更和相關當事人的主要經濟利益，因而需要嚴格規定證明文件和證明機構。按照國際貿易慣例，不可抗力證明通常由發生事故的當地商會或公證機構出具，為防止出現「不可抗力詐欺」，買賣雙方應在合同中預先選擇那些信譽度較高、規模較大的國際公認鑒定機構作為不可抗力的證明機構。在中國，中國國際貿易促進委員會（China Council for the Promotion of International Trade，CCPIT）及其分會是出具不可抗力證明的權威機構。

第四節　仲裁

一、國際貿易爭議的解決方法

(一) 協商

協商（Negotiation）也被稱為友好協商、談判協商等，是指在發生爭議時，相關當事人基於自願、平等、公平的原則，通過氣氛友好的雙邊或多邊溝通商討，最終達成一致、化解爭議。在國際貿易中，協商是解決爭議的首選方式，具有程序簡單、成本低廉、開誠布公等優點。若相關當事人能夠通過協商解決問題，不僅能夠使國際貿易合同繼續履行，更有利於促進和發展彼此的合作互利關係。若相關當事人未能通過協商化解矛盾，則可進一步選擇調解、仲裁及訴訟等其他方式。

(二) 調解

調解（Conciliation）也被稱為和解，是指在發生爭議時，相關當事人共同委託第三方來協調處理彼此間的分歧與矛盾，引入外部力量來達成一致、化解爭議。調解人是調解關係中的中間人，通常應具有一定的影響力或號召力。調解人在化解矛盾的過程中，應當時刻保持中立、客觀的基本立場，以國家法律、法規、政策、貿易慣例及社會公德等為依據，傾聽各方陳述並促進各方諒解，為實現爭議各方能最終協商一致而做出努力。然而，調解並沒有強制性，相應建議也對相關當事人沒有法律約束力。若調解失敗，相關爭議方可選擇繼續調解或將爭議交付更高級別的仲裁庭或法院。

(三) 仲裁

仲裁（Arbitration）是指在發生爭議時，相關當事人自願將爭議或矛盾提交給雙方約定的仲裁機構來審理和裁決。這是一種擁有法律裁決力和約束力的特殊形式的第三方調解。自願並協商一致是各方當事人選擇仲裁方式的前提，仲裁機構將根據爭議雙方的陳述與舉證，秉持客觀、公正、合理的基本原則，理清各類矛盾的是非曲直，並最終做出裁決。相比於其他爭議解決方式，仲裁具有效率高、費用低、效果好等優點，因而在國際貿易實務中得到了廣泛應用。

中國於1994年8月頒布了《中華人民共和國仲裁法》（簡稱《仲裁法》），並在2017年9月進行了修訂。《仲裁法》是中國規範經濟糾紛仲裁方式、保護當事人合法利益的重要法律規定。

(四) 訴訟

訴訟（Litigation）是一種法律程序。訴，是指申訴、控告的意思和行為，訟則是指法院進行審理和裁決的法律行為。因此，訴訟就是在發生爭議時，相關當事人將爭議或矛盾訴諸法院，並請求法院按照司法程序來審理和裁決的一種方式。訴訟的優勢是具有法律的嚴肅性、公平性和強制性，判決結果對相關當事人的法律約束力也最強。然而，由於司法程序往

往較為緩慢和複雜，訴訟費用也相對較高，因而訴訟並不是解決國際貿易爭議的最佳方式。加之買賣雙方一旦將矛盾訴諸法院，雙邊關係將很難緩和與改善。因此，除非協商、調解均告失敗，萬不得已的情況下才可考慮訴訟。

二、仲裁的特點

第一，仲裁具有自願性（Voluntary）。發生爭議的當事人應在自願與協商一致的前提下選擇仲裁的審理方式、有效時間與具體機構。相關仲裁條件的確定應充分體現當事人的自主性，任何一方當事人都無權強迫另一方接受某種仲裁條件，並且單方面的仲裁是無效的。中國《仲裁法》第四條規定：「當事人採用仲裁方式解決糾紛，應當雙方自願，達成仲裁協議。沒有仲裁協議，一方申請仲裁的，仲裁委員會不予受理。」

第二，仲裁具有終局性（Finality）。仲裁具有與司法判決相類似的強制約束力，並且相應的仲裁判決是終局的。所謂終局性，是指仲裁的判決結果是最後的裁決，爭議方若不服判決將不能再次要求仲裁或訴諸法院。中國《仲裁法》第九條規定：「仲裁實行一裁終局的制度。裁決做出後，當事人就同一糾紛再申請仲裁或者向人民法院起訴的，仲裁委員會或者人民法院不予受理。」

第三，仲裁具有專業性（Specialization）。仲裁機構相比於法院更具專業性特點，解決國際貿易糾紛的仲裁機構通常是針對國際經濟與貿易問題的專門機構。參與國際貿易仲裁的專家裁判也大多是來自國際貿易領域的教授學者、行家裡手及法律專家，其裁決結果具有較高的專業權威性。例如，中國國際經濟貿易仲裁委員會下設三個專門仲裁委員會，分別是專家諮詢委員會、案例編輯委員會和仲裁員資格審查考核委員會，相應仲裁庭均由知名專家組成，能夠公正、獨立地審理國際貿易類專業案件。數十年來，該仲裁機構的裁決結果在世界上140多個國家或地區得到了承認和執行。中國《仲裁法》第十三條規定，「仲裁委員會應當從公道正派的人員中聘任仲裁員」。仲裁員應當「具有法律知識、從事經濟貿易等專業工作並具有高級職稱或者具有同等專業水準」。

第四，仲裁具有靈活性（Flexibility）。由於仲裁程序可按照相關當事人的主觀意願進行充分協商，因而更具靈活性和針對性。相比於訴訟程序嚴格的要求和繁瑣的步驟，仲裁程序的繁簡程度完全取決於當事人和爭議本身。例如，在仲裁期間，若相關當事人改變主意，願意通過協商或調解方式來解決爭議，則仲裁庭完全可以由裁決人轉變為調解人。中國《仲裁法》第五十一條規定，「仲裁庭在作出裁決前，可以先行調解。當事人自願調解的，仲裁庭應當調解。調解不成的，應當及時作出裁決」。

第五，仲裁具有經濟性（Economy）。相比於訴訟的費用，仲裁的費用要低得多。這主要得益於仲裁的程序簡單、耗時不長等優勢。仲裁費是相關當事人應當向仲裁機構繳納的費用，一般包括鑒定費、勘驗費、測試費、旅差費和證人的誤工補貼等。仲裁費一般按實際情況計算，並將最終按照判決結果在相關當事人之間進行分攤，責任越大者分攤的比例越重。

第六，仲裁具有保密性（Confidentiality）。仲裁一般採取不公開審理的方式，對相關當事人的商業活動、商業秘密及爭議過程具有良好的保密效果。中國《仲裁法》第四十條規定，「仲裁不公開進行。當事人協議公開的，可以公開進行，但涉及國家秘密的除外」。另外，對於參與仲裁的裁判員、秘書員及其他工作人員的保密紀律，仲裁法律與仲裁規則也都進行了嚴格規定。這有利於降低國際貿易爭議的負面影響，能夠在一定程度上維護相關當事人的聲譽、信譽等。

第七，仲裁具有獨立性（Independence）。所謂獨立性，是指仲裁機構與仲裁結果獨立於其他爭議解決方式。中國《仲裁法》第八條規定，「仲裁依法獨立進行，不受行政機關、社會團體和個人的干涉」。第十四條規定，「仲裁委員會獨立於行政機關，與行政機關沒有

隸屬關係。仲裁委員會之間也沒有隸屬關係」。

除了以上主要特點外，仲裁還具有國際性、快捷性、規範性等其他特徵。這些特點也促使仲裁逐漸成了一種具有獨特優勢的國際貿易爭議解決方式。

三、仲裁條款的形式

（一）合同中的仲裁條款

仲裁條款（Arbitration Clause）是由買賣雙方在國際貿易合同中提前約定的仲裁內容條款。買賣雙方應明確表示，如果發生爭議，雙方均自願將相關爭議提交某一具體的仲裁機構，並接受仲裁的結果。由於合同簽訂在前，而爭議發生在後，因而仲裁條款是一種預先約定。

（二）合同外的仲裁協議

仲裁協議（Arbitration Agreement）是由買賣雙方在國際貿易合同之外另行約定的仲裁內容條款。買賣雙方應明確表示，對於已經產生的爭議，雙方均自願將相關爭議提交某一具體的仲裁機構，並接受仲裁的結果。由於爭議發生在前，而仲裁協議簽訂在後，因而仲裁協議是一種事後約定。

（三）仲裁條款的作用

第一，仲裁條款規定了合同的相關當事人應當通過仲裁方式來解決爭議，並明確了仲裁地點、有效期、仲裁機構等具體內容。

第二，仲裁條款將仲裁規定為首選的或唯一的爭議解決方式，從而排除了法院對相關爭議的管轄權。

第三，仲裁協議明確了相關仲裁機構對爭議的管轄權，並約束了爭議雙方必須嚴格執行仲裁機構的裁決結果。

四、仲裁的程序

（一）受理

當貿易合同的相關當事人發生爭議後，雙方需向事先約定的仲裁機構申請仲裁。申請仲裁的具體做法是向仲裁機構提交仲裁申請書。仲裁機構在對申請書進行審核後，對於符合條件的案件，一般將會在五個工作日内向相關申請人回復受理通知書，已表明正式受理案件。隨後，相關當事人需預交仲裁費並提交書面答辯書、仲裁員選定書、法定代表人證明書、情況說明書、授權委託書等有關爭議案件的詳細資料。對於關鍵證據應當充分準備並妥善保管。

（二）組庭

申請仲裁的雙方當事人應在規定的時間內確定仲裁庭的組成方式和人員情況。如果雙方當事人未能協商一致或未按時組庭，則由仲裁委員會指定仲裁庭的具體人員。當仲裁庭完成組建後，將由仲裁委員會向相關當事人發出組庭通知書。若當事人對仲裁庭存在異議，可在首次開庭前提出迴避請求，從而要求仲裁委員會重新安排仲裁員。需要注意的是，迴避請求是否有效，最終決定權由仲裁委員會掌握。

（三）開庭

仲裁庭一旦完成組庭，便會著手開展審理案件的工作。仲裁庭將在規定的期限內向雙方當事人發出開庭通知書。若當事人不能按時出庭，可申請延期開庭；若原告當事人拒不到庭或中途退庭，則視為撤回仲裁申請，仲裁程序隨即終止；若被告當事人拒不到庭或中途退庭，並不能中斷仲裁程序，仲裁庭可對其進行缺席裁決。在開庭階段，仲裁庭將完成對爭議案件的審理工作。另外，在開庭審理的過程中，雙方當事人可以要求仲裁庭調解糾紛，仲裁

庭將出具調解協議書，並以此作為製作最終判決書的參考依據。

（四）裁決

仲裁庭在審理相關爭議案件後，將基於調查事實、雙方舉證及相關法規慣例等，經閉庭評議後，做出最後的裁決。仲裁庭的裁決可分階段完成，即可以先行裁決事實清楚、沒有異議的部分，而暫緩裁決尚未審理完成的部分。仲裁庭會在規定的期限內向相關當事人發出仲裁裁決書，當事人若不服裁決或存有異議，可在收到裁決書三十日內反饋信息。由於仲裁結果具有終局性和約束性，相關當事人應自覺履行仲裁裁決。

五、擬定仲裁條款的要點

（一）仲裁地點

由於不同的仲裁地點適用不同的仲裁法律與規則，因而在何處仲裁是仲裁條款中的一項關鍵內容。在國際貿易合同中，買賣雙方來自不同的國家或地區，究竟是選擇出口商所在地的仲裁機構，還是進口商在所在地的仲裁機構，抑或是第三地的仲裁機構，都會對貿易雙方的實際利益產生影響。若各方當事人均要求選擇對自己有利的仲裁地點，則很難協商一致。因此，為了維護相關當事人的自身權利，保證仲裁結果的公正性、合理性和客觀性，國際貿易中的買賣雙方應盡量選擇雙方都能接受的仲裁地點。

1. 在原告所在國仲裁

在原告所在國仲裁，往往有利於原告，而不利於被告。這種方式會使仲裁庭在調查事實、收集證據時產生一定困難，同時也增加了被告方出現拒不到庭審理或拒絕執行裁決等情況的風險。但貿易雙方若在仲裁條款中如此規定，也能在一定程度上約束相關當事人不得違約。

2. 在被告所在國仲裁

在被告所在國仲裁，有利於爭議雙方及時進行溝通協調，能夠方便仲裁庭審理和裁決爭議案件。若被告方對爭議的事實存在不同意見，還可隨時舉證或申訴，從而保障處理相關案件的效率與效果。這種方式也是國際上選擇國際貿易仲裁地點的常用方式。

3. 在第三國仲裁

當國際貿易的雙方都不同意選擇對方所在國進行仲裁時，可選擇第三國作為仲裁地點。選擇時，應注意三個問題。其一，第三國的法律體系與仲裁規則是否適合於雙方合同的具體內容；其二，第三國與貿易商所在國的外交關係是否友好，各項政府間的協議是否與雙方合同的具體內容相適應；其三，第三國有無理想的仲裁機構，是否能夠有效解決雙方可能發生的貿易爭議。

（二）仲裁機構

國際上的仲裁機構一般有兩類，一類是常設仲裁機構，另一類是臨時仲裁機構。

1. 常設仲裁機構

常設仲裁機構是一類依據國際條約或國內法律所成立的，擁有固定的名稱、組織、地點和仲裁程序的永久性獨立機構。常設仲裁機構是國際商事仲裁活動的主要機構，業務範圍覆蓋世界各國並涉及各行各業。目前，世界上較為知名的常設仲裁機構主要有國際商會仲裁院（The ICC International Court of Arbitration）、瑞典斯德哥爾摩商會仲裁院（Arbitration Court of Stockholm Chamber of Commerce）、英國倫敦仲裁院、美國仲裁協會、蘇黎世商會仲裁院、日本國際商事仲裁協會、中國國際經濟貿易仲裁委員會（China International Economic and Trade Arbitration Commission，CIETAC）及中國海事仲裁委員會（China Maritime Arbitration Commission）等。

2. 臨時仲裁機構

臨時仲裁機構是一類由合同的雙方當事人臨時組建的仲裁庭。這類仲裁機構在處理完相關爭議後便自行解散，一般一事一議、一案一庭。貿易合同的當事人需在仲裁條款中明確約定臨時仲裁機構的組成方式、人員構成、審案程序及法律依據等，避免在處理爭議的過程中又產生圍繞仲裁程序的新的爭議。在國際貿易實踐中，除非相關當事人的所在國家沒有國際公認的常設仲裁機構，一般不宜選擇組建臨時仲裁庭這一處理爭議的方式。

（三）仲裁費用

仲裁費用由仲裁機構收取，主要有三點意義。其一，仲裁費用能夠保證仲裁機構順利地開展並完成仲裁工作，是對仲裁成本的一種補償。其二，仲裁費用能夠明確並增加合同當事人的違約成本，從而使其更好地遵紀守法、誠信履約。其三，仲裁費用能夠促進合同當事人主動通過協商、調解等更為友好的方式解決爭議，從而基於經濟性的考量而不會輕易將一般爭議提交仲裁。因此，仲裁條款應明確規定仲裁費用的具體支付方式。例如，按照國際慣例，仲裁費用應當由仲裁案件中的敗訴方承擔，或者依據雙方當事人的責任大小按百分比進行分擔等。

（四）仲裁效力

由於仲裁具有終局性，並排除了法院對相關爭議的管轄權，因而相關當事人並不能在仲裁機構做出最終裁決之後再向法院起訴。事實上，仲裁與訴訟都具有終局性，相應的裁決結果對相關當事人也都有約束力。所不同的是，訴訟是基於法律的強制性，而仲裁是基於當事人的自願性。在世界範圍內，即使有部分國家或地區的相關法律允許法院對仲裁結果進行審理，也僅僅涉及對仲裁程序的復核，而並不會重新審理相關案件的是非曲直。例如，中國《仲裁法》就賦予了相關當事人向仲裁委員會所在地的中級人民法院申請撤銷仲裁裁決的權力，但僅限於偽造證據、隱瞞事實、受賄舞弊及缺少仲裁協議等特殊情況。因此，合同當事人一旦選擇了仲裁這一解決爭議的方式，就一定要尊重仲裁機構並配合相關的調查與審理工作。對於仲裁的結果，相關當事人更應當自覺自願地如實執行，保證仲裁的效力不受影響。

（五）仲裁裁決

仲裁機構的裁決書是載明裁決結果的書面文件。中國《仲裁法》第五十四條規定，「裁決書應當寫明仲裁請求、爭議事實、裁決理由、裁決結果、仲裁費用的負擔和裁決日期。當事人協議不願寫明爭議事實和裁決理由的，可以不寫。裁決書由仲裁員簽名，加蓋仲裁委員會印章。對裁決持不同意見的仲裁員，可以簽名，也可以不簽名」。仲裁機構所做出的最終裁決是相關當事人解決爭議、化解矛盾的最終方案，應當予以不折不扣地執行。若一方當事人拒絕執行仲裁裁決，另一方當事人可向法院申請強制執行。例如，中國《訴訟法》第二百三十七條規定，「對依法設立的仲裁機構的裁決，一方當事人不履行的，對方當事人可以向有管轄權的人民法院申請執行」。需要注意的是，國際貿易中的仲裁往往是涉外仲裁。中國《仲裁法》第七十二條規定，「涉外仲裁委員會作出的發生法律效力的仲裁裁決，當事人請求執行的，如果被執行人或者其財產不在中華人民共和國領域內，應當由當事人直接向有管轄權的外國法院申請承認和執行」。第七十三條進一步規定，「涉外仲裁規則可以由中國國際商會依照本法和民事訴訟法的有關規定制定。」可見，涉外仲裁裁決的執行是一項難點，若相關當事人在仲裁機構管轄地沒有足夠的財產，相應的裁決將難以執行。

為保證仲裁裁決能夠得到承認與執行，1958年6月召開的聯合國國際商業仲裁會議出拾了《承認及執行外國仲裁裁決公約》（the New York Convention on the Recognition and Enforcement of Foreign Arbitral Awards）。中國於1987年1月加入該公約。該公約為處理國際貿易中的仲裁問題，特別是落實裁決結果的執行問題發揮了積極作用。

本章小結

本章主要講述了四個方面的內容。

第一，商品檢驗。商品檢驗是指在國際貿易中，商檢機構按照一定的法律、法規和慣例，對進出口商品的品質、數量、包裝、安全及衛生等項目所開展的檢驗和鑒定工作。商檢機構是負責商品檢驗並出具各類商檢證書的權威專業機構。商品檢驗證書是由商檢機構在對國際貿易商品進行檢驗檢疫後，出具的證明商品檢驗合格的書面文件。

第二，違約與索賠。違約是指合同的一方當事人沒有履行或完全履行合同義務，造成其他當事人損失的行為。從各類法律對違約行為及其後果的解釋來看，解除合同和損害賠償是最為常用的兩種方式。索賠是指受損的一方當事人向違約的一方當事人提出損害賠償的要求。理賠則是指負有違約責任的一方當事人向提出索賠要求的受損方做出的賠償處理。罰金條款和定金條款是索賠條款的常見內容，需注意兩者不能同時使用。

第三，不可抗力。不可抗力是一類不能預見、不能避免並不能克服的客觀影響因素。在擬定不可抗力條款時應注意不可抗力的範圍、不可抗力的通知及不可抗力的證明。

第四，仲裁。國際貿易爭議的解決方法主要包括協商、調解、仲裁及訴訟四種類型。其中，仲裁是指在發生爭議時，相關當事人自願將爭議或矛盾提交給雙方約定的仲裁機構來審理和裁決。仲裁的特點包括自願性、終局性、專業性、靈活性、經濟性、保密性及獨立性等。擬定仲裁條款時應注意對仲裁地點和仲裁機構等的選擇。

思考題

1. 請簡述在國際貿易中商品檢驗的作用與意義。
2. 請簡述違約的含義、原因及法律後果。
3. 試論述違約金與定金的區別與聯繫，以及為什麼不能在國際貿易合同中同時約定違約金與定金。
4. 試論述不可抗力的構成條件，並舉例說明哪些事件屬於不可抗力的範疇。
5. 試論述如何解決國際貿易爭議，並比較各種解決方法的優點與缺點。

第十六章 國際貿易合同

學習目標

熟悉交易磋商的含義、形式及內容，掌握詢盤、發盤、還盤及接受等交易磋商的步驟。掌握履行出口合同和進口合同的關鍵步驟，能夠在實際工作中參與辦理相關業務環節的具體手續。

學習重點

詢盤的注意事項；發盤的類型和要件；還盤的實質和構成條件；接受的含義與要件；履行出口合同的關鍵環節，包括貨、證、運、款、賠；履行進口合同的主要環節，包括證、運、險、款、貨、賠。

第一節 交易磋商

一、交易磋商概述

1. 交易磋商的含義

交易磋商（Business Negotiation）是指國際貿易中的買賣雙方通過直接談判或函電往來等形式，就某項具體的貿易活動進行協商溝通，以求最終達成合同並完成交易的過程。交易磋商是買賣雙方簽訂國際貿易合同的必經環節，對於確定各項貿易條件具有重要意義。買賣雙方應在交易磋商之前對市場行情與合作夥伴進行充分瞭解，在交易磋商之中對貿易條件

與合同條款進行充分談判，在交易磋商之後對簽訂合同與履行義務進行認真落實。

事實上，交易磋商屬於國際商務談判的範疇，具有涉外性、價值性、政策性和風險性等多重屬性。買賣雙方需根據實際情況靈活運用各種談判技巧或策略，並注意克服跨文化障礙和政策法律差異，最終實現在經貿談判中獲得優勢及達成目的。

2. 交易磋商的形式

交易磋商主要有兩種形式，一種是口頭磋商，另一種是書面磋商。

第一，口頭磋商主要是指買賣雙方通過面對面談判或電話、視頻等方式進行交易磋商。例如，在國際貿易博覽會、展銷會現場進行的磋商，國內外貿易商相互訪問、參觀過程中的磋商，以及雙邊貿易商專門舉行的談判會議、電話連線等，都屬於口頭磋商的形式。由於口頭磋商是買賣雙方面對面的直接交流，因而更容易就一些複雜的議題展開深入討論並達成一致。因此，在國際貿易實踐中，正式的口頭磋商多適用於金額較大、問題較多及程序複雜的大中型國際貿易談判項目，而非正式的口頭磋商則更適用於對最新市場行情和潛在合作夥伴的探測瞭解中。

第二，書面磋商主要是指買賣雙方通過信件、電報、電傳等函電方式進行交易磋商。例如，在過去很長一段時間內，相互發送傳真文件是買賣雙方洽商交易條件的主要方式。近年來，隨著計算機與互聯網技術的飛速發展，電子郵件等無紙化新興通信工具又成了買賣雙方溝通意見的主要方式。由於書面磋商能夠準確、清晰地表述意見並留存記錄，因而可以提高效率、避免爭議。長期以來，書面磋商也被視為國際貿易談判的基本形式，並適用於幾乎所有類型的國際貿易業務。

實際上，絕大多數的交易磋商過程既有口頭磋商，也有書面磋商。通常的做法包含兩個步驟。第一步，買賣雙方先通過書面磋商取得初步的共識，比如確定標的物的種類、大致的數量、初步的價格等。第二步，再通過正式的口頭磋商，對貿易合同的各項條款進行逐一討論，比如品質條款、數量條款、價格條款、信用證條款及索賠條款等，並正式簽訂合同。

3. 交易磋商的內容

國際貿易活動中的交易磋商，其主要內容包括貿易合同的所有條款。按照重要程度的不同，可將合同中的各項條款劃分為主要交易條件和次要交易條件兩個類別。

一方面，主要交易條件是國際貿易合同中的關鍵條款，包括品名條款、品質條款、數量條款、包裝條款、運輸條款、價格條款、收付款方式條款等。

另一方面，次要交易條件是國際貿易合同中的輔助條款，包括保險條款、商檢條款、索賠條款、不可抗力條款、仲裁條款等。

買賣雙方需圍繞貿易合同的各項條款，逐一展開商討談判，以求將來在履行合同的過程中能夠順利配合併避免爭議。

二、交易磋商的步驟

在簽訂國際貿易合同之前，出口商與進口商需進行反覆的交易磋商。一般而言，交易磋商的過程包括詢盤、發盤、還盤及接受等幾個關鍵環節。其中，發盤和接受屬於法律意義上的「要約」和「承諾」，是交易磋商最關鍵的兩個步驟。

（一）詢盤

1. 詢盤的含義

詢盤（Inquiry）是指準備開展國際貿易活動的進口商或出口商向潛在的交易方詢問交易條件的一種活動或行為。詢盤既可以針對貿易條件中的一項，也可以包含若干項，主要涉及的內容包括商品的品質、規格、數量、包裝、價格、運輸、收付款方式以及樣品資料等。在國際貿易實務中，由於詢盤的主要內容常常以商品的價格為核心，因而也被稱為詢價。需

要注意的是，詢盤既不是國際貿易磋商的必須環節，也不具有法律上的約束力。接受詢盤的一方既可以回復，也可以不回復。然而，詢盤仍然具有重要的談判價值，巧妙的詢盤能夠在打探貿易信息、瞭解貿易夥伴、試探交易誠意以及表達合作願望等方面發揮出積極的作用。

2. 詢盤的分類

（1）買方詢盤。

買方詢盤是由國際貿易中的進口商所發出的向外國出口商詢購商品的函電。由於這類詢盤表現為進口商主動要求出口商說明售貨條件，因而也被稱為邀請發盤（Invitation to Make an Offer）。買方詢盤常見於「賣方市場」條件下，此時，商品銷售供不應求，進口商需主動打聽貨源、比較價格並擇機成交。例如，詢購商品可以這樣詢盤：「請報漢中大米最新出售價格。」

（2）賣方詢盤。

賣方詢盤是由國際貿易中的出口商所發出的向外國進口商徵詢購貨意見的函電。由於這類詢盤表現為出口商主動要求進口商說明購貨條件，因而也被稱為邀請遞盤（Invitation to Make a Bid）。賣方詢盤多見於「買方市場」條件下，此時，商品銷售供大於求，出口商需主動聯繫買家、推銷商品並擇機成交。例如，詢售商品可以這樣詢盤：「茲可供四川峨眉一級綠茶，請遞盤。」

3. 詢盤的注意事項

首先，詢盤可向多個交易對象同時發出。在國際貿易中，詢盤也要注意「貨比三家」「擇優成交」。通過提前調研，貿易商可以選擇若干個來自不同國家或地區的潛在交易對象分別詢盤，以便能夠更加全面地瞭解國際市場行情和選出最優的貿易夥伴。例如，在中國的對外貿易實務中，就習慣採用「訂一詢三」的做法。

其次，詢盤應合理選擇需要瞭解的內容。詢盤通常只是一種成交意願的主觀表達，與最終達成的貿易合同可能還有很大差距。詢盤的核心是交易價格，諸如數量、包裝、運輸等其他交易條件則可根據實際情況進行篩選，從而盡量做到重點突出、簡單明確。例如，對於一般的貿易商品詢盤，對品名、規格及價格等關鍵條件進行詢問即可，而對於規格複雜或指標繁多的商品詢盤，則除了詢問價格之外，還應詢問商品的其他具體指標，從而避免因信息遺漏或錯誤而引起反復磋商。

然後，詢盤的發出者應注重自身的商業信用。詢盤是國際貿易的開端，特別是對於進行初次接觸的進出口商而言，詢盤的發出與回復更是能給彼此留下良好印象、建立友好關係的「第一次見面」。任何詢盤的發出都是出於國際貿易的需要，除了商業目的之外，還具有合作、互惠等特殊意義。因此，儘管詢盤對交易磋商的雙方並沒有法律約束力，但相關當事人仍然需要堅持誠實守信的基本原則，切忌反復出現詢而不買或詢而不賣等有損自身國際信譽的情況。

最後，詢盤還應注意應用一定的談判策略。詢盤具有國際商務談判中的探詢作用，能夠瞭解商業信息、搜尋合作夥伴。除此之外，在詢盤過程中，詢盤的發出者可以通過靈活應用一些具體的談判技巧，提高詢盤的回復率和信息量。例如，當貿易商詢購較為緊俏的國際商品時，可同時要求對方對幾種商品進行報價，從而暫時掩蓋自己的真實購買意向，避免對方有針對性地提高報價。

（二）發盤

1. 發盤的含義

發盤（Offer）也被稱為發價、報價、報盤、遞盤（Bid），是指準備開展國際貿易活動的進口商或出口商向選定的交易方發出具體交易條件的一種活動或行為。發盤在法律上被稱為「要約」，《聯合國國際貨物銷售合同公約》第十四條第一款款定，「向一個或一個以上

特定的人提出的訂立合同的建議，如果十分確定並且表明發盤人在得到接受時承受約束的意旨，即構成發盤」。在國際貿易實務中，發盤既可以由出口商發出，也可以由進口商發出。由進口商做出的發盤即為「遞盤」。一方當事人既可以應對方的詢盤做出回復性質的發盤，也可以在沒有詢盤的情況下直接向對方發盤。

2. 發盤的類型

（1）實盤。

實盤（Firm Offer）是指發盤的內容十分明確、肯定和完整。實盤具有三項基本條件：其一，實盤須有明確的有效期。發盤人在有效期內不得擅自撤銷或變更發盤的內容，而受盤人在有效期內一旦表示接受，國際貿易合同便隨即達成。其二，實盤的內容必須完整、明確，一般應包括國際貿易商品的品名、品質、數量、包裝及價格等各項關鍵內容。其三，實盤的意思表達必須是肯定的、無保留條件的。實盤一旦送達受盤人，就會對發盤人產生法律約束力。此時，受盤人將掌握接受或拒絕該發盤的主動權。在國際貿易實務中，大多數發盤都屬於實盤的範疇。

（2）虛盤。

虛盤（Non-Firm Offer）是指發盤的內容與條件對發盤人沒有約束力。這類發盤僅僅是一種具體化、實際化的成交意願，並不帶有保證成交或承諾成交的性質。一般而言，虛盤具有三項明顯的特徵：其一，虛盤的內容並不十分明確或肯定。例如，在發盤中使用參考價格、適當數量、力爭盡快交貨等較為模糊的詞句。其二，虛盤的主要交易條件並不十分完整。例如，發盤中缺少運輸條件、付款條件等重要信息。其三，虛盤的接受並不意味著合同的達成。發盤人會在發盤中明確表達附帶的保留條件。例如，使用須經我方確認、視我方進貨情況而定等語句。

在國際貿易實務中，一方面，作為受盤人應準確識別一項發盤究竟是實盤還是虛盤，對於沒有價值的虛盤應當果斷放棄或拒絕。另一方面，作為發盤人則應根據實際需要靈活應用實盤和虛盤，虛盤在試探交易誠意、吸引潛在客戶、調整貿易條件等方面仍然具有一定意義。

3. 發盤的要件

（1）發盤應當針對特定的人。

發盤應當向一個或一個以上的特定受盤人提出，並明確表示希望與其訂立合同的意願。所謂特定的人，是指受盤人的名稱與地址必須十分確定。在國際市場上，需特別注意廣告與發盤的區別，避免出現按宣傳廣告成交卻無法滿足商業要求的違約情況。從世界各國的相關法律來看，宣傳廣告是否構成商業發盤並沒有一致的結論。在英美法系中，宣傳廣告只要內容明確、條件具體，在買賣雙方無異議的情況下，是可以作為發盤來對待的。在大陸法系中，由於宣傳廣告沒有特定的接受對象，只相當於一種對發盤的邀請，而不能夠被視為直接有效的發盤。《公約》則採用了折中的規定，增加了一定的靈活性。例如，《公約》第十四條第二款款定，「非向一個或一個以上特定的人提出的建議，僅應視為邀請做出發盤，除非提出建議的人明確地表示相反的意向」。可見，廣告在一般情況下並不是發盤，除非廣告中含有「本廣告相當於發盤」等明確表示接受相關條件約束的詞句。總之，發盤是特意向一些具體交易對象發出的交易條件，應當具有較強的針對性。

（2）發盤的內容必須十分確定。

由於發盤是在開展國際貿易活動之前對各項交易條件的明確表述，因而發盤的內容必須「十分確定」。《公約》第十四條第一款規定，「一個建議如果寫明貨物並且明示或暗示地規定數量和價格或規定如何確定數量和價格，即為十分確定」。可見，發盤應至少闡明貿易商品的品名、數量、價格以及相關的規定方法等關鍵內容。但在國際貿易實務中，為了保證

貿易合同的順利履行，發盤的內容應盡可能詳細，最好將品名、品質、數量、包裝、價格、交貨時間、交貨地點、收付款方式及其他重要條件一一列明。需要注意的是，發盤一旦被接受，相應的貿易合同便宣告達成，買賣雙方在法律上的責任、義務與權利也隨即產生。如果發盤的內容存在缺失、模糊或相互矛盾等情況，即使被對方接受，也不能達成合同。因此，無論是從傳遞的信息是否完整，還是從貿易合同是否生效的角度看，發盤的內容都必須明確。

（3）發盤人必須表明接受約束的意思。

發盤必須明確表示出一旦被受盤人接受，即受到發盤內容約束的意思。發盤在法律上被稱為「要約」。例如，中國《合同法》第十四條規定，要約是希望和他人訂立合同的意思表示，該意思表示應當符合兩個條件，一是內容具體確定，二是表明經受要約人承諾，要約人即受該意思表示約束。可見，發盤並非隨意進行的交易磋商，而是一項具有法律意義、法律責任和法律後果的重要行為。在國際貿易實務中，發盤人還可在發盤中使用一些具體的詞句來強調接受約束的意願，例如不可撤銷發盤、定貨發盤等。若發盤人在發盤中使用了諸如僅供參考、交貨條件以實際情況為準等帶有保留條件的文字，則該項發盤不是實盤，而是虛盤，僅可作為一種邀請發盤。因此，發盤人需慎重提出發盤，並接受相應的法律約束。

（4）發盤必須送達受盤人。

發盤由發盤人向特定的受盤人發出，但是否最終生效還取決於受盤人是否收到該項發盤。在國際貿易中，發盤人與受盤人就是從事商品進出口業務的貿易商。由於相關當事人往往分屬相距十分遙遠的不同國家或地區，因而一項發盤從發出到送達不僅需要一定的時間，而且最後能否送達受盤人也並不確定。《公約》第十五條規定，「發盤於送達被發盤人時生效」。可見，無論出於何種原因，任何未能送達受盤人的發盤都是無效發盤。

另外，關於「送達」的具體含義，並不一定要求受盤人閱讀發盤並作出回復，而是到達受盤人所能控制的範圍內即可。例如，紙質版的發盤送達受盤人的郵政信箱，電子版的發盤進入受盤人的網絡信箱。《公約》第二十四條規定，「發盤、接受聲明或任何其他意旨表示『送達』對方，系指用口頭通知對方或通過任何其他方法送交對方本人，或其營業地或通信地址，如無營業地或通信地址，則送交對方慣常居住地」。

4. 發盤的生效時間與有效時間

（1）發盤的生效時間。

在國際貿易實務中，「發盤於送達被發盤人時生效」將對後續進行的交易磋商過程產生其他兩個方面的影響：其一，影響受盤人對發盤的接受是否有效。眾所周知，發盤是否構成法律意義上的「要約」取決於受盤人是否收到該發盤，即任何沒有送達或尚未送達的發盤都是無效發盤。例如，如果受盤人在發盤到達之前已經掌握了發盤的內容，此時，即使表示接受，貿易合同也不能成立。其二，影響發盤人對發盤的撤回或修改是否有效。《公約》第十五條第二款規定，「一項發盤，即使是不可撤銷的，得予撤回，如果撤回通知於發盤送達被發價人之前或同時，送達被發盤人」。發盤一旦生效，發盤人就不能撤回或修改發盤，而只能撤銷發盤。

（2）發盤的有效時間。

發盤具有一定時間的有效期。在有效期內，受盤人可對發盤表示接受或拒絕；超過有效期，發盤自動失效，除另有約定的情況外，受盤人再對發盤表示接受一般將不再具有法律意義，也不構成合同關係。在國際貿易實務中，通常有兩種規定發盤有效期的方式。第一種方式為規定收到接受的最遲期限。例如，在發盤中註明，「限某月某日復到此地。」第二種方式為規定收到接受的一段時間。例如，在發盤中說明，「本發盤的有效期為 15 天」「限 8 日內回復」等。《公約》對此也有明確規定。例如，第二十條第一款規定，「發盤人在電報或

信件內規定的接受期間，從電報交發時刻或信上載明的發信日期起算，如信上未載明發信日期，則從信封上所載日期起算。發盤人以電話、電傳或其他快速通信方法規定的接受期間，從發盤送達被發盤人時起算」。需要注意的是，有效時間並非構成有效發盤的必要條件。按照國際慣例，買賣雙方應當在「合理時間」內對發盤做出及時地回復。

5. 發盤的撤回與撤銷

（1）撤回。

發盤的撤回（Withdraw）是指一項發盤在由發盤人發出之後，尚未送達受盤人之前，發盤人對其做出了取消決定，以阻止其生效。顯然，發盤的撤回發生在發盤生效以前。對於發盤的撤回問題，不同法律體系有不同的規定。英美法系認為，發盤對發盤人沒有約束力。發盤只要沒有被明確接受，就可以被撤回或修改。大陸法系則認為，發盤對發盤人具有約束力，除非發盤中包含了不受約束力的說明，一經發出就不得撤回或修改。而在《公約》中，發盤是可以被撤回的。中國《合同法》第十七條也規定，「要約可以撤回。撤回要約的通知應當在要約到達受要約人之前或者與要約同時到達受要約人」。因此，在國際貿易實務中，買賣雙方應首先確定合同適用的法律體系，若按照中國法律和貿易慣例成交，一旦出現發盤有誤或改變主意等情況，可適時撤回或修改發盤。

（2）撤銷。

發盤的撤銷（Revoke）是指一項發盤在由發盤人發出之後，並且已經送達受盤人生效，發盤人對其做出了取消決定，以終止其效力。顯然，發盤的撤銷發生在發盤生效以後。對於發盤的撤銷問題，不同法律體系有不同的規定。英美法系認為，發盤只要沒有被明確接受，就可以被撤銷，這是一種明顯有利於發盤人的法律規定。大陸法系則認為，發盤一旦生效便不得隨意撤銷，這又是一種明顯有利於受盤人的法律規定。《公約》依然選擇了折中的解釋。《公約》第十六條規定，在合同尚未訂立之時，如果撤銷通知在受盤人發出接受通知之前送達受盤人，則發盤可以撤銷。同時，《公約》也列出了兩種不能撤銷發盤的情況：其一，發盤寫明了接受發盤的期限或以其他方式表示發盤是不可撤銷的；其二，被發盤人有理由信賴該項發盤是不可撤銷的，而且被發盤人已本著對該項發盤的信賴行事。另外，在中國《合同法》的第十八條、第十九條中，也對要約的撤銷做出了類似的規定。

5. 失效

發盤的失效是指一項發盤失去了對發盤人和受盤人的法律約束力。失效的發盤不能被接受或拒絕，不能再成為訂立合同的基本條件。《公約》第十七條規定，「一項發盤，即使是不可撤銷的，於拒絕通知送達發盤人時終止」。另外，中國《合同法》第二十條也規定，在四種情況下，要約失效。其一，拒絕要約的通知到達要約人；其二，要約人依法撤銷要約；其三，承諾期限屆滿，受要約人未做出承諾；其四，受要約人對要約的內容做出實質性變更。除此之外，若發盤人在發盤被接受前出現破產、倒閉以及死亡等喪失行為能力的情況，或遭遇重大災害或政策變動等不可抗力事件，發盤也會失效。

(三) 還盤

1. 還盤的含義

還盤（Counter Offer）也被稱為還價，是指受盤人在收到發盤後，對原發盤的內容提出修改意見，並反饋給發盤人的一種活動或行為。《公約》第十九條第一款規定，「對發盤表示接受但載有添加、限制或其他更改的答復，即為拒絕該項發盤，並構成還盤」。在國際貿易實務中，還盤的內容與發盤相對應，可以針對商品的品質、規格、數量、包裝、價格及收付款方式等各項交易條件提出變更要求。還盤既可以採用口頭方式，也可以採用書面方式，且法律和慣例都沒有規定還盤的次數，還盤之後還可再還盤，且買賣雙方可根據合同的具體內容採用一次性還盤或逐一還盤的方式來訂立合同。

2. 還盤的實質

當受盤人收到發盤後，通常有三種處理方法：第一種做法是接受。受盤人發出接受通知，表示接受發盤的全部交易條件，合同也隨即達成。第二種做法是拒絕。受盤人發出拒絕通知或不予回應，表示不會按照發盤的交易條件開展合作，合同便不會成立。第三種做法是還盤。受盤人表示「接受」發盤的邀請，但對原發盤的交易條件提出了修改意見。此時，合同能否成立取決於原發盤人的態度與決定。不難發現，還盤的實質是受盤人對原發盤的拒絕，受盤人再以發盤人的身分重新發出一項新的發盤，而原發盤人在新盤中成了受盤人。

還盤在法律上並沒有獨立的含義，一般被視為一種反要約。還盤的構成要件、生效時間、有效時間、撤回、撤銷及失效等與發盤基本一致。

3. 還盤的構成條件

在交易磋商中，對於發盤的修改究竟是否達到還盤的程度，法律上也做出了規定。《公約》第十九條第二款規定，「對發盤表示接受但載有添加或不同條件的答復，如所載的添加或不同條件在實質上並不變更該項發盤的條件，除發盤人在不過分遲延的期間內以口頭或書面通知反對其間的差異外，仍構成接受。如果發盤人不做出這種反對，合同的條件就以該項發盤的條件以及接受通知內所載的更改為準」。可見，只有對交易條件的實質性變更才可成為還盤。《公約》第十九條第三款進一步規定，「有關貨物價格、付款、貨物質量和數量、交貨地點和時間、一方當事人對另一方當事人的賠償責任範圍或解決爭端等等的添加或不同條件，均視為在實質上變更發盤的條件」。

4. 還盤的注意事項

在使用還盤進行交易磋商時，也有幾項需要注意的要點。其一，還盤是新的發盤。一項發盤一旦被還盤，原發盤也就自動失效。若原受盤人再對原發盤表示接受，能否成交則完全取決於原發盤人的意見。其二，還盤擁有特定的發盤人。一項發盤的還盤人只能是原受盤人，其他人對該項發盤的回復或修改無效。其三，還盤具有較強的靈活性。一項發盤的還盤既可以只針對原有交易條件中的一項或幾項提出，也可在原有交易條件的基礎上新增額外的交易條件。同時，還盤既可以是一項新的實盤，也可以是一項新的虛盤。例如，若在還盤中設置了保留條件或附加條件，則僅僅構成一項新的發盤邀請，而對原發盤人並不產生約束力。

(四) 接受

1. 接受的含義

接受（Acceptance）是指受盤人在發盤的有效期內，明確表示完全同意發盤中的各項交易條件，並願意就此簽訂合同的一種活動或行為。接受在法律上被稱為「承諾」，發盤人一旦收到接受通知，合同隨即成立。在法律上，任何合同的達成都必須經過「要約」和「承諾」兩個環節，即必須完成發盤和接受兩個步驟。中國《合同法》第十三條規定，「當事人訂立合同，採取要約、承諾方式」。第二十一條規定，「承諾是受要約人同意要約的意思表示」。可見，發盤與接受既是國際貿易中的商業行為，也是需要承擔責任的法律行為。

2. 接受的要件

(1) 接受必須由受盤人提出。

在國際貿易中，買賣雙方會事先選定潛在的合作夥伴，然後在有限範圍內進行有針對性的交易磋商。因此，發盤通常具有特定的受盤人，而只有特定的受盤人才有資格接受、修改或拒絕發盤。例如，甲國的 A 公司向乙國的 B 公司發盤，丙國的 C 公司在打探到發盤的具體內容後，向 A 公司表示「接受」，則此項接受無效。合同只能由 A 公司與 B 公司簽訂。

(2) 接受的內容必須與發盤一致。

接受是針對發盤的肯定回復，需表明對發盤內容的全部接受或完全同意。然而，在國際

貿易實務中，受盤人也常常會在表示接受的同時，提出一些或大或小的修改意見，進而很可能將接受轉變為還盤或拒絕。按照《公約》的規定，對於發盤內容的修改又可分為實質性變更和非實質性變更兩種類型。凡是屬於非實質性變更的修改意見，都不改變接受的法律意義，合同仍然可以成立。由於接受關係到合同的成立以及買賣雙方的權利與義務，因而受盤人需慎重對待。一般而言，對於小額的國際貿易，交易條件相對簡單，為提高效率，相應的接受也可適當簡化。受盤人可對發盤進行整體接受，而無須在接受中詳細複述發盤的各項交易條件。對於大額的國際貿易，交易條件相對複雜，為預防爭議，相應的接受則應盡量詳細。受盤人應對各項交易條件進行逐一確認，若有修改還應專門說明。

（3）接受必須在發盤的有效期內完成。

發盤的有效期往往具有兩個方面的作用。其一，約束發盤人在有效期內不得隨意撤銷或變更發盤中的交易條件，確保了交易磋商的嚴肅性和公平性。其二，約束受盤人在有效期內盡快回復發盤人，受盤人只有在有效期內接受發盤，合同才能夠成立。然而，在國際貿易實務中，常常出現接受通知不能按時送達發盤人的情況。在一般情況下，超過發盤有效期的接受是無效的，但《公約》卻對此做出了較為靈活的規定。《公約》第二十條第二款規定，「在計算接受期間時，接受期間內的正式假日或非營業日應計算在內。但是，如果接受通知在接受期間的最後1天未能送到發盤人地址，因為那天在發盤人營業地是正式假日或非營業日，則接受期間應順延至下一個營業日」。

（4）接受必須被明確表示

接受是具有肯定發盤的意思，且必須以一定方式被明確地表示出來。《公約》第十八條第一款規定，「被發盤人聲明或做出其他行為表示同意一項發盤，即是接受，緘默或不行動本身不等於接受」。可見，接受必須是一種申明或行動。按照國際貿易慣例，接受與發盤應相互對應，除了應注意在內容上保持一致外，在形式上也應基本相同。例如，對於口頭形式的發盤，可回以口頭形式的接受；對於書面形式的發盤，則應以書面形式表示接受。受盤人一旦表示接受，交易磋商的基本流程也隨即結束，買賣雙方將進入簽訂和履行合同的環節。

3. 接受的生效時間

對於接受的生效時間，不同的法律體系做出了不同的規定。一方面，按照英美法系，有效的接受需符合「投郵原則」。所謂投郵原則，是指在發盤的有效期內，只要發盤人將「接受通知」通過郵局或電報局發出，無論發盤人最終是否收到相關郵件或信息，該項接受已然生效。可見，接受的生效時間為受盤人發出接受通知的時間。另一方面，按照大陸法系，有效的接受需符合「到達原則」。所謂到達原則，是指在發盤的有效期內，發盤人必須將「接受通知」送達發盤人，該項接受才能生效。可見，接受的生效時間為發盤人收到接受通知的時間。假如接受通知在郵寄的途中遺失，按照不同的法律體系，合同的成立與否將有不同的解釋。《公約》採用了大陸法系的到達原則。《公約》第十八條第二款規定，「接受發盤於表示同意的通知送達發盤人時生效」。至於是否採用信件或電報等書面形式，《公約》也進行瞭解釋，第十八條第三款規定，「如果根據該項發盤或依照當事人之間確立的習慣做法和慣例，被發價人可以做出某種行為，例如與發運貨物或支付價款有關的行為，來表示同意，而無須向發盤人發出通知，則接受於該項行為做出時生效」。可見，接受的生效時間有幾種確定方法，在交易磋商中應充分瞭解並靈活運用。

4. 逾期接受

逾期接受是指受盤人在發盤的有效期結束後所做出的接受。逾期接受本來是一種無效的接受，但根據國際貿易的實際情況，《公約》及各國法律大多對此做出了較為靈活的規定。其一，逾期接受是否有效，主要取決於發盤人的態度。《公約》第二十一條第一款規定，「逾期接受仍有接受的效力，如果發盤人毫不遲延地用口頭或書面將此種意見通知被發

盤人」。其二，逾期接受是否有效，還與產生逾期的原因有關。《公約》第二十一條第二款規定，「如果載有逾期接受的信件或其他書面文件表明，它是在傳遞正常、能及時送達發盤人的情況下寄發的，則該項逾期接受具有接受的效力，除非發盤人毫不遲延地用口頭或書面通知被發盤人：他認為他的發盤已經失效」。總之，逾期接受的過錯方是受盤人，而發盤人掌握了處理逾期接受的主動權。一旦發盤人表示拒絕或不予回復，則逾期接受依然為無效接受。

5. 接受的撤回

與發盤類似，接受也可以在生效之前被撤回。《公約》第二十二條規定，「接受得予撤回，如果撤回通知於接受原應生效之前或同時，送達發盤人」。需要注意的問題有兩項：其一，撤回有不同的法律解釋。特別是按照英美法系時，接受通知需符合投郵原則。由於接受通知一經投郵合同便立即成立，因而也就沒有了撤回接受的可能。其二，接受並沒有撤銷環節。受盤人一旦接受發盤，合同隨即成立，撤銷接受無異於撕毀合同。因此，相關當事人一般並不能撤銷接受，而只能撤銷合同。

第二節　出口合同的履行

出口貿易合同的履行過程主要包括五個環節，分別是落實國際貿易貨物、取得國際貿易信用證、安排國際貿易運輸、收取國際貿易貨款、發生違約後的索賠與理賠。為方便記憶，也可簡單歸納為貨、證、運、款、賠五個步驟。

一、落實國際貿易貨物

（一）備貨

備貨是指國際貿易中的出口商按照合同的要求準備出口商品。出口商應在合同規定的裝運期內完成備貨，且出口商品的品名、品質、數量、包裝等條件須符合國際貿易合同的相關條款。出口商一般應當在簽訂合同之時就落實好貨源，如果是本廠產品，則應抓緊時間生產；如果是外廠產品，則應及時聯繫供應商。切忌只重視簽訂合同，而忽略落實貨源的盲目做法。

出口商應嚴格按照合同或信用證規定來備貨。備貨的依據就是合同或信用證的相關條款，如果出口商在備貨過程中出現違約行為，將無法完成交貨責任並遭到進口商的索賠。《聯合國國際貨物銷售合同公約》第三十五條第一款規定，「賣方交付的貨物必須與合同所規定的數量、質量和規格相符，並須按照合同所規定的方式裝箱或包裝」。可見，為了避免違約並樹立和維護好自身的國際信譽，出口商應當按時、按質、按量地認真完成備貨工作。在具體操作中，出口備貨也有幾點注意事項。

第一，出口商應注意交貨品質不會產生爭議。出口商品的品質是最容易產生爭議的交易條件，這與國際運輸的距離、商品本身的特質以及運輸包裝條件等都有一定關係。因此，出口商應充分預計商品品質在運輸過程中可能出現的變化，並以恰當的方式做好免責準備。例如，《公約》第三十五條第二款規定，若貨物按照同類貨物通用的方式裝箱或包裝，則不能判定賣方交貨違約。同時，出口商也可靈活運用樣品等表示商品品質的方法，《公約》第三十五條第二款還規定，若貨物的質量與賣方向買方提供的貨物樣品或樣式相同，則同樣不能判定賣方交貨違約。除此之外，交貨品質還應符合進口國的商檢標準，對此，出口商需充分瞭解並提前做好準備。可見，保證備貨和交貨質量是出口商的一項重要責任。

第二，出口商應注意交貨數量不會產生爭議。出口商品的數量或重量亦是一項關鍵的交

易條件。交貨數量既不能少,也不能多。對於多交貨物的情況,《公約》第五十二條第二款規定,「如果賣方交付的貨物數量大於合同規定的數量,買方可以收取也可以拒絕收取多交部分的貨物。如果買方收取多交部分貨物的全部或一部分,他必須按合同價格付款」。對於少交貨物的情況,《公約》也規定,如果賣方只交付一部分貨物,或者交付的貨物中只有一部分符合合同規定,應當對買方進行補救。而《公約》第五十一條第二款規定,只有在賣方出現完全不交付貨物或不按照合同規定交付貨物等根本違性違約時,買方才可以宣告整個合同無效。總之,為避免產生爭議和符合國際貿易慣例,出口商應當在數量上盡量做到足額備貨,以便在發現貨物短缺或損壞時能夠及時補充或替換。

第三,出口商應注意交貨時間不會產生爭議。備貨一定要及時,所謂的及時是指備貨工作必須在信用證等文件所規定的最遲裝運期之前完成。例如,按照 FOB、CIF 等裝運合同性質的貿易術語,出口商應注意按時裝貨與船貨銜接等關鍵問題,以便能夠取得符合信用證要求的提單、運單等單據,並順利向銀行議付。出口商有時會因為裝船延誤或備貨不足等原因而要求承運人開立倒簽提單或預借提單。這類特殊的提單雖然能夠掩蓋違約、順利結匯,但是卻是一種錯上加錯並暗藏風險的做法,因而絕不能使用。

第四,出口商應注意商品包裝不會產生爭議。由於包裝與商品往往是不可分割的一個整體,因而國際貿易商品的包裝環節一般都是由出口商來完成的。無論是運輸包裝,還是銷售包裝,出口商的交貨包裝應符合合同的包裝條款。特別是運輸包裝的材料、方法應滿足國際貨物運輸的安全性、牢固性、經濟性等要求,嘜頭等各類運輸標誌的設計與印刷也需滿足字跡清楚、含義明確、圖案醒目、費用節約等要求。

第五,出口商應注意收款的安全。由於出口商備貨需要一定的流動資金或生產成本,為防止進口商出現違約或毀約等情況,出口商應設置一定的備貨、發貨條件,從而保障自身的貨物與貨款安全。例如,出口商可以要求進口商繳納一定金額的定金、違約金或保證金;出口商也可以提出要求,必須在收到信用證之後才能發貨;出口商還可以通過國際保理等方式對進口商進行資信調查,防止出口貨物或反保證金被騙。

(二) 報驗

報驗是指出口商向國家商檢機構提出申請,委託其完成對出口商品的檢驗檢疫並簽發商檢合格證書。商檢是商品出口的必須環節,缺少相關合格證書的商品將不能出口。目前,中國出口商品的檢驗檢疫需向海關總署申報。

1. 與報驗有關的法規

出口報驗涉及一系列法律法規,出口商務必做到充分瞭解。

第一,商品檢驗是一種法定檢驗,相應的報驗環節需符合《中華人民共和國進出口商品檢驗法》的基本要求。其一,報驗是國際貿易的必須環節。中國《商檢法》第十五條規定,「本法規定必須經商檢機構檢驗的出口商品的發貨人或者其代理人,應當在商檢機構規定的地點和期限內,向商檢機構報檢。商檢機構應當在國家商檢部門統一規定的期限內檢驗完畢,並出具檢驗證單」。其二,報驗是法律上的強制要求。中國《商檢法》第七條規定,「列入目錄的進出口商品,按照國家技術規範的強制性要求進行檢驗;尚未制定國家技術規範的強制性要求的,應當依法及時制定,未制定之前,可以參照國家商檢部門指定的國外有關標準進行檢驗」。其三,若出口商未按規定進行報驗,將承擔相應的違法後果。中國《商檢法》第三十三條規定,「違反本法規定,將必須經商檢機構檢驗的進口商品未報經檢驗而擅自銷售或者使用的,或者將必須經商檢機構檢驗的出口商品未報經檢驗合格而擅自出口的,由商檢機構沒收違法所得,並處貨值金額百分之五以上百分之二十以下的罰款;構成犯罪的,依法追究刑事責任」。

第二,商品檢驗擁有嚴格的程序,相應的報驗環節需符合《中華人民共和國進出口商

品檢驗法實施條例》的基本要求。其一，出口商應當主動向海關報驗。中國《商檢條例》第二十四條規定，「法定檢驗的出口商品的發貨人應當在海關總署統一規定的地點和期限內，持合同等必要的憑證和相關批准文件向出入境檢驗檢疫機構報檢。法定檢驗的出口商品未經檢驗或者經檢驗不合格的，不準出口」。其二，出口商品必須商檢合格，方能出口。中國《商檢條例》第二十七條規定，「法定檢驗的出口商品經出入境檢驗檢疫機構檢驗或者經口岸出入境檢驗檢疫機構查驗不合格的，可以在出入境檢驗檢疫機構的監督下進行技術處理，經重新檢驗合格的，方準出口；不能進行技術處理或者技術處理後重新檢驗仍不合格的，不準出口」。

第三，商品檢驗有一定的範圍要求，報驗時還需瞭解中國的《出入境檢驗檢疫機構實施檢驗檢疫的進出境商品目錄》。中國《商檢法》第五條規定，「列入目錄的進出口商品，由商檢機構實施檢驗」。海關總署會對目錄進行調整，目錄至少在實施之日 30 日前公布，但在緊急情況下，也可能在實施之日公布。因此，出口商需關注目錄的最新變化，確保報驗環節能夠順利完成。

2. 報驗的具體步驟

出口商需明確掌握辦理出口報驗業務的具體步驟。

第一步，向海關提出商檢申請。出口商需填製「出口檢驗申請書」並附上各種相關單證。例如，貿易合同、信用證、生產合格證、商業發票等。海關在完成對申請材料的形式審查後，若材料合格且無須整改，海關將正式受理該筆商檢業務。

第二步，海關對出口商品進行抽樣。海關將派出專人到出口商品的倉儲場所提取樣品。出口商需如實報告出口商品的存放地點及物流狀況，配合海關人員完成相關調查與抽樣工作。出口商不得隱瞞貨物的真實情況。中國《商檢法》第三十五條規定，「進口或者出口屬於摻雜摻假、以假充真、以次充好的商品或者以不合格進出口商品冒充合格進出口商品的，由商檢機構責令停止進口或者出口，沒收違法所得，並處貨值金額百分之五十以上三倍以下的罰款；構成犯罪的，依法追究刑事責任」。

第三步，海關對出口商品進行檢驗。海關將根據出口商品的特性展開針對性的專業檢驗。中國《商檢條例》第九條規定，「出入境檢驗檢疫機構對進出口商品實施檢驗的內容，包括是否符合安全、衛生、健康、環境保護、防止詐欺等要求以及相關的品質、數量、重量等項目」。

第四步，海關對商檢合格的出口商品簽發證書。商檢證書既可以是專門印發的一種證明，也可以由海關在「出口貨物報關單」上加蓋放行章並附註說明。當出口貨物取得各項法定及自選商檢合格證書後，報驗工作隨即完成。此時，出口商方可在商檢證書的有效期內將貨物裝運出口。

二、取得國際貿易信用證

（一）催證

催證是指出口商向進口商發出提示，要求其盡快按合同的內容開來信用證。按照國際貿易合同的規定，及時向銀行申請開立信用證是進口商應當履行的基本義務。然而在實踐中，進口商常常因為市場行情波動或資金週轉困難等原因遲遲未能開來信用證。此時，出口商可以通過電傳、電話、信函等方式對其進行催促，從而確保貿易合同能夠如期履行。如果經過多次催證，進口商仍然不能開來信用證，出口商則應暫停交貨並追究進口商的違約責任。另外，若出口商提前完成備貨工作，也可向進口商催證，進而提前完成交貨和收款的環節。

（二）審證

審證是指出口商在收到進口商開來的信用證後，需對該信用證的性質與內容進行認真

審核。一般而言，信用證的內容應與合同的內容完全一致。然而在實踐中，進口商常常因為一些主觀或客觀原因使開立的信用證與合同存在一定的不相符合現象。加之信用證又是獨立於合同的另一份契約，這種差異將使出口商陷入兩難的境地。若出口商繼續按照合同發貨，則得不到銀行的付款；若出口商按照信用證發貨，又違背了雙方交易的真實意圖。因此，出口商應當將信用證與合同進行核對，自行審查信用證是否符合雙方的約定。具體而言，審證的內容一般包括以下幾點：其一，審核開證行的業務背景與資信狀況，如企業規模、國際聲譽、業務範圍等；其二，審核信用證的性質與效力，如可否撤銷、是否保兌、可否轉讓等；其三，審核信用證的內容，如金額、有效期、裝運期、議付行等；其四，審核信用證的單據要求，如隨附單據的種類、性質、份數等；其五，審核與信用證有關的其他內容，如保險條款、適用法律、免責條款等。在實際業務中，通知行承擔了一部分審證的責任，但出於審慎的考慮，出口商也不能忽略自行審證的環節。出口商一旦發現信用證與合同存在不符點，應立即通知進口商並要求其申請改證。

(三) 改證

改證是指進口商在收到出口商提出的信用證不符點後，向開證行申請重新開立信用證。出口商一般通過向進口商發出修改通知書來反饋對信用證的修改意見。對於信用證中的問題，出口商應按照嚴重程度的高低分別對待。一方面，對於影響結匯收款的問題，如在品質、數量、包裝、裝運期等關鍵交貨條件中的問題，出口商必須要求進口商和開證行修改信用證。在重新開立的信用證到達之前，出口商不宜開展發貨、交貨等業務，以免遭遇銀行拒付。另一方面，對於不會影響結匯收款的問題，例如不可抗力條款、違約條款等一般交易條件中的問題，出口商可在與進口商溝通協商後，靈活處理。

在辦理改證業務時，也有幾點注意事項。其一，改證必須及時提出。若過分拖延，則會致使對方誤認為我方已經接受了信用證。其二，改證應當一次完成。出口商應將信用證的所有不符點一次性通知進口商，以免對方因多次修改而耽誤國際貿易時間。其三，進口商應當明確回應改證要求。對於修改通知書中的若干問題，進口商要麼全部接受，要麼全部拒絕，而不能部分接受、部分拒絕。無論是接受還是拒絕，進口商都應向出口商做出明確表示，一般應當發出正式的書面通知。其四，出口商應注意改證環節的成本。由於重新開立信用證會增加進口商向銀行支付的手續費，因而出口商需對不符點進行篩選，盡量只修改不良影響較大的問題。

三、安排國際貿易運輸

(一) 租船與訂艙

當出口商收到通知行轉交的信用證後，便可放心發貨。此時，出口商需按照國際貿易合同中的運輸條款安排租船與訂艙。租船、訂艙是採用海洋運輸或內河運輸等水運方式時的業務環節，前者適用於租船運輸，而後者多運用於班輪運輸。需要注意的是，不同的貿易術語對運輸環節做出了不同的責任劃分，例如，當使用 CIF、CFR 等貿易術語時，由出口商負責租船訂艙。

出口商在辦理租船訂艙環節時，通常有兩種方式。第一種方法是委託辦理。出口商可以將國際貨物運輸環節委託國際貨運代理人，由專業化的代理人代為辦理。這種方法的優勢是程序簡單、效率較高，出口商無須在運輸環節花費太多精力。第二種方法是自行辦理。出口商自行聯繫國際貨物承運人，直接將貨物交由船公司運往國外。這種方法的優勢是有利於出口商掌握國際運輸的具體流程，能夠最大限度地控制貨物和防控風險。

出口商無論採用何種方式辦理運輸業務，都應注意幾點問題。其一，出口商應提前掌握貨運代理或船公司的船舶、航線、船期表，以便確保貨物能夠在信用證的有效期內完成裝運

或交貨。其二，出口商應仔細辦理租船訂艙的各項手續，船與貨的銜接應及時、準確並留有餘地。對於承運人退載、變載等一些常見的突發情況能夠有所預防。其三，出口商應向貨運代理或船公司提前告知貨物的運輸要求，對於諸如散裝貨物、冷藏貨物或鮮活易腐貨物等更應專門設置運輸條件，以免貨物在運輸過程當中發生損失。其四，出口商在完成租船訂艙之後，應向進口商及時發出裝船通知（Shipping Advice），以便對方及時接貨並付款贖單。

租船訂艙的基本程序分為三個步驟。第一步，出口商需填製托運單（Booking Note）。貨運代理或船公司將根據托運單的內容和自身航運業務的安排，選擇最為合適的船舶、艙位、航期及航線，並完成此項國際貨物運輸工作。托運單亦是信用證收付款環節的一項常見單據。第二步，貨運代理或船公司在承攬運輸業務之後，將向托運人簽發裝貨單（Shipping Order）。裝貨單既是提示托運人盡快備貨裝船的通知，亦是載貨船舶收貨備運的憑證。第三步，待貨物裝船完畢後，船長或大幅將簽發大副收據（Mater's Receipt）。待托運人結清運費後，持大副收據向船公司換取正本提單。此時，租船訂艙業務完成。

（二）投保保險

為防範國際貨物運輸過程中的各類風險和損失，買賣雙方需在貿易合同中約定保險條款。不同的貿易術語對投保保險的責任作出了不同的劃分，當使用 CIF、CIP 等貿易術語時，由出口商負責辦理國際貨物運輸保險。出口商需嚴格按照貿易合同與信用證的規定，向保險公司投保合適的保險產品，並確定貨物名稱、保險金額、保險期限、投保險別、載貨船舶、運輸路線、開航日期等關鍵內容。出口商在繳納保險費後，取得相應的保險單據。保險單亦是信用證收付款環節的一項重要單據。另外，除了投保平安險、水漬險、一切險等國際貨物運輸保險，出口商還應注意靈活使用責任保險、保證保險、信用保險等其他類型的保險產品。

投保保險也有一些需要注意的問題。其一，投保一定要及時。出口商應當在貨物開始運輸之前完成投保手續，以免貨物遭受損失而無法獲得賠償。同時，出口商還應特別注意保險單的日期不能晚於提單或運單的起運日期，以免因違背信用證的要求而遭到銀行拒付。其二，投保要便於背書。出口商在投保時應以自己為受益人，以便能夠在單據轉讓的業務中順利將保險單背書轉讓。其三，投保應符合規定。出口商應嚴格按照合同和信用證的要求投保保險，不得擅自改變保險險種或承保公司，以免因違反合同中的保險條款而遭到進口商的索賠或拒付。同時，出口商也應主動繳納保費，完成投保人義務，避免在出險時因保險手續不全而遭到保險公司的拒賠。其四，履行通知的義務。在投保環節，出口商一般應將投保情況通知進口商。特別是在使用 FOB、CFR 等由進口商自行購買保險的貿易術語時，出口商也不能忽視保險環節，更應及時發出裝船通知，以便進口商及時投保。

（三）報關

報關是指進出口商向海關申報進出口貨物的詳細情況，待海關審查合格後，準予放行。除 EXW 等個別貿易術語外，出口報關通常都是由出口商來完成的一項貿易手續。出口報關是一項法定程序，《中華人民共和國海關法》第二十四條規定，「進口貨物的收貨人、出口貨物的發貨人應當向海關如實申報，交驗進出口許可證件和有關單證。」同時，出口商還需及時報關，中國《海關法》第二十四條進一步規定，「出口貨物的發貨人除海關特準的外應當在貨物運抵海關監管區後、裝貨的二十四小時以前，向海關申報。」出口報關的基本程序包括四個步驟，分別是申報、查驗、徵稅和放行。

1. 申報

申報是指出口商向海關提交材料，申請對出口貨物進行查驗並放行的業務關節。第一步，出口商需填製報關單，報關單的內容應當與商業發票、提單、裝箱單、保險單等其他單據的內容一致。第二步，出口商將報關單錄入海關信息查詢系統，向海關申請審單。第三

步，出口商備妥全套隨附單據，如商業發票、貿易合同、海運提單、報關單、出境貨物通關單等。第四步，出口商向海關正式遞單，申報貨物出口。

2. 查驗

查驗是指海關在受理出口業務申報後，對相關貨物進行實際檢查、核對的一項法定監管工作。海關查驗的重點是貨物的實際情況是否與出口商的申報材料完全一致，若存在不符點，海關將採取進一步的管理措施。第一步，海關將在出口商的配合下完成對貨物實際狀況的檢查，以防出現隱瞞、欺騙、錯報、漏報等不實情況。第二步，海關將結合申報材料和實際查驗的結果，給出結論，並以此作為進一步的徵稅、統計和管理工作的依據。另外，海關在完成查驗後，會出具驗貨記錄。驗貨記錄的主要內容包括查驗時間、地點、當事人的名稱、出口貨物情況、運輸包裝情況及有無不實問題等。出口商隨後即可辦理後續通關手續。

3. 徵稅

出口商應依法向海關繳納出口關稅。中國《海關法》第五十三條規定，「准許進出口的貨物、進出境物品，由海關依法徵收關稅。」第五十四條進一步規定，「進口貨物的收貨人、出口貨物的發貨人、進出境物品的所有人，是關稅的納稅義務人。」

4. 放行

當出口貨物查驗合格並繳足關稅，且滿足「單證相符、貨證一致」的要求後，海關將向出口商辦理放行手續。具體做法一般是由海關在完稅貨物的出口裝貨單上加蓋「海關放行章」，出口商便可以此為憑證將貨物起運出境。如果出口商改變主意需要退關，也可向海關提出申請，並在海關核准後將貨物運出海關的監管場所。

四、收取國際貿易貨款

（一）製單

首先，製單是出口商收取國際貿易貨款的關鍵環節。在信用證收付款方式中，出口商應嚴格按照「單證一致，單單相符」的基本原則正確繕制各種單據，務必做到「正確、完整、簡明、整潔」，並在信用證規定的有效期內及時向銀行議付結匯。除了信用證外，出口商應備妥匯票、商業發票、提單、保險單、檢驗證書、裝箱單和磅碼單、產地證明書、普惠製單據等各項單證。所有單據上的內容需完全一致，一旦出現相互矛盾的不符點，都有可能引起銀行的拒付。

其次，製單是單據買賣業務中的重要環節。由於信用證支付屬於典型的單據買賣業務，銀行並不會主動核查出口貨物的實際情況。出口商即使存在違約行為，只要取得「表面相符」的全套單證，銀行就一定會付款；反之，出口商即使完全履行了合同義務，只要單證存在任何不符點，銀行也完全可以拒付。

其三，對於製單中出現的問題，可採取一系列補救措施。如果出口商在向議付行申請付款時發現單證不符，應立即整改。修改或補辦單據的時間不應超過信用證的有效期，否則將影響收款。如果單證的不符點太多或已來不及更正，出口商還可以通過擔保方式申請議付，但此時，信用證下的銀行信用已被改為了出口商的商業信用。

（二）結匯

出口商完成製單後，即可向銀行申請結匯。在信用證方式中，議付行將對審核無誤的單證進行議付，出口商隨即取得出口貨物的應收帳款。結匯通常有三種主要方式，分別為收妥結匯、出口押匯和定期結匯。

1. 收妥結匯

收妥結匯也被稱為收妥付款，是指議付行在收到出口商提交的全套單證並審核無誤後，並不立即付款，而是將單證寄送至付款行或開證行，待收到外國銀行付來的貨款後，再向出

口商付款。收妥結匯的實質是一種委託銀行開展的代收貨款業務。採用這種結匯方式，銀行既不承擔收匯風險，也不用先行墊付資金，是一種有利於銀行而不利於出口商的結匯方式。

2. 出口押匯

出口押匯也被稱為買單結匯，是指議付行在收到出口商提交的全套單證並審核無誤後，以全套單證為質押，將貨款先行墊付給出口商，然後再向付款行或開證行寄單索匯。議付行在向出口商墊付貨款的同時，保留了追索權，一旦開證行拒付，出口商仍然將承擔製單不符的責任。出口押匯的實質是一種由銀行提供的短期融資服務。採用這種結匯方式，銀行承擔了一定的收匯風險並墊付了大部分資金，是一種不利於銀行但有利於出口商的結匯方式。

3. 定期結匯

定期結匯是指議付行在收到出口商提交的全套單證並審核無誤後，一方面向付款行或開證行寄單索匯，另一方面按照預先確定的固定結匯期向出口商付款。議付行通常會按照不同國家或地區銀行的商業習慣制定預計的結匯時間，待結匯期到期時，無論貨款是否收到都主動向出口商付款。顯然，定期結匯方式結合了收妥結匯和出口押匯兩種方式的優點。對於銀行而言，收匯風險更加可控；對於出口商而言，收匯時間也更加確定。

（三）退稅

出口退稅（Export Rebate）的全稱為出口商品的退稅與免稅，是指海關對出口商品實施的退還產品稅、增值稅、營業稅及消費稅等國內生產流通環節的已納稅。除此之外，出口退稅還包括向企業退還在加工貿易中因進口原材料、半成品等所繳納的進口關稅。由於出口退稅政策在促進一國對外貿易發展、調動外貿企業出口積極性、增強本國產品國際競爭力等方面具有重要意義，因而得到世界各國的普遍採用。

出口退稅的一般程序包括三個步驟。第一步，出口商按政策要求領取並填製出口企業退稅登記表。第二步，出口商完成對登記表的相關簽章後，備妥隨附的批准文件、工商登記證明等資料，報送海關審核。第三步，海關在受理相關出口退稅申請後，經審核無誤，核准出口退稅。

出口商辦理出口退稅手續的隨附單據主要包括出口商品的報關單；商業發票；原材料或半成品的進貨發票、合同及相關資料；收匯通知書；CIF等術語下的出口保險單和運單；完稅證明；其他與出口退稅相關的材料。

總之，出口商應重視對出口退稅政策的應用，使之成為打開國際市場銷路、降低國際貿易綜合成本、緩解國內外競爭壓力的有效方法。

五、發生違約後的索賠與理賠

出口商在履行出口合同的過程中，常常需要針對進口商的違約行為進行索賠。進口商的違約行為主要包括延遲收貨或拒絕收貨、延遲付款或拒絕付款等。例如，在國際貿易合同簽訂之後，商品的國際市場價格發生了顯著下降，此時進口商將不再願意按照合同的價格進行交易，進而產生違約行為。當進口商違約時，出口商應立即查明違約原因，並依據合同或信用證的索賠條款進行索賠，避免因對方違約而造成自身的貨、款損失。需要注意的是，在國際貿易實務中，進口商直接違約的情況並不多見。進口商出於自身經濟利益的考量，往往會在交貨品質、數量或重量、運輸時間、包裝質量以及其他方面尋找出口商的過失，從而將違約的責任轉嫁給出口商。所以，出口商在履行出口貿易合同時，既要防止進口商直接違約，也要加強對自身履約過程的監督和管理，預防進口商借題發揮。另外，出口商還應瞭解針對違約行為的索賠工作，在索賠時既要據理力爭，也要實事求是，合情、合理、合法地維護自身的經濟利益和市場信譽。

在遭遇進口商索賠時，也有幾點注意事項。其一，出口商應注意審核國外機構出具的各

類單證，對相關機構的合法性、索賠證據的真實性進行仔細核查，防止對方弄虛作假、合謀詐欺。其二，出口商應注意調查發生違約及損失的實際情況，務必查明原因、弄清事實、分清責任。其三，出口商對於因自身過錯或疏忽而造成的損失，應誠實守信、有所擔當，應當賠償的損失一定要賠償，從而維護自身在國際市場的良好聲譽。其四，出口商應合理確定賠償的金額和賠付辦法，並及時向對方進行賠付，從而盡快了結買賣雙方的違約索賠事務。

第三節 進口合同的履行

進口貿易合同的履行過程主要包括六個環節，分別是開立國際貿易信用證、安排國際貿易運輸、投保國際貿易保險、審單付款、報關與提貨、索賠。為方便記憶，也可簡單歸納為證、運、險、款、貨、賠六個步驟。

一、開立國際貿易信用證

在履行進口貿易合同的過程中，進口商的主要責任是收取貨物並支付貨款。在信用證付款方式下，進口商需及時向開證行申請開立信用證。開立信用證也有一些注意事項。

第一，開立信用證應以貿易合同為基礎。雖然在交易磋商環節，買賣雙方已達成有關合同的各項交易條件，但是信用證是一種獨立於合同的自足契約，因而信用證的內容必須與合同完全一致。進口商在申請開立信用證時，務必做到正確、清晰、完整地表述各項條款的內容和要求。

第二，開立信用證需及時聯繫相關銀行。由於信用證業務一般會涉及出口地和進口地的多家銀行，因而進口商應提前對辦理信用證業務的相關銀行進行充分瞭解。在合同中選定最合適的開證行後，進口商還需及時向開證行提交「開證申請書」，確保信用證的結轉週期符合國際貿易合同的相關要求。

第三，開立信用證需明確相應的隨附單據要求。由於信用證屬於典型的單據買賣業務，進口商在開立信用證時應對隨附單據的種類、數量、格式等要求進行詳細說明。例如，《跟單信用證統一慣例》（UCP600）第十四條規定，提示信用證中未要求提交的單據，銀行將不予置理。可見，進口商不能忽略對重要單據的要求。

第四，進口商需隨時關注國際貿易貨物的實際情況。由於銀行只負責審核單證，而不負責檢查貨物，因而進口商在開立信用證的同時，不能放鬆對國際貿易貨物在備貨、裝船、運輸等環節的跟蹤瞭解。進口商一旦發現出口商涉嫌違約或弄虛作假，應及時通知銀行暫緩付款或拒付貨款。

第五，進口商應慎重使用保兌信用證和可轉讓信用證。例如，在有的國家或地區，因法律法規上的區別或限制，開立的保兌信用證很有可能成為一種無效的信用證。

二、安排國際貿易運輸

當國際貿易中的買賣雙方按照 FOB、FCA、EXW 等貿易術語成交時，進口商將負責辦理租船、訂艙等國際運輸環節的工作。對於進口商而言，需要注意幾點問題。

第一，注意船貨的銜接問題。由於國際貿易運輸距離一般較長，由進口商在異地安排船舶的確需要克服一定困難。因此，進口商在安排貨物運輸時應密切關注出口商的備貨進度，以便安排的船舶能夠在最佳的時間段接收貨物。在一般情況下，進口商可主動告知出口商自己的運輸安排，即使不能掌握運輸的具體時間，在收到出口商發來的裝船通知時，也要做到能夠迅速落實船源並按時接貨。

第二，注意與承運人的聯繫問題。在貨物運輸的過程中，進口商還應保持與承運人的相互聯繫，隨時關注貨物在運輸過程中的狀況。這不僅是為了防範海上風險，也是為了在發生臨時停靠、轉船等狀況時能夠及時採取相應的保障措施。

第三，注意貨物與保險的銜接問題。投保運輸保險雖然不是進口商的合同義務，但是出於保障貨物安全的考慮，進口商通常會主動投保保險。在實際操作中，進口商需關注國際貿易貨物的裝船和起運時間，並及時投保保險。務必要避免出現貨物已經運輸，而保險尚未購買的不利情況。

三、投保國際貿易保險

在以 FOB、FCA、CFR、CPT、EXW 等貿易術語成交的合同中，進口商需自行投保運輸保險。在投保保險的工作中，進口商需注意幾點問題。

第一，注意投保保險的險別應當恰當。中國的海洋運輸保險險別主要包括平安險、水漬險及一切險，進口商應根據國際貿易運輸的實際狀況和貿易貨物本身的特徵選擇最為合適的保險險別，務必兼顧投保保險的實用性、經濟性和針對性。特別是在加保附加險時，切忌貪大求全、面面俱到，從而增加了不必要的成本和手續。

第二，注意投保保險的手續應當齊全。進口商在收到裝船通知後，應將有關貨物的品名、數量或重量、價值或金額、裝運港、目的港、船舶名稱、開航日期、提單號碼等信息及時通知保險公司，在辦理保險手續和付清保險費之後，取得保險單或其他保險憑證。

第三，注意對貨物損失的防控和搶救。進口商在投保保險後，仍然不能放鬆對貨物風險的警惕。貨物一旦遭遇風險和發生損失，進口商應立即配合承運人採取保護貨物和防止損失擴大的措施，並及時向保險公司報案和索賠。

四、審單付款

在信用證付款方式中，當出口商將全套單證提交給議付行要求付款後，議付行將把全套單證再寄交開證行申請付款。此時，國際貨款的支付過程將包含審單和付款兩個環節。

在審單環節，開證行將對全套單證按照「單證一致，單單相符」的原則進行嚴格審核。審單的結果有兩種情況：其一，付款。如果審核無誤，開證行將對外履行付款責任，並要求進口商按時付款贖單。其二，拒付。如果審核中發現不符點，開證行將立即向外國議付行發出異議通知書，並按照不符點的嚴重程度採取不同類型的拒付措施。常見的處理措施有貨到檢驗合格後付款、國外議付行改單後付款、銀行出具擔保函後付款、直接拒絕付款等。

銀行審單的主要單據包括匯票、提單、保險單、原產地證書以及其他商檢證書等。概括而言，審核的關鍵內容主要有以下幾點。其一，各項單證的金額應相互一致。例如，匯票的金額必須與信用證的金額相同，且應注意佣金與折扣不能影響二者的一致性。其二，各項單證的時間應相互印證。例如，提單的簽發時間應在信用證的裝運期內，若被發現是倒簽提單或預借提單，將直接影響貨款的收付。其三，各項單證的關鍵信息應完全一致。例如，商業發票所載明的品名、品質、數量、包裝等條件應與保險單、商檢證書、提單等的相應內容相同，若不同單據的計量單位不一致，也會影響銀行對貨款的結算。

在付款環節，進口商應合理把握銀行拒付的適用情形。在實際操作中，儘管出口商力求做到全套單證的正確無誤，但總有一些不符點會常常出現。雖然《跟單信用證統一慣例》第十六條規定，當銀行確定提示不符時，不論是開證行、保兌行還是議付行，都有權拒絕兌付，但是當銀行發現不符點後，通常會向進口商徵求意見，因而是否拒付的最後決定權還是在進口商的手中。由於信用證屬於銀行信用，銀行一旦對外付款，將喪失追索權，因此，作為開證申請人的進口商應審慎把握拒付的分寸，在兼顧原則性和靈活性的前提下，對於應當

拒付的情況還是要果斷拒付。

五、報關與提貨

報關是指進口商需向海關申請辦理進口貨物的驗放手續。進口商在辦理報關手續時，有幾點注意事項。

第一，進口商應注意申報時限。中國《海關法》第二十四條規定，進口貨物的收貨人應當自運輸工具申報進境之日起十四日內，向海關申報。進口貨物的收貨人超過前款規定期限向海關申報的，由海關徵收滯報金。

第二，進口商應注意申報單據。進口商需在貨物到達海關口岸後，及時填報「進口貨物報關單」，並隨附商業發票、海運提單、裝箱單、保險單、進口許可證、貿易合同、產地證書等資料。若進口商品屬於法定商檢商品，還需向海關提供相應的商檢證書。待海關對各項單證及實際貨物查驗無誤之後，海關將在相應運輸單據上加蓋放行章，貨物即可進入國內市場。

第三，進口商應注意及時交稅。中國《海關法》第六十條規定，進出口貨物的納稅義務人，應當自海關填發稅款繳款書之日起十五日內繳納稅款。逾期繳納的，由海關徵收滯納金。

當進口貨物完成報關、檢驗、完稅及放行等必要手續後，進口商即可提取貨物。

六、索賠

1. 進口索賠的主要類型

進口索賠一般由進口商提出，索賠的原因包括貨物在品質、數量、包裝等方面與合同規定的不符，或貨物在運輸過程中遭遇了自然災害或意外事故等。按照索賠的對象不同，進口索賠又可分為向出口商索賠、向承運人索賠以及向保險公司索賠三種類型。

第一，向出口商索賠。凡是由出口商的責任而造成的交貨不符或貨物損失，都應當向出口商索賠。例如，貨物的品質因出口商包裝不嚴而發生改變；貨物的數量因出口商疏忽而發生短缺；貨物的到達時間因出口商未按時裝運而發生延遲等。

第二，向承運人索賠。凡是由承運人的責任而造成的貨物損失或運輸延遲，都應當向承運人索賠。例如，貨物的實際數量或重量與提單不符；因承運人的過失或故意行為所產生的貨物損失；因承運人偽造運輸單據而引起的損失等。

第三，向保險公司索賠。凡是屬於投保保險的承保範圍之內的風險或損失，都應當向保險公司索賠。例如，投保平安險後因遭遇自然災害或意外事故而產生的全部海損；投保一切險後因遭遇受熱、受潮等一般外來風險而產生的部分海損；投保特殊附加險後因遭遇戰爭、罷工等事件而產生的經濟損失等。

需要注意的是，有時屬於出口商或承運人責任的損失，保險公司也可能向進口商先行賠付。保險公司在取得代位追償權後，再向直接責任人追索賠款。

2. 進口索賠的注意事項

進口商在索賠環節也有幾點注意事項。

第一，索賠證據應當充分。進口商在遭遇損失後，應制定詳細的索賠清單，並隨附商檢證書、商業發票、裝箱單、提單副本、出險證明等材料。在向出口商索賠時，注意明確貿易術語的類型和責任；在向承運人索賠時，注意備好由船長簽發的貨物短卸或殘損證明；在向保險公司索賠時，注意出具符合保險公司要求的檢驗報告等。

第二，索賠對象和金額應當合理。進口商應按照貨物損失的責任範圍正確選擇索賠對象，避免因索賠無效而擴大經濟損失。另外，進口商對於索賠的金額也應合理計算。進口商

除計算貨物本身的損失外，還應考慮施救費用、倉儲費用、利息費用及預期的利潤損失等。例如，《聯合國國際貨物銷售合同公約》第七十四條規定，一方當事人違反合同應負的損害賠償額，應與另一方當事人因他違反合同而遭受的包括利潤在內的損失額相等。

第三，索賠的期限不能延誤。在貿易合同的索賠條款中，一般會規定索賠的最長期限，相關當事人若未在該期限內提出索賠，將被視為放棄索賠的權利。因此，當發現貨物損失或相關主體違約時，應立即向相關責任人提出索賠，從而維護好自身的經濟權益。

本章小結

本章主要講述了三個方面的內容。

第一，交易磋商。交易磋商是指國際貿易中的買賣雙方通過直接談判或函電往來等形式，就某項具體的貿易活動進行協商溝通，以求最終達成合同並完成交易的過程。交易磋商的過程包括詢盤、發盤、還盤及接受等幾個關鍵環節。其中，發盤和接受屬於法律意義上的「要約」和「承諾」，是交易磋商最關鍵的兩個步驟。

第二，出口合同的履行。出口貿易合同的履行過程主要包括五個環節，分別是落實國際貿易貨物、取得國際貿易信用證、安排國際貿易運輸、收取國際貿易貨款、發生違約後的索賠與理賠，即貨、證、運、款、賠五個步驟。

第三，進口合同的履行。進口合同的履行過程主要包括六個環節，分別是開立國際貿易信用證、安排國際貿易運輸、投保國際貿易保險、審單付款、報關與提貨、索賠，即證、運、險、款、貨、賠六個步驟。

思考題

1. 請簡述交易磋商的步驟，並解釋「要約」和「承諾」分別對應哪個環節。
2. 請簡述發盤的要件，以及發盤的生效時間與有效時間。
3. 試論述在履行出口合同過程中，應當如何辦理有關信用證的業務。
4. 試論述在履行進口合同過程中，應當如何辦理貨物運輸與保險業務。
5. 試論述索賠環節在履行國際貿易合同過程中的重要意義。

第十七章
國際貿易方式

學習目標

熟悉經銷與代理、寄售與展賣、招投標與拍賣的含義、特點及分類，能夠辨析各種國際貿易方式的異同。掌握期貨交易、對銷貿易和加工貿易的含義、特點及主要類型，能夠結合一定案例闡述各種國際貿易方式的適用領域。

學習重點

經銷協議的內容，代理的種類，寄售的利弊，展賣的特點，招投標的方式，英格蘭式拍賣和荷蘭式拍賣，期貨交易的特點，補償貿易、易貨貿易及互購貿易的異同，加工貿易的概念與分類。

第一節 經銷與代理

一、經銷

（一）經銷的含義

經銷（Distribution）是一種對外間接銷售商品的貿易方式。出口商通過與外國經銷商簽訂銷售商品的合同，在合同中約定商品的種類、數量、市場區域及銷售時間等條件，從而實現利用外國企業迅速打開當地市場的目的。

按照經銷協議的不同，經銷可以劃分為定銷（General Distribution）和包銷（Exclusive

Distribution）兩種類型。定銷也被稱為一般經銷，是一種沒有授予外國經銷商獨家經營權的經銷模式。換言之，在同一區域內，出口商可以選擇多個經銷商同時開展銷售商品的業務活動。按照定銷協議的規定，經銷商不僅能夠在一定時間和區域內獲得某種進口商品的銷售權，而且可以在進口價格和支付條件等方面享受來自出口商的一定優惠。包銷也被稱為獨家經銷，是一種授予了外國經銷商獨家經營權的經銷模式。簡言之，在一定時間和區域內，包銷商是唯一一家可以經銷某種進口商品的企業，從而具有在貨源和銷售渠道兩個方面的獨特優勢。

（二）經銷的特點

第一，出口商與經銷商的關係屬於買賣售定關係。具體而言，經銷商須墊付貨款、買進貨物，然後銷售，並自擔風險、自負盈虧。貨物能否順利銷售並盈利，完全依靠經銷商自身的能力與渠道。

第二，出口商與經銷商按照經銷合同確定銷售業績。經銷商需按照合同規定的金額或數量銷售商品。如果在規定的期限內未能完成預定指標，經銷商需承擔違約責任或自負損失；如果在規定的期限內超額完成預定指標，出口商需獎勵經銷商或給予更多優惠。

第三，出口商與經銷商在銷售商品的過程中構成了利益共同體。一般而言，消費者或客戶並不清楚出口商與經銷商的商業關係，通常會將經銷商視為某種產品的直接提供者。可以說，經銷商就是出口商在目標國市場的代言人、代理人，雙方應當相互配合、密切合作，使相關商品的市場銷售能夠持續增長。因此，除了銷售商品之外，經銷商還需承擔保護商標、廣告宣傳、質量維護及配套服務等方面的責任，並在經銷協議中予以明確規定。

（三）經銷協議

經銷協議是確定出口商與經銷商之間的法律關係和權利義務的契約文件。就國際貿易實踐來看，一般包括以下幾項關鍵內容。

第一，經銷權限。究竟是獨家經銷還是一般經銷，經銷協議應明確規定。若是獨家經銷，還應詳細規定出口商與經銷商之間的專營權限，即是否限定出口商的專賣權和經銷商的專買權等。

第二，商品範圍。究竟是經銷出口商的全部出口商品，還是其中的一部分，經銷協議應明確規定。在國際貿易實務中，出口商一般會根據經銷商的業務能力、經營狀況、資信水準等綜合判斷，在經銷協議中明確規定經銷商能夠銷售的商品的種類、規格或品牌，並隨時關注銷售情況的變化趨勢。

第三，地區範圍。出口商需在經銷協議中規定經銷商開展業務的區域範圍。規定地區範圍應充分考慮各項影響因素，在宏觀層面包括地理環境、交通條件、經濟水準與文化差異等，在微觀層面包括經銷商的資產規模、經營能力、銷售網絡與市場聲譽等。為維護出口商的利益，一般還應規定經銷商不得跨國銷售商品。

第四，數量或金額。經銷協議應明確規定經銷商銷售商品的數量或金額，並對出口商與經銷商同時具有約束力。一方面，經銷商負責一定數量或金額的商品銷售，若未能完成合同要求，則應承擔違約責任；另一方面，出口商負責向經銷商提供足夠數量或金額的商品，若因出口商的責任而導致經銷商斷貨，則由出口商承擔違約責任。

第五，作價方法。經銷協議還應規定經銷商品的作價方法。常用方法主要有兩種。第一種為固定作價法，即出口商與經銷商事先確定商品價格並固定不變。這種方法的優點是計算簡單，缺點是不能適應市場需求的變化。第二種為分批作價法，即出口商與經銷商在一定期限內，分批確定商品的最優價格。這種方法的優點是價格能夠隨市場行情的波動而動態調整，缺點是很難做到對銷售利潤的準確預測。

第六，其他重要條款。出口商和經銷商還可根據經銷商品和當地市場的具體情況補充規

定一些責任條款。例如，為保障商品的順利銷售，經銷協議一般會規定經銷商的廣告宣傳、品牌維護等責任；為促進出口商與經銷商能夠長期合作，經銷協議還可規定自動延期條款等內容。

二、代理

(一) 代理的含義

代理（Agency）是一種常用的商業經營模式。在代理關係中，代理人（Agent）將按照委託人（Client）的授權，代替其獨立開展商業活動，但委託人仍然需要承擔由此產生的權利、義務和責任。在國際貿易中，代理的應用十分廣泛，常見的代理種類包括銷售代理、購貨代理、貨運代理、保險代理等。其中，銷售代理是一種直接從事國際貿易商品買賣的代理種類，代理人通常為中間商，負責尋找並聯繫進口商，而委託人一般為出口商。出口商通過與進口商簽訂代理協議，授權進口商在一定時間和區域內代銷指定的商品，從而能夠更好地促進商品出口。

代理協議是確定委託人與代理商各項權利義務的主要依據。在擬定代理協議時，雙方應當明確規定諸如代理權限、商品種類、代理區域、代理期限等關鍵內容，以免在代銷商品的過程中產生爭議或損失。

(二) 代理的特點

第一，代理商與委託人的關係屬於委託代辦關係。實質上，代理商本身並不是進口商，而是代替出口商從事商品銷售的中間商。一方面，對於國際貿易商品的銷售情況，只要代理商沒有違反代理協議的規定，則無論出口商品是盈利還是虧損，都由作為委託人的出口商自行承擔。另一方面，對於與第三方開展的各項商業活動，代理商都不能以自己的名義對外簽訂合同，即使需要對外簽約，也必須使用委託人的名義。

第二，代理商向委託人提供的是一種代理服務。一方面，代理商雖然獲得了銷售商品的權利，但是並不掌握商品的所有權，貨物的所有權自始至終都掌握在委託人的手中。另一方面，代理商不一定是一個完整或獨立的法人機構。在開展各項經營活動的過程中，委託人通常需向代理商提供必要的資金，以便代理商能夠更好地從事代理業務。

第三，代理商擁有獨立於國際貿易商品買賣的獲利機制。一般而言，代理商並不從買賣商品的過程中直接賺取利潤，其賺取的報酬原則上只能是委託人所支付的佣金或酬勞。

(三) 代理的種類

1. 總代理

總代理（General Agent）是指代理商在指定的區域內和一定期限內享有代銷指定商品的專營權，同時還可代表委託人開展各項商業與非商業活動。總代理是權限最大的一種代理類型，且在一定區域內具有排他性，因而有時也被稱為全權代理。

2. 獨家代理

獨家代理（Solo Agency）是指委託人授權代理商在指定的區域內和一定期限內享有指定商品的專營權。代理商可以代表委託人從事商業活動，但一般不得開展非商業活動。獨家代理同樣具有排他性，即委託人不能在相同區域和時間內委託其他代理商。另外，代理商通常按照成交金額提取佣金，若代理商未能完成代理協議所規定的最低銷售金額，委託人有權追究代理商的違約責任。

3. 一般代理

一般代理（Agency）是指代理商在指定的區域內和一定期限內享有代銷指定商品的權利，但這種權利並非專營權。委託人可以在相同的區域和時間內委派多個代理商，各個代理商按照銷售商品或服務的金額獲取佣金，因而這種代理類型也被稱為佣金代理。

(四) 相關概念的比較

在國際貿易實務中,獨家代理是一種十分常用的貿易方式。在使用過程中,需清晰把握獨家代理同其他貿易方式的區別。

1. 獨家代理與一般代理的區別

第一,在經營權限方面,獨家代理中的代理商享有代銷商品的專營權;而一般代理中的代理商沒有這項特權。

第二,在收取佣金方面,獨家代理的佣金既來源於自身開展的成交業務,也來源於委託人開展的成交業務;而一般代理的佣金只能來源於自身的成交業務,並不能從委託人處獲得好處。為獲得穩定的佣金,一般代理人還需要與其他代理商展開不同程度的業務競爭,因而獲得高額佣金的難度更大。

2. 獨家代理與總代理的區別

第一,在經營權限方面,獨家代理只能從事商業活動,一般沒有單獨指定分代理的權利;而總代理不僅可以開展商業活動,還可代理各種非商業活動,在其權限內也可設置一定數量的分代理。

第二,在業務經營的優勢方面,獨家代理通常擁有較強的銷售網絡渠道,能夠在營銷環節促進商品或服務的銷售;而總代理通常具有雄厚的資金實力和良好的商業信譽,能夠在各個方面擴大商品或服務的知名度、影響力和市場銷量。相比而言,出口商對獨家代理的控制力要強於對總代理的控制力。

3. 獨家代理與包銷的區別

第一,在性質方面,獨家代理中的代理商與委託人屬於委託代理關係,而包銷中的包銷商與出口商屬於買賣關係。

第二,在風險方面,獨家代理中的代理商一般不承擔經營風險,而包銷中的包銷商需墊付貨款、自擔風險並自負盈虧。

第三,在目的方面,獨家代理中的代理商賺取的是代理服務所產生的佣金,而包銷中的包銷商賺取的是經營商品銷售所帶來的利潤。

第四,在權限方面,獨家代理中的代理商獲得的是代銷商品的專賣權,而包銷中的包銷商既享有銷售商品的專賣權,還享有獲取商品的專買權。

第二節 寄售與展賣

一、寄售

(一) 寄售的含義

寄售(Consignment)是一種特殊的委託代理銷售模式。一般由寄售人(Consignor)先將國際貿易貨物運往國外寄售地點,委託當地的代銷商(Consignee)按照寄售協議的相關條件代為銷售貨物,待寄售貨物被售出後,寄售人再與代售人進行貨款與佣金的結算。在寄售關係中,寄售人是委託人,而代銷商即是受託人,這是一種常用的國際貿易貨物銷售模式。

寄售協議是確定寄售人與代銷商各項權利義務的主要依據。在擬定寄售協議時,應當明確規定雙方之間的委託代理關係、寄售商品的價格條款、佣金的計算方法、代銷商保管貨物的責任等關鍵內容,以免在寄售商品的過程中產生爭議或損失。

(二) 寄售的特點

第一，寄售環節並沒有買賣貨物。寄售商與代銷商之間的法律關係是委託代理關係，而不是貨物買賣關係。代銷人雖然能夠按照寄售協議取得貨物的經營權或處置權，但在貨物被銷售之前，貨物的所有權自始至終都屬於寄售人所有。

第二，寄售是一種典型的現貨貿易。寄售人需備好貨物並運輸至外國寄售地，進口商將在進口國國內同代銷商展開憑實物的現貨交易。

第三，寄售是一種權利義務並不對等的貿易形式。作為出口商的寄售商，通常需要負責國際貿易的全部環節，並承擔貨物在出售之前的一切風險和費用；作為中間商的代銷商的責任、風險與費用則相對較少；而進口商幾乎不承擔風險。

(三) 寄售的利弊

1. 優點

第一，寄售商掌握商品的所有權，有利於控制和調整商品的銷售價格和供給數量，能夠適應國際市場或當地市場的動態變化。

第二，寄售過程屬於現貨買賣，進口商或當地買主能夠憑實物看貨成交，有利於商品的對外宣傳和推銷，能夠促進交易的快速達成。另外，對於新產品而言，由於寄售能夠縮短商品與買主之間的物理距離和心理距離，因而相比於普通的國際貿易方式，更能夠抓住先機、贏得客戶，為新產品迅速開拓市場。

第三，外國代銷商在貿易過程中幾乎不承擔風險與費用，既不需要墊付資金，也不用抵押財產，有利於調動代銷商的經營積極性和主動性，能夠更好地利用那些經濟實力較弱但銷售能力較強的當地商貿企業。

2. 缺點

第一，對作為出口商的寄售商而言，寄售的責任較重、風險較大、費用也較多。因此，在通常情況下，寄售商需要擁有充足的貨源和雄厚的資金，對可能出現的風險也要做好充分的預案準備。有時，出口商為了減少庫存積壓或迅速回籠資金，也可根據實際情況選擇寄售方式來銷售商品。

第二，寄售是先運輸貨物、後銷售貨物，貨款的回收較為緩慢。代銷商一般按時間向寄售商結算貨款，往往是先出售、後結算。由於寄售商並不與商品的買主直接聯繫，而是通過代銷商間接銷售商品，因而貨款的結算情況完全依賴於代銷商在當地市場的銷售情況。若代銷商出現經營困難或對貨物保管不力，致使貨物滯銷或發生損失，則寄售商回收貨款的速度將更加緩慢。

二、展賣

(一) 展賣的含義

展賣（Fairs and Sales）也被稱為展銷，是一種利用商品展銷會、博覽會以及交易會等會展形式來銷售商品的貿易方式。展賣既「展覽」商品，也「售賣」商品，是一種將商品宣傳與銷售相結合的綜合性商業活動。隨著世界貿易活動的日趨活躍，展賣經濟也得到了很大發展。特別是隨著科技、信息、交通、物流及基礎設施等條件的日趨完善，展賣正在成為各國貿易商推廣商品、擴大銷售和交流學習的重要貿易方式，並逐漸呈現出國際化、專業化、大型化和綜合化的發展趨勢。

(二) 展賣的特點

第一，展賣具有展覽性和宣傳性。在展覽性方面，展賣類似於現貨交易，能夠實現看貨成交或憑樣品成交。潛在的買家可以通過展會實際感受商品的品質、用途及效果等，從而在成交之前就能較為直觀地認識和瞭解商品。在宣傳性方面，展賣能夠發揮良好的廣告宣傳作

用。特別是對於一些新產品、新技術，還能夠產生較好的市場示範效應。

第二，展賣具有交流性和溝通性。在交流性方面，由於展賣現場集了大量生產商和銷售商，從而為國際貿易的參與者提供了一個良好的交流平臺。這有利於各國企業相互學習、相互借鑑。在溝通性方面，展賣也在企業與客戶之間搭建了一個直接對話的平臺。從事國際貿易的企業可以在展會中和不同類型的客戶開展面對面的溝通，從而掌握市場需求、調整營銷策略。

第三，展賣具有專業性和綜合性。在專業性方面，展會通常會按照不同的行業或產品進行組織，一些專業性的展會往往代表了相關領域的最新發展情況。例如，常見的專業性展會有農產品展銷會、高新技術產品展銷會、汽車展銷會等。在綜合性方面，一些較為大型的展會往往包含了各種行業或某個行業的各個環節，展銷商品的種類、品牌等都十分齊全，能夠使參與展會的買賣雙方較為全面地瞭解市場情況。例如，中國進出口商品交易會（廣州交易會）就是中國規模最大的綜合性國際貿易展會。

第四，展賣具有國際性和地域性。在國際性方面，很多展會都具有涉外屬性，常常邀請國內外的客商同時展銷商品。例如，中國西部國際博覽會（西博會）就是西部地區規模較大的國際性展會。在地域性方面，也有一些展會是專門針對某一地區商品的銷售活動。例如，中國各個市縣舉辦的展會，就屬於以推廣當地產品為主要目的的地方性展會。

（三）重要展會

1. 國際博覽會

國際博覽會是指在世界某一地點舉辦的邀請世界各國商人參加的國際貿易商品展銷會。國際博覽會一般選擇在世界知名城市或港口定期舉辦，兼具商品展示、技術交流、國際貿易等多項職能，是一種規模較大、層次較高、影響較深的國際商務活動。

國際博覽會一般可分為綜合性國際博覽會和專業性國際博覽會兩種類型。一方面，綜合性國際博覽會也被稱為水準型國際博覽會，一般規模較大、會期較長。在這類博覽會上，展銷的商品門類齊全、品種豐富，相互之間並無從屬關聯或生產順序。另一方面，專業性國際博覽會也被稱為垂直型國際博覽會，一般規模較小、會期較短。在這類展會上，展銷的商品都屬於同一門類，相互之間具有專業上的關聯性。

2. 中國進出口商品交易會

中國進出口商品交易會（The China Import and Export Fair），即廣州交易會，簡稱「廣交會」。廣交會於 1957 年在廣州首次舉辦，以後每年春、秋兩季各舉辦一次。2007 年 4 月廣交會更名為中國進出口商品交易會。主辦單位為中華人民共和國商務部和廣東省人民政府，承辦單位為中國對外貿易中心。中國進出口商品交易會是中國目前展銷規模最大、商品種類最全、參加人數最多、影響範圍最廣、成交效果最好的綜合性國際貿易展銷會。

中國進出口商品交易會以出口貿易為主，以進口貿易為輔。除了現場進行的展銷會，還有與之配套的網上交易會（Online Exhibition），除了國際貿易，還可開展多種形式的經濟技術合作與交流，並涉及運輸、保險、商檢、銀行、廣告、諮詢及商務等多種業務。可以說，這一交易會為中外企業提供了世界級的優質服務和可靠平臺。

3. 中國國際進口博覽會

中國國際進口博覽會（China International Import Expo，CIIE）是由中華人民共和國商務部和上海市人民政府主辦的世界上首個以進口為主題的大型國家級展會。2018 年 11 月，首屆中國國際進口博覽會在上海舉行，博覽會包括展會和論壇兩個部分。展會為國家貿易投資綜合展（簡稱國家展）和企業商業展（簡稱企業展），論壇為虹橋國際經貿論壇。國家展共有 82 個國家、3 個國際組織設立 71 個展臺，展覽面積約 3 萬平方米，各參展國展示了國家形象、經貿發展成就和特色優勢產品等。在展會上，中國設立了中國館，中國館以「創新、

協調、綠色、開放、共享」的新發展理念為主線，展示了中國改革開放的巨大成就，以及中國發展、共建「一帶一路」給世界帶來的新機遇。企業展分 7 個展區、展覽面積 27 萬平方米，有來自 130 多個國家的 3,000 多家企業參展。

中國國際進口博覽會旨在堅定支持貿易自由化和經濟全球化、主動向世界開放市場。值得一提的是，首屆中國國際進口博覽會還吸引了 58 個「一帶一路」沿線國家的超過 1,000 家企業參展，為共建「一帶一路」提供了一個重要平臺。

2019 年 11 月 5 日至 10 日，第二屆中國國際進口博覽會在上海舉辦。

4. 中國西部國際博覽會

中國西部國際博覽會（Western China International Fair，WCIF），簡稱「西博會」，是由中國西部地區共辦、共享、共贏的國家級國際性展會。西博會於 2000 年在四川成都首次舉辦，目前每兩年舉辦一次。西博會既是中國西部地區開展國際貿易、國際投資的重要平臺，也是西部地區對外開放合作的重要窗口。

第三節　招投標與拍賣

一、招投標

（一）招投標的含義

招標（Invitation to Tender）是指作為買方的招標人事先通過發布公告或邀請書等形式，對擬購買商品或服務的種類、數量等交易條件進行公開說明，並邀請作為賣方的投標人在規定的時間和地點按照一定的程序向招標人投標的行為。招標實質上是一種進口商對出口商的公開邀請發盤。

投標（Submission of Tender）是指作為賣方的投標人應招標人的邀請，按照招標公告或邀請書的規定，在規定的時間和地點向招標人遞交投標文件以期達成交易的行為。投標實質上是一種出口商對進口商的應邀發盤或遞盤。

招標和投標分別是國際貿易中相互對應的兩個方面，二者共同構成了招投標制度。招投標制度是一種常見的國際商品買賣方式，招標人和投標人一般會經過招標、投標、開標、評標和定標等環節才能最終達成買賣合同。

（二）招投標的特點

1. 公平性

招投標制度的公平性特徵表現在三個方面。其一，公平性是招投標制度的基本原則。《中華人民共和國招標投標法》第五條規定，「招標投標活動應當遵循公開、公平、公正和誠實信用的原則」。其二，招標人有義務保證招投標過程的公平性。中國《招標法》第二十二條規定，「招標人不得向他人透露已獲取招標文件的潛在投標人的名稱、數量以及可能影響公平競爭的有關招標投標的其他情況」。其三，投標人也必須自覺遵守招投標制度的公平性。中國《招投標法》第三十二條規定，「投標人不得相互串通投標報價，不得排擠其他投標人的公平競爭，損害招標人或者其他投標人的合法權益」。總之，招投標制度以公開發布的招標邀請為基本交易條件，任何具備投標能力與資格的投標人均可公平地參與競爭。

2. 規範性

按照國際慣例和各國的具體法規，招投標制度已擁有相對一致的基本流程，招標人和投標人一般都不能對相應規則進行隨意改變。程序化的招投標制度有利於國際貿易招投標業務的開展，許多國際性的招投標機構亦成為國際市場上從事招投標代理業務並提供相關服

務的重要仲介組織。

3. 一次性

對於一般的國際貿易合同，買賣雙方需經歷反覆多次的交易磋商才能成交，但對於招投標方式而言，買賣雙方並不需要交易磋商，在整個成交過程中也沒有討價還價的環節。出口商面對招標方的邀請發盤，只有一次遞盤機會，相應的結果也只有成交與不成交兩種可能。因此，招投標制度屬於典型的一次性遞價成交的貿易方式。

4. 競爭性

招投標制度是一種競賣活動，因而具有顯著的競爭性特徵。一般而言，在眾多的投標人當中，招標人會根據投標情況擇優成交，因而只有一名投標人能夠最終中標。可見，在投標人之間，為了能夠獲得售賣商品的機會，圍繞交易條件的競爭勢必會非常激烈。另外，中國《招投標法》還規定，招標人不得限制投標人之間的競爭。可見，招投標制度也是一種鼓勵競賣的成交方式。

(三) 招投標的方式

1. 國際競爭性招標

國際競爭性招標（International Competitive Bidding, ICB）是指招標人通過製作和發布英文的招標公告，在世界範圍內邀請投標人參與競標。這類招投標活動的投標人一般較多，招標人將對來自國內外的所有合格投標人的標書進行比較，選擇其中交易條件最優的投標人達成交易。通常又可進一步細分為兩種類型。

(1) 公開招標。

公開招標（Open Bidding）是指招標活動具有較高程度的公開性和透明性，需要招標人公開發布招標邀請並允許所有具備投標能力和資格的投標人自願參加競爭。在招標邀請中，招標人應明確說明投標資格的確定辦法和參與投標的基本程序，從而方便投標人及時申請和參與招投標活動。由於公開招標的影響範圍較大、限制條件較少、競爭程度較高，因而也被列為無限競爭性招標（Unlimited Competitive Bidding）的範疇。

(2) 選擇性招標。

選擇性招標（Selected Bidding）也被稱為邀請招標，是指招標人需根據採購商品或服務的實際需求與潛在投標人的情報資料，經過篩選甄別和資格預審後，有選擇性地邀請特定的投標人參與投標。在這類招投標過程中，招標人一般不會發布公開的邀請信息，競爭程度有限，因而也被列為有限競爭性招標（Limited Competitive Bidding）的範疇。

2. 談判招標

談判招標（Negotiated Bidding）也被稱為議標、磋商招標，是指招標人通過市場調查或業務經驗，直接選擇少數幾家有合作意向的企業展開談判，並以談判的成敗來確定成交與否。談判招標是談判與招投標的綜合應用，在投標者之間已幾乎不存在競爭，相應的招標邀請也不再公開透明，因而也被列為非競爭性招標（Non-Competitive Bidding）的範疇。

3. 兩段招標

兩段招標（Two-Stage Bidding）是指招標人將招投標的過程劃分為兩個階段，在第一個階段採用公開招標方式，縮小潛在成交對象的範圍；在第二個階段採用選擇性招標方式，在為數不多的投標者中進一步確定最終的成交者。這種招投標方式的優點是結合了無限競爭性招標和有限競爭性招標兩種方式，既能廣泛吸引大量的投標人前來參與競爭，又能有針對性地篩選出優質投標人並最終成交，因而適合於金額較大、技術要求較高的大中型招投標項目。

(四) 招投標的程序

1. 招標

(1) 發布招標邀請。在公開招標方式中，招標人應通過報紙、刊物、網站或其他媒體

及時發布招標公告，邀請符合條件的投標人參與投標。

（2）審核投標人資格。招標人在發出招標公告後，會陸續收到投標人發來的投標申請書。招標人應對投標申請人進行資格審核，以確定其是否能夠參與招投標活動。審核的重點內容包括投標人的註冊信息、經營狀況、業務水準、資金實力、信譽情況等。

（3）寄送標單。對於通過資格審核的投標申請人，招標人應及時寄送標單。標單的內容應包括本次招投標活動的基本須知、商品或服務的基本要求、相應合同的格式與條款等。

（4）收取保證金。招標人需向投標人收取一定金額的保證金，或要求投標人出具銀行保函，從而確保投標人能夠在中標後正常簽約。

2. 投標

（1）研究招標公告。在投標階段，投標人應認真閱讀招標公告的全部內容和各項要求，並根據自身的經濟能力決定是否參與投標。需要重點研究的交易條件包括供貨價格、交貨期限、商品品質、運輸條件以及其他重要的技術要求等。

（2）編製投標文件。若投標人決定參與競標，則應按照招標文件的具體要求製作投標單等投標文件。若招標的內容是購買商品，則投標單的主要內容應包括商品的名稱、規格、品質、數量、價格、交貨期以及付款條件等；若招標的內容是提供服務，則招標單的主要內容應包括項目的名稱、價格、技術標準、提供方法、起止時間等。

（3）提交投標文件。投標人在完成投標單的編製後，應在招標的有效期內將其提交給招標人。同時，按照招標的具體要求交納保證金和提供銀行保函、資質證明、企業執照等相關材料。逾期提交投標文件和提交手續不齊全的投標文件都是無效的投標行為。

3. 評標、開標與定標

（1）比較投標文件。招標人在規定的招投標時間截止後，對收到的投標文件進行篩選和比較，並從中選出最合適或最有利於自己的中標人。在實踐中，開標環節又可分為公開開標和秘密開標兩種形式。公開開標是指招標人在公證人的監督下公開比較各個投標文件，整個開標過程公開透明；秘密開標則是指招標人並不公開比較投標文件，而是自行閉門篩選最終的中標人。

（2）宣布中標人。招標人在選定最後的中標人後，需公開宣布中標人。此時，招標人在經過邀請發盤、收到發盤並選擇發盤後，明確表示了接受發盤的意思，買賣正式成交。

（3）簽訂買賣合同。招標人與中標人將按照招投標的具體交易條件達成書面合同。合同經雙方簽字後生效，雙方隨即進入履行國際貿易合同的階段。

（4）宣布招標失敗。如果招標人對所有投標文件均不滿意，也可以予以全部否絕，並宣布本次招標無中標人，招標失敗。一般而言，導致招標失敗的原因主要有以下幾點。其一，投標價格與招標人的期望價格或國際市場正常價格差距太大；其二，投標人提出的品質、數量、交貨時間等交易條件不符合招標人的最低要求；其三，參與投標的企業數量太少或根本沒有收到有效的投標文件。在宣布招標失敗後，招標人可對招標的內容與條件進行調整，重新發布新的招標公告。

（5）退還保證金。無論招標的結果是成功還是失敗，招標人都應將保證金及投標材料退還未中標的投標人。同時，與中標履約相關的銀行保函等文件的效力也隨即終止。

二、拍賣

（一）拍賣的含義

拍賣（Auction）是指賣方委託專門從事拍賣業務的機構，在規定的時間與定點，按照專門的流程和規則，以公開競價和現場展示的方式，將商品賣給出價最優的買主的一種現貨交易方式。拍賣關係包含了賣方、買方和拍賣機構三方當事人。拍賣機構作為重要的仲介機

構，向買賣雙方提供的是必要的交易服務，賺取的是一定價值比例的佣金或酬勞。整個拍賣過程也可以被概括為「事先看貨、當場競價、落錘成交」。在國際市場上，拍賣多見於對藝術品、房屋、土地等的買賣業務中。

（二）拍賣的特點

（1）拍賣是一種現貨交易。在拍賣活動正式開始之前，拍賣機構一般會組織買主提前看貨並詳細瞭解待拍賣商品的品質、估價、背景、特性等情況。

（2）拍賣是一種競價買賣。在拍賣商品的叫價環節，拍賣機構先給出被拍賣商品的起拍價，然後由各個買方同臺競價。經過幾輪爭相加價之後，被拍賣商品的最終成交價格往往會遠遠高於起拍價，從而最大限度地實現商品的經濟價值。

（3）拍賣具有獨特的法律規範。世界各國大多制定了專門針對拍賣活動的法律或法規。為規範拍賣行為，維護拍賣秩序，保護拍賣活動各方當事人的合法權益，中國於 1996 年 7 月頒布了《中華人民共和國拍賣法》，後來又有過數次修訂。因此，拍賣是一種受法律約束的買賣方式，各方當事人均需按照法律要求在拍賣活動中享受權利和履行義務。拍賣一旦成交，有關被拍賣商品的買賣合同也隨即成立，任何後悔或拒絕履約的行為都將屬於違約行為。

（三）拍賣的方式

1. 英格蘭式拍賣

英格蘭式拍賣（English Auction）也被稱為增加拍賣、買方叫價拍賣等，是指在拍賣過程中，拍賣機構首先宣布被拍賣商品的最低起拍價格，然後由各個買家以此為起點競相加價，最後的最高出價者為購得商品的成交人。英格蘭式拍賣是一種競買價格從低到高依次遞增的拍賣方式。拍賣機構通常會規定每次加價的最低金額，整個競價過程會一直持續到無人加價之時。拍賣機構還會採取公開落錘或擊掌等方式向所有參與拍賣的競價人宣布成交情況。英格蘭式拍賣是國際貿易中最常見的拍賣方式。

2. 荷蘭式拍賣

荷蘭式拍賣（Dutch Auction）也被稱為「減價拍賣」，是指在拍賣過程中，拍賣機構首先宣布被拍賣商品的最高起拍價格，在無人接受的情況下，然後由拍賣機構逐漸降低叫價，直到有競買人接受叫價、願意成交時為止。若同時有兩個以上的競買人表示接受叫價，荷蘭式拍賣則轉變為英格蘭式拍賣，採取遞增叫價的競拍方法。荷蘭式拍賣是一種競買價格從高到低依次遞減的拍賣方式。拍賣機構通常也會按照事先規定的降價階梯進行報價，整個競價過程同樣充滿了競爭性。在荷蘭式拍賣過程中，大多數競買人會採取觀望等待的沉默態度，希望拍賣價格能夠盡可能地降低，因而使拍賣的激烈程度不如英格蘭式拍賣。然而，作為一種重要的拍賣方式，荷蘭式拍賣依然具有明顯的優勢，特別適合於程序化、電子化的無聲式拍賣活動。

3. 招標式拍賣

招標式拍賣（Bidding auction）也被稱為「密封遞價拍賣」，是指在拍賣過程中，首先由拍賣機構公布拍賣活動的基本要求和被拍賣商品的具體情況，然後各個買方在規定的時間內將密封的報價單交給拍賣機構，最後由拍賣機構經過篩選比較來確定成交人。招標式拍賣屬於一種不公開進行的競買活動，它既是一種拍賣方式，也是一種招投標方式。在這種方式中，成交的比選條件不僅涉及價格，還有可能包含品質、數量等其他交易條件。一般多應用於拍賣政府或海關沒收的物資。

第四節　期貨交易、對銷貿易和加工貿易

一、期貨交易

(一) 期貨交易的含義

期貨交易（Futures Transaction）與現貨交易相對應，是指通過期貨交易所買賣有關商品或有價證券的期貨合約的交易方式。這裡的期貨合約即為期貨，是一種由期貨交易所統一制訂的、在將來某一時間和地點進行交割的、以一定數量的實物商品為基礎的標準化合約。期貨合約對商品的品名、品質、規格、交易時間、交易地點等都作出了明確規定，唯一沒有限制的是商品的價格。期貨合約的持有者可以在期貨市場上將其出售，買賣方式是以期貨交易所為仲介的公開競價方式。期貨交易並不是為了購買遠期商品，其主要目的有兩項。其一，期貨交易可以規避因現貨價格波動而產生的風險；其二，期貨交易可以利用預期的供需結構變化賺取價格波動的差額。因此，期貨交易的參與人往往會在期貨合約到期之前以對沖或轉手等方式了結期貨交易，很少真正參與實物商品的交割活動。

(二) 期貨交易的特點

1. 期貨交易的標的物是標準化合約

在期貨交易中，買賣的是標準化的期貨合約。這類合約除了價格之外，所有條款都由期貨交易所事先統一規定，買賣雙方均不能擅自修改期貨合約的具體內容。標準化的合約使期貨交易更加方便和高效。買賣雙方並不需要對交易商品的具體條件展開交易磋商，從而既節約了成交時間，也避免了可能發生的爭議和糾紛。

2. 期貨交易的場所是期貨交易所

期貨交易必須在期貨交易所內進行。世界各國的期貨交易所大多實行會員制，即只有會員才能進場交易。各個會員一般都是期貨經紀人或期貨代理公司，市場上的其他客戶只能委託他們間接從事期貨交易。因此，期貨交易是一種高度組織化、程序化的交易方式，期貨交易所在期貨交易過程中扮演了重要的平臺作用。

3. 期貨交易實行保證金制度

所謂保證金制度，也被稱為槓桿機制，是指期貨交易的買方並不需要支付期貨合約的全部金額，而是只需按照合約價值的 5%~10% 交納保證金。因此，在期貨市場上，一筆資金往往可以完成數倍乃至數十倍的交易金額，從而像使用了槓桿一樣將收益或損失成倍地放大。從這一角度看，期貨交易也是一種高收益、高風險的交易方式。

4. 期貨交易實行雙向對沖機制

所謂雙向對沖機制，是指雙向交易與對沖機制。雙向交易是指期貨交易以買入期貨合約或賣出期貨合約為開端，既可以「買空」，也可以「賣空」。對沖機制是指期貨交易並不需要在合約到期時對實物商品進行交割，而是通過採取與「買空」或「賣空」相反的交易來解除履約責任。例如，如果以買入期貨合約為開端，只需在合約到期前賣出相同的合約即可衝銷期貨交易；如果以賣出期貨合約為開端，則只需在合約到期前買入相同的合約即可衝銷期貨交易。期貨交易的雙向對沖機制帶來了投機的可能，無論價格是上漲還是下跌，都能使投資者從期貨市場中獲利，從而使期貨市場更加活躍。

5. 期貨市場實行每日盯市制度

每日盯市制度也被稱為每日無負債結算制度，是指當每天的期貨交易結束後，期貨交易所將按照當天的收盤價格結算所有合約的盈虧情況，並將收益與損失反應在各個會員的保

證金中。各個會員也會按照同樣的方式對各個委託人進行結算。需要注意的是，在每日結算之後，如果交易方發生虧損，其保證金金額低於交易所的要求，則交易所將通知其限期追加保證金，否則不能再參加下一交易日的期貨交易。

（三）期貨交易所

期貨交易所是買賣雙方進行期貨交易的主要場所。世界各國的期貨交易所共同組成了國際期貨市場。世界主要期貨交易所有美國的芝加哥期貨交易所（CBOT）、紐約商業交易所（NYMEX）、歐洲期貨交易所（EUREX）、倫敦金屬交易所（LME）、國際石油交易所（IPE）、日本的東京工業品交易所（TOCOM）、東京國際金融期貨交易所（TIFFE）、新加坡國際金融交易所（SIMEX）、韓國期貨交易所（KOFEX）等。中國的主要期貨交易所有上海期貨交易所（SHFE）、鄭州商品交易所（ZCE）、中國金融期貨交易所（CFFEX）、上海國際能源交易中心（INE）、香港期貨交易所（HKFE）等。

二、對銷貿易

（一）對銷貿易的含義

對銷貿易（Counter Trade）也被稱為對等貿易、互抵貿易、反向貿易等，是一種將進口貿易與出口貿易結合起來的，以出口的貨物或勞務來償付進口的商品或設備的特殊貿易方式。在對等貿易中，買賣雙方一般並不使用外匯來直接結算貨款，而是採用對相互交換的貨物或勞務進行作價的方式來實現收支平衡。從國際貿易的實踐來看，對等貿易大多適用於在發展中國家或地區之間開展的國際貿易，包括補償貿易、易貨貿易、互購貿易等具體類型，是一類重要的國際貿易形式。

（二）對銷貿易的方式

1. 補償貿易

（1）補償貿易的含義。

補償貿易（Compensation Trade）也被稱為返銷貿易，是指進口商通過信貸工具，向外國出口商購進機器、設備、品牌、技術、原材料及零部件等，並約定在一定的時期內用生產的商品或提供的勞務來償還貨款的一種貿易方式。這一貿易方式興起於20世紀六七十年代。對於外匯緊缺的發展中國家而言，可以利用補償貿易的方式迅速獲得外國的先進設備或技術，從而在發展本國的製造業和出口貿易的同時，帶動國民經濟的快速增長。今天，補償貿易在世界上依然十分常見，並逐漸成為一種國際金融與國際貿易相結合的新興貿易方式。例如，進口商可通過融資租賃（Financial Lease）的方式先行取得進口設備的使用權，然後再利用該設備生產的產品並返銷國外，用銷售所得分期償付購進設備的價款和利息，最終取得設備的所有權。

（2）補償貿易的特點。

第一，補償貿易以信貸為基礎。在補償貿易關係中，包含了進口商、出口商以及銀行三方當事人。銀行發揮著提供信貸工具的仲介作用。

第二，補償貿易表現為貨物交換。在補償貿易過程中，進口商購進的是機器或設備，支付的是產品或勞務，是一種將進口與出口相結合的特殊貿易方式。在通常情況下，機器或設備的出口商還需承諾回購進口商的產品或勞務。對於出口商而言，出口的目的是為了進口；而對於進口商而言，進口的目的則是為了出口。

第三，補償貿易具有生產性特徵。按照補償貿易協議，生產產品是進口商的重要責任。任何一項補償貿易的達成，都意味著將有新的產品被生產和銷售。因此，補償貿易有利於擴大生產和發展經濟，是一種將生產與貿易相結合的貿易方式。

（3）補償貿易的類型。

第一，直接產品補償。設備的進口商與出口商在補償貿易協議中約定，進口商負責利用購進的設備和原材料生產產品，出口商負責回購相應的產品並用其抵償出口設備的價款。這是補償貿易的最基本類型，但是具有一定的局限性，即要求設備的出口商正好需要相應的產品，且這些產品能夠在市場上順利地銷售。

第二，其他產品補償。設備的進口商與出口商在補償貿易協議中約定，進口商可以通過向出口商提供其他產品來抵償購進設備的價款。相比於直接產品補償，這種補償貿易方式更具靈活性和可操作性，特別適用於出口商不需要出口設備生產的產品或生產的產品銷路不好的情況。這種方式也被稱為產品互購。

第三，勞務補償。設備的進口商與出口商在補償貿易協議中約定，購進設備的價款由出口商先行墊付，進口商按相關要求加工生產出產品後，憑應收的加工費、勞務費來抵償購進設備的價款。這種方式適用於帶有加工、裝配業務的中小型補償貿易，是一種將加工貿易與補償貿易相結合的貿易方式。

需要注意的是，在國際貿易實務中，各種類型的補償貿易方式可以綜合使用。例如，設備的進口商與出口商可根據實際需要在補償貿易協議中約定，部分價款由直接產品抵償，部分價款由其他產品抵償，部分價款由加工費抵償，還有部分價款直接使用外匯來結算。

2. 易貨貿易

（1）易貨貿易的含義。

易貨貿易（Barter Trade）是指國際貿易中的買賣雙方並不直接使用外匯進行結算，而是採用先將交易的商品進行估價，然後按照以貨換貨的方式進行貿易。易貨貿易雖然是一種古老的商品交換方式，但是卻能緩解進口商現匯不足的實際問題，因而依舊存在於今天的國際貿易當中。政府間的易貨貿易以貿易協定和支付協定為基礎，而民間的易貨貿易則以貿易合同為依據。在實踐中，易貨貿易既可以單獨進行，也可以作為其他貿易形式的一種補充。例如，在貿易結算中，可部分使用現匯，部分使用現貨。

（2）易貨貿易的類型。

第一，直接易貨貿易。在國際貿易實務中，買賣雙方一般通過對開信用證的做法來完成交易。在這種方式中，國際貿易的買賣雙方既是進口商，也是出口商。買賣雙方通過直接向對方發運貨物的方式完成交易，具有同時發貨、同時交貨、同時結算的特點。然而，直接易貨貿易也面臨一定的困難。其一，買賣雙方必須同時需要對方所能提供的商品，相應的品質、數量、包裝、交貨時間等也應恰好滿足需要；其二，雙方交易的商品需要具有相等的價格，而不同商品的價格很容易在交易過程中發生波動，從而在結算環節產生爭議；其三，對開信用證相比於一般信用證將更加複雜，相應的費用更高、程序更多、實際操作也更難。因此，直接易貨貿易是一種理論上可行，但實際上較為困難的特殊貿易方式。

第二，綜合易貨貿易。綜合易貨貿易也被稱為記帳式易貨貿易，是指國際貿易中的買賣雙方分別簽訂多項貿易合同，每次交易只做銀行記帳，而不支付現匯，待到年末或規定的時間再將銀行記帳進行沖抵的一種貿易方式。在通常情況下，開展國際貿易的國家需事先簽訂相應的支付協議，約定易貨貿易的金額、內容及結算時間等。如果發生貿易不平衡現象，還應規定處理差額的具體辦法。

（3）易貨貿易的優勢與缺點。

第一，易貨貿易具有明顯的優勢。其一，節省了外匯支出。由於參與易貨貿易的買賣雙方並不需要相互支付現匯，從而有效緩解了外匯短缺國家，尤其是發展中國家發展對外貿易的困難。其二，實現了購銷意圖。由於易貨貿易相當於同時進行了進口貿易和出口貿易，使一個國家在購進國內緊俏商品的同時，對外出口了相對過剩的國內產品，從而有利於發揮一

個國家的比較優勢。

第二，易貨貿易也有一些缺點。其一，合適的貿易夥伴並不容易找到。在經濟發展水準不同的國家或地區之間，雙方同時需要對方產品的情況並不多見，特別是當雙方在生產技術方面存在較大差異時，對等、平衡的易貨貿易很難得到開展。其二，完全的貿易平衡很不容易做到。易貨貿易的基本前提是買賣雙方所交換的商品應金額相等，然而，由於存在交易的時間性和價格的波動性，在易貨貿易的結算時間很容易出現貿易順差或逆差情況。顯然，在不支付現匯的情況下，逆差方獲益，而順差方受損，這種貿易不平衡現象將不利於易貨貿易的持續開展。

近年來，隨著互聯網技術和電子商務平臺的快速發展，古老的易貨貿易再次迎來了新的發展。新型易貨貿易充分利用了計算機網絡，不僅逐漸克服了信息不對稱、金額不對等的傳統困難，而且在更大的市場範圍裡補充和完善了傳統的國際貿易方式。

3. 互購貿易

（1）互購貿易的含義。

互購貿易（Counter Purchase）也被稱為互惠貿易（Reciprocal）或平行貿易（Parallel Trade），是指國際貿易中的買賣雙方相互約定，出口商與進口商同時簽訂兩份金額相當、方向相反的貿易合同。為完成互購貿易，出口商需首先向進口商出口一定金額的商品並按照現匯方式進行結算，然後在一定期限內，出口商再以新的進口商身分購進對方一定金額的商品。兩份貿易合同既相互獨立，又相互聯繫，因而具有「互購」的特徵。

（2）互購貿易的特點。

第一，互購貿易是現匯貿易。互購貿易是相互組合的兩個貿易合同，均需按照現匯方式進行結算。在國際貿易實務中，互購貿易需使用信用證收付款方式，買賣雙方都要準備貨款並開立信用證。只是在開立信用證的順序方面，後開證的一方可以在資金週轉上獲得一定的便利。現匯交易的特徵也是互購貿易與補償貿易的主要區別。

第二，互購貿易是相互購買。互購貿易具有兩份方向相反的貿易合同，雙方當事人既是買方，也是賣方。特別是對於第一份合同中的出口商而言，必須承諾以現匯方式購進進口商的商品，因而互購貿易是一種必須相互購買的貿易方式。

第三，互購貿易並不要求等價交換。一般而言，互購貿易的兩份貿易合同可以金額相當，也可以存在一定差額。第二份合同所規定的購買金額可以低於第一份合同，即先出口的一方可以只用收到貨款的一部分來購進對方的商品或勞務。因此，互購貿易並非是等價交換，這也是其區別於補償貿易的一項特徵。

（3）開展互購貿易需要注意的問題。

互購貿易是先後進行的兩次國際貿易活動。在第一次國際貿易時，究竟是使用即期信用證還是遠期信用證，會對買賣雙方產生不同的影響。一方面，如果買賣雙方使用即期信用證，則先出口的一方不但需要墊付款項，還可利用收到貨款而尚未用於互購支付的時間，臨時佔有並使用這部分資金。因此，對於先出口的一方而言，互購貿易有利於資金週轉和貿易談判。另一方面，如果買賣雙方使用遠期信用證，則不存在占用資金的問題。此時，互購貿易完全等同於兩項先後開展的、相互獨立的國際貿易活動。

在國際貿易歷史中，一些發達國家常常依仗自身的生產技術優勢，利用互購貿易方式向發展中國家出口一些機器、設備，如果使用即期信用證來收付貨款，則發展中國家不但需要先行墊付購進設備的資金，還要承擔一段時間的匯率風險、商業風險以及市場風險，發展中國家換得的僅僅是發達國家對於購進本國產品的一種承諾。因此，互購貿易在歷史上並不是一種平等貿易，在採用這種貿易方式時應特別注意對風險的預防與控制。

三、加工貿易

(一) 加工貿易的含義

按照國際貿易的目的不同，貿易可分為一般貿易（General Trade）和加工貿易（Processing Trade）兩種類型。一般貿易是指單邊輸入關境或單邊輸出關境的進出口貿易方式，即進出口商品的目的是單純的用於市場消費。而加工貿易是指進口商首先進口全部或部分的原材料、零部件、元器件、包裝材料等料件，然後在國內進行加工或裝配，待制成成品後再次出口的一種貿易方式。顯然，加工貿易是一種先開展進口貿易，再開展出口貿易的特殊貿易方式。

(二) 加工貿易的特點

1. 兩頭在外

所謂的兩頭在外，是指附加值較高的研發環節與銷售環節在國外，而附加值較低的加工裝配環節在國內。加工貿易是一種符合「微笑曲線（Smiling Curve）」理論的貿易方式（圖 17-1）。

2. 料件保稅

世界上很多國家或地區都對加工貿易的進口料件進行保稅管理。這種優惠政策既可以簡化海關管理的手續、提高貨物的通關效率，還可降低加工企業的生產成本、提升商品的出口競爭力。

3. 增值創收

從微觀角度看，開展加工貿易的目的在於利用國內的生產要素優勢來增加進口料件的附加值，從而賺取差價或加工費。從宏觀角度看，開展加工貿易除了有利於發展國際貿易之外，還具有擴大就業、發展生產、引進技術、繁榮市場等諸多積極作用，有利於一國或地區的宏觀經濟發展。

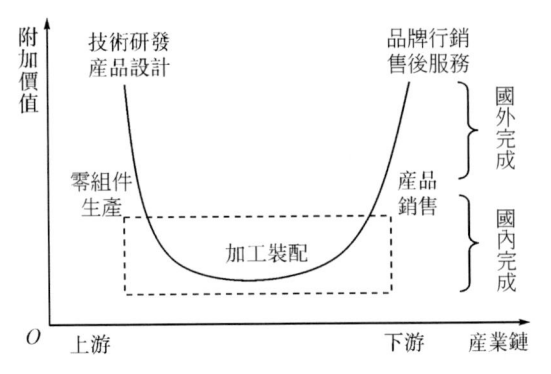

圖 17-1 微笑曲線中的加工貿易

(三) 加工貿易的分類

1. 進料加工

進料加工也被稱為「以進養出」，是指進口商從外國進口原材料或零部件，利用本國的生產設備、勞動力及能耗資源進行加工或裝配，待制成成品後再銷往國外市場。實際上，進料加工包含了對原材料的進口和對製成品的出口兩項國際貿易活動，是兩筆既相互獨立又相互聯繫的不同交易。對於企業而言，進料加工既要墊付原材料進口的成本，又要承擔製成品出口的風險，是一種壓力與困難都較大的貿易方式。

2. 來料加工

來料加工也被稱為「委託加工」，是指國內企業接受外國企業的委託，使用外國企業提供的原材料、零部件及包裝材料等料件，按照雙方約定的質量、規格、款式來生產加工產品，並將成品運往國外。實際上，來料加工並沒有真正進口原材料和出口製成品，而是通過利用國內相對廉價的生產要素來完成對商品的加工或裝配，國內企業賺取的是提供勞務的加工費。在來料加工過程中，外國企業既可以提供全部原材料，也可以只提供部分關鍵原材料，有時甚至可以不提供任何原材料，而只是對製成品提出一定的品質或技術要求。相比於進料加工，來料加工基本上不需要墊付資金和承擔風險，因而是一種較為容易開展的貿易方式。

3. 協作生產

協作生產是指由加工貿易的雙方各自提供一部分原材料或零部件，利用一方所在國的生產場地和其他條件完成對商品的加工或裝配。協作生產的製成品既可以在國內銷售，也可以在國外銷售，相應的品牌、價格、銷售渠道等都由參與加工的雙方協商確定。在國際貿易實務中，協作生產又包括三種主要形式，分別是原始設計製造商（Original Design Manufacturer, ODM）、原始設備製造商（Original Equipment Manufacturer, OEM）以及原始品牌生產商（Original Brand Manufacturer, OBM）。

其一，原始設計製造商是指國內企業按照國外企業對產品的品質和技術要求，獨立完成從研發、設計到生產、製造的全部環節，外國企業僅負責採購並對外銷售商品。採用這種方式進行協作生產時，國內企業的責任較重，需擁有較強的產品設計與生產能力，而外國企業則基本不需要為生產商品而花費精力。

其二，原始設備製造商是指國內企業按照國外企業的設計圖紙、樣品和對產品的品質、技術要求，主要完成商品的生產、製造環節，外國企業負責設計和對外銷售商品。採用這種方式進行協作生產時，國內企業的主要責任是完成生產，而外國企業則需要負責產品的設計、研發以及銷售。在習慣上，這種方式也被稱為「代工」或「貼牌」，是加工貿易中的常見形式。

其三，原始品牌生產商是指國內企業自行創立商品品牌，並生產、銷售擁有自主品牌的商品。採用這種方式進行協作生產時，相比於前兩種方式，國內企業不但需要擁有更加完善的生產條件和營銷網絡，而且在經營過程中需要花費更大的精力和成本，因而協作生產並不是一種大量使用的加工生產方式。

本章小結

本章主要講述了四個方面的內容。

第一，經銷與代理。經銷是出口商通過與外國經銷商簽訂銷售商品的合同，在合同中約定商品的種類、數量、市場區域及銷售時間等條件，實現利用外國企業間接銷售商品的貿易方式。代理是出口商通過與進口商簽訂代理協議，授權進口商在一定時間和區域內代銷指定商品的一種貿易方式。

第二，寄售與展賣。寄售一般由寄售人先將國際貿易貨物運往國外寄售地點，委託當地的代銷商按照寄售協議的相關條件代為銷售貨物，待寄售貨物被售出後，寄售人再與代售人進行貨款與佣金的結算。展賣是一種利用商品展銷會、博覽會以及交易會等會展形式來銷售商品的貿易方式。

第三，招投標與拍賣。招標和投標分別是國際貿易中相互對應的兩個方面，二者共同構

成了招投標制度。招標實質上是一種進口商對出口商的公開邀請發盤。投標實質上是一種出口商對進口商的應邀發盤或遞盤。拍賣是指賣方委託專門從事拍賣業務的機構，在規定的時間與定點，按照專門的流程和規則，以公開競價和現場展示的方式，將商品賣給出價最優的買主的一種現貨交易方式。

第四，期貨交易、對銷貿易和加工貿易。期貨交易與現貨交易相對應，是指通過期貨交易所買賣有關商品或有價證券的期貨合約的交易方式。對銷貿易是一種將進口貿易與出口貿易結合起來的，以出口的貨物或勞務來償付進口的商品或設備的特殊貿易方式，主要包括了補償貿易、易貨貿易、互購貿易等具體類型。加工貿易與一般貿易相對應，是指進口商首先進口全部或部分的原材料、零部件等料件，然後在國內進行加工或裝配，待製成成品後再次出口的一種貿易方式，主要包括了進料加工、來料加工及協作生產等具體類型。

思考題

1. 請簡述代理的種類，並比較各種代理方式的異同。
2. 請簡述在國際貿易當中，寄售方式有哪些優勢與劣勢。
3. 請比較英格蘭式拍賣、荷蘭式拍賣與招標式拍賣的區別。
4. 試論述舉辦國際博覽會對於發展國際貿易的積極作用。
5. 試論述期貨貿易在當代國際貿易中的應用。

國家圖書館出版品預行編目（CIP）資料

一帶一路下的中國貿易 / 左世翔 編著. -- 第一版.
-- 臺北市：財經錢線文化，2020.06
　　面；　公分
POD版

ISBN 978-957-680-448-9(平裝)

1.國際貿易 2.中國

558.52　　　　　　　　　　　　　109007585

書　　名：一帶一路下的中國貿易
作　　者：左世翔 編著
發 行 人：黃振庭
出 版 者：財經錢線文化事業有限公司
發 行 者：財經錢線文化事業有限公司
E-mail：sonbookservice@gmail.com
粉 絲 頁：　　　　　　網　址：
地　　址：台北市中正區重慶南路一段六十一號八樓815室
8F.-815, No.61, Sec. 1, Chongqing S. Rd., Zhongzheng Dist., Taipei City 100, Taiwan (R.O.C.)
電　　話：(02)2370-3310　傳　真：(02) 2388-1990
總 經 銷：紅螞蟻圖書有限公司
地　　址：台北市內湖區舊宗路二段121巷19號
電　　話：02-2795-3656　傳真：02-2795-4100　網址：
印　　刷：京峯彩色印刷有限公司（京峰數位）

　本書版權為西南財經大學出版社所有授權崧博出版事業股份有限公司獨家發行電子書及繁體書繁體字版。若有其他相關權利及授權需求請與本公司聯繫。

定　　價：550元
發行日期：2020年06月第一版
◎本書以POD印製發行